U0717263

传习录译注

〔明〕王守仁 撰
王晓昕 译注

中国古典名著译注丛书

中华书局

图书在版编目(CIP)数据

传习录译注/(明)王守仁撰;王晓昕译注. —北京:中华书局,2018.3(2024.8 重印)
(中国古典名著译注丛书)
ISBN 978-7-101-13032-4

Ⅰ.传… Ⅱ.①王…②王… Ⅲ.①心学-中国-明代②《传习录》-注释③《传习录》-译文 Ⅳ.B248.25

中国版本图书馆 CIP 数据核字(2018)第 000503 号

书　　名　传习录译注
撰　　者　〔明〕王守仁
译 注 者　王晓昕
丛 书 名　中国古典名著译注丛书
封面题签　徐　俊
责任编辑　石　玉
责任印制　陈丽娜
出版发行　中华书局
　　　　　(北京市丰台区太平桥西里 38 号　100073)
　　　　　http://www.zhbc.com.cn
　　　　　E-mail:zhbc@zhbc.com.cn
印　　刷　河北博文科技印务有限公司
版　　次　2018 年 3 月第 1 版
　　　　　2024 年 8 月第 10 次印刷
规　　格　开本/880×1230 毫米　1/32
　　　　　印张 19　插页 2　字数 430 千字
印　　数　108001-114000 册
国际书号　ISBN 978-7-101-13032-4
定　　价　59.00 元

目　录

一是《传习录》原文虽由342个问答组成，但原书并未编有序号。我们今天所编从1到342的序号，是参照了陈荣捷先生所著《王阳明传习录详注集评》（台湾学生书局版）一书加上去的。序号的使用，对于阅读、学习、研究，无疑提供了便利。

二是除了原文的342条外，《传习录》的主要编辑者，王阳明的学生徐爱、钱德洪等，在编写过程中写有一些序、跋，我们在阅读时，应注意将原文与这些序、跋加以区分，当然，这些序、跋对于理解正文是十分有帮助的。

三、《传习录》的成书始末

《传习录》的成书，经历了一个复杂而漫长的过程，若以成书时间为序，可分“初刻”“续刻”“续录”三个阶段。

（一）初刻传习录

初刻阶段的动机，可追溯到1512年，王阳明的弟子徐爱（字曰仁，号横山，1487—1518，浙江余姚人，既与阳明同乡，也是阳明妹夫）是这一阶段的关键性人物。1512年年底，阳明升南京太仆寺少卿，逢徐爱以祁州知州考满进京，于是师徒二人结伴从北京出发，乘船沿京杭大运河南下省亲。船行一月余，次年二月方至。一个多月时间里，二人的讨论成为《传习录》开篇的内容，钱德洪在《年谱》中说，徐爱“与先生同舟归越，论《大学》宗旨。闻之踊跃痛快，如狂如醒者数日，胸中混沌复开。仰思尧、舜、三王、孔、孟千圣立言，人各不同，其旨则一，今之《传习录》所载首卷是也”。徐爱搜集先生自这次以来的言论，并作序与跋。在序中，他承认自己接受先生的教诲历经了三个步骤：开始时“因旧说汩没，始闻先生之教，实是骇愕不定，无入头处”，继之“其后闻之既久，渐知反身实践”，最后“始信先生之学为孔门嫡传，舍是皆傍溪小径、断巷绝河矣”。徐爱得先生平日言论，尽行搜集，相互订正，其苦心良在，可惜英年早逝，后人称其为“王门颜子”。

《传习录》最初为徐爱所辑，仅一卷，未及刊行，又难免有部分散佚。徐爱殁后不久的正德十三年（1518）八月，同是王阳明学生的薛侃（字尚谦，号中离，1486—1545）得徐爱留下的《传习录》手稿（其中问答 14 条，序 1 条，跋 1 条），加上他自己搜集的阳明讲学手稿（含问答 35 条），又加上另一同门陆澄（字元静，一字清伯，生卒年不详）所录听讲笔记凡 80 条，三人共 129 条，合为一书，首刻于江西虔州（即今赣州），称虔刻本。后录《王文成公全书》卷一，谓《传习录上》，即所谓“初刻传习录”。

（二）续刻传习录

《传习录》续刻于嘉靖三年甲申（1524）十月，南大吉（字元善，号瑞泉，1487—1541，陕西人）是这一阶段的关键性人物。作为绍兴知府，南大吉不仅以官员身份拜师阳明，还尽心整理老师文字。他复取老师论学书信共九篇，即《答顾东桥书》（又名《答人论学书》）、《启周道通书》、《答欧阳崇一》、《答罗整庵少宰书》、《答聂文蔚书》各一篇，《答徐成之》二篇，《答陆元静》二篇，合做一册为下，又将虔刻本作为上，上、下合成《传习录》二卷，命其弟南逢吉（字符真，号姜泉，1494—1574）校刻于浙江绍兴，名《续刻传习录》，又称越刻本或南刻本。作为知府的南大吉又设置稽山书院，请阳明前往讲习，并以此为教本。这时的《续刻传习录》只有上册是问答形式，下册则是论学书信形式。后来发生了几次变化：一是钱德洪作了删补附序，补入《答聂文蔚》第二书，将《答徐成之》二书移置《外集》，又以《训蒙大意》及《教约》附后，写了一篇序，并将原因作了交待。二是将下卷由书信体转换为问答体，时间稍晚，则是发生在整个《传习录》完成之时，即传习续录阶段。

（三）传习续录

南刻本《传习录》梓行后，阳明门人及时儒对该本不断有所校正续刻。嘉靖七年（1528）十一月，钱德洪与同门王畿（字汝中，号龙溪，1498—1583）相约赴广信奔师丧，讣告同门，约定用三年收录阳明遗言。同一年，门人聂豹（字文蔚，号双江，1487—1563）与陈九川（字惟浚，号明水，1494—1562）对南刻本重加厘订，删复纂行，总为六卷，刻于八闽，称“闽刻本”。嘉靖三十年（1551），时儒蔡汝南（字子木，号白石，1514—1565）、孙应奎（字文卿，号蒙泉，？—1570）两人将阳明手授《传习录》梓刻于石鼓书院，据南本翻刻，称石鼓书院本，亦称衡湘书院本。嘉靖十三年（1534），钱德洪主试山东，翌年归而删正，欲将其所录与《文录》合刻于苏州，后因母丧作罢。嘉靖三十四年（1555），门人曾才汉（字明溪，号双溪）偶获钱德洪未及付梓的手抄本，旁为采辑，汇成一集，名《遗言》（又即《遗言录》），刻于湖北。钱氏读之，认为采录未精，于是“删其重复，削去芜蔓，存其三之一，名曰《传习续录》”，刻于宁国（安徽）

水西精舍，称水西精舍本。嘉靖三十五年（1556）夏，德洪游学湖北蕲春，遇门人沈宠。沈宠担心阳明真教不传，遂力劝钱增刻逸稿。德洪决定“复取逸稿，采其语之不背者一卷，其余影响不真，于《文录》既载者，皆削之”，为求全书体例统一，德洪将中卷的书信体改为问答体，交付黄梅府尹张君刻于崇正书院。其增刻部分与《续录》部分即今《传习录》下卷，称《传习续录》，包括陈九川录21条，黄以方录15条，黄勉叔录11条，黄勉之录68条，黄以方又录27条，合142条。

明隆庆六年（1572），后学谢廷杰（生卒年不详）巡按浙江，偶“阅公（王阳明）文，见所谓录若集，各自为书”，又恐“四方之学者，或弗克尽读”，决定将汇集的阳明书札文稿作综合整理，分为六大类，第一类为《语录》三卷，即《传习录》上、中、下卷，并附录《朱子晚年定论》于后。这就是终本《传习录》，即本书所据底本。

四、《传习录》的基本思想

《传习录》的基本思想就是王阳明的基本思想，可以用“一条主线”、“三大命题”来加以概括。

“一条主线”即立志成圣。这是阳明自幼立下的伟大志向，他一生中的各个阶段，都在为实现这一志向做出不懈的努力。《传习录》中讨论的一个个问题，无一不是紧紧围绕这一志向加以展开。只要我们悉心阅读，深入思考，认真领会，不难在字里行间发现他那始终未曾泯灭的良苦用心。

“心即理”、“知行合一”和“致良知”是王阳明心学思想的三大核心命题。这三大核心命题也是紧紧围绕“成圣”主题而加以展开的。“心即理”是他成圣之路的基本立场，“知行合一”是他成圣之路的不二功夫，“致良知”则是他创造性地揭示出的本体与功夫高度一致的实现成圣理想的根本宗旨。

“心即理”之所以是成圣之路唯一可靠的立足点和出发点，就在于离开了这个立足点和出发点的成圣追求都是不可靠的和注定会失败的。宋儒以“性即理”为立足点和出发点的成圣之路，已被证明为不可行而遭致失败。陆象山虽亦以“心即理”为之立足，但其“心”限于“吾心”而非天下人之本心（良知），因而有点“粗”。

“知行合一”这一命题在《传习录》中有多处表述，由于《传习录》各条是大致地依时间顺序辑录的，所以我们能够比较清晰地看到这一理论从提出、展开、深化到成熟的大致过程。知是知什么？行是行什么？知与行的合一又是什么？无外乎，“知”是“知良知”，“行”是“行良知”，真正知道了良知就是在行良知了，切实地行良知了就是真正知道了良知。这从他晚年的《答顾东桥书》一信中可读到确切的解答：“知之真切笃实处即是行。行之明觉精察处即是知。”“知”加“行”就是“致”，“知良知”加“行良知”就是“致良知”。

“致良知”即是王阳明思想中最为简捷、最为核心的命题，也是他实现成圣理想的最根本的方法。《传习录》中多处讨论“致良知”，是最为集中的话题。

人人致良知。良知是人人所具有，无论圣凡，无论智愚，无论高低，无论贵贱，无不本心所有，不必向外寻求。良知于世间的意动，生出习染，就有了善恶之分，故须去昏蔽，革习染，以存善去恶。正心，明德，明善，诚身，省察克治，事上磨炼，是人人皆应修习的功夫，所谓利根之人一悟即透，中根及以下人，或学知利行，或困知勉行，虽“致”的功夫大小不同，人人致良知则是没有例外的。

时时致良知。“集义只是致良知”，“若时时刻刻就自心上集义，则良知之体洞然明白”，“随时就事上致其良知，便是格物”（187）。无论是白天还是黑夜，也无论是熙熙攘攘时还是人消物静时，时时皆应致良知，一刻也不能停息，“时时刻刻，须是一棒一条痕，一掴一掌血”（331），“学者时时刻刻常睹其所不睹，常闻其所不闻，工夫方有个实落处”（329）。时时皆应致良知，王阳明又将其概括为“此心更无放失时”（321）。特别是在私意方萌动时致良知，更见其功效：“你萌时这一知处，便是你的命根。当下即去消磨，便是立命功夫。”（333）

处处致良知。竭力致良知，不得有任何地方的脱离。“天地间活泼泼地，无非此理，便是吾良知的流行不息。致良知便是必有事的工夫。此理非惟不可离，实亦不得而离也。无往而非道，无往而非工夫。”（330）处富贵也好，处贫贱也罢，人前也好，独处也罢，无论处境如何变化，致良知是不变的。他把良知比作《易》：“良知即是《易》，‘其为道也屡迁，变动不居，周流六虚，上下无常，刚柔相易，不可为典要，惟变所适’。此知如何捉摸得？见的透时便是圣人。”（340）能够在变化万端之处捉摸得住，见得透，这样一种处处致良知，真是一种极高的境界。

事事致良知。《传习录》第218条有一故事：“有一属官，因久听讲先生之学，曰：‘此学甚好，只是簿书讼狱繁难，不得为学。’先生闻之曰：‘我何尝教尔离了簿书讼狱，悬空去讲学？……若离了事物为学，却是着空。’”为学就是学习致良知。阳明主张“四民异业而同道”，无论做何事，从事何职业，致良知是共同大道。

《传习录》所讨论的许多问题，无一不是围绕着“三大命题”展开，而“立志成圣”则是贯穿《传习录》全书的一大主题，也是贯穿王阳明一生思想发展从未间断的主线。

王晓昕

2017年秋于龙冈书院

传习录上

【传习录序】[①]

门人有私录阳明先生之言者。先生闻之，谓之曰："圣人教人，如医用药，皆因病立方，酌其虚实温凉阴阳内外而时时加减之，要在去病，初无定说，若拘执一方，鲜不杀人矣。今某与诸君不过各就偏蔽箴切砥砺，但能改化，即吾言已为赘疣[②]。若遂守为成训，他日误己误人，某之罪过，可复追赎乎！"

爱既备录先生之教[③]，同门之友有以是相规者。爱因谓之曰："如子之言，即又拘执一方，复失先生之意矣。孔子谓子贡，尝曰：'予欲无言。'[④]他日，则曰：'吾与回言终日。'[⑤]又何言之不一邪？盖子贡专求圣人于言语之间，故孔子以无言警之，使之实体诸心，以求自得。颜子于孔子之言，默识心通，无不在己，故与之言终日，若决江河而之海也。故孔子于子贡之无言不为少，于颜子之终日言不为多，各当其可而已。今备录先生之语，固非先生之所欲。使吾侪常在先生之门，亦何事于此？惟或有时而去侧，同门之友又皆离群索居。当是之时，仪刑既远，而规切无闻，如爱之驽劣，非得先生之言时时对越警发之，其不摧堕靡废者几希矣！吾侪于先生之言，苟徒入耳出口，不体诸身，则爱之录此，实先生之罪人矣。使能得之言意之表，而诚诸践履之实，则斯录也，固先生终日言之之心也，可少乎哉！"

录成，因复识此于首篇，以告同志。

门人徐爱序。

【注释】

① 传习：语自《论语·学而》第四章："曾子曰：'吾日三省吾身，为人谋而不忠乎？与朋友交而不信乎？传不习乎？'"传，老师向学生传授知识与学问；习，不仅仅是学习、温习，更是实习、践习。

② 赘疣：多余而无用。

③ 爱：徐爱（1487—1518），字曰仁，号横山，浙江余姚人，王阳明的妹夫，也是王阳明出狱赴龙场前的第一个学生，因德厚而早死，故有"王门颜回"之称。《传习录》卷上收录了徐爱整理的先生语录14条，系其于正德七年（1512）年底至正德十三年（1518）年初之间与先生的所问所答。

④ 予欲无言：意思是我没有话想要说。语自《论语·阳货》第二十章："子曰：'予欲无言。'子贡曰：'子如不言，则小子何述焉？'子曰：'天何言哉？四时行焉，百物生焉，天何言哉？'"子贡，姓端木，名赐，字子贡（前520—前456），春秋末年卫国人，比孔子小31岁，是一位卓越的政治家、军事谋略家、外交家和商业家，在孔子的弟子中以"言语"著称。孔子认为子贡喜欢在圣人的话语上绕来绕去，所以用不说话来警示他，以便使他在身心上去切实体验。

⑤ 吾与回言终日：语自《论语·为政》第九章："子曰：'吾与回言终日，不违如愚。退而省其私，亦足以发。回也不愚。'"回，姓颜，名回，字子渊，亦称颜渊（前521—前481），小孔子30岁，在孔子弟子中以德行修养著称。颜回能够将老师的话铭记在心，然后通过思考，用自己的

话发挥出来，所以孔子与他谈得十分投机，以至终日不疲。

【译文】

弟子中有人私下里记录先生的言论。阳明听说后，对他们说："圣贤教导人们，就像医生用药，都是根据病情来开方子，要考虑病人的体质，根据其虚实温凉、病理的阴阳内外，来适时增减药量。关键只在治病，如何用药本来就没有一定之规。如果拘泥于一种药方，很少不害人的。如今我与大家都是针对各自的毛病努力修炼，你们只要能够自行加以改正，我说的话就算是多余的吧。如果你们把我的话当作教条，以后误己误人，我的罪过就无法弥补啊！"

当时，我就将先生的这些教诲全部记录下来，同学之中还有以这些话来相互规劝的。我又对他们说："如果像你们理解的那样，就又是'拘泥于一种药方'，违背先生的用意了。孔子曾对子贡说：'我不想说什么。'后日却又说：'我与颜回谈论了一整天。'孔子的说法为何前后不一样呢？这是因为，子贡喜欢专门在圣人言语上绕来绕去，所以孔子用不想说话来警示他，让他在身心上探求其中道理，而颜回对孔子的话则默记在心，融会贯通，全都化为自己的学问，所以孔子能和颜子谈上一整天，就像决堤的江河奔向大海一般滔滔不绝。所以，孔子对于子贡，即便不说话也不算少，对于颜回，即便谈论一整天也不嫌多，彼此适合各自的情况罢了。如今我把先生的言论全部记录下来，固然不是先生所希望的。假如我们能一直待在先生身边求学，我又何须这样做呢？只是时常不在先生身边，同学们又都住在不同的地方，到那时，远离先生而无法听其教诲，像我这样愚笨的人，如果没有先生的时时警示鞭策，很难不颓废堕落。对于先生的言论，我们如果只是耳朵听听、嘴上说说，不在身体上实践体验，那么我做这番记录，岂不成了先生的罪人？如果我们能通过这些言论所表达的意思，去认真地付诸实践，那么我做的这番记录，就吻合于先生平日言论的一片用心了。我的记录就是不可缺少的了！”

记录整理完毕，再附上这篇文字于开头，以告知同学们。

弟子徐爱序。

【徐爱序】

先生于《大学》“格物”诸说[①]，悉以旧本为正[②]，盖先儒所谓误本者也[③]。爱始闻而骇，既而疑，已而殚精竭思，参互错纵，以质于先生，然后知先生之说若水之寒，若火之热，断断乎百世以俟圣人而不惑者也[④]。先生明睿天授，然和乐坦易，不事边幅。人见其少时豪迈不羁，又尝泛滥于词章，出入二氏之学[⑤]，骤闻是说，皆目以为立异好奇，漫不省究。不知先生居夷三载[⑥]，处困养静，精一之功固已超入圣域[⑦]，粹然大中至正之归矣。

爱朝夕炙门下，但见先生之道，即之若易而仰之愈高，见之若粗而探之愈精，就之若近而造之愈益无穷，十余年来竟未能窥其藩篱。世之君子，或与先生仅交一面，或犹未闻其謦欬，或先怀忽易愤激之心，而遽欲于立谈之间，传闻之说，臆断悬度，如之何其可得也？从游之士，闻先生之教，往往得一而遗二，见其牝牡骊黄而弃其所谓千里者[⑧]。故爱备录平日之所闻，私以示夫同志，相与考而正之，庶无负先生之教云。

门人徐爱书。

【注释】

①《大学》“格物”诸说：《大学》，原为《礼记》第四十二篇，宋人将其单独抽取出来，独立成篇，名《大学》。原为郑玄作注、孔颖达所疏的，称“旧本”或“古本”；后由朱熹（1130—1200）所注、分经一章和传十章的，称“章句”。“格物诸说”，指《大学》提出的“三纲领”与“八条目”，三纲领即“明明德”、“亲民”（朱熹将之更为“新民”）、“止于至善”；八条目即“格物”、“致知”、“诚意”、“正心”、“修身”、“齐家”、“治国”、“平天下”。在宋明理学中，朱熹与王阳明对“格物”的解释截然不同，且各具代表性。朱熹释“格物”为“格，至也。物，犹事也。穷至事物之理，欲其极处无不到也”，格物是格天下之物。王阳明则释格物为“格者，正也”，“心外无物”，格物即是正心，是正其不正而归之于正。

② 旧本：参见前注①。

③ 先儒：指宋儒，即二程（程颢、程颐）和朱熹。

④ “断断乎”句：等到百代以后圣人出世，也不会有疑惑。

⑤ 二氏：指佛教、道教。

⑥ 居夷三载：正德元年（1506），王阳明因上疏抗辩，获罪下狱，贬贵州龙场（今修文县）。王阳明于正德三年（1508）到任龙场驿丞，正德五年（1510）离开，跨三个年头。龙场当时尚未开化，故称“夷”。

⑦ 精一之功：意为精纯的功夫。语自《尚书·大禹谟》："人心惟危，道心惟微，惟精惟一，允执厥中。"后人称"十六字心诀"。道心即人之本心，杂以人伪即为人心，去除人伪而使心归于中正，谓之精一之功。

⑧ 见其牝牡骊黄而弃其所谓千里者：字面意思是只看到马的公母和颜色等外观，而看不到其作为千里马的内涵。比喻只见现象（粗）不见本质（精）。典自《淮南子·道应训》与《列子·说符》：伯乐介绍九方堙为秦穆公（前659—前619）相马。三个月以后，九方堙回报说找到一匹黄色公马。将马带来一看，却是一匹黑色母马。秦穆公不悦，问伯乐，伯乐说："若堙之所观者，天机也。得其精而忘其粗，在内而望其外，见其所见而不见其所不见，视其所视而遗其所不视。"结果证实，九方堙所相果为千里马。

【译文】

先生对于《大学》中"格物"等学说，都以旧版本为凭据，也就是先儒所说的错误版本。我刚听说时十分惊骇，而后感到疑惑，不久后竭力思考相互比对，来向先生询问，然后才明白先生的学说如水般清凉，如火般热烈，绝对是百代之后的圣人也不会怀疑的。先生的聪明睿智天生即有，又和气乐观坦荡平易，不拘于小节。旁人见他年少时豪迈不羁，又曾经作过很多诗赋，出入都是佛道两家的学问，突然听闻他的学说，都会认为是标新立异，却不去作深入的探究。他们不知道先生在夷地居住的三年中，在困境中修养平静、精一的功夫，已经超然进入圣域，完成了纯粹伟大中正最正统的回归。

我终日在先生门下请教，但见先生的道义，接近时似乎容易，而仰慕时更加高远；初见时似乎粗略，而探究时更加精深；接近时似乎浅显，深究时更无止境。十多年来，我始终未能探测到他的高深。如今的所谓君子，有的与先生只有一面之缘，有的从未听过先生的言谈，有的事先怀有轻视激愤的情绪，仓促地想要根据三言两语、传闻流言来臆断揣度，这样怎么能领会先生的学识呢？门生们聆听先生的教导，往往领会的少而遗失的多。就如相马的时候，只看到马的公母和外貌，而看不到它作为千里马的特质。因此我详细记录下平日的所见所闻，私下里拿给同行学者们看，互相考证，希望不至辜负先生的教诲。

学生徐爱作。

一

爱问："'在亲民'，朱子谓当作'新民'，后章'作新民'之文似亦有据[①]；先生以为宜从旧本作'亲民'，亦有所据否？"

先生曰："'作新民'之'新'是自新之民，与'在新民'之'新'不同，此岂足为据？'作'字却与'亲'字相对，然非'新'字义[②]。下面'治国平天下'处，皆于'新'字无发明，如云'君子贤其贤而亲其亲，小人乐其乐而利其利'、'如保赤子'、'民之所好好之，民之所恶恶之，此之谓民之父母'之类[③]，皆是'亲'字意。'亲民'犹孟子'亲亲仁民'之谓[④]，亲之即仁之也。百姓不亲，舜使契为司徒，敬敷五教[⑤]，所以亲之也。《尧典》'克明峻德'便是'明明德'[⑥]；'以亲九族'至'平章''协和'[⑦]，便是'亲民'，便是'明明德于天下’。又如孔子言‘修己以安百姓’[⑧]，‘修己’便是‘明明德’；‘安百姓’便是‘亲民’。说‘亲民’便是兼教养意，说‘新民’便觉偏了。”

【注释】

① 朱熹将《大学》首篇“在亲民”改为“在新民”，依据在于《大学》下文引《康诰》所曰“作新民”，以此证“亲当作新”。王阳明却认为，应当依从旧本《大学》的“亲民”。是“亲民”还是“新民”，王阳明与朱熹的这一分歧，构成宋明理学中的所谓“亲新之辩”。

② 然非“新”字义：邓艾民《传习录注疏》认为，《王文成公全书》本“新”讹作“亲”，故据闾东本改正。本注采邓说。

③“如云”之后所引三句，语自《大学章句》第三、九、十章。王阳明认为，此三句出自圣人口，均可证诸“亲民”，而非“新民”。

④ 亲亲仁民：语自《孟子·尽心上》第四十五章：“君子之于物也，爱之而弗仁；于民也，仁之而弗亲。亲亲而仁民，仁民而爱物。”

⑤舜使契为司徒，敬敷五教：舜，传说中五帝之一。契，商族的始祖，曾助禹治水有功，被舜封为司徒，掌管教化。敷，布、施。五教，五种伦理道德，即父义、母慈、兄友、弟恭、子孝。

⑥ 克明峻德：语自《尚书·尧典》。克，能也；峻，又作“俊”，才智过人者称俊；明德，语自《大学》。克明峻德：能将俊才者高尚的德性发扬光大。

⑦ 以亲九族、平章、协和：均语自《尚书·尧典》。九族，汉代今古文两家所说不同。《左传·桓公六年》注疏引今文家夏侯、欧阳，以为九族系异姓亲族，即父族四、母族三、妻族二，汉《白虎通·宗族篇》取此说；

古文家马融、郑玄《尚书注》均以九族为同宗，即以自己为本位，上推四代（父、祖、曾祖、高祖），下推四代（子、孙、曾孙、玄孙），合称九族。孔安国《传》采此说。此后古代社会立宗法、定丧服，皆以此为准。本注采此说。

⑧ 修己以安百姓：语自《论语·宪问》第四十二章："修己以安百姓，尧、舜其犹病诸！"意思是说，修养自己而使老百姓得以安乐，就是尧、舜也不能说完全做到了。

【案】

从注 ③ 至注 ⑧，都是王阳明所引圣人语录，用以证明应恢复《大学》古本（即旧本）中"亲民"的提法，而不同意朱熹将"亲民"改为"新民"。

【译文】

徐爱问："《大学》中的'在亲民'，朱熹说应当写作'新民'。后面章节中有'作新民'一句，好像也可以作为依据。先生认为应该遵从旧版本写作'亲民'，请问有什么依据吗？"

先生说："'作新民'的'新'，是自新之民的意思，与'在新民'的'新'不同。前者岂足以作为后者的依据呢？'作'字和'亲'字相对应，并不是'新'字的意思。下面'治国平天下'等地方，对'新'字并没有说明。比如，'君子能够尊重贤人，亲近亲人，百姓得以享受安乐，获得利益'、'爱人民如同爱护婴儿一样'、'人民喜爱的，他也喜爱；人民憎恶的，他也憎恶，这样的国君就可以称得上是人民的父母'之类，都是对'亲'字的说明。

‘亲民’，犹如孟子所说的‘亲亲仁民’，‘亲之’就是仁爱。百姓不仁爱，舜就任命契为司徒，恭敬地施行五种道德教化，来让他们互相仁爱。《尧典》中的‘克明峻德’就是‘明明德’，从‘以亲九族’到‘平章’、‘协和’，就是‘亲民’，就是‘明明德于天下’。又比如，孔子说过的‘修养自己以安顿百姓’，‘修己’就是‘明明德’，‘安百姓’就是‘亲民’。说到‘亲民’，便已经兼有了教诲和养育的意思，改成‘新民’就觉得偏颇了。”

二

爱问：“‘知止而后有定’[①]，朱子以为‘事事物物皆有定理’，似与先生之说相戾。”

先生曰：“于事事物物上求至善，却是义外也[②]，至善是心之本体，只是‘明明德’到‘至精至一’处[③]便是，然亦未尝离却事物，本注所谓‘尽夫天理之极，而无一毫人欲之私’者得之[④]。”

【注释】

① 知止而后有定：语自《大学》。朱熹将这句话解释为“事事物物皆有定理”，见朱熹《大学或问》：“能知所止，则方寸之间，事事物物皆有定理矣。”

② 义外：语自《孟子·告子上》：“告子曰：‘食、色，性也。仁，内也，非外也。义，外也，非内也。’”孟子反对告子义在心外的观点，认为仁和义都在人心之中。

③ 至精至一处：参看徐爱序注⑦。指心本体所达到的最高境界。

④ 本注：指朱熹《大学章句》第一章注，其云："明明德、新民，皆当止于至善之地而不迁。盖必其有以尽夫天理之极，而无一毫人欲之私也。"朱熹认为只有能够"尽夫天理之极"，"而无一毫人欲之私"，才是达到了"至善之地"的境界。王阳明虽然引用了朱熹的这段原话，但不同的是，他认为这"至善之地"就是"心之本体"，而非"义外"；不是到事事物物上去求至善，而是通过"明明德"到达至精至一处。

【译文】

徐爱问："《大学》中的'知道应达到的境界才能够志向坚定'，朱熹将其解释为万事万物都有特定的道理，这似乎与您的学说相违背呀？"

先生说："在万事万物上探究至高无上的善，就是把义看成外在的东西了。至高无上的善是心的本体，只要'明明德'达到至精至一的地步便是至善了，然而也没有脱离客观事物。朱熹在《大学章句》中说，'只有穷尽天理而没有一丝一毫私心杂念'的人，才能达到至善境界。"

三

爱问："至善只求诸心，恐于天下事理有不能尽。"

先生曰："心即理也[①]。天下又有心外之事、心外之理乎？"

爱曰："如事父之孝，事君之忠，交友之信，治民之仁，其间有许多理在，恐亦不可不察。"

先生叹曰："此说之蔽久矣，岂一语所能悟？今姑就所问者言之：且如事父，不成去父上求个孝的理；事君，不成去君上求个忠的理；交友治民，不成去友上、民上求个信与仁的理。都只在此心，心即理也。此心无私欲之蔽，即是天理，不须外面添一分。以此纯乎天理之心，发之事父便是孝，发之事君便是忠，发之交友治民便是信与仁。只在此心去人欲、存天理上用功便是②。”

爱曰：“闻先生如此说，爱已觉有省悟处。但旧说缠于胸中，尚有未脱然者。如事父一事，其间温凊定省之类有许多节目③，不知亦须讲求否？”

先生曰：“如何不讲求？只是有个头脑，只是就此心去人欲、存天理上讲求。就如讲求冬温，也只是要尽此心之孝，恐怕有一毫人欲间杂；讲求夏凊，也只是要尽此心之孝，恐怕有一毫人欲间杂，只是讲求得此心。此心若无人欲，纯是天理，是个诚于孝亲的心，冬时自然思量父母的寒，便自要去求个温的道理；夏时自然思量父的热，便自要去求个凊的道理。这都是那诚孝的心发出来的条件。却是须有这诚孝的心，然后有这条件发出来。譬之树木，这诚孝的心便是根，许多条件便是枝叶，须先有根然后有枝叶，不是先寻了枝叶然后去种根。《礼记》言：‘孝子之有深爱者，必有和气；有和气者，必有愉色；有愉色者，必有婉容。’④须是有个深爱做根，便自然如此。”

【注释】

① 心即理：王阳明心学的基本命题，此在王阳明文献中或为最先出

现。此语源自陆象山《与李宰》:“四端者,即此心也。天之所以与我者,即此心也。人皆有是心,心皆具此理。心即理也。”王阳明龙场悟道,深蕴“圣人之道,吾性自足”,“向之求理于事物者误也”,于是确立了心学立场,“心即理”成为其核心命题。

② 去人欲,存天理:宋明理学家所共同持有的基本原则与立场。天理是善的道德原则与道德规范,人欲中包含有恶,是对善的道德原则与规范的背离。但宋明理学中的理学派与心学派各自对“天理”之所在解释不同,程朱理学认为“天理”存在于世间万物之中,陆王心学则主张天理存在于人心之中。

③ 定省:语自《礼记·曲礼上》第十节:“凡为人子之礼,冬温而夏凊,昏定而朝省。”昏定,指做儿女的要替父母安顿好晚间的就寝之事;朝省,早上要向父母请安。

④ “《礼记》言”句:语自《礼记·祭义》第十四节。对长辈的孝,发自内心的深爱是最根本的,然后才会有和气的态度、愉悦的气色和美好的表情。《论语·为政》有“子游问孝”:“子曰:‘今之孝者,是谓能养,至于犬马,皆能有养,不敬,何以别乎?’”孝父母不仅仅是提供给养,如果不敬,与养犬马有何区别呢?又“子夏问孝”:“子曰:‘色难。有事弟子服其劳,有酒食先生馔,曾是以为孝乎?’”色难,脸色难看。这些都是说,发自内心的仁爱和诚敬,才是孝道的根本。

【译文】

徐爱问:“只在心中探求至善,恐怕世上万事万物的道理,是不能穷尽的。”

先生说:“心就是天理,世界上哪里有存在于人心之外的事物和道理呢？”

徐爱说：“就像侍奉父亲的孝心，辅佐君王的忠心，结交朋友的诚心，治理百姓的仁心，这其中都有很多的道理，恐怕也不能不去考察吧。”

先生慨叹道：“这种说法蒙蔽人很久了，岂是一句话就能说得清的？现在姑且就你所问来回答。比如侍奉父亲，难不成还去父亲身上寻找孝的道理吗？辅佐君王，难不成还去君王身上寻找忠的道理吗？结交朋友、治理百姓，难不成还去朋友身上、百姓身上寻找诚信和仁爱的道理吗？所有这些道理都只在人的心中，人心就是天理，只要没有被私欲蒙蔽，就是天理，不需要从外面添加一分。将这种纯粹天理的心，用来侍奉父亲就是孝，用来辅佐君王就是忠，用来结交朋友、治理百姓就是诚信和仁爱。只要在去掉心中的私欲、存养心中的天理上用功就行了。”

徐爱说：“听先生这么说，我已经觉得有所省悟了。但是以前的观点还在我心中纠结，还有摆脱不掉的地方。比如侍奉父亲这件事，其中的使父亲冬暖夏凉、早晚请安之类事情，有很多细节，不也需要很讲究吗？”

先生说：“怎能不讲究呢？只是要有个主次，只要在摒弃私欲、存养天理上讲究便行了。比如讲究父母冬天的保暖问题，也仅仅是要尽一尽自己的孝心，生怕有丝毫的私心杂念存在于其中；如何使父母夏天凉快，也只是想尽尽孝心，生怕有丝毫私欲夹杂在里面，只是讲究这份心。这份心如果没有任何私欲，纯属天理，是颗诚实孝敬的心，冬天自然会想到父母的寒冷，于是就会寻求保暖的道理；夏天自然会想到父母的炎热，于是就会寻求清凉的道理。这些都是那颗诚实孝敬的心发出来的一件件具体的事情。只有先有了这颗诚实孝敬的心，才能产生出具体的事情。比如树木，诚实孝敬的心便是树根，许多具体的事情就是树的枝叶，必须是先有树根然后才会有枝叶，而不是先找到枝叶然后才去种树根。《礼记》中说：'深爱父母的孝子，对待父母一定很和气，有和气的态度一定会有愉悦的气色，有愉悦的气色就一定会有美好的表情。'有个深爱作树根，就自然会如此。"

四

郑朝朔问[①]："至善亦须有从事物上求者[②]？"

先生曰："至善只是此心纯乎天理之极便是，更于事物上怎生求？且试说几件看。"

朝朔曰："且如事亲，如何而为温凊之节，如何而为奉养之宜，须求个是当，方是至善，所以有学问思辩之功[③]。"

先生曰："若只是温凊之节、奉养之宜，可一日二日讲之而尽，用得甚学问思辩？惟于温凊时，也只要此心纯乎天理之极；奉养时，也只要此心纯乎天理之极。此则非有学问思辩之功，将不免于毫厘千里之缪[④]，所以虽在圣人，犹加'精一'之训。若只是那些仪节求得是当便谓至善[⑤]，即如今扮戏子，扮得许多温凊奉养的仪节是当，亦可谓之至善矣。"

爱于是日又有省。

【注释】

① 郑朝朔：名一初，广东揭阳人，官至监察御史。王阳明任吏部主事时（1511），朝朔为御史，曾向阳明问学。朝朔死，阳明撰《祭郑朝朔文》（见《王文成公全书》，页1095，中华书局2015年版）。

② 至善：儒家所谓最高境界的善。语自《大学》首章："大学之道，在明明德，在亲民，在止于至善。"王阳明认为，至善只存在于人的本心，无需向外寻找。

③ 学问思辩：语自《中庸》第二十章："博学之，审问之，慎思之，明辩之，笃行之。"

④ 毫厘千里之缪：语自《礼记·经解》："差以毫厘，谬以千里。"比喻表面上看起来是微小的区别，实际上存在巨大的误差。

⑤ 仪节：仪，仪式；节，礼节，节目。比喻表面现象。

【译文】

郑朝朔问："至高无上的善也需要从具体事物上求得吗？"

先生说："至高无上的善只是使自己的心达到纯粹天理的境界就是了，怎么能从具体的事物上求得呢？你姑且举几个具体的例子看。"

朝朔说："比如侍养父母，怎样做到防寒降暑适当，侍奉赡养适度，务必寻求得当，才是至善。因此就有了学习、询问、思考、辩别的功夫。"

先生说："如果只是防寒降暑、侍奉赡养的问题，那么一天两天就可以讲完了，还用得着什么学、问、思、辩？为父母防寒降暑、侍奉赡养时，只要自己的心达到纯粹天理的境界就行了。然而要做到这一点，如果没有学、问、思、辩的功夫，将难免差之毫厘，失之千里了。所以即使是圣人，仍然要加上'精一'的要求。如果只是把那些礼节讲求得适当，就说是至高无上的善，那么现在戏子的表演也有许多冬温夏凊、奉养合宜的礼仪情节，也可以称之为至善了。"

徐爱在这天又有所省悟。

五

爱因未会先生"知行合一"之训[①]，与宗贤、惟贤往复辩论[②]，未能决，以问于先生。

先生曰："试举看。"

爱曰："如今人尽有知得父当孝、兄当弟者，却不能孝、不能弟，便是知与行分明是两件。"

先生曰："此已被私欲隔断，不是知行的本体了。未有知而不行者。知而不行，只是未知。圣贤教人知行，正是要复那本体，不是着你只恁的便罢。故《大学》指个真知行与人看，说'如好好色，如恶恶臭'[③]。见好色属知，好好色属行。只见那好色时已自好了，不是见了后又立个心去好。闻恶臭属知，恶恶臭属行。只闻那恶臭时已自恶了，不是闻了后别立个心去恶。如鼻塞人，虽见恶臭在前，鼻中不曾闻得，便亦不甚恶，亦只是不曾知臭。就如称某人知孝，某人知弟，必是其人已曾行孝行弟，方可称他知孝知弟，不成只是晓得说些孝弟的话，便可称为知孝弟。又如知痛，必已自痛了方知痛；知寒，必已自寒了；知饥，必已自饥了。

知行如何分得开？此便是知行的本体[④]，不曾有私意隔断的。圣人教人，必要是如此，方可谓之知，不然，只是不曾知。此却是何等紧切着实的工夫！如今苦苦定要说知行做两个，是甚么意？某要说做一个，是甚么意？若不知立言宗旨，只管说一个两个，亦有甚用？”

爱曰：“古人说知行做两个，亦是要人见个分晓，一行做知的功夫，一行做行的功夫，即功夫始有下落。”

先生曰：“此却失了古人宗旨也。某尝说知是行的主意，行是知的功夫；知是行之始，行是知之成。若会得时，只说一个知，已自有行在；只说一个行，已自有知在。古人所以既说一个知又说一个行者，只为世间有一种人，懵懵懂懂的任意去做，全不解思惟省察，也只是个冥行妄作，所以必说个知，方才行得是；又有一种人，茫茫荡荡悬空去思索，全不肯着实躬行，也只是个揣摸影响，所以必说一个行，方才知得真。此是古人不得已补偏救弊的说话，若见得这个意时，即一言而足。今人却就将知行分作两件去做，以为必先知了，然后能行。我如今且去讲习讨论做知的工夫，待知得真了，方去做行的工夫，故遂终身不行，亦遂终身不知。此不是小病痛，其来已非一日矣。某今说个知行合一，正是对病的药。又不是某凿空杜撰，知行本体原是如此。今若知得宗旨时，即说两个亦不妨，亦只是一个；若不会宗旨，便说一个，亦济得甚事？只是闲说话。”

【注释】

① 知行合一：王阳明心学的重要命题，此在王阳明文献中或为最先出现。据《年谱》，王阳明在贵阳文明书院时（1509）首次提出知行合一。在王阳明看来，“知”就是“良知”，是人所本具于心的道德理想和是非观念，“行”就是“行良知”，依良知而行。知（道德理念）一旦发生，便是在行（道德践履）了，二者是不可分离的，故谓之“合一”。比如，道德理念有善恶之分，如果恶的念头（知）一旦发生，便立即把它克倒（行），不使这恶的念头潜伏在心中。王阳明针对朱熹的“知先行后”提出了批评。

② 宗贤：黄绾（1477—1551），字宗贤，号文庵，浙江黄岩人，官至礼部尚书，王阳明的学生。惟贤：顾应祥（1483—1565），字惟贤，号箬溪，浙江长兴人，官至兵部侍郎，王阳明的学生。

③ 如好好色，如恶恶臭：语自《大学》：“所谓诚其意者，毋自欺也。如恶恶臭，如好好色，此之谓自谦。”第一个“好”（读四声）字和第一个“恶”（读 wù）字皆为动词，皆为“行”的范畴。王阳明以此“好好色”、“恶恶臭”的例子来说明“知”与“行”的合一具有必然性。

④ 本体：宋明理学中，“本体”一词可有三种含义：一是指某种存在的本来状态、本来面目、本来属性；一是指“体用”范畴之下存在于现象背后的本质、根据、原因；一是为阳明常使用到的与功夫相对应的本体。此处“本体”为本来面目的意思。参见第八条注①。

【译文】

徐爱因为没有领会先生“知行合一”的要求，就与宗贤、惟贤反复辩论，仍然弄不明白，于是就向先生请教。

先生说："试着举个例子看看。"

徐爱说："比如现在人人都知道应该孝顺父母、尊敬兄长，但事实上却不能做到孝顺和尊敬，由此可知，知与行分明是两件事。"

先生说："这种人的知行已经被私欲隔断了，不再是知行的本来面目了。没有知而不行的，知而不行，只是不知。圣贤教育人们既要知，又要行，就是要恢复知与行的本来面目，不是只教你随意地去应付。因此《大学》给出了一个真知真行的例子给人看，说'就像喜欢美色和厌恶臭气一样'，看见美色属于知，喜欢美色属于行，人一旦看见美色就自然喜欢上了，而不是看见之后再另生出一个心去喜欢；闻到臭气属于知，厌恶臭气属于行，一旦闻到臭气就自然厌恶了，而不是闻到之后再另生出一个心去厌恶。比如鼻子不通的人，即使看到腐臭的东西在面前，鼻子闻不到，也就不会太厌恶，也只是不曾认识到臭。就好像说某人知道孝敬父母、尊敬兄长的道理，一定是这个人已经有了孝顺、尊敬的行为，才可以说他知道孝顺、尊敬的道理。难不成只知道说些孝顺、尊敬的话，就可以说懂得了孝顺、尊敬的道理吗？再比如知道痛楚，一定是自己已经痛过了，才知道什么是痛楚；知道寒冷，必然是经历了寒冷；知道饥饿，必然是经历了挨饿。知行如何分得开？这就是知行的本来面目，不曾被私欲隔断。圣人教育学生一定是这样，才可以称之为知，否则就不是真正的知。这是多么要紧而切合实际的功夫啊！现在非要把知行说成两件事情，是什么意思？我则把知行说成是一件事，又是什么意思？如果不明白我这番话的宗旨，只管在那争论知行是一件事还是两件事，又有什么用呢？”

徐爱说：“古人把知行说成两回事，也只是让人弄个明白，一边做知的功夫，一边做行的功夫，这样功夫才能落到实处。”

先生说：“这样说就丢失了古人的本意了。我曾经说过，知是行的主脑，行是知的贯彻；知是行的开始，行是知的完成。如果能够领会这一点，只说一个知，已自然有行的存在；只说一个行，已自然有知的存在了。古人之所以说了一个知，又说一个行，是因为社会上有一种人，昏头昏脑地由着性子去做事情，根本不认真地观察思考，也只是些盲目的行动、妄意的作为，所以必须给他强调一个知的道理，他才能行得正确。还有一种人，只会无边无际地空想，完全不肯亲自去行动，也只是在那里主观猜测，所以必须给他强调行的道理，他才能知得真切。这些都是古人为了补偏救弊不得已这样说的，如果能真正领会其中的含义，那用知行合一这句话就可以说清楚了。现在的人偏偏要将知与行分成两件事情去做，认为必须先认识了才能去实践。如果我现在只去讨论怎样做到知的功夫，等到真正知了再去做行的功夫，那就会终身不能实践，也就会终身一无所知。这决不是个小毛病，其由来也不是一天两天了。我现在强调的知行合一，正是对症下药，决不是我凭空杜撰的，知与行的本来面目就是如此。今天你们如果掌握了这个宗旨，即使把知与行分开来说出也无妨，仍然是一码子事；如果你们没有领会这个宗旨，就算把知与行说成一个也无济于事，只是在说废话罢了！”

六

爱问："昨闻先生'止至善'之教[①]，已觉功夫有用力处。但与朱子'格物'之训[②]，思之终不能合。"

先生曰："格物是止至善之功，既知至善，即知格物矣。"

爱曰："昨以先生之教推之格物之说，似亦见得大略。但朱子之训，其于《书》之'精一'，《论语》之'博约'[③]，《孟子》之'尽心知性'[④]，皆有所证据，以是未能释然。"

先生曰："子夏笃信圣人[⑤]，曾子反求诸己[⑥]。笃信固亦是，然不如反求之切。今既不得于心，安可狃于旧闻，不求是当？就如朱子，亦尊信程子[⑦]，至其不得于心处，亦何尝苟从？'精一'、'博约'、'尽心'本自与吾说吻合，但未之思耳。朱子格物之训，未免牵合附会，非其本旨。精是一之功，博是约之功。曰仁既明知行合一之说，此可一言而喻。尽心、知性、知天，是生知安行事；存心、养性、事天，是学知利行事；夭寿不贰，修身以俟，是困知勉行事[⑧]。朱子错训'格物'，只为倒看了此意，以'尽心知性'为'物格知至'，要初学便去做生知安行事，如何做得？"

爱问："'尽心知性'，何以为'生知安行'？"

先生曰："性是心之体，天是性之原，尽心即是尽性。'惟天下至诚为能尽其性，知天地之化育[⑨]。'存心者，心有未尽也。知天，如知州、知县之知，是自己分上事，已与天为一；事天，如子之事父，臣之事君，须是恭敬奉承，然后能无失，尚与天为二，此便是圣贤之别。至于‘夭寿不贰其心’⑩，乃是教学者一心为善，不可以穷通夭寿之故，便把为善的心变动了，只去修身以俟命；见得穷通寿夭有个命在，我亦不必以此动心。事天虽与天为二，已自见得个天在面前；俟命便是未曾见面，在此等候相似：此便是初学立心之始，有个困勉的意在。今却倒做了，所以使学者无下手处。”

爱曰：“昨闻先生之教，亦影影见得功夫须是如此。今闻此说，益无可疑。爱昨晓思格物的物字即是事字，皆从心上说。”

先生曰：“然。身之主宰便是心，心之所发便是意，意之本体便是知，意之所在便是物。如意在于事亲，即事亲便是一物；意在于事君，即事君便是一物；意在于仁民爱物，即仁民爱物便是一物；意在于视听言动，即视听言动便是一物。所以某说无心外之理，无心外之物。《中庸》言‘不诚无物’⑪，《大学》‘明明德’之功，只是个诚意。诚意之功只是个格物。”

【注释】

① 止至善：语自《礼记·大学》，参见“徐爱序”注①。指通过努力达到善的最高境界。王阳明的“止至善”之教，在于对“格物”的解释与朱熹不同，是要通过精一之功，对心之本体的人伪加以革除而恢复其至中至正，从而达到善的最高境界。

② 朱子“格物”之训：语自朱熹《大学章句》。参见“徐爱序”注①。朱熹的格物之训，则是要通过对世间事事物物的逐一探寻，而达到善的

最高境界。所以徐爱才有“思之终不能合”，向先生发此一问。

③ 博约：博文，约礼。语自《论语·雍也》第二十五章：“子曰：‘君子博学于文，约之以礼，亦可以弗畔矣夫。’”又《论语·子罕》第十章：“颜渊曰：‘夫子循循然善诱人，博我以文，约我以礼。’”博我以文，用广博的文化知识来充实我；约我以礼，用一定的礼节来约束我。

④ 尽心知性：语自《孟子·尽心上》第一章：“尽其心者，知其性也；知其性，则知天矣。”充分发挥人善良的本心，也就知道了人的本性；知道了人的本性，也就知道了天命。

⑤ 子夏：姓卜，名商，孔子的学生。

⑥ 曾子：名参，字子舆，孔子的学生。

⑦ 程子：一般指北宋理学家程颢、程颐两兄弟，此处指程颢。其弟程颐又称小程子。

⑧ 困知勉行：《中庸》云：“或生而知之，或学而知之，或困而知之，及其知之，一也。或安而行之，或利而行之，或勉强而行之，及其成功，一也。”知的三种情形都是知，结果是一样的；行的三种情形只要最终都能做成事，也是一样的。

⑨ 天地之化育：语自《中庸》第二十二章：“能尽物之性，则可以赞天地之化育；可以赞天地之化育，则可以与天地参矣。”意思是能充分发挥万物的本性，就可以帮助天地化育生命；能帮助天地化育生命，就可以与天地并列为三了。

⑩ 夭寿不贰其心：语自《孟子·尽心上》第一章：“夭寿不贰，修身以俟之，所以立命也。”朱熹《孟子集注》云：“知天而不以夭寿贰其心，智之尽也；事天而能修身以俟死，仁之至也。”贰，怀疑，动摇。夭寿不贰其心，不以寿命的长短而怀疑、动摇自己的心。

⑪ 不诚无物：语自《中庸》第二十五章："诚者物之终始，不诚无物。是故君子诚之为贵。"诚者，诚敬之心者也。惟诚敬之心方能把握事物之终始，无诚敬之心也就没有了事物。王阳明引《中庸》"不诚无物"，正是为了说明"心外无事"、"心外无物"。

【译文】

徐爱问："昨天听了先生'止至善'的教诲，已经觉得功夫有着力的地方了。但思来想去，与朱子关于格物的训导始终无法吻合。"

先生说："格物是'止至善'的功夫，既然明白了'至善'，也就明白'格物'了。"

徐爱说："昨天用先生的教诲，推论到格物的学说，似乎也能明白大略要义。但朱子的训导，有《尚书》中的'精一'论、《论语》中的'博约'论和《孟子》中的'尽心知性'，都有所依据，因此还没能完全消除疑虑。"

先生说："子夏坚定地相信圣人，曾子反省探求自身。笃信圣人固然是正确的，然而比不上反省探求自身更深切。现在既然没能完全消除疑虑，又怎么能习惯性地轻信旧说，不探求正确的答案呢？就比如说朱子也尊敬相信程子和他的学说，但对于不符合他自已想法的，又什么时候盲从过呢？'精一'、'博约'、'尽心'这些学说，本来与我的学说是吻合的，只是你没有恰当思考罢了。朱子关于格物的训诫，未免牵强附会了，并不是格物原本的要旨。追求精粹是达到纯极的功夫，广求学问是恪守礼法的功夫。你既然已经明白了'知行合一'的学说，这就可以用一句话解释了。‘尽心知性知天’是‘生知安行’能够达到的事，‘存心养性事天’是‘学知利行’能够达到的事，‘无论寿命长短，都不三心二意，而要修养自身，等待天命’是‘困知勉行’能够达到的事。朱子解错格物的学说，只是因为颠倒了这含义，认为‘尽心知性’就是‘物格知至’，要初学的人去达到‘生知安行’的事，如何做得到？”

徐爱问：“‘尽心知性’，怎么会是‘生知安行’所能达到的呢？”

先生说：“人的本性是本心的主体，天理则是本性的源头，因此扩充天生的善心就是彻底发挥本性。‘只有天下至为诚心的人，才能彻底发挥他的本性，才能认知天地的造化育成。’怀着天生的善心，也就是说善心并没有得到彻底发挥。‘知天’就像知州、知县的‘知’，是自己分内的事，已经与天合二为一。侍奉天，就像儿子侍奉父亲、臣子侍奉君主，必须恭敬奉承，然后才能没有过错。仍旧与天没有合为一体，这就是圣人和贤人的区别。至于‘夭折与长寿没有分别’这种本心，是教导为学者一心行善，不能因为生活和寿命的变化就动摇行善的心，而只顾着去修身以待天命，至于生活和寿命好坏长短，有天命在，我们也不必为此动摇心志。侍奉天，虽然与天未能合二为一，但已经认识到天理的存在。等待天命，就与从未见面却在此等候类似。这就是初学建立本心时，有刻苦勤奋的意思在。如今却颠倒顺序了，所以使得学者无从下手。”

徐爱说：“昨天听了先生的教诲，也隐约感到功夫应该这样用。现在又听到先生这样训诫，更没有可疑惑的了。我昨晚思考，格物的'物'字就是'事'字，都是从本心上来说的。"

先生说："是。身体的主宰就是本心，本心的生发就是意念，意念的本体就是认知，意念的所在就是事物。如果意念在侍奉亲人上，那么侍奉亲人就是一件事物。如果意念在侍奉君主上，那么侍奉君主就是一件事物。如果意念在仁治百姓、爱护万物上，那么仁治百姓、爱护万物就是一件事物。如果意念在视听言动上，那么视听言动就是一件事物。所以我说没有本心之外的天理，没有本心之外的事物。《中庸》说'不诚心就没有万事万物'，《大学》'弘扬光明正大的品德'的功夫，讲的都是诚意。诚意的功夫，就是格物。"

七

先生又曰："格物[①]，如《孟子》'大人格君心'之'格'[②]，是去其心之不正，以全其本体之正。但意念所在，即要去其不正以全其正，即无时无处不是存天理[③]，即是穷理。天理即是'明德'，穷理即是'明明德'[④]。"

【注释】

① 格物：《大学》提出八个"条目"："格物、致知、诚意、正心、修身、齐家、治国、平天下"。"格物"为首条目。朱熹解释"格物"："格，至也。物，犹事也。穷至事物之理，欲其极处无不到也。""至于用力之久，而一旦豁然贯通焉，则众物之表里精粗无不到，而吾心之全体大用无不明矣。此谓格物，此谓知之至也。"（朱熹《大学章句》）而王阳明则解释"格物""是去其心之不正，以全其本体之正"。

②大人格君心：语自《孟子·离娄上》第二十章："人不足与谪也，政不足（与）间也，惟大人为能格君心之非。君仁莫不仁，君义莫不义，君正莫不正，一正君而国定矣。"谪，过也；间，非也，不及也；大人，大德之人；格，正、纠正。只有大德之人方能纠正君心之过错，使君心归于仁义，君心正则国家安定。

③存天理："天理"与"人欲"相对，是宋明理学中的一对基本范畴。伊川说："不是天理便是私欲。无人欲即皆天理。"（《河南程氏遗书》卷十五，《二程集》第一册，页144，中华书局1981年版）朱子说："天理人欲常相对。"（《朱子语类》卷十三，第一册，页224，中华书局1986年版）还说："人之一心，天理存则人欲亡，人欲胜则天理灭，未有天理人欲夹杂者。"（同上）"尽夫天理之极而无一毫人欲之私。"（《大学章句》首章）王阳明说："天理人欲不并立。"（《传习录上》，《王文成公全书》第一册，页9，中华书局2015年版）王阳明通常将"人欲"概括为人的"好色、好利、好名之心"，"学者学圣人，不过是去人欲而存天理耳"（同上，页28）。什么是"天理"呢？"减得一分人欲便是复得一分天理"（同上），恢复到心的本体，"方是天下之大本"，便是存天理。但有时宋明儒家的"人欲"也指生理学、心理学上的感性欲望，并不与"天理"完全排斥。如朱子说"虽是人欲，人欲中自有天理"（《朱子语类》卷十三，第一册，页224），此"人欲"实际上相当于"气质之性"，与"存天理，灭人欲"一语中的"人欲"的涵义有别，他们主张去除的"人欲"特指道德上的"恶"。

④明明德：《大学》提出"三纲领"，即"明明德、亲民、止于至善"，"明明德"为首语。

【译文】

先生又说："格物，好比是《孟子》书中'大人格君心'的'格'，是去掉心中不正确的东西，以成全心中正确的东西。但凡是有意念活动之处，去掉错误的东西，保全正确的东西，就无时无处不是在存天理，就是在穷理。天理就是明德，穷理就是明明德。"

八

又曰："知是心之本体[①]，心自然会知：见父自然知孝，见兄自然知弟，见孺子入井自然知恻隐[②]，此便是良知[③]，不假外求。若良知之发，更无私意障碍，即所谓'充其恻隐之心，而仁不可胜用矣'[④]。然在常人不能无私意障碍，所以须用致知格物之功胜私复理。即心之良知更无障碍，得以充塞流行[⑤]，便是致其知[⑥]。知致则意诚。"

【注释】

① 心之本体：在宋明理学中，"本体"一词可有不同涵义：或指某种存在的本来状态、本来面目、本来属性；或于"体用"范畴之中，指存在于表象背后的本原性实体、现象之中的原因和本质。然而在宋明理学尤其是阳明心学中，还有一种特殊的用法，就是与工夫相对而言的本体，涵指行为的根据。朱熹常使用"心之本体"或"心体"概念，然而作为儒学心性论的基本问题，以本体功夫论的形态凸显出来，则有待于阳明心学的出现（参见吴震《传习录精读》，页 65—66，复旦大学出版社 2012 年版）。

② 见孺子入井自然知恻隐：语自《孟子·公孙丑上》第六章："孟子曰：'人皆有不忍人之心。……所以谓人皆有不忍人之心者，今人乍见孺子将入于井，皆有怵惕恻隐之心。"孟子由此提出所谓"四端说"："恻隐之心，仁之端也；羞恶之心，义之端也；辞让之心，礼之端也；是非之心，智之端也。""人之有是四端也，犹其有四体也。""四端说"是孟子"性善论"的重要理据。

③ 良知：语自《孟子·尽心上》第十五章："人之所不学而能者，其良能也；所不虑而知者，其良知也。"王阳明认为，良知是心之本体，能良知，自然知孝、知弟、知恻隐。王阳明"良知"概念在《传习录》中这是第一次出现。或许在龙场时已有所觉悟，曾云："吾'良知'二字，自龙场以后，便已不出此意，只是点此二字不出，与学者言，费却多少辞说。今幸见出此一语之下，洞见全体，真是痛快，不觉手舞足蹈。学者闻之，亦省却多少寻讨功夫。学问头脑，至此已是说得十分下落，但恐学者不肯直下承当耳。"（王守仁撰，施邦曜辑评，王晓昕等点校《阳明先生集要》，页142，中华书局2008年版）

④ 充其恻隐之心，而仁不可胜用：语自《孟子·尽心下》第三十一章："人能充无欲害人之心，而仁不可胜用也；人能充无穿窬之心，而义不可胜用也。"穿，穿穴；窬，逾墙，皆为盗之事。人能够充分地生发出不害人的心，仁慈之心就不可穷尽；能够充分地生发出不偷盗的心，义之心就不可穷尽了。王阳明借用孟子的话是为了说明，良知的发用流行一定要去除任何的私欲障碍。

⑤ 塞：语自张载《西铭》："天地之塞，吾其体。"塞，充塞，充满，无任何障碍。

⑥ 致其知：此与王阳明后来提出的"致良知"仅一字之差。钱德洪

《年谱》正德十六年条云："正月，居南昌。是年先生（指阳明）始揭致良知之教。先生……自经宸濠、忠、泰之变，益信良知真足以忘患难，出生死，所谓考三王，建天地，质鬼神，俟后圣，无弗同者。乃遗书守益曰：'近来信得"致良知"三字，真圣门正法眼藏。往年尚疑未尽，今自多事以来，只此良知，无不具足。譬之操舟得舵，平澜浅濑，无不如意，虽遇颠风逆浪，舵柄在手，可免没溺之患矣。'"施邦曜所辑《阳明先生集要》之《年谱》正德九年甲戌条则云："先生四十三岁。四月，升南京鸿胪寺卿。是年，始专以'致良知'训学者。"黄宗羲《明儒学案·浙中王门学案一》论徐爱章云："阳明自龙场以后，其教再变。南中之时，大率以收敛为主，发散是不得已，故以默坐澄心为学的。江右以后，则专提'致良知'三字。先生（指徐爱）记《传习》初卷，皆是南中所闻，其于'致良知'之说，固未之知也。然《录》中有云：'……便是致其知。'则三字之提，不始于江右明矣。但江右以后，以此为宗旨耳。是故阳明之学，先生（徐爱）为得其真。聂双江云：'今之为良知之学者，于《传习录》前编所记真切处，俱略之，乃驾空立笼罩语，似切近而实渺茫，终日逐外而自以为得手也。'盖未尝不太息于先生（徐爱）云。"陈荣捷《王阳明传习录详注集评》引东正纯云语："会知之知即真知，决然私意不障碍。最看（见）手势。盖王子致良知之说，始于正德辛巳（1521）。此录属壬申（1512）。已足以知宗旨焉，但未为主张耳。"邓艾民《传习录注疏》亦引黄宗羲言。其余尚不一一。综上，足见王阳明"致良知"之语的提出时间存在不同说法。

【译文】

先生又说："知是心的本体，心自然会知。见到父亲自然知道尽孝，见到兄长自然知道顺敬，见到小孩掉进井里自然知道同情不忍，这就是良知，不必凭借外部去寻求。如果良知一旦生发出来，就自然没有了私欲的障碍，也就是孟子所说的‘充分地生发出同情不忍的仁心，这仁慈之心就没有用尽的时候了’。然而对常人来说，不能做到完全摒除私欲的障碍，所以必须要用致知格物的功夫战胜私欲，恢复天理。这样，本心中的良知也就不再有障碍，得以充斥心中，流动开来。这就是致其知。良知推及开去，意念就能诚挚专一。”

九

爱问：“先生以博文为约礼功夫①，深思之未能得，略请开示。”

先生曰：“礼字即是理字。理之发见，可见者谓之文；文之隐微，不可见者谓之理：只是一物。约礼只是要此心纯是一个天理。要此心纯是天理，须就理之发见处用功。如发见于事亲时，就在事亲上学存此天理；发见于事君时，就在事君上学存此天理；发见于处富贵贫贱时，就在处富贵贫贱上学存此天理；发见于处患难夷狄时②，就在处患难夷狄上学存此天理；至于作止语默，无处不然，随他发见处，即就那上面学个存天理。这便是博学之于文，便是约礼的功夫。‘博文’即是‘惟精’，‘约礼’即是‘惟一’。”

【注释】

①功夫：与本体相对应，指在本体主导下的实践行为。参见上条注①。

② 夷狄：语自《中庸》第十四章："君子素其位而行，不愿乎其外。素富贵，行乎富贵；素贫贱，行乎贫贱；素夷狄，行乎夷狄；素患难，行乎患难。君子无入而不自得焉。"君子无论处于何等情况下都是安然自得的。王阳明引此语，意在强调于时时、处处存天理上用功，是由于天理的发见无处不然、无时不然。这是他后来强调的时时致良知、处处致良知的早前表述。

【译文】

徐爱问："先生认为'博文'是'约礼'的功夫。我经过深思但没能明白，请您开导解释。"

先生说："'礼'字就是'理'字。天理表现出来，被人识见，就是知识。知识隐蔽微小，人不能看见的，就是天理。这本是同一件东西。约礼，是要使本心纯粹成为天理。要使本心纯粹成为天理，必须从天理表现的地方用功。例如天理表现为侍奉亲人时，就在侍奉亲人这件事上学习存养天理；表现为侍奉君主时，就在侍奉君主这件事上学习存养天理；表现为身处富贵或贫贱时，就在身处富贵或贫贱这件事上学习存养天理；表现为遭遇患难或身处外邦时，就在遭遇患难或身处外邦这件事上学习存养天理。至于是行动还是停歇，是开口还是沉默，都是如此，随时随地表现在行动上，都要在那上面学习存养天理。这就是'在知识上力求广博'，就是'在循礼上力求简约'的功夫。广泛地学习存养的方法，以求得天理的至精至纯；严格地遵守礼的仪节，以求得与天理的统一。"

一〇

爱问："'道心常为一身之主，而人心每听命[①]。'以先生精一之训推之，此语似有弊。"

先生曰："然。心一也，未杂于人谓之道心，杂以人伪谓之人心。人心之得其正者即道心，道心之失其正者即人心，初非有二心也。程子谓人心即人欲，道心即天理，语若分析而意实得之[②]。今曰道心为主而人心听命，是二心也。天理人欲不并立，安有天理为主，人欲又从而听命者？"

【注释】

① 道心、人心：语自《尚书·大禹谟》："人心惟危，道心惟微。"道心，指合符天理的心；人心，指私欲之心。程伊川云："人心，私欲也；道心，正心也。"（《河南程氏遗书》卷十九）听命：语自朱熹《中庸章句序》："必使道心常为一身之主，而人心每听命焉，则危者安，微者著，而动静云为，自无过不及之差矣。"

② 程子：指北宋理学家程颢（1032—1085，字明道）、程颐（1033—1107，字伊川）兄弟。

【译文】

徐爱问："'道心常常是身体的主宰，人心每每听命于道心。'根据先生'精一'的训诫来推论，这句话似乎有弊病。"

先生说："是的。本心只有一个。没有掺杂人的私欲的心叫做道心，掺杂了人的私欲的叫做人心。人心通过去欲而达到纯正就是道心，道心一旦失去纯正就是人心，当初并不是存在着两颗心。程子说人心就是私欲，道心就是天理。他这句话看似把人心和道心分开来说了，但实际上讲的是一颗心。现在朱子说'道心为主，而人心听命于道心'，这讲的就是两颗心了。天理和私欲是不能同时存在的，怎么会有天理为主，人欲听命于天理的讲法呢？"

一一

爱问文中子、韩退之[①]。

先生曰："退之，文人之雄耳。文中子，贤儒也。后人徒以文词之故推尊退之，其实退之去文中子远甚。"

爱问："何以有拟经之失[②]？"

先生曰："拟经恐未可尽非。且说后世儒者著述之意，与拟经如何？"

爱曰："世儒著述，近名之意不无[③]，然期以明道；拟经纯若为名。"

先生曰："著述以明道，亦何所效法？"

曰："孔子删述《六经》[④]，以明道也。"

先生曰："然则拟经独非效法孔子乎？"

爱曰："著述即于道有所发明。拟经似徒拟其迹，恐于道无补。"

先生曰："子以明道者，使其反朴还淳，而见诸行事之实乎？抑将美其言辞，而徒以譊譊于世也？天下之大乱，由虚文胜而实行衰也。使道明于天下，则《六经》不必述。

删述《六经》，孔子不得已也。自伏羲画卦，至于文王、周公[⑤]，其间言《易》如《连山》、《归藏》之属[⑥]，纷纷籍籍，不知其几，易道大乱。孔子以天下好文之风日盛，知其说之将无纪极，于是取文王、周公之说而赞之[⑦]，以为惟此为得其宗。于是纷纷之说尽废，而天下之言《易》者始一。《书》、《诗》、《礼》、《乐》、《春秋》皆然。《书》自《典》、《谟》以后[⑧]，《诗》自《二南》[⑨]以降，如《九丘》、《八索》[⑩]，一切淫哇逸荡之词，盖不知其几千百篇；《礼》、《乐》之名物度数，至是亦不可胜穷。孔子皆删削而述正之，然后其说始废。如《书》、《诗》、《礼》、《乐》中，孔子何尝加一语？今之《礼记》诸说，皆后儒附会而成，已非孔子之旧。至于《春秋》，虽称孔子作之，其实皆鲁史旧文。所谓'笔'者，笔其旧；所谓'削'者，削其繁[⑪]，是有减无增。孔子述《六经》，惧繁文之乱天下，惟简之而不得，使天下务去其文以求其实，非以文教之也。《春秋》以后，繁文益盛，天下益乱。始皇焚书得罪[⑫]，是出于私意；又不合焚《六经》。若当时志在明道，其诸反经叛理之说[⑬]，悉取而焚之，亦正暗合删述之意。自秦、汉以降，文又日盛，若欲尽去之，断不能去，只宜取法孔子，录其近是者而表章之，则其诸怪悖之说，亦宜渐渐自废。不知文中子当时拟经之意如何？某切深有取于其事，以为圣人复起，不能易也。天下所以不治，只因文盛实衰，人出己见，新奇相高，以眩俗取誉。徒以乱天下之聪明，涂天下之耳目，使天下靡然争务修饰文词，以求知于世，而不复知有敦本尚实、反朴还淳之行，是皆著述者有以启之。"

爱曰："著述亦有不可缺者，如《春秋》一经，若无《左传》，恐亦难晓。"

先生曰："《春秋》必待《传》而后明[14]，是歇后谜语矣[15]，圣人何苦为此艰深隐晦之词？《左传》多是鲁史旧文，若《春秋》须此而后明，孔子何必削之？"

爱曰："伊川亦云'传是案，经是断'[16]。如书弑某君、伐某国，若不明其事，恐亦难断。"

先生曰："伊川此言，恐亦是相沿世儒之说，未得圣人作经之意。如书'弑君'，即弑君便是罪，何必更问其弑君之详？征伐当自天子出[17]，书'伐国'，即伐国便是罪，何必更问其伐国之详？圣人述《六经》，只是要正人心，只是要存天理、去人欲，于存天理、去人欲之事，则尝言之；或因人请问，各随分量而说，亦不肯多道，恐人专求之言语，故曰'予欲无言'[18]。若是一切纵人欲、灭天理的事，又安肯详以示人？是长乱导奸也。故孟子云：'仲尼之门无道桓、文之事者，是以后世无传焉。'[19]此便是孔门家法。世儒只讲得一个伯者的学问，所以要知得许多阴谋诡计，纯是一片功利的心，与圣人作经的意思正相反，如何思量得通？"

因叹曰："此非达天德者[20]，未易与言此也。"

又曰："孔子云'吾犹及史之阙文也'[21]；孟子云'尽信《书》不如无书，吾于《武成》，取二三策而已'[22]。孔子删《书》，于唐、虞、夏四五百年间不过数篇，岂更无一事？而所述止此，圣人之意可知矣。圣人只是要删去繁文，后儒却只要添上。"

爱曰："圣人作经，只是要去人欲、存天理。如五伯以下事[23]，圣人不欲详以示人，则诚然矣。至如尧、舜以前事，如何略不少见？"

先生曰："羲、黄之世[24]，其事阔疏，传之者鲜矣。此亦可以想见，其时全是淳庞朴素、略无文采的气象。此便是太古之治，非后世可及。"

爱曰："如《三坟》之类[25]，亦有传者，孔子何以删之？"

先生曰："纵有传者，亦于世变渐非所宜。风气益开，文采日胜，至于周末，虽欲变以夏、商之俗，已不可挽，况唐、虞乎！又况羲、黄之世乎！然其治不同，其道则一。孔子于尧、舜则祖述之，于文、武则宪章之[26]。文、武之法，即是尧、舜之道。但因时致治，其设施政令已自不同。即夏、商事业，施之于周，已有不合，故'周公思兼三王，其有不合，仰而思之，夜以继日'[27]。况太古之治，岂复能行？斯固圣人之所可略也。"

又曰："专事无为，不能如三王之因时致治，而必欲行以太古之俗，即是佛、老的学术。因时致治，不能如三王之一本于道，而以功利之心行之，即是伯者以下事业。后世儒者许多讲来讲去，只是讲得个伯术。"

【注释】

① 文中子：王通（584—618），字仲淹，隋代山西绛州龙门（今山西河津）人，仿孔子作《六经》。韩退之：韩愈（768—824），字退之，唐代河阳（今河南孟州）人，反对佛、道，提出儒学"道统论"，著《韩昌黎

集》。

② 拟经：这里指王通所谓“王氏六经”。见司马光（1019—1086）《补传》，其中《礼论》22篇，《乐论》20篇，《续书》150篇，《续诗》360篇，《元经》50篇，《赞易》70篇。拟经，即用模拟经书的手法作“经”。后世认为王通作“经”是“徒拟其迹”，是仿作，是纯为名利。

③ 近名：求取功名。

④ 删述《六经》：语自《史记·孔子世家》：“鲁终不能用孔子，孔子亦不求仕，乃叙《书》、传《礼》、删《诗》、正《乐》、序《易》（《彖》、《系辞》、《说卦》、《文言》）。”又：“鲁西狩获麟，孔子作《春秋》。”删，削也，略也；述，叙述，述而不作。孔子于经典的整理大止两端，故曰“删述”。具体有叙、传、删、正、序、赞等诸法。

⑤ 自伏羲画卦，至于文王、周公：传说伏羲画八卦，文王（前1171—前1122）叠八卦而成六十四卦，又系彖辞；周公（前1094）系爻辞。孔子赞《易》，作《彖传》上下、《象传》上下、《系辞传》上下、《文言传》、《说卦传》、《序卦传》、《杂卦传》，称“十翼”。翼，原意为鸟之翅，比喻辅助。

⑥《连山》《归藏》：《周礼·春官宗伯第三》：“太卜掌三易之法：一曰《连山》，二曰《归藏》，三曰《周易》。其经卦皆八，其别皆六十有四。”郑玄（127—200）《易注》：“《连山》，夏《易》，始于艮，象山之出云连连不绝。《归藏》，殷《易》，先坤后乾，万物莫不归藏于其中。《周易》始乾，文王衍《易》于羑里，题周以别商也。”

⑦ 取文王、周公之说而赞之：赞，明也。传说孔子所作之“十翼”，又称“赞《易》”。

⑧《典》《谟》：指《尚书》中的《尧典》、《舜典》、《大禹谟》、《皋陶

谟》,或加《益稷》篇,称“二典三谟”。

⑨《二南》:指《诗经》中的《周南》与《召南》两篇。

⑩《九丘》《八索》:孔安国(?—前130)《古文尚书序》:“八卦之说,谓之《八索》。”“九州之志,谓之《九丘》。”

⑪“笔”“削”:语自《史记·孔子世家》:“笔则笔,削则削,子夏之徒不能赞一辞。”

⑫始皇焚书:《史记·秦始皇本纪》称:“史官非秦纪皆烧之。非博士官所职,天下敢有藏《诗》、《书》、百家语者,悉诣守、尉杂烧之。有敢偶语《诗》、《书》者弃市。”

⑬反经:反背经常之道。

⑭传:传《春秋》者有公羊、穀梁、左氏三家。所传事实有所不同。《左传》相传为孔子同时代人、鲁国史官左丘明所作,述事甚详,故说《春秋》必以之为根据。

⑮歇后谜语:即删去整句话的最末字,如孝悌忠信礼义廉耻,只说出“孝悌忠信礼义廉”,意思是“无耻”。

⑯传是案,经是断:语自《二程遗书》卷十五,采入《近思录》卷三,第六十五条。

⑰征伐当自天子出:语自《论语·季氏》第二章:“孔子曰:‘天下有道,则礼乐征伐自天子出。’”孔子认为,天下之政治清明,制礼作乐以及出兵征伐的命令都应由天子下达。

⑱予欲无言:语自《论语·阳货》第十七章。参见徐爱序一注④。

⑲“后世无传焉”句:语自《孟子·梁惠王上》第七章:“齐宣王问曰:‘齐桓、晋王之事,可得闻乎?’孟子对曰:‘仲尼之徒,无道桓、文之事者,是以后世无传焉,臣未之闻也。无以,则王乎?’”孟子想说,他

从未听说过孔子的门徒讲起齐桓公和晋文公的事迹。如果要他说，就只能讲讲君主以仁义治天下，以德政安抚臣民，使天下归服的王道。

⑳ 达天德者：语自《中庸》第三十二章："唯天下至诚，为能经纶天下之大经。……苟不固聪明圣知，达天德者，其孰能知之？"经纶，原指整理丝缕，这里引申为创制天下的法规。大经，指常道，法规。达天德者，通达天赋美德的人。

㉑ 吾犹及史之阙文：语自《论语·卫灵公》第二十五章："子曰：'吾犹及史之阙文也，有马者借人乘之。今亡矣夫！'"孔子说他还看得到史书中因为存在疑问而空缺不记的情况，如同有马不能驾驭而把马借给别人使用的人。如今则没有这种情况了。

㉒《武成》：《尚书·周书》篇名。武王伐纣归，以议政事。

㉓ 五伯：即春秋五霸：齐桓公、晋文公、秦穆公、楚庄王、宋襄公。

㉔ 羲、黄：伏羲与三皇（天皇氏、地皇氏、人皇氏）。

㉕《三坟》：孔安国《古文尚书序》曰："伏羲、神农、黄帝之书，谓之《三坟》。坟言大道也。"

㉖ 宪章：语自《中庸》第三十章："仲尼祖述尧、舜，宪章文、武。"意为孔子远宗尧、舜之道，近守周代的律法。

㉗ "周公思兼三王"句：语自《孟子·离娄下》第二十章："周公思兼三王，以施四事。其有不合者，仰而思之，夜以继日。幸而得之，坐以待旦。"意为周公想要兼学夏、商、周三代的君王，来实践禹、汤、文王、武王所行的勋业；如果有不合于当时情况的，抬着头考虑，白天想不明白，夜里接着想。所幸想通了，便坐着等待天亮（去实行）。

【译文】

徐爱向先生请教王通、韩愈两人的言行。

先生说："韩愈是文人中的英雄，王通是大贤的儒者。后人只因为文词推崇尊敬韩愈，其实韩愈要比王通差多了。"

徐爱向先生请教："王通为什么会有仿作经书的问题？"

先生说："仿作经书，其是非不能一概而论。你认为后世儒者编著经书的动机，跟仿作经书相比又怎么样呢？"

徐爱说："现在儒者的编著，不能说没有追求名誉的想法，然而也有明道的期望，仿作经书就纯粹是为了名利了。"

先生说："如果说编著经书是为了明道，其中的依据是什么呢？"

徐爱说："孔子删述《六经》，就是为了明道。"

先生说："既然如此，仿作经书，不就是模仿孔子吗？"

徐爱说："编著经书就是对经道有所阐释。仿作经书，似乎只是仿照经书的形迹，恐怕对于经道没有什么补益。"

先生说："你认为明道是为了返璞归真，然而其实际行动又怎样呢？还不是在那里堆砌辞藻、哗众取宠吗？天下大乱，是从重视空虚的文论而轻视实际的行为开始的。如要使天下大道昌明，那就不必解释《六经》了。删述《六经》，是孔子不得已而为之。从伏羲画卦到文王、周公，这期间论述《易经》的著述，像《连山》、《归藏》等等，众说纷纭，不计其数，使得《易经》的道理大乱。孔子发现天下爱好虚文的风气逐日盛行，知道这些学说将发挥得没有限度，所以借推崇文王、周公的论述，认为只有这样才能把握《易经》的宗旨。于是纷纭众多的学说都被废弃，天下论述《易经》的言论才得以统一。《尚书》、《诗经》、《仪礼》、

《乐经》、《春秋》都是这样。《尚书》自《尧典》、《舜典》、《大禹谟》、《皋陶谟》之后，《诗经》自《周南》、《召南》之后，像《九丘》、《八索》这样淫逸邪荡的诗词不知有成百上千篇。《仪礼》、《乐经》的名称、实物、仪则、数目，也多到无法数清。孔子对它们都做出了删述改正，然后种种说法才得以消停。在《尚书》、《诗经》、《仪礼》、《乐经》本文中，孔子何曾增加只言半语？如今《礼记》等解说，都是后来儒者的附会之语，已不是孔子的本意了。至于《春秋》，虽然号称是孔子所作，其实都是鲁国史书的旧文。所谓'笔'，就是照抄旧文；所谓'削'，就是删去繁复，本应是有减无增的。孔子传述《六经》，担忧繁文缛节祸乱天下，想要精简而无法做到。他要求人们务必忽略《六经》的表面文句，而应当追求其中实际的意义，这并不是要用文句辞藻来教化天下。《春秋》之后，繁文缛节越来越盛行，天下越来越混乱。秦始皇因焚书而开罪天下，是出于他的私意，更不应该焚毁《六经》。如果当时他志在明道，把那些所有反经叛理的学说全部焚烧，也正暗合删述的本意。自秦汉以后，繁文缛节越来越兴盛，要想彻底抛弃废止，完全不可能了，只应当效仿孔子的做法，收录并表彰那些与经道最接近的，其他各种荒诞悖论，也就应当会渐渐自行消失。虽然不知道王通当时仿作经书的本意是什么，但我对于这件事深切同意。我认为圣人即便重生，也无法改变这种看法。天下之所以混乱不治，就是因为繁文缛节兴盛而实事践行衰微。人们各自坚持自己的看法，以新奇观点相互争斗，以花哨俗丽博取虚誉，这样只会混乱天下人的聪智，蒙蔽天下人的耳目，使得天下人颓靡地争相修饰表面文辞，借以闻名于世，而不知道还有敦于本分、崇尚实践、返璞归真的行为。这些道理都应让著述经书的人受到启发吧。”

徐爱说：“著述也还是不能缺少，比如《春秋》这本书，如果没有《左传》，恐怕也很难看懂。”

先生说：“《春秋》必须要等到《左传》出现才能看懂，那就是歇后谜语了。圣人何苦写这些艰深隐晦的词章？《左传》大多是鲁国史书的旧文，如果《春秋》需要它才能看懂，孔子何必要删削它？”

徐爱说：“伊川先生也说过，‘《左传》是案件，《六经》是判断’。比如，《春秋》记载杀死了某位君王，征伐了某个国家，如果不知道这件事情的经过，恐怕也难以判断正误。”

先生说：“伊川先生这话，恐怕也是沿袭往世儒者的说法，而没有明白圣人作经的本意。如果记载了杀死君王的事，那么杀死君王就是罪过，何必要去追究杀死君王的详细经过呢？征伐的命令应当由天子下达，记载了讨伐别国的事，那么讨伐别国就是罪过，何必要去追究讨伐别国的详细经过呢？圣人著述《六经》，只是要端正人心，只是要存养天理、除去私欲。孔子对于存养天理、除去私欲的事，常有谈论，有时根据人们的提问，依他们的理解程度作答，有时也不肯多说，惟恐人一心在言语上钻牛角尖，所以有‘我并不想多谈’的话。如果是一切纵容私欲、吞灭天理的事，又怎能详细给人解说呢？这岂不成了助长混乱、误导奸邪了。因此孟子说，‘孔子门下，没有记载齐桓公、晋文公的事，因此后世也就没有流传’。这就是孔门的家法。世间儒者只讲求称霸者的学问，所以要知道许多阴谋诡计，这纯粹是一片功利的私心，与圣人著经的本意正相反，怎么能思量明白呢？”

因此先生感叹地说：“如果不是通达天德的人，与他讨论这个很难啊。”

先生又说：“孔子说：‘我还见过史书中存疑疏漏的地方。’孟子说：‘完全相信《书》，不如没有书。我认为《武成》这篇，就只有两三页可取罢了。’孔子删述经书，即便是在唐、虞、夏四五百年间，也不过留下几篇，怎么会没有一桩值得称道的事情呢？删述停在了这个地步，圣人的本意可以明白了。圣人只是要删去繁复的文饰，后来的儒者却还要添上。”

徐爱说：“圣人著经，只是要去除私欲，留存天理。例如春秋五霸以下的事，圣人并不打算详细地告知世人，确实如此。但至于尧、舜之前的事，为什么都被省略，无法得见呢？”

先生说：“伏羲、黄帝时的事迹已经遥远，流传下来的很少，这也能想象得到。当时都是淳朴素淡的景象，还没有那些重视词藻的气象。这就是太古的治世，不是后世能比得上的。”

徐爱说：“像《三坟》之类的书，也有流传下来的，孔子为什么要删除它呢？”

先生说：“纵然有流传下来的，但与现在变化了的世道渐渐不相适宜了。风气越来越开放，雕饰越来越流行，到了周朝末期，即使想要以夏、商时的风俗改革风气，也已经无法挽回，何况唐、虞时？又何况伏羲、黄帝时呢？然而虽治理的手段不同，遵循的道却是相同的。孔子遵循尧帝、舜帝，效法文王、武王。文王、武王的治世之法，就是尧帝、舜帝的治世之道。但是他们根据不同时期的情况治世，推行的那些政令制度已经各自不同。即使是夏、商的政策在周代推行，也已经并不合适。因此周公思考三王的治策，兼收并蓄，发现有不合时宜的地方，就夜以继日反复思考，更何况远古的治世方法，怎么能重复运用呢？这正是圣人删略前事的原因。”

先生又说：“一心施行无为而治，不能像三王那样根据时代实情来治世，而一定要推行上古的俗政，这只能是佛教、老子的学说。根据时代实情治世，不能像三王那样以道为根本，而是根据功利之心来推行，这只能是春秋五霸以后的治世。后世儒者的种种说法，也只是讲得一个霸术而已。”

一二

又曰：“唐、虞以上之治，后世不可复也，略之可也；三代以下之治，后世不可法也，削之可也；惟三代之治可行。然而世之论三代者，不明其本，而徒事其末[①]，则亦不可复矣！”

【注释】

① 不明其本，而徒事其末：本，本质；末，现象，表象。指不能认清事物的本质，而徒劳地追逐于事物的表面现象。

【译文】

先生又说：“尧、舜以前的治世方略，后世无法再去恢复，可以删掉它了。夏、商、周以后的治世方略，后世无法再加以效仿，也可以删削它了。只有夏、商、周三代的治世方略还可以实行。然而世上那些讨论三代的人，却不了解三代治世的根本，只一味去效仿细枝末节，三代的治世之方就不可能得到恢复。”

一三

爱曰：“先儒论《六经》，以《春秋》为史。史专记事，恐与《五经》事体终或稍异。”①

先生曰：“以事言谓之史，以道言谓之经。事即道，道即事。《春秋》亦经，《五经》亦史。《易》是包牺氏之史②，《书》是尧、舜以下史，《礼》、《乐》是三代史。其事同，其道同，安有所谓异？”

【注释】

①《六经》、《五经》：《六经》乃《诗》、《书》、《礼》、《乐》、《易》、《春秋》等六部儒家典籍，汉以后升格为“经”，称《六经》。汉以后《乐》无传，故又有《五经》之称。但此条中《五经》，系指《六经》中除《春秋》外的其他《五经》。

② 包牺氏：即伏羲。据神话传说，伏羲教民佃渔畜牧，养牺牲以足庖厨，故又称庖羲氏，或庖牺氏。

【译文】

徐爱说：“先儒论述《六经》，认为《春秋》是史书。史书是专门记载事件的，恐怕与其他五经的内容和体裁都稍有不同。”

先生说：“以事件为话题叫史书，以道义为话题叫经书。事件就是道义，道义就是事件。《春秋》即是经书，《五经》也是史书。《周易》是伏羲时的史书，《尚书》是尧、舜以后的史书，《仪礼》、《乐经》是夏、商、周的史书。它们记载的事件相同，阐发的道义也相同，怎么会有所谓的差别呢？”

一四

又曰：“《五经》亦只是史，史以明善恶，示训戒。善可为训者，特存其迹以示法；恶可为戒者，存其戒而削其事以杜奸。”

爱曰：“存其迹以示法，亦是存天理之本然；削其事以杜奸，亦是遏人欲于将萌否？”

先生曰：“圣人作经，固无非是此意，然又不必泥着文句。”

爱又问：“恶可为戒者，存其戒而削其事以杜奸，何独于《诗》而不删《郑》、《卫》①？先儒谓‘恶者可以惩创人之逸志’②，然否？”

先生曰：“《诗》非孔门之旧本矣。孔子云：‘放郑声，郑声淫。’③又曰：‘恶郑声之乱雅乐也。’④‘郑、卫之音，亡国之音也。’⑤此是孔门家法。孔子所定三百篇，皆所谓雅乐，皆可奏之郊庙，奏之乡党，皆所以宣畅和平，涵泳德性，移风易俗，安得有此？是长淫导奸矣。此必秦火之后，世儒附会，以足三百篇之数。盖淫泆之词，世俗多所喜传，如今闾巷皆然。‘恶者可以惩创人之逸志’，是求其说而不得，从而为之辞。”

【注释】

①《郑》、《卫》:《诗经》中的《郑风》与《卫风》。

② 恶者可以惩创人之逸志 : 语自朱熹《论语集注 · 为政》第二章 : "善者可以感发人之善心,恶者可以惩创人之逸志。"

③ 郑声淫 : 语自《论语 · 卫灵公》第十章 : "颜渊问为邦。子曰 : '行夏之时,乘殷之辂,服周之冕,乐则韶舞。放郑声,远佞人。郑声淫,佞人殆。'"

④ 雅乐 : 语自《论语 · 卫灵公》第十章。"乐则韶舞",指舜时的韶乐,雅乐也,朱熹注云 : "取其尽善尽美。"

⑤ 亡国之音 : 语自《礼记 · 乐记》第三节 : "郑卫之音,乱世之音也,比于慢矣。桑间濮上之音,亡国之音也。"桑间濮上,即濮水之上、桑林之间,属春秋卫地,属靡靡之音。

【译文】

先生又说 : "《五经》也只是史书。史书是用来辨明善恶、展示经验教训的。善可以被用作示范,特意保存典型的善事来教导世人,让他们效法。恶可以被用作警示,保存这种警示而删削恶事本身,以杜绝后人效法。"

徐爱说 : "保存善事让后世效法,也是存养天理的根本。删削恶行本身杜绝后世效法,是为了将人的私欲遏制在将要萌发的状态吗?"

先生说 : "圣人著述《六经》,其本意无非就是如此,然而又不必拘泥于文句。"

徐爱又问 : "恶可以被用作警示,保存这种警示而删削具体的恶行以杜绝邪恶发生，为什么唯独不删削《诗经》中的《郑风》和《卫风》呢？朱熹说的‘记录历史上丑恶的事可以惩戒人们纵欲放荡的思想’，是这样吗？”

先生说：“现在的《诗经》已经不是孔子删定的版本了。孔子说‘要禁绝郑声，郑声是靡靡之音’，又说‘厌恶郑声扰乱了高雅的音乐’，‘郑国、卫国的音乐是亡国之音’，这是孔门家法。孔子所删定的《诗经》三百篇，都是所谓的高雅的音乐，既可以在祭祀天地祖先时演奏，也可以在乡村群民之间演奏，都是宣讲平和，涵养德行，移风易俗，怎么会有郑、卫之声掺杂其中呢？岂不是助长淫乱、导致邪恶吗？这些郑卫之音一定是秦始皇焚书之后，当时的儒者附会，以补足三百篇数量而成。而这些淫靡之词，世间俗人大多喜欢传颂，搞得如今街巷皆知了。所谓‘记录历史上丑恶的事，可以惩戒人们纵欲放荡的思想’的说法，是越想解释而无法解释，反而成了这些恶行的说辞了。”

【徐爱跋】

爱因旧说汩没[①]，始闻先生之教，实是骇愕不定，无入头处。其后闻之既久，渐知反身实践，然后始信先生之学为孔门嫡传，舍是皆傍蹊小径、断港绝河矣！如说格物是诚意的工夫[②]，明善是诚身的工夫[③]，穷理是尽性的工夫，道问学是尊德性的工夫[④]，博文是约礼的工夫，惟精是惟一的工夫[⑤]，诸如此类，始皆落落难合，其后思之既久，不觉手舞足蹈。

右曰仁所录。

【注释】

① 旧说：指程朱理学。

② 格物、诚意：语自《大学》首章：“格物、致知、诚意、正心、修身、齐家、治国、平天下。”

③ 明善、诚身：语自《中庸》第二十章：“诚身有道：不明乎善，不诚乎身矣。”意为只有明白了什么是善，才能实实在在身体力行。

④ 道问学、尊德性：语自《中庸》第二十七。意为既虚心学习探究事理，又尊敬恪守道德规范。

⑤ 工夫：此段六处提及“工夫”，均是与“本体”相对应之意，是实现本体的行为与手段。如“明善是诚身的工夫”，即明善是实现诚身的行为和手段，则视诚身为本体。同样，以格物为功夫，诚意则为之本体；以道问学为功夫，尊德性则为之本体。

【译文】

我因为受到程朱学说的影响较深，刚刚听闻先生教诲的时候，着实有些惊骇不定，无从下手。后来听的时间长了，渐渐知道要自己去亲身实践，然后才相信先生的学问是孔子学说的真传，除此之外都是旁门左道，断港绝河。比如先生说“格物”是“诚意”的功夫，“明善”是“诚身”的功夫，“穷理”是“尽性”的功夫，“道问学”是“尊德性”的功夫，“博文”是“约礼”的功夫，“惟精”是“惟一”的功夫，诸如此类，开始觉得难以理解，后来思考的时间长了，不知不觉就领会了其中意思，就高兴得手舞足蹈起来。

以上徐爱录。

一五

陆澄问[1]："主一之功，如读书，则一心在读书上；接客，则一心在接客上，可以为主一乎？"

先生曰："好色，则一心在好色上；好货，则一心在好货上[2]，可以为主一乎？是所谓逐物，非主一也。主一是专主一个天理。"

【注释】

①陆澄：字原静，又作元静，又字清伯，浙江吴兴人，官至刑部主事，王阳明的学生。以下为门人陆澄录，续徐爱录《传习录》上卷凡80条。

②好色、好货：语自《孟子·梁惠王下》第五章。好货即好利。王阳明以为好色、好利、好名皆为人欲，去掉人欲，即是天理。主一恰好就是要去掉人欲，专主于一个天理上，其他的一切均不能称为"主一"。

【译文】

陆澄问："关于主一的功夫，比如读书，就一心在读书上用功；接客，就一心在接客上用功，这样可以算是主一的功夫吗？"

先生说："贪图美色，就一心在贪图美色上用功；喜爱财物，就一心在喜爱财物上用功，可以算是主一的功夫吗？这只是所谓的追逐事物，而不是主一，主一就是将心神专注在天理上。"

一六

问立志。

先生曰："只念念要存天理，即是立志。能不忘乎此，久则自然心中凝聚，犹道家所谓结圣胎也[①]。此天理之念常存，驯至于美大圣神[②]，亦只从此一念存养扩充去耳。"

【注释】

① 结圣胎：《明儒学案》引查铎（字子警，号毅斋，嘉靖乙丑进士）语云："仙家所谓结胎，岂真有形？亦只精神凝聚，即谓之圣胎。"

② 美大圣神：语自《孟子·尽心下》第二十五章："可欲之谓善，有诸己之谓信，充实之谓美，充实而有光辉之谓大，大而化之之谓圣，圣而不可知之之谓神。"

【案】

王阳明所强调的立志，完全是一种精神上的信念，他用了两个比喻，一是道家的"结圣胎"，此胎不是一"真有形"的物体，而是一种精神的凝聚；二是《孟子》的"美大圣神"，亦是一种精神的存养扩充。都是精神性的东西。前者是凝聚的，后者是扩充的。

【译文】

陆澄向先生请教立志的方法。

先生说："只要念念不忘存养天理，就是立志了。能时刻不忘存养天理，久而久之则心中自然凝聚天理，就像道家所谓的

‘结圣胎’。时刻把天理记在心中，渐渐达到精美、宏大、神圣的境界，也只是从这一意念不断存养、发扬开去。”

一七

“日间工夫，觉纷扰，则静坐；觉懒看书，则且看书，是亦因病而药。”

【译文】

“白天工作学习，觉得外界干扰很大，就静坐着；觉得不想看书，则一定要去看书。这就是对症下药。”

一八

“处朋友，务相下则得益，相上则损。”

【译文】

“与朋友相处，务必要相互谦让，才会彼此得益。如果互相争高低，只会带来损伤。”

一九

孟源有自是好名之病①，先生屡责之。

一日警责方已，一友自陈日来工夫请正。

源从傍曰：“此方是寻着源旧时家当。”

先生曰：“尔病又发。”

源色变，议拟欲有所辨。

先生曰:“尔病又发。”因喻之曰:“此是汝一生大病根。譬如方丈地内,种此一大树,雨露之滋,土脉之力,只滋养得这个大根;四傍纵要种些嘉谷,上面被此树叶遮覆,下面被此树根盘结,如何生长得成?须用伐去此树,纤根勿留,方可种植嘉种。不然,任汝耕耘培壅,只是滋养得此根。”

【注释】

①孟源:字伯生,滁州(今属安徽)人,王阳明的学生。

【译文】

孟源有自负而贪图名声的毛病,先生常常批评他。

一天先生刚刚责备过他,有一个友人谈到自己最近所练功夫,请先生指正。

孟源在旁边说:“你这方法只是捡到了我从前的玩意儿!”

先生说:“你的毛病又犯了。”

孟源脸色大变,想要辩解。

先生又说:“你的老毛病又犯了。”于是开导他说:“这是你一生中最大的毛病了。就像方圆一丈的土地上种着一棵大树,雨露的滋润,土壤的肥力,只够滋养树根,四周即使种上五谷,上面被这大树的叶子遮蔽着,下面被这大树的根系盘结着,怎么能茁壮生长呢?必须砍掉这棵树,一点根须都不能留下,才能种植五谷。否则的话,任凭你耕耘培植,也只是在滋养这个树根。”

二〇

问："后世著述之多[1]，恐亦有乱正学？"

先生曰："人心天理浑然。圣贤笔之书，如写真传神，不过示人以形状大略，使之因此而讨求其真耳；其精神意气、言笑动止，固有所不能传也。后世著述，是又将圣人所画，摹仿誊写，而妄自分析加增，以逞其技，其失真愈远矣。"

【注释】

①后世：孔孟以后之世。

【译文】

陆澄问："后世学者学问著述众多，恐怕只会扰乱圣学吧？"

先生说："人心与天理浑然一体。圣贤著书，就像如实地描画肖像，不过是向人们展示一个大概的轮廓，让大家依据这一轮廓来进一步探求真知。至于圣人的精神意气、言笑举止，确实有无法表达之处。而后世的著述，是又将圣人所画的模仿誊写了一遍，再擅自加以分析和增添细节，用以炫耀自己的才学，这就离圣人所要传达的本意相去甚远了。"

二一

问："圣人应变不穷，莫亦是预先讲求否？"

先生曰："如何讲求得许多？圣人之心如明镜，只是一个明，则随感而应，无物不照；未有已往之形尚在，未照之形先具者。若后世所讲，却是如此，是以与圣人之学大背。周公制礼作乐以文天下[①]，皆圣人所能为，尧、舜何不尽为之而待于周公？孔子删述《六经》以诏万世，亦圣人所能为，周公何不先为之而有待于孔子？是知圣人遇此时，方有此事。只怕镜不明，不怕物来不能照。讲求事变，亦是照时事，然学者却须先有个明的工夫。学者惟患此心之未能明，不患事变之不能尽。”

曰：“然则所谓‘冲漠无朕，而万象森然已具’者[②]，其言何如？”

曰：“是说本自好，只不善看，亦便有病痛。”

【注释】

① 周公制礼作乐：语自《礼记·明堂位》：“周公践天子之位，以治天下。六年，朝诸侯于明堂，制礼作乐。”

② 冲漠无朕，而万象森然已具：语自《河南程氏遗书》卷十五之程伊川语：“冲漠无朕，万象森然已具，未应不是先，已应不是后。”冲漠，指天地原始的混沌状态；朕，通“征”，征兆；万象森然，指万事万物的基本规律。彼此之间是分不出先后的。

【译文】

陆澄问：“圣人的应变能力无穷无尽，莫非也是事先学习探求过？”

先生说：“怎么能学习探求这么多呢？圣人的心如同明亮的

镜子，正因为它很明亮，所以能够随时感触而应变自如，没有什么不能照的，不可能已经照过的物象还留在镜子里，尚未照的物象已在镜子里出现。如按后世所讲的确是这样，这就完全与圣人之学背道而驰了。周公制礼作乐以教化天下，这都是圣人能够做到的，尧、舜为什么不做，而要等待周公来做呢？孔子删述《六经》以教育万世，这也是圣人能够做到的，周公为什么不做，而要等孔子来做呢？由此能够看出，圣人遇到这样的机遇，才会有这样的作为。怕就怕镜子不够明亮，不怕镜子不能照映所照之物。研究事物的变化，就是用镜子照映时事，然而学者却必须先有个'明'的功夫。学者只怕内心不能照物，而不必担忧明镜般的心无法穷尽事物的变化发展。"

陆澄说："既然这样，那么程颐先生所谓'天地间万事万物的道理在其最原始的状态下，就已经具备了'的说法，又该怎么理解呢？"

先生说："这个说法本来是正确的，只是世人没有好好理解，也就有了毛病。"

二二

"义理无定在，无穷尽。吾与子言，不可以少有所得，而遂谓止此也；再言之十年、二十年、五十年，未有止也。"

他日又曰："圣如尧、舜，然尧、舜之上，善无尽；恶如桀、纣，然桀、纣之下，恶无尽。使桀、纣未死，恶宁止此乎？使善有尽时，文王何以'望道而未之见'[1]？"

【注释】

① 望道：语自《孟子·离娄下》第二十章："文王视民如伤，望道而未之见。"意为文王对待百姓就像对待受伤的人，对真理的渴望就像从未见到一样不满足。

【译文】

"义理没有一定的标准，也没有穷尽。我与你的交流，不能因为稍微有些收获，就以为只有如此而已。即使再交流十年、二十年、五十年，也没有止境。"

一天先生又说："圣如同尧、舜，然而尧、舜之上，善没有止境；恶如同桀、纣，然而桀、纣之下，恶也没有尽头。如果桀、纣没有死去，恶事会就此而止吗？如果善有尽头，周文王为什么会'不懈地追求善道，就像从未见到一样不满足'呢？"

二三

问："静时亦觉意思好，才遇事便不同，如何？"

先生曰："是徒知静养而不用克己工夫也。如此，临事便要倾倒。人须在事上磨，方立得住，方能静亦定、动亦定[①]。"

【注释】

① 静亦定、动亦定：语自《河南程氏文集》第二卷（明道文）《答横渠张子厚先生书》："所谓定者，动亦定，静亦定，无将迎，无内外。"将，往也；迎，来也。

【译文】

陆澄问："平静时我觉得自己的想法很好，但刚刚遇到事情就不同了，为什么会这样？"

先生说："这是由于只知道在平静中修养，却没有在克己功夫上用心的缘故，这样遇到事情就会觉得原来的思路不管用了。人必须在事情上磨炼自己，才能立得住，才能做到'静止时有定理，行动时亦有定理'。"

二四

问上达工夫。

先生曰："后儒教人，才涉精微，便谓上达，未当学，且说下学。是分下学、上达为二也[①]。夫目可得见，耳可得闻，口可得言，心可得思者，皆下学也；目不可得见，耳不可得闻，口不可得言，心不可得思者，上达也。如木之栽培灌溉，是下学也；至于日夜之所息[②]，条达畅茂，乃是上达。人安能预其力哉？故凡可用功、可告语者，皆下学。上达只在下学里。凡圣人所说，虽极精微，俱是下学。学者只从下学里用功，自然上达去，不必别寻个上达的工夫。"

【注释】

①上达、下学：语自《论语·宪问》第二十四章："子曰：'君子上达，小人下达。'"第三十七章："子曰：'莫我知也乎！'子贡曰：'何为其莫知子也？'子曰：'不怨天，不尤人。下学而上达。知我者其天乎！'"下学而上达，指通过下学的功夫来实现上达的目标，上达必经下学而实

现。所以王阳明说“上达只在下学里”，“不必别寻个上达的功夫”。

② 日夜之所息：语自《孟子·告子上》第八章：“是其日夜之所息，雨露之所润……。”形容树木悄无声息地日夜生长，达到枝繁叶茂。

【译文】

陆澄向先生请教参悟天理的所谓上达功夫。

先生说：“后世儒者教学生时，刚刚涉及精深微妙之处，就说这属于上达的功夫，还不到学的时候，于是就去讲习所谓下学的基本常识。这是将上达的功夫和下学的功夫一分为二了。凡是眼睛能看到，耳朵能听到，嘴巴能说出，心中能思考的，都是关于人情事理的下学功夫；眼睛不能看到，耳朵无法听到，嘴巴不能说出，心中无法思考的，就是参悟天理的上达功夫。比如栽种一棵树，栽培、灌溉属于下学功夫，而树木悄无声息地日夜生长，枝叶繁茂，就是上达功夫。人怎么能干预它呢？因此凡是可以用功、可以述说的，都是下学，上达只是存在于下学之中。凡是圣人所说的，虽然已经极尽精深微妙，也都是下学。学者只要从下学里用功，自然能实现上达的目标，不必另外去寻求所谓上达的功夫。”

二五

问：“‘惟精惟一’是如何用功？”①

先生曰：“惟一是惟精主意，惟精是惟一功夫，非惟精之外复有惟一也。‘精’字从‘米’，姑以‘米’譬之：要得此米纯然洁白，便是惟一意；然非加舂簸筛拣惟精之工，则不能纯然洁白也。舂簸筛拣是惟精之功，然亦不过要此米到纯然洁白而已。博学、审问、慎思、明辨、笃行者，皆所以为惟精而求惟一也。他如博文者，即约礼之功；格物致知者，即诚意之功；道问学，即尊德性之功[②]；明善，即诚身之功，无二说也。”

【注释】

①惟精惟一：参见“徐爱序二”注⑦。

②尊德性，道问学：语自《中庸》第二十七章：“故君子尊德性而道问学，致广大而尽精微。”朱熹注云：“尊德性，所以存心而极乎道体之大也。道问学，所以致知而尽乎道体之细也。二者修德凝道之大端也。”王阳明则强调以本体和功夫来界定二者关系：“道问学即尊德性之功。”前徐爱跋中亦云“道问学是尊德性的功夫”，“惟精是惟一的功夫”。

【译文】

陆澄问：“怎样才能做到‘惟精惟一’呢？”

先生说：“‘惟一’是‘惟精’的主意，‘惟精’是‘惟一’的功夫，并不是在‘惟精’之外另有一个‘惟一’。‘精’字由部首‘米’而来，姑且用米来打个比方：要使得米纯净洁白，便是‘惟一’的意思。然而如果没有舂簸筛拣这些‘惟精’的功夫，也就不可能做到米的纯净洁白。舂米、簸米、筛米、拣米是‘惟精’的功夫，然而也不过是为了让米达到纯净洁白而已。博学、审问、慎思、明辨、笃行，这些都是‘惟精’的功夫，目的是为了求得‘惟一’的目的。再比如‘博文’是‘约礼’的功夫，‘格物致知’是‘诚意’的功夫，‘道问学’是‘尊德性’的功夫，‘明善’是‘诚身’的功夫，再没有另外的解释了。”

二六

“知者行之始，行者知之成。圣学只一个功夫，知行不可分作两事。”

【译文】

“认知是践行的开始，践行是认知的实现。圣人之学只有一个功夫，认知和践行不能分成两件事。”

二七

“漆雕开[①]曰：‘吾斯之未能信。’[②]夫子说之。子路使子羔为费宰[③]，子曰：‘贼夫人之子。’[④]曾点言志[⑤]，夫子许之。圣人之意可见矣。”

【注释】

①漆雕开：字子开，又字子若，鲁国人，孔子的学生。

②未能信：语自《论语·公冶长》第五章：“子使漆雕开仕。对曰：‘吾斯之未能信。’子说。”信，信心。未能信，指没有信心。

③子路使子羔为费宰：语自《论语·先进》第二十四章。子路，姓仲，名由，一字季路，又称季子，孔子的学生。子羔，姓高，名柴，齐国人，孔子的学生。费宰，费邑的官长。费，鲁国地名（今山东临沂）。宰，长官。

④贼夫人之子：意为危害别人的孩子。语自《论语·先进》第二十四章。

⑤曾点：字皙，鲁国武城人，孔子的学生，曾参之父。言志：事自《论语·先进》第二十五章：“子路、曾皙、冉有、公西华侍坐。……子路

率尔而对曰：'千乘之国……比及三年，可使有勇，且知方也。'夫子哂之。……求（冉有）对曰：'比及三年，可使足民。'……赤（公西华）对曰：'……宗庙之事，愿为小相焉。'……点（曾皙）对曰：'莫（暮）春者，春服既成。冠者五六人，童子六七人。浴乎沂（山东河名），风乎舞雩（求雨之祭坛），咏而归。'夫子喟然叹曰：'吾与点也。'"

【译文】

先生说："孔子的学生漆雕开说：'我对做官还没有信心。'孔子听后很高兴。子路让子羔去做费地的官，孔子说：'这是害了别人家的孩子。'曾点向孔子谈了自己的志向，孔子赞许了他。圣人的心意由此可见了。"

二八

问："宁静存心时，可为未发之中否[①]？"

先生曰："今人存心，只定得气。当其宁静时，亦只是气宁静，不可以为未发之中。"

曰："未便是中，莫亦是求中功夫？"

曰："只要去人欲、存天理，方是功夫。静时念念去人欲、存天理，动时念念去人欲、存天理，不管宁静不宁静。若靠那宁静，不惟渐有喜静厌动之弊[②]，中间许多病痛只是潜伏在，终不能绝去，遇事依旧滋长。以循理为主，何尝不宁静？以宁静为主，未必能循理。"

【注释】

① 未发之中：语自《中庸》第一章："喜怒哀乐之未发谓之中，发而皆中节谓之和。"当人的喜怒哀乐之情感尚未发出来时，它是无所偏倚的，故谓之中；人的喜怒哀乐的情感流露出来时，却能符合礼的规范，无过无不及，故谓之和。

② 喜静厌动之弊：《王阳明年谱》正德五年条"语学者悟入之功"："先是，先生赴龙场时，随地讲授，及归，过常德、辰州，见门人冀元亨、蒋信、刘观时辈俱能卓立，喜曰：'谪居两年，无可与语者，归途乃幸得诸友！悔昔在贵阳举知行合一之教，纷纷异同，罔知所入。兹来乃与诸生静坐僧寺，使自悟性体，顾恍恍若有可即者。'"既又途中寄书（《与辰中诸生》）云："前在寺中所云静坐事，非欲坐禅入定。盖因吾辈平日为事物纷拏，未知为己，欲以此补小学收放心一段功夫耳。"

【译文】

陆澄问："一个人处静，存心养性时，可否称得上'未发之中'？"

先生说："现在的人存养心志，只是能使气安定。在他宁静的时候，也只是气的宁静，不可以称为'未发之中'。"

陆澄说："未发出来就是中，不也就是求中的功夫吗？"

先生说："只要去除私欲，存养天理，就是功夫。静时念念不忘去除私欲，存养天理，动时也念念不忘去除私欲，存养天理，不管宁静还是不宁静。如果只依靠宁静来存养天理，不仅会逐渐有喜静厌动的弊病，而且其中许多问题，只是潜伏下来，最终不能清除掉，遇到事情依旧会滋长起来。以遵循天理为重，怎么会不宁静呢？如果以宁静为重，却不一定能做到遵循天理。”

二九

问：“孔门言志[①]：由、求任政事[②]，公西赤任礼乐[③]，多少实用。及曾皙说来，却似要的事，圣人却许他，是意何如？”

曰：“三子是有意必[④]，有意必便偏着一边，能此未必能彼；曾点这意思却无意必，便是‘素其位而行，不愿乎其外’，‘素夷狄行乎夷狄，素患难行乎患难，无入而不自得’[⑤]矣。三子所谓‘汝器也’[⑥]，曾点便有不器意[⑦]。然三子之才，各卓然成章，非若世之空言无实者，故夫子亦皆许之。”

【注释】

① 孔门言志：见第二十七条注⑤。

② 由：子路名。求：冉有名。皆为孔子的学生。

③ 公西赤：公西华名，孔子的学生。

④ 无意必：语自《论语·子罕》第四章：“子绝四：毋意、毋必、毋固、毋我。”意，指主观臆断；必，指绝对化。无意必，指说话做事不主观、不绝对，而留有余地。

⑤ 无入而不自得：语自《中庸》第十四章。参看第九条注②。

⑥ 汝器也：语自《论语·公冶长》第四章：“子贡问曰：‘赐也何如？’子曰：‘汝，器也。’曰：‘何器也？’曰：‘瑚琏也。’”器，指器具，特定的器具有特定的功用。瑚琏，宗庙祭祀时用来盛粮食的器皿。

⑦ 不器：语自《论语·为政》第十二章：“子曰：‘君子不器。’”指君子不能像器皿一样只有单一的用途。

【译文】

陆澄问："孔子和弟子们讨论志向，子路、冉有希望出任政事，公西赤希望出任礼乐，多少是些实用的事。到了曾点所说，倒像是玩耍的事，孔子却赞许他，这是什么意思？"

先生说："子路、冉有、公西赤三人都含有主观臆想和绝对肯定的意思。有这两种意思，便会向一边偏斜，能做这件事，未必能做那件事。曾点的说法却没有主观臆想，也没有绝对的肯定，正是'君子只求就现在所处的地位来做他应该做的事，不希望去做本分以外的事'；'处在夷狄的地位，就做夷狄所应该做的事。处在患难的地位，就做患难时所应该做的事。因此无论处于何种境况，都能悠然自得'。前面三位弟子是所谓'有某种才能的人'，而曾点是不限于具体才用的通达之士。三位弟子的才华，各自也有突出的成就，并不是世上那些只会空谈而不务实际的人，因此孔子也赞许了他们。"

三〇

问："知识不长进如何？"

先生曰："为学须有本原，须从本原上用力，渐渐盈科而进[①]。仙家说婴儿亦善，譬婴儿在母腹时，只是纯气，有何知识？出胎后方始能啼，既而后能笑，又既而后能识认其父母兄弟，又既而后能立能行、能持能负，卒乃天下之事无不可能。皆是精气日足，则筋力日强，聪明日开，不是出胎日便讲求推寻得来，故须有个本原。圣人到'位天地，育万物'[②]，也只从'喜怒哀乐未发之中'上养来。后儒不明格物之说，见圣人无不知无不能，便欲于初下手时讲求得尽，岂有此理？”

又曰：“立志用功，如种树然。方其根芽，犹未有干；及其有干，尚未有枝；枝而后叶，叶而后花实。初种根时，只管栽培灌溉，勿作枝想，勿作叶想，勿作花想，勿作实想。悬想何益？但不忘栽培之功，怕没有枝叶花实？”

【注释】

① 盈科而进：语自《孟子·离娄下》第十八章：“原泉混混，不舍昼夜。盈科而后进，放乎四海，有本者如是，是之取尔。”盈，满也；科，坎也。

② 位天地，育万物：位、育，宋明理学用语。语自《中庸》首章：“中也者，天下之大本也；和也者，天下之达道也。致中和，天地位焉，万物育焉。”位，指天地各居其位；育，使万物生长发育。

【译文】

陆澄问：“知识没有长进怎么办？”

先生说：“做学问必须有基础，必须从基础上下功夫，循序渐进，才能有所进步。仙家关于婴儿的论述，就是个好的比喻。婴儿在母亲腹中时，只是一团纯气，有什么知识？出得母胎后，才开始能啼哭，然后会笑，又然后能认识他的父母兄弟，又然后能站立，能行走，能持物，能背负，最终天下的事，没有不能做到的。这都是他的精神气息日益充足，于是筋骨力量日益强健，聪明智慧日益开发，不是从出胎的那一天就能推寻得到的，因此必须有个基础。圣人到了定位天地、存育万物的境界，也只是从喜怒哀乐各种性情还没有表现出来时慢慢修养得来的。后世儒者不明白格物的学说，见到圣人无所不知、无所不能，以为可以从开始时就能明白所有的学问，哪有这样的道理？”

先生又说：“立志用功，就像种树一样。开始生根发芽，没有树干，等到有了树干，还没有枝条，有了枝条然后有树叶，有了树叶然后有花朵果实。开始种下根时，只要想着栽培灌溉，不要想枝，不要想叶，不要想花，不要想果。空想那些有什么用处？只要不忘记栽培的功夫，还担心没有枝叶花果吗？”

三一

问：“看书不能明，如何？”

先生曰：“此只是在文义上穿求，故不明。如此，又不如为旧时学问，他到看得多，解得去。只是他为学虽极解得明晓，亦终身无得。须于心体上用功，凡明不得，行不去，须反在自心上体当①，即可通。盖《四书》、《五经》不过说这心体②，这心体即所谓道。心体明即是道明，更无二。此是为学头脑处。”

【注释】

① 自心上体当：与第七十六条注③“自心体认”合案之。但凡须于自己心中体知者，皆示其在言语上是无法明说的。

②《四书》：《大学》、《中庸》、《论语》、《孟子》。宋儒将《礼记》中《大学》、《中庸》两篇提出独立为文，与《论语》、《孟子》并列，合称《四书》。朱熹又称《四书》为《四子》，并作注释，其对《大学》、《中庸》的注释称

"章句",对《论语》、《孟子》的注释(因引用二程、程门弟子及其他人的说法较多)称集注。后人合称之为《四书章句集注》,亦简称《四书集注》。

【译文】

陆澄问:"读书没有明白怎么办?"

先生说:"这只是在文义末节上穿凿求知,因此无法明白。如此,还不如去学习程朱的学问,因为他们看得比较多,也解释得比较透。只是他们为学虽然解释得极为明白通透,也仍然终身无所收获。故必须在心体上用功,凡是不明白的,不知道怎么做的,都必须自己心中去体会,这样就能理解。《四书》、《五经》说的就是心体,也就是所谓的天理。心体明白就是天理明亮,再无其他。这正是为学的关键所在。"

三二

"'虚灵不昧,众理具而万事出'①。心外无理,心外无事。"

【注释】

① 虚灵不昧,众理具而万事出:语自朱熹《大学章句》"明明德"注:"明德者,人之所得乎天,而虚灵不昧,以具众理而应万事者也。"王阳明在此借用朱子语,将"应万事"改为"万事出",意即万事于此(虚灵)出(显露)。

【译文】

"'让心体空灵而不愚昧，各种道理存具心中，万事万物就都能够显露出来了'。此道理不在心外，事物也不在心外。"

三三

或问："晦庵先生曰[①]：'人之所以为学者，心与理而已。'[②]此语如何？"

曰："心即性，性即理。下一'与'字，恐未免为二。此在学者善观之。"

【注释】

①晦庵：朱熹的号。

②心与理：语自朱熹《大学或问》。王阳明将"与"字改为"即"字，以避免将"心"和"理"一分为二。

【译文】

有人问："朱子说：'人之所以为学，不过是心与天理而已。'这句话怎么讲？"

先生说："心就是性，性就是天理。加了这个'与'字，恐怕未免将它们分为两个了。这就在于学者是否善于观察。"

三四

或曰："人皆有是心，心即理，何以有为善，有为不善？"先生曰："恶人之心，失其本体。"

【译文】

有人问："人人都有这颗心，既然心就是天理，为什么有人行善，有人行不善呢？"先生说："因为恶人的心失去了它的本来面目。"

三五

问："'析之有以极其精而不乱，然后合之有以尽其大而无余'①，此言如何？"

先生曰："恐亦未尽。此理岂容分析？又何须凑合得？圣人说精一，自是尽。"

【注释】

①"析之"、"合之"句：语自朱熹《大学或问》："析之极精不乱，说条目功夫；然后合之尽大无余，说明明德于天下。"在王阳明看来，条目功夫是下学，明明德于天下是上达，上达存在于下学之中，如果先说一个"析之"，又说一个"合之"，就难免一分为二了。

【译文】

陆澄问："'用分析的方法来格物可以做到极其精微，而不会紊乱，然后综合这些事物的理，可以包罗万象，而没有遗漏'，这句话怎么样？"

先生说："恐怕这话也没有说明白。这种道理怎么能容得分析？又何必凑合而得？圣人说的'精一'，已经全部包括了。"

三六

“省察是有事时存养，存养是无事时省察。”

【译文】

“自我反省检查是有事时的存心养性，存心养性是无事时的自我反省检查。”

三七

澄尝问象山在人情事变上做工夫之说[①]。

先生曰：“除了人情事变，则无事矣。喜怒哀乐非人情乎？自视听言动，以至富贵贫贱、患难死生，皆事变也。事变亦只在人情里，其要只在致中和[②]，致中和只在谨独[③]。”

【注释】

①象山：陆九渊（1139—1193），字子静，世称象山先生，江西金豁人。与南宋朱熹同时代，陆代表心学，朱代表理学，二人之间常展开辩难，无论当时与后世，均产生极大影响。

②致中和：语自《中庸》第一章：“致中和，天地位焉，万物育焉。”中，天下的根本；和，天下的大道。致中和，指保持中正平和的心。

③谨独：即慎独，语自《中庸》第一章：“是故君子戒慎乎其所不睹，恐惧乎其所不闻。莫见乎隐，莫显乎微，故君子慎其独也。”又《大学》第五章：“所谓诚其意者，毋自欺也。如恶恶臭，如好好色。此之谓自谦。故君子必慎其独也。”慎独，人哪怕是在独处时，也能做到谨慎不苟。

【译文】

陆澄曾经就陆象山在人情事变上下功夫的论点请教先生。

先生说："除了人情事变，就没有其他的事情了。喜、怒、哀、乐难道不是人情吗？从视、听、言、动一直到富贵、贫贱、患难、死生，都是事变。事变也只包含在人情当中，关键就是要做到'致中和'，'致中和'的关键在于独处时谨慎不苟。"

三八

澄问："仁、义、礼、智之名，因已发而有？"

曰："然。"

他日，澄曰："恻隐、羞恶、辞让、是非[①]，是性之表德邪？"

曰："仁、义、礼、智，也是表德。性一而已：自其形体也，谓之天；主宰也，谓之帝；流行也，谓之命；赋于人也，谓之性；主于身也，谓之心。心之发也，遇父便谓之孝，遇君便谓之忠。自此以往，名至于无穷，只一性而已。犹人一而已，对父谓之子，对子谓之父。自此以往，至于无穷，只一人而已。人只要在性上用功，看得一'性'字分明，即万理灿然。"

【注释】

① "恻隐"句：语自《孟子·公孙丑上》第六章："恻隐之心，仁之端也；羞恶之心，义之端也；辞让之心，礼之端也；是非之心，智之端也。"

【译文】

陆澄问："仁、义、礼、智的名称，是人的情感发出后才有的吗？"

先生说："是的。"

一天，陆澄又问："恻隐、羞恶、辞让、是非，是人先天德性的表现吗？"

先生说："仁、义、礼、智也是人先天德性的表现。天性只有一个，从外表形体而言称之为天，从主宰万物而言称之为帝，从流行变化而言称之为命，赋予人时就称之为性，主宰人时就称之为心。心的发挥，表现在父母身上就是孝，表现在君主身上就是忠。以此类推，名称可以无穷无尽，但心性只有一个。就像人就是这么一个人，对于父亲来说是儿子，对于儿子来说是父亲。以此类推，名称可以无穷无尽，但人只是一个人。人只要在心性上用功，把这个'性'字参悟透了，天下事理自然便豁然贯通。"

三九

一日，论为学工夫。

先生曰："教人为学，不可执一偏。初学时心猿意马，拴缚不定，其所思虑，多是人欲一边，故且教之静坐、息思虑。久之，俟其心意稍定，只悬空静守，如槁木死灰[①]，亦无用，须教他省察克治。省察克治之功，则无时而可间，如去盗贼，须有个扫除廓清之意。无事时将好色、好货、好名等私逐一追究，搜寻出来，定要拔去病根，永不复起，方始为快。常如猫之捕鼠，一眼看着，一耳听着，才有一念萌动，即与克去，斩钉截铁，不可姑容，与他方便，不可窝藏，不可放他出路，方是真实用功，方能扫除廓清。到得无私可克，自有端拱时在。虽曰何思何虑[②]，非初学时事。初学必须思，省察克治，即是思诚，只思一个天理。到得天理纯全，便是何思何虑矣。”

【注释】

① 槁木死灰：语自《庄子·齐物论》：“形固可使如槁木，而心固可使如死灰乎？”

② 何思何虑：语自《周易·系辞下》：“子曰：‘天下何思何虑？天下同归而殊途，一致而百虑，天下何思何虑？’”第一百四十五条《答周道通书》引“上蔡尝问天下何思何虑”，阳明答：“云殊途，云百虑，则岂谓无思无虑邪？心之本体即是天理，天理只是一个，更有何可思虑得？天理原自寂然不动，原自感而遂通，学者用功，虽千思万虑，只是要复他本来体用而已，不是以私意去安排思索出来，故明道云：‘君子之学，莫若廓然而大公，物来而顺应。’若以私意去安排思索，便是用智自私矣。何思何虑正是功夫，在圣人分上便是自然的，在学者分上便是勉然的。伊川却是把作效验看了，所以有‘发得太早’之说。”

【译文】

一天，师生共同探讨为学的功夫。

先生说：“教人做学问，不可以偏执一端。刚开始学习的时候心神不宁，精力不能集中，心中所想大多是私欲方面的事情。因此，应该先教他静坐，以便安定思虑。久而久之，等他心意稍微安定之后，如果还是一味地静坐不动，如同槁木死灰一般，就没有用了，这时必须教他做反省体察克治私欲的功夫，而且不能间断，就像是驱除盗贼，必须有一个彻底根除的决心。无事的时候，把好色、贪财、慕名等私欲逐个搜寻出来，一定要拔去病根，令他永远不能复发，才算痛快。好比猫捉老鼠，眼睛看着，耳朵听着，只要有一丝私心杂念，就立刻戒掉，斩钉截铁，不可以姑且宽容，不可以窝藏，不可以放他逃走，这才是真功夫，才能彻底除去私欲。等到心中没有私欲可除，自然可以轻松地端坐拱手了。虽然这也是'何思何虑'，但已不是初学时的'何思何虑'了。初学时的'何思何虑'必须要加上省察克治的功夫，也就是'思诚'，只诚心诚意地思考一个天理。等到天理完全纯正了，也就是眼下的'何思何虑'了。"

四〇

澄问："有人夜怕鬼者，奈何？"

先生曰："只是平时不能集义[①]，而心有所慊，故怕。若素行合于神明，何怕之有？"

子莘曰[②]："正直之鬼，不须怕；恐邪鬼不管人善恶，故未免怕。"

先生曰："岂有邪鬼能迷正人乎？只此一怕，即是心邪，故有迷之者，非鬼迷也，心自迷耳。如人好色，即是色鬼迷；好货，即是货鬼迷；怒所不当怒，是怒鬼迷；惧所不当惧，是惧鬼迷也。"

【注释】

①集义：意即积善。语自《孟子·公孙丑上》第二章："是集义所生者，非义袭而取之也。"朱熹注："集义，犹言积善，盖欲事事皆合于义也。"

②子莘：马明衡之字，福建莆田人，官至御史，王阳明最早的福建弟子。

【译文】

陆澄问："有人晚上害怕鬼，怎么办？"

先生说："这只是平日里不能做到行善，内心不能满足而感到愧疚，因此害怕，如果平素行为与神明相合，又害怕什么呢？"

马明衡说："正直的鬼不必害怕，恐怕邪恶的鬼不管人的善恶，因此未免害怕。"

先生说："邪恶的鬼怎么能迷惑正直的人呢？只这种害怕就是心地邪恶了。所以那被迷惑的人，并不是鬼迷惑他，而是他的心被自己迷惑了。例如人好色，就是被色鬼迷惑；贪财，就是被财鬼迷惑；不该发怒而发怒，就是被怒鬼迷惑；不应害怕而害怕，就是被惧鬼迷惑。"

四一

"定者心之本体，天理也。动静，所遇之时也[①]。"

【注释】

① 所遇之时：时，泛指环境。所遇之时，指所遭遇到的时间、地点、条件等外部环境。

【译文】

“心的本体是恒定的，这是天理。出现动和静的状态，是因为遭遇到了不同的外部环境的影响。”

四二

澄问《学》《庸》同异。

先生曰：“子思括《大学》一书之义[①]，为《中庸》首章[②]。”

【注释】

①子思：名伋，孔鲤之子，孔子之孙。相传战国时孟子师从于子思门人。朱熹认为《中庸》是“孔门传授心法”，而由“子思笔之于书以授孟子”。

②《中庸》首章：《中庸》原为《礼记》之一篇，初无章次之分，朱熹注释《中庸》，称《中庸章句》，分三十三章。首章自“天命之谓性，率性之谓道，修道之谓教”至“致中和，天地位焉，万物育焉”，其注云：“子思述所传之意以立言：首明道之本原出于天而不可易，其实体备于己而不可离，次言存养省察之要，终言圣神功化之极。盖欲学者于此反求诸身而自得之，以去夫外诱之私，而充其本然之善，杨氏所谓一篇之体要是也。”依此条可知，阳明教学生亦曾以朱子“新本”为用。

【译文】

陆澄问《大学》、《中庸》两本书的异同。

先生说：“子思概括《大学》一书的主旨，为《中庸》第一章的内容。”

四三

问：“孔子正名[①]，先儒说‘上告天子，下告方伯，废辄立郢’[②]，此意如何？”

先生曰：“恐难如此，岂有一人致敬尽礼，待我而为政，我就先去废他？岂人情天理？孔子既肯与辄为政，必已是他能倾心委国而听。圣人盛德至诚，必已感化卫辄，使知无父之不可以为人，必将痛哭奔走，往迎其父。父子之爱本于天性，辄能悔痛真切如此，蒯聩岂不感动底豫[③]？蒯聩既还，辄乃致国请戮，聩已见化于子，又有夫子至诚调和其间，当亦决不肯受，仍以命辄。群臣百姓又必欲得辄为君，辄乃自暴其罪恶，请于天子，告于方伯诸侯[④]，而必欲致国于父。聩与群臣百姓，亦皆表辄悔悟仁孝之美，请于天子，告于方伯诸侯，必欲得辄而为之君。于是集命于辄[⑤]，使之复君卫国。辄不得已，乃如后世上皇故事[⑥]，率群臣百姓尊聩为太公，备物致养，而始退复其位焉。则君君、臣臣、父父、子子[⑦]，名正言顺，一举而可为政于天下矣！孔子正名，或是如此。”

【注释】

① 正名：语自《论语·子路》第三章：“子路曰：‘卫君待子而为政，子将奚先？’子曰：‘必也正名乎！’子路曰：‘有是哉，子之迂也！奚其正？’子曰：‘野哉由也！君子于其所不知，盖阙如也。名不正，则言不

顺；言不顺，则事不成；事不成，则礼乐不兴；礼乐不兴，则刑罚不中；刑罚不中，则民无所措手足。'”

② 先儒：指朱熹等。废辄立郢：废除（卫国）公子辄而拥立公子郢。《论语·子路》第三章子路有“卫君待子而为政，子将奚先”一问，孔子回答“必也正名乎”。朱熹在此篇注释中引胡瑗注，讲了整个故事的来龙去脉：“卫世子蒯聩耻其母南子之淫乱，欲杀之，不果，而出奔。灵公欲立公子郢，郢辞。公卒，夫人立之，又辞。乃立蒯聩之子辄，以拒蒯聩。夫蒯聩欲杀母，得罪于父，而辄据国以拒父，皆无父之人也，其不可有国也明矣。夫子为政，而以正名为先。必将具其事之本末，告诸天王，请于方伯，命公子郢而立之，则人伦正，天理得，名正言顺而事成矣。”

③ 底豫：底，至也；豫，悦乐也。

④ 方伯：天子在远离千里之外的地方设方伯，为一方之主，掌管征伐。比如周文王在远离天子之外的西方，称为西伯。

⑤ 集命：集中命令。

⑥ 上皇：《汉书》卷一高祖六年（前 201 年），尊太公为太上皇。

⑦ 君君，臣臣，父父，子子：语自《论语·颜渊》第十一章：“齐景公问政于孔子。孔子对曰：‘君君，臣臣，父父，子子。'”意思是君要像君，臣要像臣，父要像父，子要像子，都要遵守各自的行为规范。

【译文】

陆澄问：“孔子主张端正名分，朱熹认为孔子这是要‘上告知天子，下昭告诸侯，废除公子辄而拥立公子郢'，这种说法对吗？”

先生说：“恐怕不能这样说吧，哪里有国君对我恭敬有礼，让我辅助他治理国家，我却企图去废除他的道理？人情天理岂能容忍？孔子既然愿意辅佐辄的统治，一定是辄已经能够认真听取意见，可以将国家托付给他了。圣人真诚的盛大德行，一定已经感化了卫辄，使他知道不孝顺父亲就不能真正做人。因此，卫辄必须痛哭奔走，亲自去迎接他的父亲回来。父子之爱本是出于天性，卫辄能够如此真切地悔悟痛苦，蒯聩怎么会不感动呢？蒯聩归国之后，辄将国家归还给他，并请求父亲杀了他以弥补自己的罪过。蒯聩已经被儿子感动，又有孔子诚心地居中调解，依然坚决不肯接受治理国家的担子，而仍旧命令辄为国君。群臣和百姓也一定要辄出任国君，卫辄于是披露自己的罪过，请示天子，昭告诸侯，一定要将国家交给父亲治理。蒯聩与群臣百姓也都赞赏卫辄悔悟的仁德孝道的美德，请示天子，告知诸侯，一定要让辄出任国君。于是大家要求辄重新出任卫国的国君，卫辄不得已，于是就像后世帝王那样，率领群臣百姓推尊蒯聩为太上皇，使他养尊处优，才又恢复了自己的君位。于是，君是君，臣是臣，父是父，子是子，名正言顺，有了这一举动，从此天下步入正轨。孔子强调的端正名分，兴许就是这样吧！”

四四

澄在鸿胪寺仓居[1]，忽家信至，言儿病危，澄心甚忧闷不能堪。

先生曰：“此时正宜用功。若此时放过，闲时讲学何用？人正要在此等时磨炼。父之爱子，自是至情。然天理亦自有个中和处，过即是私意。人于此处多认做天理当忧，则一向忧苦，不知已是有所忧患，不得其正[②]。大抵七情所感[③]，多只是过，少不及者。才过便非心之本体，必须调停适中始得。就如父母之丧，人子岂不欲一哭便死，方快于心？然却曰'毁不灭性'[④]，非圣人强制之也，天理本体自有分限，不可过也。人但要识得心体，自然增减分毫不得。"

【注释】

①鸿胪寺仓居：鸿胪寺，明礼部下属七寺之一，掌管宾客仪礼之事。阳明于正德九年（1514）四月升任南京鸿胪寺卿，众弟子跟随前往。仓居，在衙舍居住。一说指暂时居住。仓，暂时。

②不得其正：语自《大学》第七章："所谓修身在正其心者。身有所忿懥，则不得其正；有所恐惧，则不得其正；有所好乐，则不得其正；有所忧患，则不得其正。"所谓正，无过无不及，"过即是私意"，"不及"亦然。

③七情：语自《礼记·礼运篇》第二十三节："何谓人情？喜、怒、哀、惧、爱、恶、欲，七者弗学而能。"

④毁不灭性：语自《孝经》末章："三日而食，教民无以死伤生，毁不灭性，此圣人之政也。"又见《礼记·丧服四制篇》第五节。意思是孝子哀伤，但不能伤害性命。

【译文】

陆澄在鸿胪寺暂住，突然家信送到，说他的儿子病危，陆澄心里非常忧闷不能忍受。

先生说："这时正适合用功。如果错过这个机会，平时讲学有什么用呢？人就是要在这种时候磨炼自己。父亲爱儿子，自然感情极深，然而天理也有它自己中和的地方，越过了就是私心。人们在此时大多认为按照天理应该忧伤，于是一向忧伤困苦，不知已经陷入了'心里有忧患，不能达到纯正'的地步。一般七情的感受，过分的多，不够的少。稍稍过分，就不再是心的本体，必须要调整适中才可以。比如父母去世，作为儿女，哪有不希望一哭就跟着死去，心里才痛快的呢？然而却提倡'不能过分悲哀而失去本性'。并不是圣人要强制压抑人们的情感，天理本体，自有它的分寸限制，不能超过。人只要明白了心体，自然就不会增减一分一毫了。"

四五

"不可谓未发之中[①]，常人俱有。盖体用一源[②]，有是体即有是用，有未发之中即有发而皆中节之和。今人未能有发而皆中节之和，须知是他未发之中，亦未能全得。"

【注释】

① 未发之中：语自《中庸》首章："喜怒哀乐之未发谓之中，发而皆中节谓之和。"参见第二十八条注①。

② 体用一源：语自《伊川易传序》："体用一源，显微无间。"意思是体与用都来源于易，二者虽有或显著或微小的差别，却是紧密联系、不可分割的。

【译文】

“不能说平常人都具有情感未发出来时的中正状态。因为本原与表象具有同一性，有这个本体，就有这个现象。有‘未发之中’，就有‘发而皆中节’的和。现在的人不能有‘发而皆中节’的和，想必是他的情感在未发出来时尚不能实现完全的中正平和。”

四六

“《易》之辞，是‘初九，潜龙勿用’[1]六字；《易》之象，是初画；《易》之变，是值其画；《易》之占，是用其辞[2]。”

【注释】

① 初九，潜龙勿用：《周易》乾卦初九的爻辞，意思是潜伏着的龙，作用还没有发挥。易卦由六个爻组成，最下面的爻称为初爻，阳爻为九，阴爻为六。乾卦均由阳爻组成，故最下面的爻，即第一个爻，称为初九。往上依次分别为：九二、九三、九四、九五、上九。

② 象、变、占、辞：象，指卦和爻的符号；变，指卦爻的变化；占，指卜筮；辞，对卦和爻的解说。《周易·系辞上》说：“《易》有圣人之道四焉：以言者尚其辞，以动者尚其变，以制器者尚其象，以卜筮者尚其占。”

【译文】

“《周易》爻辞是‘初九，潜龙勿用’六个字，《周易》的卦象是初画，《周易》的变化是遇到新画，《周易》的占卜是利用卦辞和爻辞。”

四七

“夜气[①]，是就常人说。学者能用功，则日间有事无事，皆是此翕聚发生处。圣人则不消说夜气。”

【注释】

①夜气：语自《孟子·告子上》：“梏之反覆，则其夜气不足以存；夜气不足以存，则其违禽兽不远矣。”面对夜气，常人需要花大功夫来存养，学者用点功夫就行了，圣人则不必花功夫，自然就满满的。

【译文】

“存养夜气是对平常人而言的。学者如果能够用功，那么白天无论有事无事，都是夜气在收敛、聚合、发散。圣人则不必把夜气说出来。”

四八

澄问“操存舍亡”章[①]。

曰：“‘出入无时，莫知其乡。’[②]此虽就常人心说，学者亦须是知得心之本体亦元是如此，则操存功夫，始没病痛。不可便谓出为亡、入为存。若论本体，元是无出无入的。若论出入，则其思虑运用是出，然主宰常昭昭在此，何出之有？既无所出，何入之有？程子所谓腔子[③]，亦只是天理而已。虽终日应酬而不出天理，即是在腔子里。若出天理，斯谓之放，斯谓之亡。”

又曰："出入亦只是动静，动静无端，岂有乡邪？"

【注释】

①② 皆语自《孟子·告子上》第八章："孔子曰：'操则存，舍则亡。出入无时，莫知其乡。惟心之谓与？'"无时，指没有一定；乡，即方向。

③ 腔子：语自《河南程氏遗书》："心要在腔子里。"腔子，指胸腔。

【译文】

陆澄以"操存舍亡"一章向先生请教。

先生说："'人的善心出入没有一定之规，也不知道它的方向。'这虽然是就平常人的心来说的，学者也需要知道心的本体原本也是如此，这样，操守存养的功夫才不会有毛病。不可以轻率地认定'出'就是不存在，'入'就是存在。如果论及心的本体，原本是无出无入的。如果论及出入，那么人的思维活动是'出'，然而人的主宰昭然于心，哪里有个出呢？既然没有出，哪里有个入呢？程子所谓的'腔子'，也只是天理而已。虽然成天应酬，也不出天理的范畴，就是在腔子当中。如果越出天理，就是所谓的'放'，就是所谓的'亡'。"

先生又说："心的出入也只是动和静，动和静没个一定，哪里又有方向呢？"

四九

王嘉秀问[①]："佛以出离生死诱人入道，仙以长生久视诱人入道[②]，其心亦不是要人做不好，究其极至，亦是见得圣人上一截，然非入道正路。如今仕者，有由科，有由贡，有由传奉[③]，一般做到大官，毕竟非入仕正路，君子不由也。仙、佛到极处，与儒者略同，但有了上一截，遗了下一截[④]，终不似圣人之全。然其上一截同者，不可诬也。后世儒者，又只得圣人下一截，分裂失真，流而为记诵、词章、功利、训诂，亦卒不免为异端。是四家者，终身劳苦，于身心无分毫益。视彼仙、佛之徒，清心寡欲，超然于世累之外者，反若有所不及矣。今学者不必先排仙、佛，且当笃志为圣人之学。圣人之学明，则仙、佛自泯。不然，则此之所学，恐彼或有不屑，而反欲其俯就，不亦难乎？鄙见如此，先生以为何如？”

先生曰：“所论大略亦是。但谓上一截，下一截，亦是人见偏了如此。若论圣人大中至正之道，彻上彻下，只是一贯，更有甚上一截，下一截？‘一阴一阳之谓道’，但仁者见之便谓之仁，知者见之便谓之智，百姓又日用而不知，故君子之道鲜矣[⑤]。仁智岂可不谓之道？但见得偏了，便有弊病。”

【注释】

①王嘉秀：字实夫，于阳明由贵州龙场归后受业，喜好仙佛。

②长生久视：语自《道德经》：“有国之母，可以长久，是谓根深固柢、长生久视之道。”视作立解。长生久立，不死之意。

③科、贡、传奉：古代选拔官员的制度。科，由分科考试入官；贡，由乡党推荐入官；传奉，由内官安排入官。

④上一截、下一截：即上达、下学。当时学者常常把孔子的学问分为上、下两截，上达是高远的，下学是切近的。王阳明不同意这种分法。

⑤道鲜：鲜，少见。语自《周易·系辞上》："一阴一阳之谓道。继之者善也，成之者性也。仁者见之谓之仁，知者见之谓之知。百姓日用而不知，故君子之道鲜矣。"意思是君子之道的全部意义很少有人知道。

【译文】

王嘉秀问："佛教凭借超脱生死来诱导人信奉，道教以长生不老来诱导人信奉，他们的本意也不是要人做不好的事情。追根究底，也是看到了圣人的上面一部分，但这并不是信奉的正路。如今做官的人，有科举而成，有荐举而就，有从传奉官而一样做到大官的。终归不是做官的正道，君子是不会实行的。道教、佛教到了极处，与儒者大略相同，虽有了上面一部分，却遗失了下面一部分，终究不能得到圣人全部的本真。然而虽上一部分相同，也不可以虚构。后世儒者又只注意到了圣人的下面一部分，因而上下分裂失真，使儒学流于记诵、词章、功利、训诂，最终不免成为异端。研究这四家的人，终生身心劳碌，没有一点益处。反观那些道教、佛教的信徒，清心寡欲，超脱于世俗烦累之外的，这些人反而有所不及了。如今的学者不必上来就排斥道教、佛教，而应当笃志研习圣人之学。圣人之学阐明发扬，那么道教、佛教自然会消亡。否则的话，恐怕道教、佛教的信奉者对儒学的内容感到不屑，要这道、佛两家的人降格相奉于儒学，不是很难吗？这是我的粗浅看法，先生认为怎样？"

先生说："你所说的大体上正确。但所谓的上面一部分，下面一部分，也是因人们见解偏颇才会出现。如此论及圣人大中至正的道义，上下通达，都是相同的，又有什么上面一部分，下面一部分？'阴阳的交替变化就叫做道，但仁者把它叫做仁，智者把它叫做智，平民百姓每天接触阴阳之道而不懂得，因此君子之道就很少有人知道了。'仁、智怎么能不称为道呢？但见解偏颇了，就会有问题出现。"

五〇

"蓍固是《易》，龟亦是《易》[①]。"

【注释】

①蓍、龟：蓍筮以五十蓍竹而计其数，以数为本；龟卜则烧龟壳而观其象，以象为基。

【译文】

"蓍草占卜固然是《周易》，龟背占卜也是《周易》。"

五一

问："孔子谓武王未尽善[①]，恐亦有不满意？"

先生曰："在武王自合如此。"

曰："使文王未没，毕竟如何？"

曰："文王在时，天下三分已有其二[②]。若到武王伐商之时，文王若在，或者不致兴兵，必然这一分亦来归了。文王只善处纣，使不得纵恶而已。"

【注释】

① 孔子谓武王未尽善：语自《论语·八佾》第二十五章："子谓《韶》，尽美矣，又尽善也。谓《武》，尽美矣，未尽善也。"《韶》，帝舜之乐。《武》，周武王之乐。孔子用音乐比喻人的德行。

② 三分天下已有其二：语自《论语·泰伯》第二十章："三分天下有其二，以服事殷。周之德，其可谓至德也已矣。"意思是在这种三分天下有其二的大好形势下，孔子主张以德服人，避免杀伐，此方为至德。

【译文】

陆澄问："孔子认为周武王没有尽善，恐怕对他也有不满意的地方吧？"

先生说："对武王来说，自然应当得到这样的评价。"

陆澄说："如果周文王没有去世，终归怎么样呢？"

先生说："文王在世时，已经掌管了天下三分之二的土地。如果武王伐商时文王在世，也许不会发动刀兵，这余下的三分之一必然也会归于文王治下。文王只要好好处理，让纣王无法作恶就可以了。"

五二

问[①]："孟子言'执中无权犹执一'[②]。"

先生曰："中只是天理，只是易，随时变易，如何执得？须是因时制宜，难预先定一个规矩在。如后世儒者要将道理一一说得无罅漏，立定个格式，此正是执一。"

【注释】

① 问：问者，有人以为是陆澄，有人以为是惟乾。惟乾即冀元亨，参见第一百一十八条注 ①。

② 执中无权犹执一：语自《孟子·尽心上》第二十六章："子莫执中，执中为近之，执中无权，犹执一也。"执中，执守中庸；权，权变；一，一偏。意思是坚持中庸固然正确，但如果不知因时制宜，不知权变，就成了偏执。

【译文】

惟乾问："孟子所说的'持守中间态度而没有变通，也还是执着在一偏上'，怎么理解呢？"

先生说："保持中庸只是天理，只是还有变易，随时有所变化，如何能执着于这种态度？必须要因时制宜，很难预先设定一个规矩。就像后世儒者要想将道理逐一解说得没有疏漏，预先立定一个规则而不懂权变，这就是偏执了。"

五三

唐诩问[①]："立志是常存个善念，要为善去恶否？"

曰："善念存时，即是天理。此念即善，更思何善？此念非恶，更去何恶？此念如树之根芽，立志者长立此善念而已。'从心所欲不逾矩'[②]，只是志到熟处。"

【注释】

① 唐诩：江西新淦人，号不详，王阳明的学生。

② 从心所欲不逾矩：语自《论语·为政》第四章："七十而从心所欲不逾矩。"

【译文】

唐诩问："立志就是要常存善念，需要做为善去恶的念想吗？"

先生说："善念存在的时候，就是天理。这种念头就是善的，还去另外思考什么善呢？这种念头不是恶的，还去另外摒除什么恶呢？这种念头就像树的根芽，立志的人要长久确立这个善念而已。'依从天理之心去行事，就不会逾越规矩'，这才是志向达到了成熟的境界。"

五四

"精神道德言动，大率收敛为主，发散是不得已。天地人物皆然。"

【译文】

"精神、道德、言论与行动，大多以收敛为主，向外发散是不得已的事，天地人物都是如此。"

五五

问："文中子是如何人？"

先生曰："文中子庶几具体而微[①]，惜其蚤死！"

问："如何却有续经之非？"

曰："续经亦未可尽非。"

请问。

良久，曰："更觉'良工心独苦'[2]。"

【注释】

①具体而微：语自《孟子·公孙丑上》第二章："昔者窃闻之：子夏、子游、子张皆有圣人之一体，冉牛、闵子、颜渊则具体而微。"意思是虽具备了圣人的基本条件，但在某些方面稍微逊色。

②良工心独苦：语自杜甫《题李尊师松树樟子歌》。意思是优秀的工匠虽匠心独运，却时常受到俗人的非议，又无法与之沟通，从而产生苦闷。

【译文】

陆澄问："王通是什么样的人？"

先生说："王通差不多是一位'各个方面都已全面，只是某些方面比较欠缺'的人，可惜他去世太早。"

陆澄问："可他怎么又会做出仿造经典的事呢？"

先生说："仿造经典也不能完全说是过错。"

陆澄继续请教。

过了很久，先生才说："我更能体会'良工心独苦'这句话的意思了。"

五六

"许鲁斋谓[1]，'儒者以治生为先'之说，亦误人。"

【注释】

① 许鲁斋：许衡（1209—1281），字仲平，号鲁斋，河南沁阳人，官至国子祭酒。元代理学家，承程朱之学，为一代大儒，死谥文正。

【译文】

“许鲁斋认为，儒者以谋生为第一要务的学说，必定误人子弟。”

五七

问仙家元气、元神、元精。

先生曰：“只是一件：流行为气，凝聚为精，妙用为神。”

【译文】

陆澄向先生请教元气、元神、元精。

先生说：“这三个是同一件事。流行起来就是气，凝聚起来就是精，巧妙地作用起来就是神。”

五八

“喜怒哀乐，本体自是中和的。才自家着些意思，便过不及，便是私。”

【译文】

“喜、怒、哀、乐，本质上原来是中和的。自己刚参杂些想法，稍有逾越或不及，就是私欲了。”

五九

问“哭则不歌”[①]。

先生曰：“圣人心体自然如此。”

【注释】

① 哭则不歌：语自《论语·述而》第九章：“子是日哭，则不歌。”意思是孔子当天哭过后，就不再歌唱。

【译文】

陆澄问：“‘哭过后就不再唱歌’，应怎么理解呢？”

先生说：“圣人的心体，本来就是这样。”

六〇

“克己须要扫除廓清，一毫不存方是。有一毫在，则众恶相引而来。”

【译文】

“克服自己的私欲，务必要彻底摒除干净，一毫都不让存留，才可以。但凡有一点私欲存在，那么其他的邪恶就会一个个被引诱出来。”

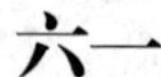

六一

问《律吕新书》[①]。

先生曰："学者当务为急。算得此数熟，亦恐未有用，必须心中先具礼乐之本方可。且如其书说多用管以候气[②]，然至冬至那一刻时，管灰之飞，或有先后，须臾之间，焉知那管正值冬至之刻？须自心中先晓得冬至之刻始得。此便有不通处。学者须先从礼乐本原上用功。"

【注释】

①《律吕新书》：南宋蔡元定著，上卷《律吕本源》，下卷《律吕辩证》。蔡元定（1135—1191），字季通，号西山，朱子视为老友。

② 候气：古人用来测量阴阳之气变化的方法。古人用黄钟律管测定气候变化，把芦苇灰放进律管里，冬至来时，阳气上升，管中灰就会飞扬起来，便知阳气开始上升。

【译文】

陆澄问《律吕新书》怎么样。

先生说："这是学者应当致力于关注的事。将音乐律数算得再熟，也恐怕没有用处，心中必须首先具备礼乐的根本才可以。如果只是像书中说的常用乐管来观察节气，然而到了冬至时刻，乐管灰尘的飞散，又有先后短暂的差别，怎么知道哪个乐管正值冬至时刻呢？所以又必须自己心中先明白冬至的时刻才可以。这就有不通的地方。学者还是必须先从礼乐的根本上用功。"

六二

曰仁云："心犹镜也。圣人心如明镜，常人心如昏镜。

近世格物之说,如以镜照物,照上用功,不知镜尚昏在,何能照?先生之格物,如磨镜而使之明,磨上用功,明了后亦未尝废照。”

【译文】

徐爱说:“心就像镜子。圣人的心如同明镜,常人的心如同暗镜。近代格物的学说,如同用镜照物,在照映上用功,不知道镜子仍旧昏暗不清,怎么能照出呢?先生的格物学说,就如同打磨镜子使它明亮,在打磨上用功,镜子明亮之后自然不会耽误照物。”

六三

问道之精粗。

先生曰:“道无精粗,人之所见有精粗。如这一间房,人初进来,只见一个大规模如此;处久,便柱壁之类,一一看得明白;再久,如柱上有些文藻,细细都看出来。然只是一间房。”

【译文】

陆澄向先生请教道的精粗问题。

先生说:“道本身没有精粗,人们看到的道才有精粗之别。比如这间房子,人刚进来的时候,只看得到一个大致规模。待得久了,房柱、墙壁之类,逐一都能看得清楚。再久一些,房柱上篆刻的纹饰,都能详细地看得出来。然而仍旧只是这一间房子而已。"

六四

先生曰："诸公近见时少疑问，何也？人不用功，莫不自以为已知，为学只循而行之是矣。殊不知私欲日生，如地上尘，一日不扫，便又有一层。着实用功，便见道无终穷，愈探愈深，必使精白无一毫不彻方可[①]。"

【注释】

①精白：精纯而洁白。以米磨至最纯洁处作为比喻。彻：通也，明白也。

【译文】

先生说："各位最近相见的时候，疑问变少了，为什么呢？人不用功，无不自以为已经明白了，做学问只要跟着前人实行就可以，却不知道私欲逐日萌生，就像地上的尘土，一天不扫，就又多一层。踏实用功，就可以明白对道的追求是无穷无尽的，越探究越深入，一定要达到精细纯洁而没有一点不透彻的地步才可以。"

六五

问："知至然后可以言诚意[①]。今天理人欲，知之未尽，如何用得克己工夫？"

先生曰："人若真实切己用功不已，则于此心天理之精微日见一日，私欲之细微亦日见一日。若不用克己工夫，终日只是说话而已，天理终不自见，私欲亦终不自见。如人走路一般，走得一段，方认得一段；走到岐路处，有疑便问，问了又走，方渐能到得欲到之处。今人于已知之天理不肯存，已知之人欲不肯去，且只管愁不能尽知，只管闲讲，何益之有？且待克得自己无私可克，方愁不能尽知，亦未迟在。”

【注释】

① 诚意：语自《大学》：“知至而后意诚。”参见徐爱跋注 ②。

【译文】

陆澄问：“尽知然后才可以谈及诚意。现在天理私欲还不能完全明白，怎么能在克己上用功呢？”

先生说：“人如果真的踏实践行不断用功，那么人心中对天理的精深微妙，能够逐日增进认识；对私欲的细小隐微，也能够逐日增进认识。如果不在克己上下功夫，整天也就是说些空话而已，终究无法看到天理，也终究无法明白私欲。这就像人们走路，走一段路，方才认得一段路，走到岐路口，有疑惑就询问，问了再走，这样才能逐渐到达想要去的地方。现在的人不肯存养已知的天理，不肯摒除已知的私欲，却只管发愁不能完全知道的事，只管说空话，有什么好处？等到克得自己没有私欲可以克除，再发愁不能完全知道的事，也为时不晚。”

六六

问："道一而已[①]。古人论道往往不同，求之亦有要乎？"

先生曰："道无方体[②]，不可执着，却拘滞于文义上求道，远矣。如今人只说天，其实何尝见天？谓日月风雷即天，不可；谓人物草木不是天，亦不可。道即是天，若识得时，何莫而非道？人但各以其一隅之见认定，以为道止如此，所以不同。若解向里寻求，见得自己心体，即无时无处不是此道。亘古亘今，无终无始，更有甚同异？心即道，道即天，知心则知道、知天。"

又曰："诸君要实见此道，须从自己心上体认，不假外求始得。"

【注释】

① 道一：语自《孟子·滕文公上》第一章："夫道，一而已矣。"

② 方体：语自《周易·系辞上》第四章："故神无方而易无体。"方体，指时空。意思是道的运行不受时空的限制。

【译文】

陆澄问："道就是一。古人谈论道，见解往往不同，求道是否也有要领在呢？"

先生说："道不受时间空间的限制，不可执着，拘束于文义之中求道，离道的本意就远了。现在的人只说天，其实哪里见过天呢？认为日月风雷是天，是不对的；认为人物草木不是天，也是不对的。道就是天，如果能认识到这一点，什么都是道。人人都仅凭自己的片面见解，认定道只是这样而不是那样，所以道才有了不同。如果知道要向深处探求，明白自己心体，那么就无时无处不是这个道。古今交错，不分始终，又有什么异同？心就是道，道就是天，明白了心也就知道、知天了。”

先生又说：“各位要想实实在在看到这个道，必须从自己心中体会认识，不借助心外寻求，才能得到。”

六七

问：“名物度数[①]，亦须先讲求否？”

先生曰：“人只要成就自家心体，则用在其中。如养得心体，果有未发之中，自然有发而中节之和[②]，自然无施不可。苟无是心，虽预先讲得世上许多名物度数，与己原不相干，只是装缀临时，自行不去。亦不是将名物度数全然不理，只要‘知所先后，则近道’[③]。”

又曰：“人要随才成就，才是其所能为。如夔之乐，稷之种[④]，是他资性合下便如此[⑤]。成就之者，亦只是要他心体纯乎天理。其运用处，皆从天理上发来，然后谓之才。到得纯乎天理处，亦能不器[⑥]，使夔、稷易艺而为，当亦能之。”

又曰：“如‘素富贵行乎富贵，素患难行乎患难’[⑦]，皆是不器，此惟养得心体正者能之。”

【注释】

① 名物度数：鸟兽草木之物皆有名，礼乐刑政之度皆有数。

② 发而中节之和：语自《中庸》第一章："喜怒哀乐之未发谓之中，发而皆中节谓之和。"参见第二十八条注①。

③ 知所先后，则近道：语自《大学》首章："物有本末，事有终始，知所先后，则近道矣。"朱熹注云："明德为本，新民为末。知止为始，能得为终。本始所先，末终所后。"

④ 夔、稷：语自《尚书·尧典》第二十四节："夔，命汝典乐，教胄子（长子）。"第十八节："帝曰：'汝后稷，播时百谷。'"夔是掌管音乐的官，稷是掌管种植的官。

⑤ 合下：当下，现在。

⑥ 不器：不偏依，不执着，指不局限于某种具体。参见第二十九条注⑦。

⑦ 素富贵行乎富贵，素患难行乎患难：语自《中庸》第十四章："君子素其位而行，不愿乎其外。素富贵，行乎富贵；素贫贱，行乎贫贱；素夷狄，行乎夷狄；素患难，行乎患难。君子无入而不自得焉。"参见第二十九条注⑤

【译文】

陆澄问："名称、实物、仪则、数目，也需要先研究吗？"

先生说："人只要能成就自己的心体，那么就能在其中应用了。倘若心体已经存养得果真有了未发之中，自然也就有发而中节之和，自然是怎么做都可以。如果没有这样的心，即使事先能够研究世上许多的名称、实物、仪则、数目，与自己原本并不相关，只是临时地装点门面，自然是怎么做都不行的。这也不是完全不管名称、实物、仪则、数目，只要‘知道所做事情的先后顺序，就接近道了’。”

先生又说：“人要根据自己的天赋造就自己，才是他所能做的事。比如乐官夔擅长音乐，后稷擅长种植，这是他们的资质天性如此而造成的。造就一个人，也只是要他的心体纯粹符合天理就行。他对待事物，都依从天理自然而然地运用，然后才可以称他为有才能。等到进入纯粹天理的境界，就可以不受到某一具体业态的限制，即使是让夔和稷彼此交换位置，他们也是能够做得很好的。”

先生又说：“就像《中庸》所说，‘处于富贵，就做富贵时该做的事。处于患难，就做患难时该做的事’，这都是不受限于某一职能，干什么都能成功，这只有心体存养纯正的人才能做到。”

六八

“与其为数顷无源之塘水①，不若为数尺有源之井水，生意不穷。”

时先生在塘边坐，傍有井，故以之喻学云②。

【注释】

①塘水：朱熹有《观书有感》诗二首，其一云：“半亩方塘一鉴开，天光云影共徘徊。问渠那得清如许，为有源头活水来。”不知阳明塘水井水之喻与此诗有无关联，但以有源之水比喻做学问须立足根源，则与朱子意趣相契。

②学：此“学”字含义宽泛，具随时、随地、随处皆学问之意，然此学问当如有源之水，生意无穷。

【译文】

“与其得到数顷大但没有来源的池塘水，不如得到几尺小但有源头的井水，这样生机就会无穷无尽。”

当时，先生在水塘边坐，旁边有井，于是用它们来比喻做学问要立足根源。

六九

问：“世道日降，太古时气象如何复见得[①]？”

先生曰：“一日便是一元[②]。人平旦时起坐[③]，未与物接，此心清明景象，便如在伏羲时游一般。”

【注释】

①太古：指神话中伏羲以前的时代。

②一元：语自邵雍（字尧夫，人称康节先生，1011—1077）《皇极经世》卷六。邵雍把一个宇宙周期称为元，又分为元、会、运、世。一元为十二会，一会为三十运，一运为十二世，一世为三十年，故一元为十二万九千六百年。

③平旦：指日出时之气。语自《孟子·告子上》第八章：“其日夜之所息，平旦之气，其好恶与人相近也者几希，则其旦昼之所为，有梏亡之矣。”梏亡，窒息，泯灭。

【译文】

陆澄问："现在世风日下，远古时期的气象怎么能再看到呢？"

先生说："一天就是一元。人平常日出时起身坐定，还没有与事物接触，这时心中的清明景象，就好像是在伏羲的时代一样而游历着。"

七〇

问："心要逐物，如何则可？"

先生曰："人君端拱清穆[①]，六卿分职[②]，天下乃治。心统五官，亦要如此。今眼要视时，心便逐在色上；耳要听时，心便逐在声上。如人君要选官时，便自去坐在吏部；要调军时，便自去坐在兵部。如此，岂惟失却君体，六卿亦皆不得其职。"

【注释】

①端拱：指端坐拱手。

②六卿：指明代时六部：吏、户、礼、刑、工、兵。

【译文】

陆澄问："心要追求外物，该怎么办？"

先生说："一国之君庄严肃穆地坐在朝堂上，六卿各司其职，天下就安定太平了。人心统领五官，也要这样。然而，如今眼睛要看时，心就去追求色相；耳朵要听时，心就去追求声音。就好比一国之君要选官时，却亲自去坐到吏部；要调动军队时，却亲自去坐在兵部。这样一来，岂只有失君王的身份，六卿也都无法尽到他们的职责了。”

七一

“善念发而知之，而充之；恶念发而知之，而遏之。知与充与遏者，志也，天聪明也。圣人只有此，学者当存此。”

【译文】

“善念萌发时要认识到它，并去扩充它。恶念萌发时要了解它，并去遏制它。知道怎样扩充善念、遏制恶念，就是有志向，是天赋的智慧。圣人是有这智慧的，学者则应该学习存养这种智慧。”

七二

澄曰：“好色、好利、好名等心，固是私欲，如闲思杂虑，如何亦谓之私欲？”

先生曰：“毕竟从好色、好利、好名等根上起，自寻其根便见。如汝心中，决知是无有做劫盗的思虑，何也？以汝元无是心也。汝若于货色名利等心，一切皆如不做劫盗之心一般，都消灭了，光光只是心之本体，看有甚闲思虑？此便是寂然不动[①]，便是未发之中，便是廓然大公[②]！自然感而遂通[③]，自然发而中节，自然物来顺应[④]。”

【注释】

①③ 寂然不动、感而遂通：语自《周易·系辞上》："寂然不动，感而遂通，天下之故。"意思是易本身是宁静不动的，有人来问吉凶，易便会与天下之事相通，显示出吉凶祸福来。

②④ 廓然大公、物来顺应：语自《河南程氏文集》卷二之明道先生《答横渠张子厚先生书》："故君子之学，莫若廓然而大公，物来而顺应。"意思是心胸宽广，大公无私，遇到事情时能坦然自如地应对。

【译文】

陆澄说："好色、贪财、慕名这些心思，固然是私欲，但像那些闲思杂念，为何也称为私欲呢？"

先生说："这些闲思杂虑毕竟还是从好色、贪财、慕名等的根源上生发出来的，你自己寻求这些根源就能发现。比如你心中一定知道自己没有做盗贼的念头，为什么呢？因为你原本就没有这种心思。你如果对财物美色名利等等的心思，全都像不做盗贼的念头一样，消灭干净，彻彻底底只是心的本体，哪来什么闲杂思虑呢？这就是'寂然不动'，就是'未发之中'，就是'廓然大公'，自然也就'感而遂通'，自然能够'发而中节'，自然可以'物来顺应'了。"

七三

问志至气次[①]。

先生曰："'志之所至，气亦至焉'之谓，非极至次贰之谓。'持其志'，则养气在其中。'无暴其气'，则亦持其志矣。

孟子救告子之偏[②]，故如此夹持说。”

【注释】

① 志至气次：语自《孟子·公孙丑上》：“夫志，气之帅也；气，体之充也。夫志，至焉；气，次焉，故曰：‘持其志，无暴其气。’”孟子的意思是说，心志是意气的统帅，意气充满于体内。心志是首要的，意气是次要的，因此说要把握住心志，不要随便意气用事。

② 告子：名不害，战国时人，主张性无善恶论，并有“生之谓性”、“食色，性也”的论点，与孟子性善论相对立，所以有“孟子救告子之偏”之说。

【译文】

陆澄向先生请教“志至气次”的问题。

先生说：“这说的是‘心志所到达的地方，意气也跟着到达’，而不是‘心志是极致，气节次之’的意思。坚持心志，意气就在其中了。不随便意气用事，也就是坚持心志了。孟子为了拯救告子的偏见，所以才这样联系起来说。”

七四

问：“先儒曰‘圣人之道，必降而自卑；贤人之言，则引而自高’[①]，如何？”

先生曰：“不然，如此却乃伪也。圣人如天，无往而非天，三光之上[②]，天也，九地之下[③]，亦天也，天何尝有降而自卑？此所谓大而化之也[④]。贤人如山岳，守其高而已。然百仞者不能引而为千仞，千仞者不能引而为万仞，是贤人未尝引而自高也。引而自高，则伪矣。”

【注释】

①“自高”句：语自《河南程氏外书》卷三：“圣人之教人，俯就之若此，犹恐众人以为高远而不亲也。圣人之言，必降而自卑，不如此则人不亲。贤人之言，必引而自高，不如此则道不尊。观孔子、孟子则可见矣。”

②三光：即日、月、星。

③九地：九，指数的终端；九地，地的终端处，即地底。

④大而化之：语自《孟子·尽心下》第二十五章：“曰：‘可欲之谓善，有诸己之谓信，充实之谓美，充实而有光辉之谓大，大而化之之谓圣，圣而不可知之之谓神。乐正子，二之中，四之下也。”孟子认为，乐正子做到了善和信，还做不到美、大、圣、神等四项要求。

【译文】

陆澄问：“程颐先生说：‘圣人的道行，一定是自我减损而谦卑。贤人说话，则是自我高看。’这句话怎么讲？”

先生说：“不对，这样就是虚假诡诈的。圣人就如同天，无论到哪里天都在。日月星辰之上是天，三界九泉之下也是天，天什么时候自我减损而谦卑了呢？这就是所谓的大而化之。贤人就如同山岳，保持着它的高度而已。但是百仞高的山岳不能延伸为千仞的高度，千仞高的山岳不能延伸为万仞的高度，这就是贤人从未自我高看。自我高看，就是虚假诡诈了。”

七五

问:“伊川谓‘不当于喜怒哀乐未发之前求中’,延平却教学者看未发之前气象[①],何如?”

先生曰:“皆是也。伊川恐人于未发前讨个中,把中做一物看,如吾向所谓认气定时做中,故令只于涵养省察上用功。延平恐人未便有下手处,故令人时时刻刻求未发前气象,使人正目而视惟此,倾耳而听惟此,即是‘戒慎不睹,恐惧不闻’的工夫[②]。皆古人不得已诱人之言也。”

【注释】

① 延平:姓李,名侗,字愿中,世称延平先生,今福建南剑人。程颐三传弟子,朱熹曾从游其门下。

② 戒慎不睹,恐惧不闻:语自《中庸》:“是故君子戒慎乎其所不睹,恐惧乎其所不闻,莫见乎隐,莫显乎微,故君子慎其独也。”意思是,君子即使是在别人看不到、听不到的情况下,也不忘时时检点、警诫自己。

【译文】

陆澄问:“伊川先生(程颐)说‘不应当在喜怒哀乐没有生发出来之前追求中和’,而延平先生(李侗)却教导学者应注意喜怒哀乐没有生发出来之前的气象,这两种观点怎样理解呢?”

先生说:“都是对的。伊川先生惟恐人们在喜怒哀乐没有生发出来之前追求中和,会把中和当成一件事物来看待,就像我曾经说过的把气节坚定当作中和一样,因此教导大家只在涵养省察上用功。延平先生惟恐人们没有下手之处，因此教导大家时时刻刻追求喜怒哀乐没有生发出来之前的气象，让人正眼相看、侧耳而听的，都是这种气象，这就是'戒慎不睹，恐惧不闻'的功夫。这都是古人不得已教导众人的话。"

七六

澄问："喜怒哀乐之中和[①]，其全体常人固不能有。如一件小事当喜怒者，平时无有喜怒之心，至其临时，亦能中节，亦可谓之中和乎？"

先生曰："在一时一事，固亦可谓之中和，然未可谓之大本达道。人性皆善，中和是人人原有的，岂可谓无？但常人之心既有所昏蔽，则其本体虽亦时时发见，终是暂明暂灭，非其全体大用矣[②]。无所不中，然后谓之大本；无所不和，然后谓之达道；惟天下之至诚，然后能立天下之大本。"

曰："澄于'中'字之义尚未明。"

曰："此须自心体认出来[③]，非言语所能喻。中只是天理。"

曰："何者为天理？"

曰："去得人欲，便识天理。"

曰："天理何以谓之中？"

曰："无所偏倚。"

曰："无所偏倚是何等气象？"

曰："如明镜然，全体莹彻，略无纤尘染着。"

曰："偏倚是有所染着。如着在好色、好利、好名等项上，方见得偏倚；若未发时，美色名利皆未相着，何以便知其有所偏倚？”

曰：“虽未相着，然平日好色、好利、好名之心，原未尝无；既未尝无，即谓之有；既谓之有，则亦不可谓无偏倚。譬之病疟之人，虽有时不发，而病根原不曾除，则亦不得谓之无病之人矣。须是平日好色、好利、好名等项一应私心扫除荡涤，无复纤毫留滞，而此心全体廓然，纯是天理，方可谓之喜怒哀乐未发之中，方是天下之大本。”

【注释】

① 喜怒哀乐之中和：语自《中庸》首章：“喜怒哀乐之未发谓之中，发而皆中节谓之和。”意思是指，喜怒哀乐这些情绪还没有生发出来时，是无所偏倚的，故谓之中；一旦生发出来，只要合符规范（中节），就是正当的情感（情之正），无所乖戾，故谓之和。

② 全体大用：语自朱熹《大学章句》第五章补阙：“至于用力之久，而一旦豁然贯通焉，则众物之表里精粗无不到，而吾心之全体大用无不明矣。”吾心之全体大用，指我的心的全部作用的发挥。大用，阳明同时又喻作“莹彻”。

③ 自心体认：与第三十一条注 ①“自心上体当”合案之。指但凡以心体知者，则不能用言语表达。如《孟子·公孙丑上》：“问：‘何谓浩然之气？’曰：‘难言也。’”程子曰：“观此一言，则孟子之实有是气可知矣。”

【译文】

陆澄问："喜怒哀乐的中和，就全体来讲常人无法全都具有。譬如遇到一件小事应当喜怒的，平时没有喜怒之心，到事情来临的时候，也能做到中和气节，也能称为中和吗？"

先生说："就一时一事而言，固然也可以称之为中和，然而不能称之为最大的根本和普遍的规则。人性生来都是善的，中和是人人原本就有的，怎么能说没有呢？但常人之心既然昏暗而被蒙蔽，那么他的本体虽然也时时生发出现，终究还是明明灭灭，时隐时显，不能让心的全部功能得以发挥。只有无所不中，然后才能称之为最大的根本；无所不和，然后才能称之为普遍的规则。唯有天下的至诚，才能确立天下最大的根本。"

陆澄说："我还没有明白'中'字的含义。"

先生说："这必须要用自己的心去体察认知，才能从中悟出，不是用言语能够表达的。中就是天理。"

陆澄说："什么是天理？"

先生说："摒除私欲，就能识得天理。"

陆澄说："天理为什么能称为中？"

先生说："无所偏倚。"

陆澄说："无所偏倚，是什么样的气象？"

先生说："像明镜一样，通体大用，没有一点尘埃沾染。"

陆澄说："偏倚是有所污染，例如污染在好色、贪财、慕名等事上，方才能够看出偏倚。若是没有生发之时，美色、名利都还没有显现，何以能知道有所偏倚呢？"

先生说："虽然没有显现，但平日里好色、贪财、慕名的心原本并不是没有。既然并不是没有，也就是有；既然是有，也就不能称之为无所偏倚。例如得了疟疾的人，虽然有时并不发病，但病根没有祛除，那么也就不能称之为无病的人。必须是平时好色、贪财、慕名等等一切私欲，全部扫除清理干净，没有一分一毫存留，而心中完全空寂，纯粹是天理，才能称之为喜怒哀乐未发之中，才是天下最大的根本。”

七七

问：“‘颜子没而圣学亡’[①]，此语不能无疑。”

先生曰：“见圣道之全者惟颜子。观喟然一叹可见[②]，其谓‘夫子循循然善诱人，博我以文，约我以礼’[③]，是见破后如此说。博文约礼，如何是善诱人？学者须思之。道之全体，圣人亦难以语人，须是学者自修自悟。颜子‘虽欲从之，末由也已’[④]，即文王望道未见意[⑤]。望道未见，乃是真见。颜子没，而圣学之正派遂不尽传矣。”

【注释】

① 颜子没而圣学亡：颜子，姓颜，名回，字子渊，亦称颜渊，鲁国人，小孔子四十岁（或云三十八岁），孔子弟子中最贤者，然三十二岁即逝。《王文成公全书》卷七之《别湛甘泉序》有“颜子没而圣人之学亡”句，有学者视此为王阳明的儒学“道统观”。

② 喟然一叹：语自《论语·子罕》第十章：“颜渊喟然叹曰：‘仰之弥高，钻之弥坚；瞻之在前，忽焉在后。’”喟，指叹息之声。因颜渊深知夫子之道无穷尽，无方体，故而发出感叹之声。

③“夫子循循然善诱”句：语自《论语·子罕》第十章。循循然，有条不紊，有次序；善诱，善于引导。

④虽欲从之，末由也已：出处同上。意为虽然很想跟从学习，却始终不得要领。

⑤文王望道未见：语自《孟子·离娄下》第二十章：“文王视民如伤，望道而未之见。”文王爱民之深，望见了道却表现得好像没有见到。

【译文】

陆澄问：“‘颜子死后，孔子的圣学就灭亡了。’我不能不对这句话产生疑惑。”

先生说：“领会孔子圣学最全面的只有颜回一人，这从《论语》中他的一声叹息可以看出。他说‘夫子循循善诱，用广博的知识教育我，用合乎礼节的思想规范我的行为’，这是他吃透之后才说出的话。广博的知识，合乎礼节的规范，如何善于教导别人呢？学者必须要认真思考。圣道的全体，即使圣人也难用语言说明，必须由学者自己修行，自己体悟。颜子说的‘虽然很想跟着学习，却找不到要领’，也就是文王望见了道却像没看见的意思。其实望见了道却像没看见，才是真正的识见。所以说颜子死后，正宗的孔子学说也就无法全部流传下来了。”

七八

问：“身之主为心，心之灵明是知，知之发动是意，意之所着为物，是如此否？”

先生曰：“亦是。”

【译文】

陆澄问："身的主宰是心，心的灵明是知，知的发动是意，意所涉及的对象是物，是这样吗？"

先生说："也对。"

七九

"只存得此心常见在，便是学。过去未来事，思之何益？徒放心耳！"

【译文】

"只要时常存养本心，就是学习。过去和未来的事，思考它们又有什么益处呢？只不过是舍弃了本心而已。"

八〇

"言语无序，亦足以见心之不存。"

【译文】

"言语的混乱，也足以看出本心的缺乏存养。"

八一

尚谦问孟子之"不动心"与告子异[①]。

先生曰："告子是硬把捉着此心，要他不动；孟子却是集义到自然不动。"

又曰："心之本体原自不动。心之本体即是性，性即是理，性元不动，理元不动。集义是复其心之本体[②]。”

【注释】

① 尚谦：姓薛，名侃，字尚谦，号中离，广东揭阳人，王阳明的弟子。孟子之“不动心”与告子异：语自《孟子·公孙丑上》第二章：“公孙丑问曰：‘夫子加齐之卿相，得行道焉，虽由此霸王不异矣。如此，则动心否乎？’孟子曰：‘否。我四十不动心。’曰：‘若是，则夫子过孟贲远矣。’曰：‘是不难，告子先我不动心。’曰：‘不动心有道乎？’曰：‘有。’”孟贲，勇士。告子，名不害。孟贲有血气之勇，公孙丑（孟子的学生）借以赞孟子不动心之难。孟子认为告子未能知道，虽然先我不动心，则此亦未足为难也。

② 集义：语自《孟子·公孙丑上》第二章：“是集义所生者，非义袭而取之也。”朱子注：“集义，犹言积善，盖欲事事皆合于义也。”意思是做任何事都要合于道义，就叫集义，犹如积善，而不是“义袭而取”，不是偶尔做一件善事就可以换来积善的美名。

【译文】

薛侃向先生请教孟子的“不动心”和告子的区别。

先生说：“告子是硬抓着这颗心，强迫它不动，孟子却是积善而合义到心自然不动。”

先生又说：“心之本体原本是不动的。心之本体就是天性，天性就是天理，天性原本不动，天理原本不动，积善而合义就是恢复心之本体。”

八二

“万象森然时，亦冲漠无朕；冲漠无朕，即万象森然。冲漠无朕者，一之父；万象森然者，精之母。一中有精，精中有一。”

【译文】

“万事万物呈现在心中时，也就达到了寂然无我的境界；达到了寂然无我的境界时，心中就满满是万物丰盛。寂然无我是一的父亲，万物丰盛是精的母亲。一中有精，精中有一，二者密不可分。”

八三

“心外无物。如吾心发一念孝亲，即孝亲便是物。”

【译文】

“本心之外没有事物。比如说我心中产生了孝敬父母亲人的念头，那么孝敬父母亲人就是事物。”

八四

先生曰：“今为吾所谓格物之学者，尚多流于口耳。况为口耳之学者，能反于此乎？天理人欲，其精微必时时用力省察克治，方日渐有见。如今一说话之间，虽只讲天理，不知心中倏忽之间，已有多少私欲。盖有窃发而不知者，虽用力察之，尚不易见，况徒口讲而可得尽知乎？今只管讲天理来顿放着不循，讲人欲来顿放着不去，岂格物致知之学？后世之学，其极至，只做得个义袭而取的工夫[①]。”

【注释】

① 义袭而取：语自《孟子·公孙丑上》第二章："是集义所生者，非义袭而取之也。"参见第八十一条注②。朱熹注云："由只行一事偶合于义，便可掩袭于外而得之。"

【译文】

先生说："现在学习我所谓的格物之学的人，大多尚且还停留在口授耳闻的级别上，更何况专习口耳皮毛之学的人，能不这样吗？天理私欲，精妙细微之处必须时刻用力省察克治，方能逐渐有所发现。如今有的人在说话的时候，虽然只是在讲求天理，不知道心里倏忽之间，已经产生了多少私欲。有偷偷萌发而无法查知的私欲，即使能够用力省察，尚且不容易被发现，何况只是空谈阔论，怎能全部查知呢？如今只管讲存天理，却放在一边不遵循着做，对于私欲，仍放在一边不去除，这怎么会是格物致知之学呢？后世的学问，就算做到了极致，也只能算是偶然合乎'义'的功夫吧。"

八五

问格物。

先生曰："格者，正也。正其不正，以归于正也。"

【译文】

陆澄向先生请问格物。

先生说："格，就是正。纠正那些不正的，让它们归于正道。"

八六

问："知止者，知至善只在吾心，元不在外也，而后志定？"

曰："然。"

【译文】

陆澄问："知止，就是知道至善只在我的心中，原本不在心外，而后志向才能坚定？"

先生说："对。"

八七

问："格物于动处用功否？"

先生曰："格物无间动静，静亦物也。孟子谓'必有事焉'[①]，是动静皆有事。"

【注释】

① 必有事焉：语自《孟子·公孙丑上》第二章："必有事焉而勿正，心勿忘，勿助长也。"必，必然，自然而然；勿正，指不刻意为之，与《大学》正心义不同；勿忘，勿助，皆是指不刻意为之。意思是自然而然做集义养气的事情，无论动还是静。

【译文】

陆澄问："格物是要在动处用功吗？"

先生说："格物不分动静，静也是物。孟子所说的'必然地去做集义养气的事'，无论是动还是静，都是有事。"

八八

"工夫难处，全在格物致知上。此即诚意之事。意既诚，大段心亦自正，身亦自修。但正心修身工夫，亦各有用力处，修身是已发边，正心是未发边。心正则中，身修则和。"

【译文】

"功夫的难处，都在格物致知上，这就是有无诚意的事情。意诚，大体上心也就自然中正，身也就自然得到修养。然而中正内心、修养自身的功夫，也各自有用力的地方。修养自身属于已发，中正内心属于未发。心正也就是中，身修也就是和。"

八九

"自'格物致知'至'平天下'[1]，只是一个'明明德'。虽亲民，亦明德事也。明德是此心之德，即是仁。仁者以天地万物为一体[2]，使有一物失所，便是吾仁有未尽处。"

【注释】

①"格物致知"至"平天下"：语自《大学》，即所谓八个条目，王阳

明认为皆可归为“明明德”。

② 仁者以天地万物为一体：语自《河南程氏遗书》卷二上，程明道语，后录入《近思录》卷一第二十条。

【译文】

“从‘格物致知’到‘平天下’，就是一个‘明明德’，即使‘亲民’也是明德的事。明德是此心中的德，也就是仁。‘仁者以天地万物为一体’，假使有一事一物失去安身之所，就是我的仁还有不完满的地方。”

九〇

“只说‘明明德’而不说‘亲民’，便似老、佛。”

【译文】

“只说‘明明德’而不说‘亲民’，就如同道教、佛教的学说一样了。”

九一

“至善者性也。性元无一毫之恶，故曰至善。止之，是复其本然而已。”

【译文】

“至善，就是天性。天性原本是没有一丝一毫恶的，所以称之为至善。保存这种至善，也就是恢复天性的本来面目而已。”

九二

问："知至善即吾性，吾性具吾心，吾心乃至善所止之地，则不为向时之纷然外求，而志定矣。定则不扰扰而静，静而不妄动则安，安则一心一意只在此处，千思万想，务求必得此至善，是能虑而得矣①。如此说是否？"

先生曰："大略亦是。"

【注释】

① 定、静、安、虑、得：语自《大学》："知止而后有定，定而后能静，静而后能安，安而后能虑，虑而后能得。"定、静、安、虑，皆指心；得，指得道，得至善之道。

【译文】

陆澄问："知道至善就是我的天性，我的天性在我心中具备，我的内心是至善存留的地方，于是，也就不会像从前那样慌乱于向外寻求，心志也就能够安定了。心志安定就不困扰，于是就得到宁静；内心宁静就不妄动，于是就能安稳；安稳就能一心一意在至善上寻求。千思万想，务必要寻求得这种至善，这样就能通过思考而得到至善了。这样讲正确吗？"

先生说："大体上是这样。"

九三

问："程子云'仁者以天地万物为一体'，何墨氏'兼爱’反不得谓之仁[①]？”

先生曰：“此亦甚难言，须是诸君自体认出来始得。仁是造化生生不息之理，虽弥漫周遍，无处不是，然其流行发生，亦只有个渐，所以生生不息。如冬至一阳生，必自一阳生，而后渐渐至于六阳[②]，若无一阳之生，岂有六阳？阴亦然。惟其渐，所以便有个发端处；惟其有个发端处，所以生；惟其生，所以不息。譬之木，其始抽芽，便是木之生意发端处；抽芽然后发干，发干然后生枝生叶，然后是生生不息。若无芽，何以有干、有枝叶？能抽芽，必是下面有个根在。有根方生，无根便死。无根何从抽芽？父子兄弟之爱，便是人心生意发端处，如木之抽芽。自此而仁民，而爱物，便是发干、生枝、生叶。墨氏‘兼爱’、‘无差等’，将自家父子兄弟与途人一般看，便自没了发端处。不抽芽，便知得他无根，便不是生生不息，安得谓之仁？孝弟为仁之本[③]，却是仁理从里面发生出来。”

【注释】

①墨氏“兼爱”：墨翟（约前468—前376），鲁国人，曾为宋国大夫，春秋战国之际思想家，墨家学派的创始人，后世称为墨子。“兼爱”是墨子政治思想和伦理思想的核心，以为天下之所以有众暴寡、强凌弱的现象，根源在于人们不能兼相爱，因此提倡天下人相爱互利，反对儒家的亲亲主张。

②六阳：《周易》中有从“一阳”到“六阳”、“一阴”到“六阴”共十二个渐次消长的卦，称“十二消息卦”，又分别对应一年中的十二个

月。复卦为一阳始生，对应于农历十一月的冬至日，依月类推，至来年的四月为六阳，为乾卦；六阳之后是一阴，即五月夏至日，依月渐推，到十月即是六阴，为坤卦。

③仁之本：语自《论语·学而》第二章："孝弟也者，其为仁之本与！"意为孝弟是仁的根本。

【译文】

陆澄问："明道先生（程颢）说'仁者以天地万物为一体'，为何墨子的兼爱反而不能称为仁？"

先生说："这也很难讲明，必须由各位自己体会认知出来才能明白。仁是万物造化生生不息的天理，虽然遍布身边，无处不在，然而它的流动萌生，也只是逐渐出现的，所以说是生生不息。譬如，从冬至时，一阳开始产生，一定是一阳先产生，然后逐步到六阳的出现，如果没有一阳的产生，怎么有六阳呢？阴也是一样的。正由于有这种渐次的步骤，所以就有个开端的地方。正由于有这个开端的地方，所以能够生发。正由于有了生发，所以才有不息不止。譬如说树木，开始抽出嫩芽的时候，就是树的生长开端。抽芽然后长出树干，长出树干然后长出枝叶，然后是生生不息。如果没有抽芽，怎么会有树干和枝叶呢？能够抽出嫩芽，一定是下面有树根在，有根才能存活，没有根就死了，没有根又怎么能抽芽呢？父子兄弟的爱，就是人心的生长开端，就像树木抽芽，从这里开始仁民，开始爱物，就是生长了树干和枝叶。墨子的兼爱不讲区别，而是将自家的父子兄弟与路人一样看待，这就失去了发端。不抽芽，便知道它没有树根，也就不是生生不息，怎么能称之为仁呢？孝悌之心是仁的根本，仁之理是从孝悌之心里面生发出来的。”

九四

问：“延平云‘当理而无私心’[①]。‘当理’与‘无私心’，如何分别？”

先生曰：“心即理也，无私心即是当理，未当理便是私心。若析心与理言之，恐亦未善。”

又问：“释氏于世间一切情欲之私都不染着，似无私心。但外弃人伦，却似未当理。”

曰：“亦只是一统事，都只是成就他一个私己的心。”

【注释】

① 当理而无私心：语自李侗《延平答问》，原意为既合乎于天理而又无私心。王阳明认为如此表述是将“当理”与“无私心”作为两件事了。

【译文】

陆澄问：“延平先生说‘合理而没有私心’。合理和没有私心，怎么区别？”

先生说：“人心就是天理。没有私心，就是合乎天理。没能合乎天理，就是私心。如果把人心和天理分开来看待，恐怕也不恰当。”

陆澄又问：“佛教对于世间一切情欲私心，都不沾染，似乎是没有私心。但是对外抛弃人伦，似乎也是不合乎天理。”

先生说："也都是同一件事，都只是成就他一个自私自利的心。"

九五

侃问[①]："持志如心痛，一心在痛上，安有工夫说闲语，管闲事？"

先生曰："初学工夫，如此用亦好，但要使知'出入无时，莫知其乡'[②]。心之神明，原是如此，工夫方有着落。若只死死守着，恐于工夫上又发病。"

【注释】

① 侃：薛侃，字尚谦，号中离，广东揭阳人，王阳明的学生，正德十二年（1517）进士，为粤闽王门之代表。

② 莫知其乡：参看第四十八条注①。"乡"通"向"。

【译文】

薛侃问："坚守志向心就会很累，一心都只在痛苦上思虑，怎么有时间说闲话、管闲事呢？"

先生说："初学时这样下功夫也很好，但必须明白'出入没有确定的时间，也不知道去向何方'。心中的神明原是如此，所用功夫才有着落。如果只是死守志向，恐怕在功夫上又会出现问题。"

九六

侃问："专涵养而不务讲求，将认欲作理，则如之何？"

先生曰："人须是知学，讲求亦只是涵养。不讲求，只是涵养之志不切。"

曰："何谓知学？"

曰："且道为何而学、学个甚。"

曰："尝闻先生教，学是学存天理。心之本体即是天理。体认天理，只要自心地无私意。"

曰："如此，则只须克去私意便是，又愁甚理欲不明？"

曰："正恐这些私意认不真。"

曰："总是志未切。志切，目视耳听皆在此，安有认不真的道理？是非之心，人皆有之[①]，不假外求。讲求亦只是体当自心所见，不成去心外别有个见？"

【注释】

① 是非之心，人皆有之：语自《孟子·公孙丑上》第六章："由是观之，无恻隐之心，非人也；无羞恶之心，非人也；无辞让之心，非人也；无是非之心，非人也。"。

【译文】

薛侃问："只修涵养而不致力于讲求，把私欲认作天理，怎么办呢？"

先生说："人应当知道怎样学习。讲论探求就是学习上的涵养功夫。不讲论探求，只能算是涵养的心志不真切。”

薛侃说：“怎样才算是知道学习呢？”

先生说：“你且说说为什么要求学，学些什么？”

薛侃说：“曾经听闻先生教诲，求学是学习存养天理。心的本体，就是天理。体会认知天理，就是要自己心体里没有私意。”

先生说：“既然这样，那只需要克除私心私意就可以了，又愁什么天理私欲辨认不清呢？”

薛侃说：“正是担心这些私意认不真切。”

先生说：“终究还是志向不够真切。志向真切了，目视耳听的都在这里，哪有认不真切的道理呢？分辨是非的能力，人人都有，不需要向外寻求。讲论探求也只是体会自己心中所悟到的，不是到心外寻求其他的见识。”

九七

先生问在坐之友：“比来工夫何似？”

一友举虚明意思①。

先生曰：“此是说光景。”

一友叙今昔异同。

先生曰：“此是说效验。”

二友惘然，请是。

先生曰：“吾辈今日用功，只是要为善之心真切。此心真切，见善即迁，有过即改②，方是真切工夫。如此则人欲日消，天理日明。若只管求光景，说效验，却是助长外驰病痛，不是工夫。”

【注释】

① 虚明意思：由静坐而产生的超觉体验，恍若海市蜃楼，故称“光景”。

② 见善即迁，有过即改：语自《周易》益卦：“君子以见善则迁，有过则改。”

【译文】

先生问在座的学友：“最近求学功夫怎么样？”

一位学友以内心清虚明亮比喻。

先生说：“这是说表面景象。”

一位学友讲述现在和从前的异同。

先生说：“这是说效果。”

二位学友感到迷惘，向先生请教。

先生说：“我等现在用功，就是要使为善的心真切。善心真切，见到善事就会提升，有了过错就能改正，才是真切功夫。像这样，私欲就会日渐消除，天理就会日渐明朗。如果只管寻求表面景象，说些功用效果，这却是助长向外寻求的毛病了，不是求学的真正功夫。”

九八

朋友观书，多有摘议晦庵者。

先生曰：“是有心求异即不是。吾说与晦庵时有不同者，为入门下手处有毫厘千里之分，不得不辩。然吾之心与晦庵之心未尝异也。若其余文义解得明当处，如何动得一字？”

【译文】

朋友们看书，常常摘选朱子的语录而加以议论。

先生说："这是故意存心挑毛病，是错误的。我的学说与朱子的常有不同，在于学习入门下手的地方有差之毫厘、别之千里的区别，不得不分辨清楚，然而我的心和朱子的心未尝有什么不同。譬如说朱子其他文义解释得明晰妥当的地方，我又怎能轻易改动一字呢？"

九九

希渊问[①]："圣人可学而至。然伯夷、伊尹于孔子才力终不同[②]，其同谓之圣者安在[③]？"

先生曰："圣人之所以为圣，只是其心纯乎天理，而无人欲之杂，犹精金之所以为精，但以其成色足而无铜铅之杂也。人到纯乎天理方是圣，金到足色方是精。然圣人之才力，亦有大小不同，犹金之分两有轻重。尧、舜犹万镒[④]，文王、孔子犹九千镒，禹、汤、武王犹七八千镒，伯夷、伊尹犹四五千镒。才力不同，而纯乎天理则同，皆可谓之圣人，犹分两虽不同，而足色则同，皆可谓之精金。以五千镒者而入于万镒之中，其足色同也；以夷、尹而厕之尧、孔之间[⑤]，其纯乎天理同也。盖所以为精金者，在足色而不在分两；所以为圣者，在纯乎天理而不在才力也。故虽凡人而肯为学，使此心纯乎天理，则亦可为圣人，犹一两之金比之万镒，分两虽悬绝，而其到足色处可以无愧。故曰'人皆可以为尧、舜'者以此[⑥]。学者学圣人，不过是去人欲而存天理耳，犹炼金而求其足色。金之成色所争不多，则锻炼之工省而功易成，成色愈下则锻炼愈难；人之气质清浊粹驳，有中人以上，中人以下。其于道，有生知安行，学知利行。其下者必须人一己百，人十己千[⑦]，及其成功则一。后世不知作圣之本是纯乎天理，却专去知识才能上求圣人，以为圣人无所不知，无所不能，我须是将圣人许多知识才能逐一理会始得。故不务去天理上着工夫，徒弊精竭力，从册子上钻研，名物上考索，形迹上比拟，知识愈广而人欲愈滋，才力愈多而天理愈蔽。正如见人有万镒精金，不务锻炼成色，求无愧于彼之精纯，而乃妄希分两，务同彼之万镒，锡铅铜铁杂然而投，分两愈增而成色愈下，既其梢末，无复有金矣。”

时曰仁在傍，曰：“先生此喻足以破世儒支离之惑，大有功于后学。”

先生又曰：“吾辈用功只求日减，不求日增。减得一分人欲，便是复得一分天理，何等轻快脱洒！何等简易！”

【注释】

① 希渊：蔡宗兖，字希渊，号我斋，山阴（浙江绍兴）人，与徐爱、朱节一道师从阳明，是阳明最早的弟子之一。

② 伯夷：伯夷和叔齐，传说中孤竹君的两个儿子，商灭，耻食周粟，饿死于首阳山。伊尹：名执，商代贤相，助汤伐桀，遂王天下。汤之孙太甲（前 1738—前 1727 在位）无道，伊尹放之。参《孟子·万章上》第六章：“太甲颠覆汤之典刑，伊尹放之于桐。”

③ 同谓之圣者：语自《孟子·万章下》第一章：“孟子曰：‘伯

夷，圣之清者也；伊尹，圣之任者也；柳下惠，圣之和者也；孔子，圣之时者也。'"

④ 镒：古代重量单位，一镒合二十两，一说为二十四两。

⑤ 厕：参与，混杂其间。

⑥ 人皆可以为尧、舜：语自《孟子·告子下》第二章："曹交问曰：'人皆可以为尧、舜，有诸？'孟子曰：'然。'"

⑦ 人一己百，人十己千：语自《中庸》第二十章："人一能之己百之，人十能之己千之。"朱子注云："君子之学，不为则已，为则必要其成，故常百倍其功。此困而知、勉而行者也，勇之事也。"

【译文】

蔡希渊问："圣人的境界可以通过学习来到达，然而伯夷、伊尹比之孔子，他们的才力终究有所欠缺，却同样被称作圣人，这是为什么呢？"

先生说："圣人之所以是圣人，只是因为他们的心纯粹是天理，而没有私欲掺杂，就像精金之所以是精金，只是因为它的成色充足，而没有铜铅掺杂。人到了纯粹天理的境界才会成为圣人，金到了足够充实的成色才是精金。然而圣人的才力，也有大小不同，就像金的分两有轻有重。尧、舜如同万镒重的金，文王、孔子如同九千镒重的金，夏禹、商汤、武王如同七八千镒的金，伯夷、伊尹如同四五千镒的金，才力不同，然而纯粹天理的心相同，都可以称为圣人，就像分两虽然不同，然而成色充足相同，都可以称为精金。将五千镒金放入万镒金中，它们的足色程度是相同的。将伯夷、伊尹和尧帝、孔子放在一起，他们内心的纯粹天理是相同的。因此，之所以是精金，在于它们的成色充足，而不在于分两多少；之所以是圣人，在于他们内心的纯粹天理，而不在于才力大小。因此，即使是一介凡人，只要愿意学习，使得内心纯粹天理，那么也可以成为圣人。如同一两重的金子，与万镒之金相比，分两虽然悬殊极大，然而就成色充足来看，则可以无愧。因此说'人人都可以成为尧、舜'的话，就是这样。学者学习圣人，不过是驱除私欲而存养天理而已，如同炼金追求足够的成色。金子的成色区别不大，那么锤锻炼金的功夫可以节省，而功效容易达成，成色越差，锤锻炼金越难。人的气质，清澈浑浊杂而不一，有平常人之上、平常人之下的区别。对于道行来说，有生知安行、学知利行的区别。天资在平常人之下的人，必须是别人一分努力，自己百分努力，别人十分努力，自己千分努力，最后取得的成功是同样的。后世的人不知道成就圣人的根本在于纯粹天理，却专在知识才能上努力来寻求成为圣人的途径，以为圣人就是无所不知，无所不能，认为必须要将圣人的许多知识才能逐一学会才行，因此不着手在天理上下功夫，而只是白白浪费精力，从书册上钻研，名物上考据，行为上模仿，得到的知识越广博，而私欲越发滋生增长；才力越高，天理越被蒙蔽。正如看见别人拥有万镒精金，不去着手锻炼成色，不与对方比较金子的精纯度，反而只妄想在分两上比轻重，想要与对方在万镒之重上相同，于是将锡铅铜铁混杂在一起投入冶炼。分两越增长，成色越低下，等炼到最后，就不再有金子了。"

当时，徐爱在一旁说道："先生这个比喻，足以打破现在儒者认识上的混乱和误解，对于后来学者大有功用。"

先生又说："我们用功学习，只追求日渐减少，不追求日渐增加。减少一分私欲，就是恢复一分天理，多么轻快洒脱啊！多么简单便易啊！"

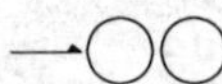

士德问曰[1]："格物之说如先生所教，明白简易，人人见得。文公聪明绝世[2]，于此反有未审，何也？"

先生曰："文公精神气魄大，是他早年合下便要继往开来，故一向只就考索著述上用功。若先切己自修，自然不暇及此。到得德盛后，果忧道之不明。如孔子退修六籍，删繁就简，开示来学，亦大段不费甚考索。文公早岁便著许多书，晚年方悔是倒做了。"

士德曰："晚年之悔，如谓'向来定本之误'，又谓'虽读得书，何益于吾事'，又谓'此与守书籍，泥言语，全无交涉'[3]，是他到此方悔从前用功之错，方去切己自修矣。"

曰："然此是文公不可及处。他力量大，一悔便转，可惜不久即去世，平日许多错处皆不及改正。"

【注释】

①士德：杨骥，字士德。初从湛若水（1466—1560）游，卒业于阳明，为粤中王学代表人物。

②文公：朱熹，谥号文，故名。

③"向来定本之误"、"虽读得书"、"此与守书籍"三句：皆语自阳明《朱子晚年定论》所录朱熹强调内心觉悟的书信言论。阳明引此以证

朱子晚年之悔与悟。“向来定本之误”：诸《传习录》原本皆为“向来定本之悟”，然朱熹《答黄直卿书》为“向来定本之误”，应从。

【译文】

杨士德问道：“格物的学说，正像先生所教诲的，明白简易，人人都能懂。朱子聪明绝世，对于格物反而有不清楚的地方，为什么呢？”

先生说：“朱子的精神气魄伟大，这是他早年就计划着要继往开来，因此一向只在考证著述上用功。如果先切合自身进行修养，自然没有时间顾及这些。待到德行盛大后，果然开始忧虑道行的晦暗不明，就像孔子退而修订《六经》，删繁就简，以开导启示后来学者一样，也大概不需要什么考证了。朱子早年就著述了许多书，到晚年时才后悔是颠倒了功夫。”

杨士德说：“朱子晚年悔悟，例如他说‘向来定本之误’，又说‘虽读了书，对提升自己却没有益处’，又说‘这些与死守书本，拘泥于语言文字，是完全没有关系的’，这都是他到了此时才后悔从前用功的错误，才去切合自身进行修养。”

先生说：“是的，这是朱子不能被别人赶上的地方。他的力量大，一旦悔悟就能转变，可惜不久之后就去世了，平日里许多错处都没能来得及改正。”

侃去花间草，因曰：“天地间何善难培，恶难去？”

先生曰：“未培未去耳。”

少间，曰：“此等看善恶，皆从躯壳起念，便会错。”

侃未达。

曰："天地生意，花草一般，何曾有善恶之分？子欲观花，则以花为善，以草为恶；如欲用草时，复以草为善矣。此等善恶，皆由汝心好恶所生，故知是错。"

曰："然则无善无恶乎？"

曰："无善无恶者理之静，有善有恶者气之动。不动于气，即无善无恶，是谓至善。"

曰："佛氏亦无善无恶，何以异？"

曰："佛氏着在无善无恶上，便一切都不管，不可以治天下。圣人无善无恶，只是无有作好，无有作恶，不动于气。然遵王之道，会其有极[①]，便自一循天理，便有个裁成辅相。"

曰："草既非恶，即草不宜去矣。"

曰："如此却是佛、老意见。草若有碍，何妨汝去？"

曰："如此又是作好作恶？"

曰："不作好恶，非是全无好恶，却是无知觉的人。谓之不作者，只是好恶一循于理，不去又着一分意思。如此，即是不曾好恶一般。"

曰："去草如何是一循于理，不着意思？"

曰："草有妨碍，理亦宜去，去之而已。偶未即去，亦不累心。若着了一分意思，即心体便有贻累，便有许多动气处。"

曰："然则善恶全不在物？"

曰："只在汝心，循理便是善，动气便是恶。"

曰："毕竟物无善恶。"

曰："在心如此，在物亦然。世儒惟不知此，舍心逐物，将格物之学错看了，终日驰求于外，只做得个义袭而取，终身行不著，习不察[②]。"

曰"'如好好色，如恶恶臭'，则如何？"

曰："此正是一循于理；是天理合如此，本无私意作好作恶。"

曰："'如好好色，如恶恶臭'，安得非意？"

曰："却是诚意，不是私意。诚意只是循天理。虽是循天理，亦着不得一分意，故有所忿懥好乐，则不得其正[③]，须是廓然大公，方是心之本体。知此即知未发之中。"

伯生曰[④]："先生云'草有妨碍，理亦宜去'，缘何又是躯壳起念？"

曰："此须汝心自体当。汝要去草，是甚么心？周茂叔窗前草不除[⑤]，是甚么心？"

【注释】

① 会其有极：语自《尚书·洪范》："无有作好，遵王之道。无有作恶，遵王之路。无偏无党，王道荡荡。无党无偏，王道平平。无反无侧，王道正直。会其有极，归其有极。"

② 行不著，习不察：语自《孟子·尽心上》第五章："行之而不著焉，习矣而不察焉，终身由之而不知其道者，众也。"

③ 不得其正：语自《大学》第七章："所谓修身在正其心者，身有所忿懥，则不得其正；有所恐惧，则不得其正；有所好乐，则不得其正；有

所忧患，则不得其正。”

④ 伯生：孟源，字伯生，王阳明的弟子。

⑤ 周茂叔：周敦颐（1017—1073），字茂叔，湖南道州人，北宋理学家，北宋五子之首，著《太极图说》、《通书》等，其说对宋代理学发展有重大影响。《河南程氏遗书》卷三：“周茂叔窗前草不除去，问之，曰：‘与自家意思一般。’”表达了顺应自然、天人一体的境界。

【译文】

薛侃在除去花间杂草时，有感问道：“为什么天地之间的善难以培养，恶难以铲除？”

先生说：“是没有培养也没有铲除而已。”

不多久，先生又说：“这样看待善恶，都从外表上产生念头，会产生错误。”

薛侃没有理解。

先生说：“天地生物，像花草一样，哪有善恶区别呢？你想要赏花，那么就认为花是善的，草是恶的。如果要用到草的时候，又认为草是善的了。这样的善恶，都是从你心中的喜好和厌恶生发出来的，因此知道是错的。”

薛侃说：“既然这样，那么就是没有善也没有恶了？”

先生说：“没有善恶是天理宁静，有了善恶是气节的变动。气节不动，就是没有善恶，就可以称为至善了。”

薛侃问：“佛教也推崇没有善恶，有什么不同？”

先生说：“佛教着眼在没有善恶，就一切都不管，不能治理天下。圣人没有善恶，只是不刻意为善，不刻意为恶，气节不动，然而遵从王道而行，待达到极致，就自然遵循于天理，就能筹谋成就，辅佐帮助。”

薛侃问：“既然草不是恶的，那么就不应该除去草了？”

先生说：“这样又是佛教、道教的意见了。如果草对你有所妨碍，为什么不除去呢？”

薛侃说：“这样做就又是刻意为善、刻意为恶了。”

先生说：“不刻意为善或为恶，并不是完全没有喜好和厌恶，那就像是没有知觉的人了。我所说的不刻意为之，是说好善与为恶都要遵循天理，不必去刻意增添一分意思。这样就和没有刻意设立一个好善为恶的心一样了。”

薛侃说：“比如除草，怎样才算遵循天理，没有执着意思呢？”

先生说：“草妨碍了你，从天理来讲也应该除去，那就要这样做。偶尔没有立即除去，也不必成为心中的拖累。如果有一分在意的话，心体就会被拖累，就会有许多动摇气节的地方。”

薛侃说：“也就是说，善恶完全不在于物了。”

先生说：“只在于你的心。遵循天理就是善，动摇气节就是恶。”

薛侃说：“毕竟物是无所谓善恶的。”

先生说：“在心是这样，在物也是这样。世上的学者不懂得这个道理，丢掉了心，放逐了物，将格物的学问完全理解错了，一天到晚向外面去寻求，只做成一个‘义袭而取’的事情，使得自己一生的行为落不到实处，学习了也不能够理解。”

薛侃又问：“‘如好好色，如恶恶臭’，又作何理解呢？”

先生说：“这正是一个依循天理的例子，正是天理本身的要求，本来就没有人刻意为善去恶的私心在这里。”

薛侃又问：“‘如好好色，如恶恶臭’，怎么知道没有刻意安排的私心在里面？”

先生说：“这里只有诚意，没有私意。诚意只能是依循天理的意。既然是依循天理，那就着不得一分私意，凡是掺杂了忿、懥、好、乐等情绪，都不是正确的。必须是廓然大公的心，才是心的本来面貌。知道这个道理，就知道了什么是‘未发之中’。”

伯生问道：“先生您刚才说‘草有妨碍，按理就应当除去’，那根据什么又说不应从外在方面产生想法呢？”

先生说道：“这就须是用你自己的心去加以体会了。你打算要除草，是个什么心思？周茂叔不打算除去窗前草，又是个什么样的心态呢？”

一〇二

先生谓学者曰：“为学须得个头脑工夫，方有着落。纵未能无间，如舟之有舵，一提便醒。不然，虽从事于学，只做个义袭而取，只是行不著，习不察，非大本达道也。”

又曰：“见得时，横说竖说皆是。若于此处通，彼处不通，只是未见得。”

【译文】

先生对学生说：“做学问必须有个目的，下功夫才有方向。即使不能无间断，也应该像船有舵一样，关键时刻一提便明白。否则，虽然是做学问，也只是‘义袭而取’罢了，只能行动而不落实，学习而不理解，这并非学习的原则和方法。”

先生又说：“见到真道时，横说竖说都可以。如果在此处通达了，彼处不通达，也只是没有见到真道。”

一〇三

或问：“为学以亲故，不免业举之累。”

先生曰：“以亲之故而业举，为累于学，则治田以养其亲者，亦有累于学乎？先正云‘惟患夺志’[①]，但恐为学之志不真切耳。”

【注释】

① 先正云“惟患夺志”：先正，程颐的谥号；惟患夺志，语自《河南程氏遗书》卷十一：“故科举之事，不患妨功，惟患夺志。”儒家从来注重立志，只要矢志不移，科举之事亦无妨。程颐、阳明皆如是观。

【译文】

有人问：“想要做学问，但由于父母（主张）的原因，不免有科举的拖累。”

先生说：“由于父母的原因参加科举考试而妨碍了学习，那么，为了奉养父母而种田，也妨碍学习吗？程颐曾说‘只担心失去志向’，只是担心做学问的志向不真切而已。”

一〇四

崇一问[①]：“寻常意思多忙，有事固忙，无事亦忙，何也？”

先生曰：“天地气机，元无一息之停。然有个主宰，故不先不后，不急不缓，虽千变万化，而主宰常定，人得此而生。若主宰定时，与天运一般不息，虽酬酢万变，常是从容自在，所谓‘天君泰然，百体从令’[②]。若无主宰，便只是这气奔放，如何不忙？”

【注释】

①崇一：欧阳德，字崇一，号南野，江西泰和人，官至礼部尚书，谥文庄，阳明高弟。

②天君泰然，百体从令：朱熹《孟子集注·告子上》第十五章注引范浚心箴，语自《香溪集》。天君即心，即主宰，主宰即良知。良知从容自若，万物自然听命而井然有序。

【译文】

崇一问：“平时总是觉得思维忙乱，有事情固然要忙，没有事情也忙乱，这是为什么？”

先生说：“天地间的万物变化，本来没有一刻的停止。然而必有个主宰，所以不先不后，不急不缓。即使千变万化，主宰也是常定的。人顺应这个主宰而生活。主宰安定时，也同天地运行一样不会停止。虽然应对的方法千变万化，却常常是从容自在的，所谓‘内心泰然，全身都听从心的命令’。如果没有主宰，只有气在心中四处奔流，怎么能不忙呢？”

一〇五

先生曰:“为学大病在好名。”

侃曰:“从前岁,自谓此病已轻,比来精察,乃知全未,岂必务外为人?只闻誉而喜,闻毁而闷,即是此病发来。”

曰:“最是。名与实对,务实之心重一分,则务名之心轻一分;全是务实之心,即全无务名之心;若务实之心如饥之求食,渴之求饮,安得更有工夫好名?”

又曰:“‘疾没世而名不称’①,‘称’字去声读,亦‘声闻过情,君子耻之’之意②。实不称名,生犹可补,没则无及矣。‘四十、五十而无闻’③,是不闻道,非无声闻也。孔子云‘是闻也,非达也’④,安肯以此望人?”

【注释】

① 疾没世而名不称:语自《论语·卫灵公》第十九章:“君子疾没世而名不称焉。”此句有二解:一是到去世时名字不为人称道,君子引为遗憾;二是到去世时名声与自己的实际不相符,君子引为遗憾。王阳明从第二种解释。

② 声闻过情,君子耻之:语自《孟子·离娄下》第十八章:“故声闻过情,君子耻之。”意思是盛名之下,其实难副,君子以此为耻。

③ 四十、五十而无闻:语自《论语·子罕》第二十二章:“后生可畏,焉知来者之不如今也?四十、五十而无闻焉,斯亦不足畏也已。”闻,闻道也,非闻声耳。孔子有“朝闻道,夕死可矣”之叹。

④ 是闻也,非达也:语自《论语·颜渊》第二十二章:“子曰:

‘是闻也，非达也。’”意思是这是有名声，而不是有作为。

【译文】

先生说：“做学问最大的弊病就是好虚名。”

薛侃说：“自前年起，自我感觉好虚名的毛病已经减轻许多。最近仔细省察，才知道这个毛病完全没有去掉。岂止是仅仅做到表面上不好名声给人看就算是不好名了？听到夸赞就喜悦，听到毁谤就忧闷，这就是好名的毛病在发作。”

先生说：“十分正确。名与实相对。务实的心重一分，求名的心就轻一分。若全是务实的心，就没有一丝求名之心。如果务实的心犹如饥而求食、渴而求饮，哪还会有好名的功夫？”

先生又说：“‘担心隐没于世却名声不相称’的‘称’字读去声，也就是‘名声超过实际情况，君子以为耻’的意思。实与名不相副，活着尚可弥补，死了就来不及了。孔子认为‘四十岁、五十岁而无闻’，是指没有闻道，并非指声誉。孔子的‘是闻道也，非显达也’，怎么会以是否有名声而看待人呢？”

一〇六

侃多悔。

先生曰：“悔悟是去病之药，然以改之为贵。若留滞于中，则又因药发病。”

【译文】

薛侃经常悔悟。

先生说："悔悟是治病的药，然而重在改正错误。如果把悔悟念头留在心里，那么又会因药而生病。"，

一〇七

德章曰[①]："闻先生以精金喻圣，以分两喻圣人之分量，以锻炼喻学者之工夫，最为深切。惟谓尧、舜为万镒，孔子为九千镒，疑未安。"

先生曰："此又是躯壳上起念，故替圣人争分两。若不从躯壳上起念，即尧、舜万镒不为多，孔子九千镒不为少。尧、舜万镒只是孔子的，孔子九千镒只是尧、舜的，原无彼我。所以谓之圣，只论精一，不论多寡。只要此心纯乎天理处同，便同谓之圣。若是力量气魄，如何尽同得？后儒只在分两上较量，所以流入功利。若除去了比较分两的心，各人尽着自己力量精神，只在此心纯天理上用功，即人人自有，个个圆成，便能大以成大，小以成小，不假外慕，无不具足[②]。此便是实实落落明善诚身的事。后儒不明圣学，不知就自己心地良知良能上体认扩充[③]，却去求知其所不知，求能其所不能，一味只是希高慕大；不知自己是桀、纣心地，动辄要做尧、舜事业，如何做得！终年碌碌，至于老死，竟不知成就了个甚么，可哀也已！"

【注释】

①德章：姓刘，名德章，王阳明的学生，余不详。

②具足：佛教名词，指佛教比丘和比丘尼所受戒律，与沙弥和沙弥

尼所受十介戒相比，戒品具足，故称具足戒。此处乃完备之意。

③ 良知良能：语自《孟子·尽心上》第十五章："人之所不学而能者，其良能也；所不虑而知者，其良知也。"

【译文】

刘德章说："听闻先生用精金来比喻圣人，用分两来比喻圣人功力，用锤炼来比喻学者功夫，是最深刻的。只是先生您说尧、舜是万镒金，孔子是九千镒金，我仍旧有所疑惑。"

先生说："这又是从表面生发的念头，因此才替圣人争辩分两轻重。如果不从表面生发念头，那么尧、舜比作万镒金不算多，孔子比作九千镒金也不算少。尧、舜万镒金，就是孔子的，孔子九千镒金，也就是尧、舜的，原本不分彼此，所以称为圣人的，只看精一，不看多少。只要内心纯粹天理的地方是一样的，就可以同样被称为圣人。如果从力量气魄上分辨，又怎么可能完全相同呢？后世儒者只在分两轻重上比较，因此流于功利。如果摒除了比较分两轻重的心，每个人都在自己的力量精神上尽力而为，只在内心纯粹天理上用功，那么就人人自我满足，个个圆满成就，就能大的成就大的，小的成就小的，不必向外追慕，无不完满充足。这就是实实在在、明善诚身的事。后世儒者不明白圣人学问，不知道在自己心中的良知良能上来体会认知扩充，却去追求认知自己不知道的，追求自己不能胜任的，一味只好高骛远。不知道自己是桀、纣一样的内心，动不动要成就尧、舜一样的事业，怎么能行呢？终年碌碌奔忙，一直到衰老死去，也不知到底成就了什么，太悲哀了。"

一〇八

侃问："先儒以心之静为体，心之动为用，如何？"[1]

先生曰："心不可以动静为体用。动静时也，即体而言用在体，即用而言体在用，是谓体用一源。若说静可以见其体，动可以见其用，却不妨。"

【注释】

① "先儒"二句：语自《河南程氏文集》卷九："心，一也。有指体而言者（自注：寂然不动是也）；有指用而言者（自注：感而遂通天下之故是也）。"

【译文】

薛侃问："先儒认为心的静是本体，心的动是作用，这样讲怎么样？"

先生说："心不能用动静来比喻本体和作用，动静是一时的。就本体而言，作用在本体；就作用而言，本体在作用，这就是所谓的'体用一源'。如果说静时可见心的本体，动时可见心的作用，这没有问题。"

一〇九

问："上智下愚如何不可移？"[1]

先生曰："不是不可移，只是不肯移。"

【注释】

①上智下愚：语自《论语·阳货》第三章："唯上知与下愚不移。"知，去声。意思是从本性上讲，只有上知者与下愚者是不可改变的。此语有局限。程子曰："所谓下愚有二焉：自暴、自弃也。人苟以善自治，则无不可移，虽昏愚之至，皆可渐磨而进也。惟自暴者拒之以不信，自弃者绝之以不为，虽圣人与居，不能化而入也，仲尼之所谓下愚也。"程子谓下愚只是自暴自弃，与阳明所谓"不是不可移，只是不肯移"之语类似。

【译文】

薛侃问："最聪明的人和最愚笨的人，为什么不能改变呢？"

先生说："不是不能改变，只是不肯改变。"

问"子夏门人问交"章[①]。

先生曰："子夏是言小子之交，子张是言成人之交[②]，若善用之，亦俱是。"

【注释】

①子夏门人问交：语自《论语·子张》第三章："子夏之门人问交于子张。子张曰：'子夏云何？'对曰：'子夏曰：可者与之，其不可者拒之。'子张曰：'异乎吾所闻：君子尊贤而容众，嘉善而矜不能。我之大贤与，于人何所不容？我之不贤与，人将拒我，如之何其拒人也？'"子夏，姓卜，名商，字子夏，春秋时晋国人，孔子的学生。

② 子张：姓颛孙，名师，字子张，春秋时陈国阳城人，孔子的学生。

【译文】

薛侃向先生请教《论语》中“子夏门人问交”这一章的内容。

先生说：“子夏说的是小孩子之间的交往，子张说的是成年人之间的交往，如果能够好好分析利用，也就都是正确的。”

一一一

子仁问[①]：“‘学而时习之，不亦说乎’[②]，先儒以学为效先觉之所为[③]，如何？”

先生曰：“学是学去人欲，存天理；从事于去人欲，存天理，则自正。诸先觉考诸古训，自下许多问辨思索、存省克治工夫，然不过欲去此心之人欲，存吾心之天理耳。若曰效先觉之所为，则只说得学中一件事，亦似专求诸外了。‘时习’者，坐如尸，非专习坐也，坐时习此心也；立如斋[④]，非专习立也，立时习此心也。‘说’是‘理义之说我心’之‘说’[⑤]，人心本自说理义，如目本说色，耳本说声，惟为人欲所蔽所累，始有不说。今人欲日去，则理义日洽浃，安得不说？”

【注释】

① 子仁：冯恩，字子仁，号南江，今上海松江人，王阳明的学生。

② 学而时习之，不亦说乎：语自《论语·学而》。

③ 效先觉之所为：语自朱熹《论语集注》："学之为言效也。人性皆善，而觉有先后。后觉者，必效先觉之所为，乃可以明善而复其初也。"

④ 坐如尸，立如斋：语自《礼记·曲礼》。坐如尸，意思是像祭礼中受祭者一样端正地坐着；立如斋，指谦恭地站立。

⑤ 理义之说我心：语自《孟子·告子上》第七章："谓理也，义也，圣人先得我心之所同然耳。故理义之说我心，犹刍豢之说我口。"说，读作悦。

【译文】

子仁问："'学了之后时常温习它，不也很愉悦吗'，先儒认为学就是效法先觉的做法，怎么样呢？"

先生说："学是学习摒除私欲，存养天理。从事摒除私欲存养天理的事，则自然能修正于先觉，考证于古训，自然能下很多问辨思索、存省克治的功夫，然而也不过是要摒除内心的私欲，存养内心的天理而已。如果说到效仿先觉的所作所为，就只论到了学习中的一件事，这也就像是专门向外寻求了。'时习'就是'坐如尸'，不是专门学习坐，而是在坐的时候修习内心。'立如斋'不是专门学习站立，而是在站着的时候修习内心。'说'是'理义之说我心'的'说'，人心原本就因理义而喜悦，就像眼睛原本就因美色而喜悦、耳朵原本就因音乐而喜悦一样，只有被私欲蒙蔽所连累，才会有不高兴。如今私欲日渐摒除，理义就能日益普及润泽，怎会有不高兴的事呢？"

一一二

国英问[①]："曾子三省虽切[②]，恐是未闻一贯时工夫[③]。"

先生曰："一贯是夫子见曾子未得用功之要，故告之。学者果能忠恕上用功，岂不是一贯？一如树之根本，贯如树之枝叶，未种根，何枝叶之可得？体用一源，体未立，用安从生？谓'曾子于其用处，盖已随事精察而力行之，但未知其体之一'[④]，此恐未尽。"

【注释】

① 国英：姓陈，名桀，字国英，福建莆田人，王阳明的学生。

② 曾子三省：语自《论语·学而》第四章："曾子曰：'吾日三省吾身：为人谋而不忠乎？与朋友交而不信乎？传不习乎？'"曾子（约前505—前430），姓曾，名参，字子舆，鲁国人，孔子著名的弟子。

③ 一贯：语自《论语·里仁》第十五章："子曰：'参乎，吾道一以贯之。'曾子曰：'唯。'子出。门人问曰：'何谓也？'曾子曰：'夫子之道，忠恕而已矣。'"

④ "曾子于其用处"句：语自朱熹《论语集注·里仁》第十五章注。

【译文】

陈国英问："曾子每日反省自身的功夫虽然真切，恐怕还不知道由一个基本的思想贯彻始终的功夫。"

先生说："由一个基本的思想贯彻始终，是孔子看到曾子没有抓住用功的要领，才教导他的。学者如果真能在忠恕上用功，岂不就是做到一以贯之了吗？一个基本的思想就像是树的根，贯彻始终就像是树的枝叶。没有种植树根，怎么会有枝叶呢？本体和作用出自同一源头，本体还没有确立，作用怎能出现呢？所谓‘曾子在作用方面，已经根据具体事物精细明察、竭力而行，但没能明白它的本体’，这话恐怕还没有完全说尽。”

一一三

黄诚甫问“汝与回也孰愈”章①。

先生曰：“子贡多学而识②，在闻见上用功；颜子在心地上用功，故圣人问以启之。而子贡所对又只在知见上，故圣人叹惜之，非许之也。”

【注释】

① 黄诚甫：名宗贤，号致斋（1536 年卒），浙江宁波人，王阳明的学生。汝与回也孰愈：语自《论语·公冶长》第八章：“子谓子贡曰：‘汝与回也孰愈？’对曰：‘赐也何敢望回？回也闻一以知十，赐也闻一以知二。’”

② 子贡：姓端木，名赐，字子贡，亦作子赣，春秋卫国人，孔子的学生。能言善辩，长于经商。

【译文】

黄诚甫向先生请教“汝与回也孰愈”这一章的内容。

先生说：“子贡博学多识，在见闻上下功夫。颜子则在内心上下功夫。因此圣人询问子贡来启发他，而子贡所对答的，又仍旧只在知识见闻上。因此圣人叹息他，而不是赞许他。”

一一四

“颜子不迁怒，不贰过[①]，亦是有未发之中[②]，始能。”

【注释】

① 颜子不迁怒，不贰过：语自《论语·雍也》第二章：“哀公问：‘弟子孰为好学？’孔子对曰：‘有颜回者好学，不迁怒，不贰过。不幸短命死矣！今也则亡，未闻好学者也。’”

② 未发之中：语自《中庸》第一章：“喜怒哀乐之未发谓之中。”

【译文】

“颜子不迁怒于他人，不重复犯过错，也是有未发之中的能力。”

一一五

“种树者必培其根，种德者必养其心。欲树之长，必于始生时删其繁枝；欲德之盛，必于始学时去夫外好。如外好诗文，则精神日渐漏泄在诗文上去。凡百外好皆然。”

又曰：“我此论学，是无中生有的工夫，诸公须要信得及只是立志。学者一念为善之志，如树之种，但勿助勿忘[①]，只管培植将去，自然日夜滋长，生气日完，枝叶日茂。树初生时，便抽繁枝，亦须刊落，然后根干能大。初学时亦然。故立志贵专一。”

【注释】

① 勿助勿忘：语自《孟子·公孙丑上》第二章："必有事焉而勿正，心勿忘，勿助长也。"

【译文】

先生说："种树的人一定要培植树根，养德的人一定要修养内心。想要树木生长，一定要在初生时剪掉繁余的枝条。想要德行盛大，一定要在初学时摒除对外物的喜好。如果对外喜好诗文，那么精神就会日渐流落到诗文上去，其他诸多对外物的爱好都是这样。"

先生又说："我在这里论学，是无中生有的功夫。各位一定要相信的，只是立志。学者立下一心为善的志向，就如同树的种子，只要心中保持自然，既不忘记，也不刻意助长，只管培养下去，自然能够日夜生长，自然气象日益完善，枝干树叶日益茂盛。树木刚生长的时候，抽出繁余的枝条，就需要剪掉，然后树根树干才能长大。初学时也是如此。因此立志贵在专一。"

一一六

因论先生之门，某人在涵养上用功，某人在识见上用功。

先生曰："专涵养者日见其不足，专识见者日见其有余。日不足者日有余矣，日有余者日不足矣。"

【译文】

顺便谈到先生的门生，有的在涵养内心上用功，而有的则在知识见闻上用功。

先生说："专门在涵养内心上用功的人，每天都能看到自己的不足。专门在知识见解上用功的人，每天都能看到自己的有余。每天能见到自己不足的人，就能日渐有余。每天能见到自己有余的人，就会日渐不足下去。"

一一七

梁日孚问[①]："居敬穷理是两事[②]，先生以为一事，何如？"

先生曰："天地间只有此一事，安有两事？若论万殊，礼仪三百，威仪三千[③]，又何止两？公且道居敬是如何？穷理是如何？"

曰："居敬是存养工夫，穷理是穷事物之理。"

曰："存养个甚？"

曰："是存养此心之天理。"

曰："如此，亦只是穷理矣。"

曰："且道如何穷事物之理？"

曰："如事亲便要穷孝之理，事君便要穷忠之理。"

曰："忠与孝之理，在君亲身上，在自己心上？若在自己心上，亦只是穷此心之理矣。且道如何是敬？"

曰："只是主一。"

"如何是主一？"

曰："如读书便一心在读书上，接事便一心在接事上。"

曰："如此，则饮酒便一心在饮酒上，好色便一心在好色上，却是逐物，成甚居敬功夫？"

日孚请问。

曰："一者天理，主一是一心在天理上。若只知主一，不知一即是理，有事时便是逐物，无事时便是着空。惟其有事无事，一心皆在天理上用功，所以居敬亦即是穷理。就穷理专一处说，便谓之居敬；就居敬精密处说，便谓之穷理；却不是居敬了别有个心穷理，穷理时别有个心居敬。名虽不同，功夫只是一事。就如《易》言'敬以直内，义以方外'[4]，敬即是无事时义，义即是有事时敬，两句合说一件。如孔子言'修己以敬'[5]，即不须言义。孟子言'集义'，即不须言敬，会得时横说竖说，工夫总是一般。若泥文逐句，不识本领，即支离决裂，工夫都无下落。"

问："穷理何以即是尽性？"

曰："心之体，性也，性即理也。穷仁之理，真要仁极仁；穷义之理，真要义极义。仁义只是吾性，故穷理即是尽性。如孟子说'充其恻隐之心，至仁不可胜用'[6]，这便是穷理工夫。"

日孚曰："先儒谓一草一木亦皆有理，不可不察，如何？"

先生曰："夫我则不暇[7]。公且先去理会自己性情，须能尽人之性，然后能尽物之性。"

日孚悚然有悟。

【注释】

① 梁日孚：梁焯，字日孚，南海人，王阳明的学生。进士，官至职方主事。传先生之学于粤，甚矣。

② 居敬穷理是两事：语自《朱子语类》："学者工夫，唯在居敬、穷理二事，此二事互相发，能穷理，则居敬工夫日益进；能居敬，则穷理工夫日益密。"朱子谓居敬穷理是两事，阳明则不以为然。

③ 礼仪三百，威仪三千：语自《中庸》："礼仪三百，威仪三千，待其人而后行。"

④ 敬以直内，义以方外：语自《周易》坤卦《文言》。意思是内心恭敬而正直，待人接物则行为合乎正义。

⑤ 修己以敬：语自《论语·宪问》第四十五章："子路问君子。子曰：'修己以敬。'"

⑥ 充其恻隐之心，至仁不可胜用：语自《孟子·尽心下》第三十章："人能充无欲害人之心，而仁不可胜用也；人能充无穿窬之心，而义不可胜用也。"窬，逾墙，为盗之事。

⑦ 夫我则不暇：意思是没有时间做与修道无关的事。语自《论语·宪问》第三十一章："子贡方人。子曰：'赐也贤乎哉？夫我则不暇。'"方，比方。子贡方人，子贡拿人打比方。孔子认为这样的事与修道无关。

【译文】

梁日孚问："持身恭敬和穷究事理是两件事，先生认为是一件事，这是为什么？"

先生说："天地间只有这一件事，怎能是两件事呢？如果说到事物现象各自不同，礼仪三百，威仪三千，又何止两件事？你且说持身恭敬是什么？穷究事理是什么？”

梁日孚说：“持身恭敬是存养的功夫，穷究事理是穷尽事物的天理。”

先生说：“存养什么？”

梁日孚说：“这是存养内心的天理。”

先生说：“这样也就是穷究事理了。”

先生又说：“且说说怎样穷尽事物的天理。”

梁日孚说：“例如侍奉亲人，就要穷尽孝顺的天理。侍奉君主，就要穷尽忠诚的天理。”

先生说：“忠与孝的天理，在君主亲人身上，还是在自己心中？如果在自己心中的话，也只是穷尽内心的天理了。且说说怎样是恭敬。”

梁日孚说：“就是主一。”

先生说：“怎样是主一？”

梁日孚说：“例如读书，就一心专在读书上。做事，就一心专在做事上。”

先生说：“这样，那么饮酒就一心专在饮酒上，好色就一心专在好色上，却成了追逐外物，能成什么持身恭敬的功夫呢？”

梁日孚请先生指教。

先生说：“一，就是天理。主一是一心专注在天理上。如果只知道主一，不知道一就是天理，有事时就成了追逐外物，无事时就成了冥思空想。只有无论有事无事，都一心专注在天理上用功，这样持身恭敬才是穷究事理。从穷究事理专一的角度说，称为持身恭敬；从持身恭敬精密的角度说，称为穷究事理。不是持身恭敬了，再立一个心思去穷究事理；穷究事理时，再有一个心思去持身恭敬。名称虽然不同，所做的功夫都是一件事。就像《周易》中讲'以敬畏来矫正内在的心志，以仁义来规范外在的行为'，敬畏就是无事时的仁义，仁义就是有事时的敬畏，两句话合起来说的是同一件事。又像孔子说'修养自己来保持恭敬的态度'，也就不需要说到仁义。孟子说'行事合乎仁义'，也就不需要说到恭敬。理解了这些之后，无论怎么论说，要做的功夫都是一样的。如果拘泥于具体文句，看不到根本内涵，就会支离破碎，功夫都没有着落的地方。"

梁日孚问："穷究事理为什么就是尽性呢？"

先生说："心的本体是性，性就是天理。穷尽仁的天理，使仁成为极致的仁。穷尽义的天理，使义成为极致的义。仁义只是我的性，因此穷究事理就是尽性。例如孟子所说的'人若有满满的同情善良之心，完满的仁就会用之不竭了'，这就是穷究事理的功夫。"

梁日孚说："先儒所说的'一草一木都有它的天理，不可不知'，又怎么样？"

先生说："我没有那个闲功夫，你且先去领会自己的性情，必须能够穷尽了人的本性，然后才能穷尽物的本性。"

梁日孚警醒而有所领悟。

一一八

惟乾问[①]："知如何是心之本体？"

先生曰："知是理之灵处。就其主宰处说，便谓之心；就其禀赋处说，便谓之性。孩提之童无不知爱其亲，无不知敬其兄[②]，只是这个灵能不为私欲遮隔，充拓得尽，便完完是他本体[③]，便与天地合德[④]。自圣人以下不能无蔽，故须格物以致其知。"

【注释】

①惟乾：冀元亨，字惟乾，号阇斋，湖南常德人。阳明谪龙场（1508）期间，惟乾前往师之。

②"孩提"句：语自《孟子·尽心上》第十五章："孩提之童，无不知爱其亲者；及其长也，无不知敬其兄也。亲亲，仁也；敬长，义也。无他，达之天下也。"

③完完：完完全全的意思。

③合德：语自《周易》乾卦《文言》："圣人与天地合其德。"

【译文】

冀元亨问："知为什么是心的本体？"

先生说："知是天理最灵的地方。从主宰之处而言就称为内心，从禀赋之处而言就称为天性。年幼孩童，无不知孝爱他的双亲，无不知尊敬他的兄长。这是由于良知能够不被私欲掩蔽，彻底充盈扩展开来，就完完全全成了本体，就与天地的德行合一。然而自圣人以下，没有人不被蒙蔽，因此需要通过格物来恢复良知。"

一一九

守衡问[①]:"《大学》工夫只是诚意,诚意工夫只是格物。修齐治平,只诚意尽矣。又有'正心之功,有所忿懥好乐,则不得其正'[②],何也?"

先生曰:"此要自思得之,知此则知未发之中矣。"

守衡再三请。

曰:"为学工夫有浅深。初时若不着实用意去好善恶恶,如何能为善去恶?这着实用意便是诚意。然不知心之本体原无一物,一向着意去好善恶恶,便又多了这分意思,便不是廓然大公。《书》所谓无有作好作恶,方是本体。所以说'有所忿懥好乐,则不得其正'。正心只是诚意工夫,里面体当自家心体,常要鉴空衡平[③],这便是未发之中。"

【注释】

① 据陈荣捷先生《王阳明传习录详注集评》注云,守衡恐为王阳明学生朱衡之误。

② 正心之功,有所忿懥好乐,则不得其正:语自《大学》第七章。参见第一百零一条注③。

③ 鉴空衡平:语自朱熹《大学或问》:"人之一心,湛然虚明,如鉴之空,如衡之平,以为一身之主者,固其真体之本然。"鉴,镜子;衡,秤杆。此语以镜之空、秤之平比喻心体的清明中正。

【译文】

守衡问："《大学》中的功夫只在诚意，诚意功夫只是格物。修、齐、治、平，只要有诚意就够了。然而又有端正心志的功夫，有忿怒和逸乐的心情，心就不能端正，为什么呢？"

先生说："这需要自己思考才能体会。知道了这些，就明白未发之中了。"

守衡再三请教先生。

先生说："做学问的功夫有浅有深，初学时如果不确实下功夫去喜好善事、厌恶恶事，怎么能行善除恶呢？这种确实的功夫，就是诚意。然而如果不知道心的本体原本没有任何事物，始终刻意地去喜好善事、厌恶恶事，就又多了这份刻意的意思，就不再是'廓然大公'了。《尚书》所说的'没有偏好，不做恶事'，才是本体。因此说有忿怒和逸乐的心情，心就不能端正。端正心志就是在诚意的功夫当中，体会自己的心体，经常做到清明持平，这就是未发之中了。"

一二〇

正之问[①]："戒惧是己所不知时工夫，慎独是己所独知时工夫[②]，此说如何？"

先生曰："只是一个工夫，无事时固是独知，有事时亦是独知。人若不知于此独知之地用力，只在人所共知处用功，便是作伪，便是见君子而后厌然[③]。此独知处便是诚的萌芽，此处不论善念恶念，更无虚假，一是百是，一错百错，正是王霸、义利、诚伪、善恶界头。于此一立立定，便是端本澄源，便是立诚[④]。古人许多诚身的工夫，精神命脉，全体只在此处。真是莫见莫显，无时无处，无终无始，只是此个工夫。今若又分戒惧为己所不知，即工夫便支离，亦有间断。既戒惧即是知，己若不知，是谁戒惧？如此见解，便要流入断灭禅定。”

曰：“不论善念恶念，更无虚假，则独知之地更无无念时邪？”

曰：“戒惧亦是念。戒惧之念无时可息。若戒惧之心稍有不存，不是昏聩，便已流入恶念。自朝至暮，自少至老，若要无念，即是己不知，此除是昏睡，除是槁木死灰。”

【注释】

① 正之：黄宏纲（1492—1561），字正之，号洛村，江西雩县人，从阳明于虔台（江西赣州，1517），王阳明的学生，官至刑部主事。

② 戒惧、独知：语自《中庸》第一章：“道也者，不可须臾离也，可离非道也。是故君子戒慎乎其所不睹，恐惧乎其所不闻，莫见乎隐，莫显乎微，故君子慎其独也。”

③ 见君子而后厌然：厌然，躲闪貌。意思是见到君子后掩饰自己的恶行。语自《大学》：“小人闲居为不善，无所不至，见君子而后厌然，掩其不善而著其善。”

④ 立诚：语自《周易》乾卦《文言》：“子曰：君子进德修业。忠信，所以进德也。修辞立其诚，所以居业也。”

【译文】

黄正之问："戒惧是自己毫不知晓情况下的功夫，慎独是只有自己知晓而别人不知晓情况下的功夫，这种说法怎么样？"

先生说："这只是同一个功夫。无事的时候固然只有自己知晓，有事的时候也同样只有自己知晓。人如果不是在只有自己知晓的情况下做功夫，而只在旁人都知道的时候下功夫，就是虚伪功夫，就是'见到君子就掩饰自己的不善'。这种只有自己知道的地方就是诚挚萌芽的地方。这里不论善念恶念，都没有虚假，一对百对，一错百错，正是王霸、义利、诚伪、善恶的界线。在这里立定心志，就是端正本体，清澄源头，就是确立诚心。古人有许多诚身的功夫，精神命脉全都在这里。无现无显，无时无处，无终无始，都只是这个功夫。如今假使又分出戒惧是自己不知道时候的功夫，那么功夫就支离破碎，也就有了间断。既然戒惧，就是已经知道了。自己如果不知道的话，是谁在戒惧呢？这样的见解，就要流于绝灭和佛家的观点了。"

黄正之说："无论善念恶念，都不是虚假的。那么只有自己知道的地方，就没有无念的时候了吗？"

先生说："戒惧也是意念，戒惧的念头从来不会中断。如果戒惧的念头稍有放松，人不是昏聩糊涂，就是流于恶念。从早到晚，从小到老，如果没有意念，那就是自己没有知觉，这除非是在昏睡，否则就是形如槁木、心如死灰。"

一二一

志道问[①]："荀子云'养心莫善于诚'[②]，先儒非之[③]，何也？”

先生曰：“此亦未可便以为非。诚字有以工夫说者：诚是心之本体，求复其本体，便是思诚的工夫。明道说‘以诚敬存之’，亦是此意。《大学》‘欲正其心，先诚其意’[④]。荀子之言固多病，然不可一例吹毛求疵。大凡看人言语，若先有个意见，便有过当处。‘为富不仁’[⑤]之言，孟子有取于阳虎[⑥]，此便见圣贤大公之心。”

【注释】

① 志道：情况不详。此志道非泰州学派耿定向的学生管志道，后者不与阳明同时代，故不可能与阳明问学。

② 养心莫善于诚：语自《荀子·不苟》，意为养心最好的方法是立一个诚。

③ 先儒非之：二程对荀子之言提出批评。语见《二程遗书》卷二上：“学者须先识仁，仁者浑然与物同体。义、礼、知、信，皆仁也。识得此理，以诚敬存之而已，不须防检，不须求索。”

④ 欲正其心，先诚其意：语自《大学》首章。

⑤ 为富不仁：语自《孟子·滕文公上》第三章：“阳虎曰：‘为富不仁矣，为仁不富矣。’”

⑥ 阳虎：即阳货，春秋时鲁国人，为季氏家臣，专权，后叛鲁。

【译文】

志道问：“荀子说‘养心最好的办法就是诚’，二程认为这不正确，为什么呢？”

先生说："这也不能就认为是错的。'诚'字有在功夫上谈论的，诚是心的本体，追求恢复它的本体，就是思诚的功夫。程子说的'以诚敬之心去实践它'，也是这个意思。《大学》中也说了'要想端正自己的心思，先要使自己的意念真诚'。荀子的言论虽然有很多毛病，然而也不能一概吹毛求疵。大体上看待他人言论，如果首先就有个定论，就有了过当之处。'为富不仁'就是孟子引用阳虎的话，由此就可以看出圣贤的大公之心。"

一二二

萧惠问[①]："己私难克，奈何？"

先生曰："将汝己私来，替汝克[②]。"

先生曰："人须有为己之心，方能克己；能克己，方能成己。"

萧惠曰："惠亦颇有为己之心，不知缘何不能克己？"

先生曰："且说汝有为己之心是如何？"

惠良久曰："惠亦一心要做好人，便自谓颇有为己之心。今思之，看来亦只是为得个躯壳的己，不曾为个真己。"

先生曰："真己何曾离着躯壳！恐汝连那躯壳的己也不曾为。且道汝所谓躯壳的己，岂不是耳目口鼻四肢？"

惠曰："正是。为此，目便要色，耳便要声，口便要味，四肢便要逸乐，所以不能克。"

先生曰："'美色令人目盲，美声令人耳聋，美味令人口爽，驰骋田猎令人发狂'[③]，这都是害汝耳目口鼻四肢的，岂得是为汝耳目口鼻四肢？若为着耳目口鼻四肢时，便须思量耳如何听，目如何视，口如何言，四肢如何动；必须非礼勿视、听、言、动[④]，方才成得个耳目口鼻四肢，这个才是为着耳目口鼻四肢。汝今终日向外驰求，为名为利，这都是为着躯壳外面的物事。汝若为着耳目口鼻四肢，要非礼勿视、听、言、动时，岂是汝之耳目口鼻四肢自能勿视听言动，须由汝心。这视、听、言、动皆是汝心：汝心之视，发窍于目；汝心之听，发窍于耳；汝心之言，发窍于口；汝心之动，发窍于四肢。若无汝心，便无耳目口鼻。所谓汝心，亦不专是那一团血肉。若是那一团血肉，如今已死的人，那一团血肉还在，缘何不能视、听、言、动？所谓汝心，却是那能视、听、言、动的，这个便是性，便是天理。有这个性才能生。这性之生理便谓之仁。这性之生理，发在目便会视，发在耳便会听，发在口便会言，发在四肢便会动，都只是那天理发生，以其主宰一身，故谓之心。这心之本体，原只是个天理，原无非礼，这个便是汝之真己。这个真己是躯壳的主宰。若无真己，便无躯壳，真是有之即生，无之即死。汝若真为那个躯壳的己，必须用着这个真己，便须常常保守着这个真己的本体，戒慎不睹，恐惧不闻，惟恐亏损了他一些；才有一毫非礼萌动，便如刀割，如针刺，忍耐不过，必须去了刀，拔了针，这才是有为己之心，方能克己。汝今正是认贼作子[⑤]，缘何却说有为己之心，不能克己？”

【注释】

① 萧惠：王阳明的学生，生平不详。

② 替汝克：《景德传灯录》载有一僧与达摩的对话，僧问："我心未安，请师安心。"达摩说："将心来，替汝安。"阳明教人常引禅语，此是一例。

③ "美色令人目盲"句：语自《道德经》："美色令人目盲，五音令人耳聋，五味令人口爽，驰骋田猎令人心发狂。"意思是过度享乐有损于人的健康。爽，败坏，在此指味觉被麻木、破坏。

④ 非礼勿视、听、言、动：语自《论语·颜渊》第一章："颜渊问仁。子曰：'克己复礼为仁。一日克己复礼，天下归仁焉。为仁由己，而由人乎哉？'颜渊曰：'请问其目。'子曰：'非礼勿视，非礼勿听，非礼勿言，非礼勿动。'"

⑤ 认贼作子：语自《楞严经》卷一，意思是若以美色等为追求，相当于以盗贼为儿子。

【译文】

萧惠问："自己的私欲难以克去，怎么办呢？"

先生说："把你自己的私欲说出来，我来替你克去。"

先生又说："人必须要有为自己着想的心，才能克去私欲；能够克去私欲，才能够成就自己。"

萧惠说："我也很有为自己着想的心，不知为什么不能做到克己？"

先生说："你且说说你有为自己着想的心是怎样的。"

过了很久，萧惠说："我也一心想要做个好人，就认为自己很有为自己着想的心。现在想想，看来也只是为躯壳外表的自己着想，而不是为真正的自己。"

先生说："真正的自己怎么能离开躯壳呢？恐怕你连那躯壳外表的自己也没能做到。且说说你所谓躯壳的自己，难道不是指耳目口鼻四肢吗？"

萧惠说："正是为了这些，眼睛追求美色，耳朵追求美声，嘴巴追求美味，四肢追求逸乐，因此无法克除。"

先生说："美色使人目盲，美声使人耳聋，美味使人失去味觉，放纵驰骋使人发狂，这些都是危害你的耳目口鼻四肢的，怎么能说是为了你的耳目口鼻四肢呢？若是为了耳目口鼻四肢，就必须思考耳怎么听，眼怎么看，口怎么说，四肢怎么动作，必须要做到不符合礼制规定的不去看、不去听、不去说、不去动作，才能成就耳目口鼻四肢，这才是为了耳目口鼻四肢。你现在整日向外追求，为着名利，这都是为了躯壳外面的事物。你如果为了耳目口鼻四肢，要做到不符合礼制规定的不去看、不去听、不去说、不去动作，不会是你的耳目口鼻四肢自己能做到不看、不听、不说、不动作，一定是从你的内心生发出来。这些看、听、说、动作，就都是你的内心。你内心的视觉通过眼睛来发生实现，你内心的听觉通过耳朵来发生实现，你内心的言语通过嘴来发生实现，你内心的动作通过四肢来发生实现，如果没有你的心，也就没有耳目口鼻四肢。所谓你的心，也不仅指那一团血肉，如果只是指那一团血肉，那么现在已经死去的人，那一团血肉还在，为什么不能看、听、说、动作了呢？所以说，你的心，就是那能够看、听、说、动作的，这就是性，就是天理。有这个性在，才能生发本性的生生不息的事理，就称之为仁。这生生不息的事理，体现在眼睛就会看到，体现在耳中就会听到，体现在嘴中就能说话，体现在四肢就能活动，这都只是因为天理驱使，因为天理主宰人的身体，所以称之为心。心的本体，原本只是天理，原本没有不符合礼制规定的事存在。这就是你真正的自己。这个真正的自己，是躯壳的主宰，如果没有真正的自己，就没有躯壳，真是有它就生，没有它就死。你如果真为了那个躯壳的自己，就必须借助这个真正的自己，就必须常常保持着这个真正自己的本体。做到戒慎不睹，恐惧不闻，惟恐亏损了一点真正的自己，刚有一点点不符合礼制规定的兆头萌生，就如同被刀割，被针刺，无法忍受，必须扔了刀，拔掉针。这才是有为自己着想的心，才能克己。你现在正是在认贼为子，为何却说有为自己着想的心，却不能克己呢？”

一二三

有一学者病目，戚戚甚忧。先生曰：“尔乃贵目贱心。”

【译文】

有一位求学的人得了眼病，十分忧愁。先生说：“你这是看重眼睛，看轻内心。”

一二四

萧惠好仙、释。先生警之曰：“吾亦自幼笃志二氏，自谓既有所得，谓儒者为不足学。其后居夷三载，见得圣人之学若是其简易广大，始自叹悔错用了三十年气力[①]。大抵二氏之学，其妙与圣人只有毫厘之间。汝今所学乃其土苴，辄自信自好若此，真鸱鸮窃腐鼠耳[②]！”

惠请问二氏之妙。先生曰：“向汝说圣人之学简易广大，汝却不问我悟的，只问我悔的！”

惠惭谢，请问圣人之学。先生曰：“汝今只是了人事问。待汝办个真要求为圣人的心来与汝说。”

惠再三请。先生曰：“已与汝一句道尽，汝尚自不会。”

【注释】

① 始自叹悔错用了三十年气力：阳明十七岁（弘治元年，1488）始与道士谈养生，三十七岁（正德三年，1508）龙场悟道，明圣人之学简易广大，实为二十年矣。钱德洪撰《年谱》“正德九年（1514）五月”谓：王嘉秀、萧惠好谈仙佛，先生尝警之曰：“吾幼时求圣学不得，亦尝笃志二氏。其后居夷三载，始见圣人端绪，悔错用功二十年。”应以《年谱》所云“二十年”为是。

② 鸱鸮窃腐鼠：语意自《庄子·秋水》，意思是吸收了糟粕，还自我感觉良好。

【译文】

萧惠喜好道教、佛教的学问。先生警示他说：“我也从小深信道教、佛教的学说，自认为也很有收获，认为儒家不值得一学。后来在贵州居住三年，领略圣人之学，如此简易广大，才开始叹息后悔自己三十年的气力都用错了地方。大体来讲，道教、佛教的学问，奥妙与圣人的差别只在毫厘之间。你现在所学的，只是道教、佛教的糟粕，却自我感觉良好，简直就像猫头鹰得到腐鼠一样。”

萧惠向先生请教道教、佛教的奥妙之处。先生说：“对你讲了圣人之学简易广大，你却不请教我感悟的，只问我后悔的。”

萧惠惭愧地道歉，向先生请教圣人之学。先生说：“你现在只是顺着我的话随随便便在问。等到你修习了一个真想成为圣人的心，我再对你讲。”

萧惠再三向先生请教。先生说：“已经一句话向你道尽了，你还没有明白。”

一二五

刘观时问[①]：“未发之中是如何？”

先生曰：“汝但戒慎不睹，恐惧不闻，养得此心纯是天理，便自然见。”

观时请略示气象。

先生曰：“哑子吃苦瓜[②]，与你说不得。你要知此苦，还须你自吃。”

时曰仁在傍，曰：“如此才是真知，即是行矣。”[③]

一时在座诸友皆有省。

【注释】

① 刘观时：字易仲，学者称沙溪先生，武陵（湖南常德）人，生卒年不详。曾与冀元亨、蒋信一同师事阳明于谪黔路湘途。王阳明离黔经辰州（今湖南怀化）时，亦示教诸生，见《年谱》正德五年（1510）条“语学者悟入之功”：“先是，先生赴龙场时，随地讲授，及归过常德、辰州，

见门人冀元亨、蒋信、刘观时辈俱能卓立，喜曰……。”

② 哑子：此谕自禅宗之《碧严录》。

③ 真知、即是行：《传习录》上徐爱录（第五条）阳明语：“知是行的主意，行是知的功夫；知是行之始，行是知之成。若会得时，只说一个知，已自有行在；只说一个行，已自有知在。”“所以必说个知，方才行得是。”“所以必说一个行，方才知得真。”

【译文】

刘观时问：“未发之中是什么？”

先生说：“你只要戒慎不睹，恐惧不闻，存养内心到纯粹天理的地步，就自然能够理解。”

刘观时请先生稍微讲示一下未发之中的景象。

先生说：“这就像哑巴吃苦瓜，对你说不出。你要明白其中的苦，一定得自己品尝。”

当时，徐爱在一旁说道：“这样才是真知，才是行。”

一时在座的诸位学友都有所省悟。

一二六

萧惠问死生之道[1]。

先生曰：“知昼夜即知死生。”

问昼夜之道。

曰：“知昼则知夜。”

曰：“昼亦有所不知乎？”

先生曰：“汝能知昼！懵懵而兴，蠢蠢而食，行不著，习不察[②]，终日昏昏，只是梦昼。惟息有养，瞬有存[③]，此心惺惺明明，天理无一息间断，才是能知昼。这便是天德，便是通乎昼夜之道而知[④]，更有甚么死生？”

【注释】

① 死生之道：语自朱熹《论语集注·先进》第十一章注引程颐语：“昼夜者，死生之道也。知生之道，则知死之道；尽事人之道，则尽事鬼之道。死生人鬼，一而二、二而一者也。”

② 行不著，习不察：语自《孟子·尽心上》第五章：“行之而不著焉，习矣而不察焉，终身由之而不知其道者，众也。”

③ 息有养，瞬有存：语自张载《正蒙·有德》（《张子全书》卷三）：“言有教，动有法；昼有为，宵有得；息有养，瞬有存。”

④ 通乎昼夜之道而知：语自《周易·系辞上》第四章：“范围天地之化而不过，曲成万物而不遗，通乎昼夜之道而知，故神无方而易无体。”

【译文】

萧惠向先生请教生死的道理。

先生说：“明白昼夜也就明白了生死。”

萧惠向先生请教昼夜的道理。

先生说：“明白白天，就能明白夜晚。”

萧惠说：“还有谁能不明白白天吗？”

先生说：“你能明白白天吗？迷迷糊糊起床，乱七八糟地吃饭，行为不恰当，修习不警醒，整天昏昏沉沉，这只是梦中的白天。唯有做到‘休息时必须保养身体与气质，在瞬息之间也不能放心外驰’，使内心机警清明，天理没有一刻间断，才是能明白白天。这就是天德，就是通晓明白昼夜的道理，还有什么生死的问题呢？”

一二七

马子莘问[①]：“修道之教[②]，旧说谓‘圣人品节，吾性之固有，以为法于天下，若礼乐刑政之属’[③]，此意如何？”

先生曰：“道即性即命，本是完完全全，增减不得，不假修饰的，何须要圣人品节？却是不完全的物件。礼乐刑政是治天下之法。固亦可谓之教，但不是子思本旨。若如先儒之说，下面由教入道的，缘何舍了圣人礼乐刑政之教，别说出一段戒慎恐惧工夫，却是圣人之教为虚设矣？”

子莘请问。

先生曰：“子思性、道、教，皆从本原上说。天命于人，则命便谓之性；率性而行，则性便谓之道；修道而学，则道便谓之教。率性是诚者事，所谓‘自诚明，谓之性’也；修道是诚之者事，所谓‘自明诚，谓之教’也[④]。圣人率性而行，即是道。圣人以下，未能率性，于道未免有过不及，故须修道。修道则贤知者不得而过，愚不肖者不得而不及，都要循着这个道，则道便是个教。此‘教’字与‘天道至教’、‘风雨霜露，无非教也’之‘教’同[⑤]。‘修道’字与‘修道以仁’同[⑥]。人能修道，然后能不违于道，以复其性之本体，则亦是圣人率性之道矣。下面‘戒慎恐惧’便是修道的工夫，‘中和’便是复其性之本体，如《易》所谓‘穷理尽性，以至于命'⑦，'中和'、'位育'便是尽性至命⑧。"

【注释】

①马子莘：参看第四十条注②。

②修道之教：语自《中庸》第一章："天命之谓性，率性之谓道，修道之谓教。"

③"圣人品节"句：语自朱熹《中庸章句》："修，品节之也。性道虽同，而气禀或异，故不能无过不及之差。圣人因人物之所当行而品节之，以为法于天下，则谓之教，若礼、乐、刑、政之属是也。"

④自诚明，谓之性；自明诚，谓之教：语自《中庸》第二十一章："自明诚，谓之性；自明诚，谓之教。诚则明矣，明则诚矣。"意思是天生具有道德觉悟，这是圣人的本性；这种道德觉悟同时也是贤人受教化的结果。

⑤天道至教：语自《礼记·礼器》："天道至教，圣人至德。"意思是天道就是至高无上的教化，圣人就有至高无上的道德。风雨霜露，无非教也：语自《礼记·孔子闲居》："天有四时，春夏秋冬，风雨霜露，无非教也。"意思是天象的变化，无非也是一种教化。教，亦作规律、法则讲，天象的变化亦是规律、法则。

⑥修道以仁：语自《中庸》，意思是道德的修养必以仁为核心。

⑦穷理尽性，以至于命：语自《周易·说卦》，意思是《周易》可以穷究事物之理，通晓人性，参透天命。

⑧位育：语自《中庸》："致中和，万物育焉，天地位焉。"位者，安其所也；育者，遂其生也。

【译文】

马子莘问："修道之教，朱熹认为是指圣人的品质节操本性中固有的，而让天下都来效仿，就像礼乐刑政之类，这种说法怎么样？"

先生说："道就是人性，就是天命。原本是完全一体，无法增减，不需修饰的，何必要圣人来作出评价、规定？那不就变成不完整的东西了吗？礼、乐、刑政，这是治理天下的规范，固然也可以称之为教，但并不是子思的本意。如果依从先儒的学说，后来受到教育而入于圣道的那些人，为什么又要舍弃圣人关于礼、乐、刑政的教导，另外论及一套戒慎恐惧的功夫呢？这样圣人的教导不就成虚设了吗？"

马子莘请先生指教。

先生说："子思的性、道、教，都是从根本上来说的。天命在人，那么命就称为性。率性而行，那么性就称为道。修道而学，那么道就称为教。率性是真诚的事，也就是所谓的'由于真诚而能够自然明白事理，称为天性'。修道是追求真诚的事，也就是所谓的'由于明白事理而能够做到真诚，称为教化'。圣人率性而行，就是道。圣人以下的人尚未能够在道上做到率性，难免有逾越或不及的地方，因此需要修道。修道之后，贤明有才的人就不会逾越，愚昧不肖的人就不会不及，都要遵循着道，因此道就是教。这个'教'字和'天道至教'、'风雨霜露，无非教也'的'教'意义相同，'修道'二字与'修道以仁'的意义相同。人先能修道，然后才能不违背道，来恢复他的性的本体，那么也就能够成就圣人率性的道了。后面的戒慎恐惧就是修道的功夫，中和就是恢复人性的本体，就像《周易》说的‘穷尽事理率性而为，来达到天命的境界’。中和和位育，就是充分率性，达到了天命的境界。”

一二八

黄诚甫问：“先儒以孔子告颜渊为邦之问[①]，是立万世常行之道[②]，如何？”

先生曰：“颜子具体圣人，其于为邦的大本大原都已完备。夫子平日知之已深，到此都不必言，只就制度文为上说。此等处亦不可忽略，须要是如此方尽善。又不可因自己本领是当了，便于防范上疏阔，须是要放郑声，远佞人。盖颜子是个克己向里、德上用心的人，孔子恐其外面末节或有疏略，故就他不足处帮补说。若在他人，须告以为政在人，取人以身，修身以道，修道以仁，达道九经及诚身许多工夫[③]，方始做得，这个方是万世常行之道。不然，只去行了夏时，乘了殷辂，服了周冕，作了韶舞，天下便治得。后人但见颜子是孔门第一人，又问个‘为邦’，便把做天大事看了。”

【注释】

①孔子告颜渊为邦：语自《论语·卫灵公》第十章：“颜渊问为邦。子曰：‘行夏之时，乘殷之辂，服周之冕，乐则韶舞。放郑声，远佞人。郑声淫，佞人殆。’”朱熹认为，孔子所言，是从先王之礼中总结出来的万世常行之道。

② 万世常行之道：语自朱熹《论语集注·卫灵公》第十章注引程子语："程子曰：'问政多矣，惟颜渊告子以此。盖三代之制，皆因时损益，及其久也，不能无弊。周衰，圣人不作，故孔子斟酌先王之礼，立万世常行之道，发此以为之兆尔。'"朱熹所引，不见于《二程集》，注者多疑为朱子综述程意。

③ 九经：语自《中庸》第二十章："凡为天下国家有九经，曰：修身也，尊贤也，亲亲也，敬大臣也，体群臣也，子庶民也，来百工也，柔远人也，怀诸侯也。"

【译文】

黄诚甫问："朱熹认为孔子回答颜渊治理国家的问题，就是确立万世常行的标准了。这种观点怎么样？"

先生说："颜子得到了圣人学说的精髓，关于治理国家的基本，都已经完全具备了。夫子平日里对他非常了解，这些都不必多说，只在制度文策上教导他。制度文策这些地方也不能忽视，必须做到这样才是极尽完善。也不能因为自己本领具备了，就在防范上疏忽大意，一定要'禁绝郑声，远离小人'。因为颜子是个严于律己、性格内向、注重德行的人，孔子担心他在表面的细节上可能会有疏忽，因此根据他不足的地方帮忙添补教导。如果是其他人，那么一定会教导他们从政在于人才，得到人才在于修养自身，修养自身在于遵循道义，遵循道义在于内心仁爱，通行不变之道，根据九经治理国家，以及以至诚立身做事等等这些功夫，才能治理国家，才是万世常行的标准。否则，只沿用夏朝历法，乘坐商朝车舆，观赏虞舜乐舞，天下就能治理得好吗？后人只看到颜子是孔门的第一人，又提问了治国的问题，就把它看作天大的事了。”

一二九

蔡希渊问：“文公《大学》新本[①]，先格致而后诚意工夫，似与首章次第相合[②]。若如先生从旧本之说，即诚意反在格致之前。于此尚未释然。”

先生曰：“《大学》工夫即是明明德，明明德只是个诚意，诚意的工夫只是格物致知。若以诚意为主，去用格物致知的工夫，即工夫始有下落，即为善去恶无非是诚意的事。如新本先去穷格事物之理，即茫茫荡荡，都无着落处，须用添个‘敬’字，方才牵扯得向身心上来。然终是没根源。若须用添个‘敬’字，缘何孔门倒将一个最紧要的字落了，直待千余年后要人来补出？正谓以诚意为主，即不须添‘敬’字，所以提出个诚意来说，正是学问的大头脑处。于此不察，真所谓毫厘之差，千里之缪。大抵《中庸》工夫只是诚身，诚身之极便是至诚；《大学》工夫只是诚意，诚意之极便是至善：工夫总是一般。今说这里补个‘敬’字，那里补个‘诚’字，未免画蛇添足。”

【注释】

① 文公《大学》新本：指朱熹的《大学章句》。他不仅沿伊川改“亲民”为“新民”，且改变部分章句，故与原本（《礼记·大学》）次序不同。原本二、三章改为五、六章，并在五章补上二、三章的传，如此，格物便置

于诚意之前。王阳明于《大学古本序》云:“大学之要,诚意而已矣。诚意之功,格物而已矣。诚意之极,止至善而已矣。止至善之则,致知而已矣。”又云:“旧本析而圣人之意亡矣。是故不务于诚意而徒以格物者谓之支,不事于格物而徒以诚意者谓之虚,不本于致知而徒以格物诚意者谓之妄。支与虚与妄,其于至善也远矣。”《大学古本序》与《传习录上》,乃同年(1518)刊刻于世,故可互证。

②首章次第:虽然按《礼记》本《大学》首章,“诚意”在“格物”、“致知”之后,但王阳明却认为,“诚意”却是“格物”、“致知”的主脑,不能以先后定主次,没有诚意的格物致知,必然是茫茫荡荡,无所着落。抓住这一点,就不必再添一“敬”字或一“诚”字。

【译文】

蔡希渊问:“朱子对《大学》的新本解释,是先格致而后诚意,功夫似乎与第一章的顺序相合。然而先生依从旧本的解释,诚意反而在格致之前了。我对于这一点还没有理解。”

先生说:“《大学》的功夫,就是明明德。明明德说的只是诚意。诚意的功夫,只是格物致知。以诚意为主,在格物致知上下功夫,功夫才能落到实处。也就是说,做善事除恶事,都无非是诚意的事。按新本的说法,先去格致事物的性理,就会茫然空荡,毫无着落,于是又得添上个‘敬’字,才能回到身心上来,终究还是没有根源。如果一定得添上个‘敬’字,为什么孔门学问反而将一个最重要的字落下了,一直等到千余年后的后人来补足?所以说,以诚意为主,就不需要添上‘敬’字。之所以将诚意单独提出来说,正是学问的关键之处。在这里有所不察,就会陷入所谓的毫厘之差、千里之谬。大体上讲,《中庸》的功夫只是诚身,诚身到了极限就是至诚。《大学》的功夫只是诚意,诚意到了极限就是至善。功夫都是一样的。现在说这里要补上个'敬'字,那里要补上个'敬'字,未免画蛇添足了。"

传习录中

【钱德洪序】

德洪曰[①]："昔南元善[②]刻《传习录》[③]于越[④]，凡二册。下册摘录先师手书，凡八篇[⑤]。其《答徐成之》二书[⑥]，吾师自谓：'天下是朱非陆[⑦]，论定既久，一旦反之为难[⑧]。二书姑为调停两可之说，使人自思得之。'故元善录为下册之首者，意亦以是欤？今朱、陆之辩明于天下久矣。洪刻先师《文录》[⑨]，置二书于《外集》者，示未全也，故今不复录。其余指'知行之本体'，莫详于答人论学[⑩]与答周道通[⑪]、陆清伯[⑫]、欧阳崇一[⑬]四书[⑭]；而谓'格物为学者用力日可见之地'，莫详于答罗整庵一书[⑮]。平生冒天下之非诋推陷，万死一生，遑遑然不忘讲学，惟恐吾人不闻斯道，流于功利机智，以日堕于夷狄禽兽而不觉；其一体同物之心，譊譊终身，至于毙而后已。此孔、孟已来圣贤苦心，虽门人子弟，未足以慰其情也。是情也，莫详于答聂文蔚之第一书[⑯]。此皆仍元善所录之旧。而揭'必有事焉，即致良知功夫，明白简切，使人言下即得入手'，此又莫详于答文蔚之第二书，故增录之。元善当时汹汹，乃能以身明斯道，卒至遭奸被斥[⑰]，油油然惟以此生得闻斯学为庆，而绝无有纤芥愤郁不平之气。斯录之刻，人见其有功于同志甚大，而不知其处时之甚艰也。今所去取，裁之时义则然[⑱]，非忍有所加损于其间也。"

【注释】

① 德洪：姓钱（1496—1574），名德洪，号绪山，浙江余姚人，王阳明的学生，后来与王龙溪一道成为浙中王门的代表人物，但二人观点有分歧。

② 南元善：南大吉（1487—1541），字元善，号瑞泉，陕西渭南人。正德辛未年（1511）进士，嘉靖三年（1524）任绍兴知府时拜师阳明，建稽山书院、亲民堂于任上，阳明为此作《稽山书院尊经阁记》与《亲民堂记》。

③《传习录》：薛侃首刻于虔，共129条，即今《传习录》卷上。据《年谱》，嘉靖三年（1524）十月，南大吉刻《传习录》，名"续刻传习录"，凡二册，以虔刻三卷为上册，录阳明五书（《年谱》嘉靖三年甲申条："十月，门人南大吉续刻《传习录》。《传习录》，薛侃首刻于虔，凡三卷。至是年，大吉取先生论学书，覆增五卷，续刻于越"）为下册。又《年谱》载，阳明于嘉靖四年（1525）作《答顾东桥书》，五年（1526）作《答欧阳崇一书》与《答聂文蔚书》，此时方为八篇。可知续刻《传习录》的八篇之数实分两步而成，嘉靖三年（1524）刻了五篇（五卷），两年后增加三篇，始成八篇之数。此八篇后来又有调整，新增两篇，又移出了两篇（参见本条注⑤），仍为八篇（未计《训蒙》与《教约》二文）。

④ 越：今浙江绍兴。

⑤ 八篇：钱德洪此处所讲的八篇，是指：1.《答人论学书》（即《答顾东桥书》）；2.《答周道通书》（又曰《启问道通书》）；3.《答陆原静书》；4.《答欧阳崇一》；5.《答罗整庵少宰》；6.《答徐成之》一；7.《答徐成之》二；8.《答聂文蔚》。然而今《传习录》卷中所录书信仍是八篇，所不同的是，《答陆原静》和《答聂文蔚》各增一篇，遂将《答徐成之》二篇移出置于

外集了。

⑥ 二书:《答徐成之》二书,载《王文成公全书》卷二十一(《外集》)。

⑦ 是朱非陆:南宋淳熙二年(1175),朱熹与陆九渊应吕祖谦之约,于江西上饶信州铅山鹅湖寺相会,二人就太极与无极、道问学与尊德性话题展开辩论,话不投机。朱熹指九渊为空泛,九渊讥朱熹为支离。二人门争历数百年之久,朱子的学说居主流地位,陆子一直受到压制。

⑧ 反之为难:若要扭转这一局面则十分困难。

⑨《文录》:先由邹守益在浙江辑录,后由谢廷杰汇为《王文成公全书》之第四至第八卷。

⑩ 答人论学:即《答顾东桥书》。

⑪ 答周道通:即《启问道通书》。

⑫ 陆清伯:即陆澄,字元静,又字原静,号清伯,王阳明的学生。

⑬ 欧阳崇一:欧阳德(1496—1554),字崇一,号南野,江西泰和人。正德十一年(1516)举乡,七年后及进士第,官至礼部尚书。王阳明的学生,江右王门的代表性人物。

⑭ 四书:这里指的是《答周道通书》、《答陆原静》一、二和《答欧阳崇一》,而不是通常所说《大学》、《中庸》、《论语》、《孟子》之"四书"。

⑮ 罗整庵:名钦顺(1465—1547),字允升,号整庵,江西泰和人。进士,官至南京吏部尚书,后辞官归家,潜心问学。早年笃信佛学,后崇举儒学,著有《困知记》等。

⑯ 聂文蔚:聂豹(1487—1563),字文蔚,号双江,江西永丰人。进士,官至太子太保,曾会晤王阳明,后以王门子弟自称,著有《困辩录》等。

⑰ 遭奸被斥:南大吉因在越力倡阳明之学,而遭奸党所陷,被迫辞

职。嘉靖五年，南大吉罢官归，途中致书阳明，先生答书云："近得中途寄来书，读之晃然如接颜色，勤勤恳恳，惟以得闻道为喜，急问为学事，恐卒不得为圣人为忧，叠叠千数百言，略无一字及于得丧荣辱之间，此非真有朝闻夕死之志者，未易以涉斯境也。"（《王文成公全书》卷六《答南元善》）

⑱ 裁之时义：意为取决于时下的要义。钱德洪作此序时，《答徐成之》二书中"朱陆问题"的讨论似已过时，而《答聂文蔚》第二书中"致良知"与"必有事焉"等说，正值阳明发前人未发之新论，《传习录》上卷所未及也。

【译文】

钱德洪说：之前南元善在浙江绍兴刻印《传习录》，一共两册。下册摘录了先生的亲笔书信，一共八篇。其中答复徐成之的两封书信，先生自认为是"天下都赞同朱熹，反对陆九渊，论点确定已久，一旦想要推翻这个论点，十分困难，这两封书信姑且可以作为调解两种学说的探讨，便于大家自行思考，得出结论"。因此，南元善将它们收录在下册的开始，用意难道不也非常好吗？现在世人关于朱陆之争的看法明朗已久，我刻录先生的《文集》时，把这两封信编在《外集》当中，是因为还不够完善，因此现在不再收录。关于其他指出知行本体的观点，没有比《答人论学》、《答周道通》、《答陆清伯》、《答欧阳崇一》四封书信更详尽的了；而讲解格物，应该是学者平日用功之处的观点，则没有比答罗整庵的书信更详尽的。先生平生甘冒天下的非难与诋毁，陷入死地绝境，一生恐惧不安仍旧不忘讲学，惟恐我们这些弟子不懂得圣学大道，流于功利虚识以至于日渐与夷狄、禽兽沦于同类而不自知。先生追求与天地事物一体的心，终身争辩论学，直到死而后已，这种孔孟以来圣贤的苦心，即使是先生的门人弟子也不足以劝慰他的豪情。表现这种情怀，没有比答聂文蔚的第一封书信更详尽的了。

以上这些都是南元善刻录的旧篇，然而揭示“必有事焉”就是“致良知”功夫，明白简洁，让人听了就能找到入手之处，能做到这些的，又没有比答聂文蔚的第二封书信更详实的，因此也将它增录进来。南元善当时处于危难之中，仍能身体力行传授先生的学问，最后仍遭到小人的陷害与排斥，但他仍然认为，今生接触到先生的学说是值得庆贺的事，从没有半点愤郁不平的想法。他刻印《传习录》，世人都能看到这件事对于同习此学的人功莫大焉，却不知元善当时处境之艰难。如今我对他刻录内容的取舍，是依据当下的需要而采取的措施，绝不会因此对南元善的《传习录》有所损害。

答顾东桥书

一三〇

来书云：“近时学者务外遗内，博而寡要，故先生特倡‘诚意’一义，针砭膏肓，诚大惠也。”

吾子洞见时弊如此矣，亦将何以救之乎？然则鄙人之心，吾子固已一句道尽，复何言哉！复何言哉！若“诚意”

之说[①]，自是圣门教人用功第一义。但近世学者乃作第二义看，故稍与提掇紧要出来，非鄙人所能特倡也。

【注释】

① 诚意：语自古本《大学》。王阳明之前撰《大学古本序》云："《大学》之要，诚意而已矣也。"尤为强调"诚意"的重要性。

【译文】

来信写道："如今学者只专务外物，忽视内修，虽知识广博，却难得要领，因此先生特别倡议'诚意'，针砭已入膏肓的学者，真是有极大的价值。"

你洞察时事弊端的见识已经到了这个地步，又打算怎样去救治呢？虽然这样，我的心思，你已经一句话说尽了，我还有什么可说的呢！我还有什么对你说的呢！"诚意"的说法，原本就是圣人教人用功时首要的事，但近世学者却把它当作其次的意思来看，因此我略将其中关键提出来，这并不是我自己独立倡议的。

一三一

来书云："但恐立说太高，用功太捷，后生师传，影响谬误，未免坠于佛氏明心见性、定慧顿悟之机[①]，无怪闻者见疑。"

区区"格、致、诚、正"之说[②]，是就学者本心、日用事为间体究践履，实地用功，是多少次第、多少积累在，正与空虚顿悟之说相反。闻者本无求为圣人之志，又未尝讲究其详，遂以见疑，亦无足怪。若吾子之高明，自当一语之下便了然矣！乃亦谓“立说太高，用功太捷”，何邪？

【注释】

① 明心见性：佛教禅宗的主张，意思是让自己的心底清澈明亮，待看见自己的真性，就可以成佛，而不须拘泥于语言文字。定慧顿悟：定慧，佛教的修养功夫，指禅定与智慧。定是指除去心中的杂念，慧是指明了事物的道理。顿悟，指突然之间明白了困惑已久的佛理。

② 格、致、诚、正：语自《大学》：“格物、致知、诚意、正心、修身、齐家、治国、平天下。”

【译文】

你来信说：“只是担心立论过高，用功过快，后学门生成为人师，产生错误，未免就成了佛教明心见性、定慧顿悟的机锋，难怪听闻您的学说的人会产生怀疑。”

我的格物、致知、诚意、正心的观点，是要求学者的本心在日常做事之中切实体察研究，切实践履施行，在实地上用功而言的，这其中有许多程序、许多积累在，正好与空虚顿悟的观点相反。听闻我学说的人本来并没有追求成为圣人的志向，也没对我的学说加以详细的解读，因而产生怀疑，这并不奇怪。像你这样高明的人，自然应当一语之后就明白了解，然而你却也说我立论过高、用功过快这样的话，这是为什么呢？

一三二

来书云："所喻知行并进，不宜分别前后，即《中庸》'尊德性而道问学'之功[①]，交养互发、内外本末一以贯之之道，然工夫次第不能无先后之差。如知食乃食，知汤乃饮，知衣乃服，知路乃行，未有不见是物，先有是事。此亦毫厘倏忽之间，非谓有等今日知之而明日乃行也。"

既云"交养互发、内外本末一以贯之"，则知行并进之说无复可疑矣。又云"工夫次第不能无先后之差"[②]，无乃自相矛盾已乎？"知食乃食"等说，此尤明白易见，但吾子为近闻障蔽[③]，自不察耳。夫人必有欲食之心然后知食，欲食之心即是意，即是行之始矣。食味之美恶必待入口而后知，岂有不待入口而已先知食味之美恶者邪？必有欲行之心然后知路，欲行之心即是意，即是行之始矣。路岐之险夷必待身亲履历而后知，岂有不待身亲履历而已先知路岐之险夷者邪？"知汤乃饮"、"知衣乃服"，以此例之，皆无可疑。若如吾子之喻，是乃所谓不见是物而先有是事者矣。吾子又谓"此亦毫厘倏忽之间，非谓截然有等今日知之而明日乃行也"，是亦察之尚有未精。然就如吾子之说，则知行之为合一并进，亦自断无可疑矣。

【注释】

① 尊德性而道问学：语自《中庸》第二十七章："故君子尊德性而道问学，致广大而尽精微。"

② 无：原本为“不无”，施邦曜辑《阳明先生集要》为“无”，当从。

③ 近闻：指朱熹的“知先行后”说。

【译文】

你来信说：“你所说的知行同时并举，不应该分为一前一后，就是《中庸》的‘尊德性而道问学’两种功夫相互存养、共同发生，本心和外物本就是一个不可分割的整体。然而功夫的顺序不可能没有先后的区别。比如，知道是食物才去吃，知道是汤水才去饮，知道是衣服才去穿，知道是道路才去走。哪有还没见到这件事物，就先去做这件事的呢？这当中的先后顺序虽说也是瞬间而微妙，不会断然区分，也并不等于说今天知道了，明天才去实行。”

既然说到“交养互发，内外本末一以贯之之道”，那么知行同时并举的说法就再没什么可以疑惑的了。又说到“功夫次第不能无先后之差”，不就成了自相矛盾了吗？“知食乃食”的说法，就尤其明白简易，只是你被朱熹先生知先行后的观点蒙蔽而无法自己察觉而已。人一定是先有想要吃的心，然后才知道去吃食物，想吃的心就是意，就是实行的开始。食物的美味与否一定是在入口之后才能知道，哪里有还未入口就先知道了食物味道好坏的人呢？一定先有想要行走的心，然后才知道去行路，想要行走的心就是意，就是行走的开始。道路崎岖险阻，一定要等到亲自经历之后才能知道，哪里有还未亲自经历就先知道了道路崎岖险阻的人呢？知道汤水才去饮，知道衣服才去穿，以此类推，都没有可怀疑的。如果像你所说的，这就成了所谓的没有见到这件东西，先有这件事的情况了。你又说，这也是毫厘刹那的差别，并不是说要等到今天知道了，明天才去实行，这也是你的体察仍旧不够精确。然而就像你所说的那样，知与行同时并进的主张，也就自然没有什么可怀疑的了。

一三三

来书云："真知即所以为行，不行不足谓之知，此为学者吃紧立教，俾务躬行则可。若真谓行即是知，恐其专求本心，遂遗物理，必有暗而不达之处。抑岂圣门知行并进之成法哉？"

知之真切笃实处，即是行；行之明觉精察处，即是知，知行工夫本不可离。只为后世学者分作两截用功，失却知行本体，故有合一并进之说。"真知即所以为行，不行不足谓之知"，即如来书所云"知食乃食"等说可见，前已略言之矣。此虽吃紧救弊而发，然知行之体本来如是，非以己意抑扬其间，姑为是说以苟一时之效者也。"专求本心，遂遗物理"，此盖失其本心者也。夫物理不外于吾心，外吾心而求物理，无物理矣；遗物理而求吾心，吾心又何物邪？心之体，性也，性即理也。故有孝亲之心，即有孝之理；无孝亲之心，即无孝之理矣。有忠君之心，即有忠之理；无忠君之心，即无忠之理矣。理岂外于吾心邪？晦庵谓[1]："人之所以为学者，心与理而已。心虽主乎一身，而实管乎天下之理；理虽散在万事，而实不外乎一人之心。"是其一分一合之间，而未免已启学者心理为二之弊。此后世所以有专求本心、遂遗物理之患，正由不知心即理耳。夫外心以求物理，是以有暗而不达之处；此告子“义外”之说[②]，孟子所以谓之不知义也[③]。心一而已，以其全体恻怛而言谓之仁，以其得宜而言谓之义，以其条理而言谓之理。不可外心以求仁，不可外心以求义，独可外心以求理乎？外心以求理，此知行之所以二也。求理于吾心，此圣门知行合一之教，吾子又何疑乎？

【注释】

① 晦庵：朱熹的号。

② 义外：语自《孟子·告子上》第四章：“告子曰：‘仁，内也，非外也；义，外也，非内也。’”告子“义外”的主张既为孟子所不认可，亦为王阳明所反对。

③ 不知义：语自《孟子·公孙丑上》第二章：“告子未尝知义，以其外之也。”意思是告子不懂得义，因为他把义看成心外之物。孟子和王阳明都一致强调必须把义看成心内之物。

【译文】

你来信说：“真正的认识是能够实践的，不能践行就不能称为认识，这是为学者们提出的重要立论，务必亲自践行方可。如果真认为践行就是真知，恐怕学者专心讲求本心，而遗忘了对事物天理的追求，这就一定会有糊涂而不明白的地方，这难道真是圣学所说的知行并举的成功方法吗？”

认识真切地付诸实践就是行，行动能做到明白精准就是知。

知与行的功夫原本是不可分离的，只是因为后世学者把它们分成两部分来用功，失去了知与行的本来意义，因此才有知行合一并举的说法。真正的认识是能够付诸实践的，不能付诸实践的就不能称为真正的认识，正如你来信中"知食乃食"等说法可以证明，在上文已经简要谈到过了。这虽然是为了危急之中拯救时弊而提出来的，然而知行的本来意义就是如此，并不是用我自己的意念来加以强化而提出来，为这一说法求得一时的效果。"专心讲求本心，于是遗漏了对事物天理的追求"，这就是失去了本心。事物天理不在我心之外，到心外去寻求事物天理，就没有什么事物天理。遗漏了事物天理而去讲求本心，我的心又是什么东西呢？心的本体是性，性就是理。因此有孝顺亲人的心，就有孝顺的理；没有孝顺亲人的心，就没有孝顺的理；有忠诚君主的心，就有忠诚的理；没有忠诚君主的心，就没有忠诚的理；理怎能在我心之外？朱子所说的"人之所以要学习，是因为有心和理的存在。心虽然主宰全身，而实际统之于天下之理的管理。理虽然散落在万事之中，但实际不在人心之外"，这话中的一分一合，就未免误导出学者将心与理分为两件事的弊端。后世之所以有"专求本心，遂遗物理"的错误，就是因为不明白心就是理的道理。到心之外寻求事物天理，就会有糊涂不明的地方，这就是告子"义外"的观点，孟子因此批评他不懂得什么是义。心是一个整体，以他对所有人的恻隐之心而言称之为仁，以他合乎时宜而言称之为义，以他条理有序而言称之为理。不可到心外去寻求仁，不可到心外去寻求义，难道唯独可以到心外去寻求理吗？到心外去寻求理，就是把知与行分为两件事了。在我的心中寻求理，这才是圣门知行合一的教导，你又有什么可怀疑的呢？

一三四

来书云：“所释《大学》古本，谓致其本体之知，此固孟子尽心之旨。朱子亦以虚灵知觉为此心之量[①]。然尽心由于知性，致知在于格物。”

“尽心由于知性，致知在于格物”，此语然矣。然而推本吾子之意，则其所以为是语者，尚有未明也。朱子以尽心、知性、知天为物格知致，以存心、养性、事天为诚意、正心、修身，以夭寿不贰、修身以俟为知至仁尽、圣人之事。若鄙人之见，则与朱子正相反矣。夫尽心、知性、知天者，生知安行，圣人之事也；存心、养性、事天者，学知利行，贤人之事也；夭寿不贰、修身以俟者，困知勉行，学者之事也。岂可专以尽心、知性为知，存心、养性为行乎？吾子骤闻此言，必又以为大骇矣。然其间实无可疑者，一为吾子言之。

夫心之体，性也；性之原，天也。能尽其心，是能尽其性矣。《中庸》云“惟天下至诚为能尽其性”，又云“知天地之化育”、“质诸鬼神而无疑”。知天也，此惟圣人而后能然，故曰“此生知安行，圣人之事也”。存其心者，未能尽其心者也，故须加存之之功；必存之既久，不待于存而自无不存，然后可以进而言尽。盖“知天”之“知”，如“知州”、“知县”之“知”。知州则一州之事皆己事也，知县则一县之事皆己事也，是与天为一者也；事天则如子之事父，臣之事君，犹与天为二也。天之所以命于我者，心也，性也，吾但存之而不敢失，养之而不敢害，如“父母全而生之，子全而归之”[②]者也。故曰“此学知利行，贤人之事也”。至于“夭寿不贰”，则与存其心者又有间矣。存其心者虽未能尽其心，固已一心于为善，时有不存，则存之而已；今使之夭寿不贰，是犹以夭寿贰其心者也。犹以夭寿贰其心，是其为善之心犹未能一也。存之尚有所未可，而何尽之可云乎？今且使之不以夭寿贰其为善之心，若曰死生夭寿皆有定命，吾但一心于为善，修吾之身，以俟天命而已，是其平日尚未知有天命也。事天虽与天为二，然已真知天命之所在，但惟恭敬奉承之而已耳；若俟之云者，则尚未能真知天命之所在，犹有所俟者也，故曰所以立命。“立”者“创立”之“立”，如“立德”、“立言”、“立功”、“立名”之类，凡言“立”者，皆是昔未尝有而本始建立之谓，孔子所谓“不知命，无以为君子”者也，故曰“此困知勉行，学者之事也”。今以尽心、知性、知天为格物致知，使初学之士尚未能不贰其心者，而遽责之以圣人生知安行之事，如捕风捉影，茫然莫知所措其心，几何而不至于“率天下而路”也[③]！今世致知格物之弊，亦居然可见矣。吾子所谓“务外遗内、博而寡要”者，无乃亦是过欤？此学问最紧要处，于此而差，将无往而不差矣！此鄙人之所以冒天下之非笑，忘其身之陷于罪戮，呶呶其言，其不容已者也。

【注释】

① 此心之量：朱熹《孟子集注·尽心上》第一章，朱子注云："人有是心，莫非全体。然不穷理，则有所蔽，而无以尽乎此心之量。"

② 父母全而生之，子全而归之：语自《礼记·祭仪第二十四》："父母全而生之，子全而归之，可谓孝。"意思是父母完整地生下儿女，儿女又完整地归还父母，这才是所谓"孝"。

③ 率天下而路：语自《孟子．滕文公上》第四章："且一人之身，而百工之所为备。如必自为而后用之，是率天下而路也。"意思是指，如果一个人的所有用品都必须由自己来生产，依此类推，这相当于率领天下的人疲于奔命。

【译文】

你来信说："您所释注的《大学》古本中，说'实现心本体的知'，这固然是孟子尽心的主旨，但朱子也用虚灵的心能够知觉天下事理作为人心的宏大容量。然而您却说，尽心是由于知性，致知则在于格物。"

"尽心由于知性，致知在于格物"，这句话是正确的。然而推测你的意思，你之所以这样说话，是对我的学说仍有不明白的地方。朱子认为尽心、知性、知天是格物致知，认为存心、养性、事天是诚意、正心、修身，认为夭寿不贰、修身以俟是知至仁尽、圣人之事。但我的观点，与朱子的正相反。尽心、知性、知天，是生知安行，是圣人之事；存心、养性、事天，是学知利行，是贤人的事；夭寿不贰、修身以俟，是困知勉行，是学者之事。怎么能只将尽心、知性认作知，存心、养性认作行呢？你猛然听到这句话，一定又会大吃一惊。但这之中确实没有什么可怀疑的地方，待我一一为你讲明。

心的本体是性，性的本原是天。能够尽心，也就是能够尽性了。《中庸》说“只有天下至诚才能尽性”，又说“知道天地的化育生长”，“被用鬼神之事来质问而没有疑虑”，就是知道天了，这唯有圣人才能做到。因此说，这生知安行，是圣人之事。只是说存养内心，而没有真正尽到内心的人，就一定要添加存养的功夫。一定要存养很长时间，直到不刻意去存养，而自然而然无时不在存养的时候，才可以说是真正尽心了。知天的知，正如知州、知县的知。知州，就是一州的事都是自己的事；知县，就是一县的事都是自己的事，就是与天合而为一。如果事天犹如儿子侍奉父亲、臣下侍奉君主，那么就没有与天合而为一。天所赋予我的，是本心和本性，我只应存留而不敢失去，只应修养而不敢伤害，就如同“父母全而生之，子全而归之”一样。因此说，这是学知利行，是贤人的事。至于夭寿不贰，与存养心性的人又有差别。存养心性的人，虽然不能尽心，固然已经一心为善，哪怕有时还没有存养，只要存养就是了。如今让人夭寿不贰，这还是用夭寿将本心一分为二了。仍旧用夭寿将心分而为二，这是因为他为善的内心还不能专一。存养内心还有所不能，怎么能谈到尽心呢？如今让人们不要用夭寿割裂那专一的善心，就像是说死生夭寿都有命定在，我只要一心为善修身，等待天命就可以了，这是由于平日里并不知道有天命的存在。事天虽然与天分而为二，然而自己确实知道天命的存在，只要恭敬奉承天命即可。像等待天命之类的说法，就是还没有真正知道天命的存在，而仍旧等待着。因此有所谓立命的说法。立是创立的立，就像立德、立言、立功、立名之类。凡是说到立的，都是以前从未有过，而现在刚刚开始创立的意思，也就是孔子所说“不知命，无以为君子”。所以说这是困知勉行，是学者的事情。现在把尽心、知性、知天当作格物、致知，就会使初学的人不能专一他们的内心，而立马命令他们去做圣人生知安行的事，就像捕风捉影一样，使初学者的心茫然不知所措，怎么能避免“率天下而路”的后果呢？当今世上致知格物的弊端，就此可以明显地看到了。你所谈到的专务外物、忽视内修、虽知识广博却难得要领的现象，不也是一种错误吗？这是求学最重要的地方，在这里出现差错，就会一错百错。这正是我之所以甘愿冒天下的非议和嘲笑，不顾自身陷于怪罪和指责，还要喋喋不休的原因。

一三五

来书云：“闻语学者，乃谓即物穷理之说[①]，亦是玩物丧志；又取其‘厌繁就约’、‘涵养本原’数说，标示学者，指为晚年定论[②]，此亦恐非。”

朱子所谓“格物”云者，在即物而穷其理也。即物穷理，是就事事物物上求其所谓定理者也。是以吾心而求理于事事物物之中，析“心”与“理”而为二矣。夫求理于事事物物者，如求孝之理于其亲之谓也。求孝之理于其亲，则孝之理其果在于吾之心邪？抑果在于亲之身邪？假而果在于亲之身，则亲没之后，吾心遂无孝之理欤？见孺子之入井，必有恻隐之理，是恻隐之理果在于孺子之身欤？抑在于吾心之良知欤？其或不可以从之于井欤？其或可以手而援之欤？是皆所谓理也，是果在于孺子之身欤？抑果出于吾心之良知欤？以是例之，万事万物之理，莫不皆然。是可以知析心与理为二之非矣。夫析心与理而为二，此告子"义外"之说，孟子之所深辟也。务外遗内，博而寡要，吾子既已知之矣。是果何谓而然哉？谓之玩物丧志，尚犹以为不可欤？若鄙人所谓致知格物者，致吾心之良知于事事物物也。吾心之良知，即所谓天理也。致吾心良知之天理于事事物物，则事事物物皆得其理矣。致吾心之良知者，致知也。事事物物皆得其理者，格物也。是合心与理而为一者也。合心与理而为一，则凡区区前之所云，与朱子晚年之论，皆可以不言而喻矣！

【注释】

① 即物穷理：语自朱熹《大学章句》："所谓致知在格物者，言欲致吾之知，在即物而穷其理也。"即物，接触与研究事物；穷理，穷究事物的道理。

② 晚年定论：王阳明作《朱子晚年定论》，收录朱熹一些包含"厌繁就约"、"涵养本原"之类论点的书信，认为朱熹晚年已对他自己中年未定之说有所悔改而近于陆九渊观点。

【译文】

你来信说："听说您对学者讲过，朱子'即物穷理'的说法，也是玩物丧志。您又取朱子‘厌繁就约’、‘涵养本原’几种学说来给学者看，并认为是他晚年的定论。这恐怕并不正确。”

朱子所谓“格物”的说法，就是在事物中穷究天理。他的即物穷理，是在事事物物上探究所谓的定理，这是用人们的心到事事物物中去求理，未免将心与理一分为二了。所谓到事事物物中求理，就如同到父母亲人身上去求孝的道理一样。到父母亲人身上去求孝的道理，那么这个孝的道理本身，究竟是在我的心中，还是在父母亲人的身上呢？假如是在父母亲人的身上，那么他们去世之后，我心中就难道没有孝的道理存在了吗，看到孩童落井，一定会有恻隐的理，这种恻隐之理究竟是在孩童身上，还是在我心中的良知上呢？或许不可以跟着他跳入井中，或许可以伸手援救他，这些都是所谓恻隐的理。这恻隐的理究竟是在孩童身上，还是在我心中的良知上呢？用这来举例，万事万物的理没有不如此的。这就可以明白将心与理一分为二的错误所在了。将心与理一分为二，是告子义外的主张，孟子深切地反对过。专务外物，忽视内修，虽知识广博，却难得要领，你既然已经明白了，又为什么这样说？称之为玩物丧志，还认为有什么不正确的地方？我所说的致知格物，是将我心中的良知在事事物物之中实现。我心中的良知，也就是所说的“天理”。将我心中良知的天理实现在事事物物当中，那么事事物物都可以得到理了。实现我心中的良知，就是致知。事事物物都得到理，就是格物。这是将心与理合而为一。将心与理合而为一，那么凡是我之前讲的内容，还有朱子晚年的学说，都可以不言而喻了。

一三六

来书云："人之心体本无不明，而气拘物蔽，鲜有不昏，非学问思辨以明天下之理，则善恶之机，真妄之辨，不能自觉；任情恣意，其害有不可胜言者矣。"

此段大略似是而非，盖承沿旧说之弊，不可以不辨也。夫学、问、思、辨、行，皆所以为学，未有学而不行者也。如言学孝，则必服劳奉养，躬行孝道，则后谓之学，岂徒悬空口耳讲说，而遂可以谓之学孝乎？学射则必张弓挟矢，引满中的；学书则必伸纸执笔，操觚染翰[①]。尽天下之学，无有不行而可以言学者，则学之始固已即是行矣。笃者，敦实笃厚之意，已行矣，而敦笃其行，不息其功之谓尔。盖学之不能以无疑，则有问，问即学也，即行也；又不能无疑，则有思，思即学也，即行也；又不能无疑，则有辨，辨即学也，即行也。辨既明矣，思既慎矣，问既审矣，学既能矣，又从而不息其功焉，斯之谓笃行。非谓学、问、思、辨之后而始措之于行也。是故以求能其事而言谓之学，以求解其惑而言谓之问，以求通其说而言谓之思，以求精其察而言谓之辨，以求履其实而言谓之行。盖析其功而言则有五，合其事而言则一而已。此区区心理合一之体，知行并进之功，所以异于后世之说者，正在于是。

今吾子特举学、问、思、辨以穷天下之理，而不及笃行，是专以学、问、思、辨为知，而谓穷理为无行也已。天下岂有不行而学者邪？岂有不行而遂可谓之穷理者邪？明道云："只穷理，便尽性至命。"[②] 故必仁极仁，而后谓之能穷仁之理；义极义，而后谓之能穷义之理。仁极仁则尽仁之性矣，义极义则尽义之性矣。学至于穷理，至矣，而尚未措之于行，天下宁有是邪？是故知不行之不可以为学，则知不行之不可以为穷理矣；知不行之不可以为穷理，则知知行之合一并进，而不可以分为两节事矣。

夫万事万物之理不外于吾心，而必曰穷天下之理，是殆以吾心之良知为未足，而必外求于天下之广，以裨补增益之，是犹析心与理而为二也。夫学、问、思、辨、笃行之功，虽其困勉，至于人一己百[③]，而扩充之极，至于尽性知天，亦不过致吾心之良知而已。良知之外，岂复有加于毫末乎？今必曰穷天下之理，而不知反求诸其心，则凡所谓善恶之机、真妄之辨者，舍吾心之良知，亦将何所致其体察乎？吾子所谓"气拘物蔽"者，拘此蔽此而已。今欲去此之蔽，不知致力于此，而欲以外求，是犹目之不明者，不务服药调理以治其目，而徒伥伥然求明于其外，明岂可以自外而得哉！任情恣意之害，亦以不能精察天理于此心之良知而已。此诚毫厘千里之谬者，不容于不辨，吾子毋谓其论之太刻也。

【注释】

① 操觚染翰：意为提笔作文。觚，古人书写时用的竹简。翰，笔。

② 只穷理，便尽性至命：语自《二程遗书》，程颢说："穷理、尽性、至命，三事一时并了，元无次序，不可将穷理作知之事。若实穷得理，即

性命亦可了。”

③ 人一己百：语自《中庸》：“人一能之己百之，人十能之己千之。果能此道矣，虽愚必明，虽柔必强。”

【译文】

你来信说：“人的心体原本没有不明的，但由于被气息外物束缚掩蔽，很少有不昏昏晦暗的。如果不通过学、问、思、辨来明识天下之理，那么善恶的区别，真假的本来面目，就无法明察；如果放纵随意地去行事，带来的危害是无法用语言来描述的。”

以上这段话大体上似是而非，是沿袭了朱熹学说的弊端，不能不加以讨论。学习、询问、思考、辨析、践行，都是学习的步骤，没有学习了而不去践行的。比如说到学习孝道，就一定要服侍奉养，亲自躬行孝道，然后才称得上是学。哪有只凭空听听说说，就可以称之为学孝的呢？学习射箭，就一定要张弓搭箭，满弦中靶。学习写字，就一定要铺纸握笔，排简挥毫。天下所有的学习，没有不去践行就可以说是学了的。因此学习一旦开始，就已经是在践行了。笃，就是敦实笃厚的意思。已经践行，就是要敦厚笃实地践行，持之以恒地下功夫。学习不可能不产生疑问，于是就有了问题。问也就是学，就是践行。问题中不可能不产生疑难，于是就有了思考。思考也就是学习，就是践行。思考中不可能不产生疑问，因此就有分析。分析也就是学习，也就是践行。能够分析，能够思考，能够审问，就能够做到学，就仍然是在持之以恒地下功夫，这就叫做笃行。并不是说只有在学、问、思、辨之后，才开始践行。因此，就能够成就事情而言称之为学，就能够解答疑惑而言称之为问，就能够通圆其说而言称之为思，就能够精微考察而言称之为辨，就能够踏实做事而言称之为行。分开来看这些功夫有五个方面，合起来看就只有一件事。这就是我所说的心理合一的本体、知行并进的方法，之所以不同于朱熹先生的说法，原因就在这里。

现在你只讲以学、问、思、辨来穷尽天下之理，而没有说笃行。你只把学、问、思、辨当作知，而去穷理，没有了行。天下怎么可能有不践行而学习的呢？怎么可能有不践行就可以称之为穷理的呢？程子说，只要穷尽事物的理，就可以使本性充分发挥，达到知天命。因此一定要在实践中使仁爱达到极致，才能称之为穷尽了仁的道理。在实践中做到义的最高境界，才能称之为穷尽了义的道理。只有仁爱达到极致，才是穷尽了仁的本性。只有义到了最高境界，才是穷尽了义的本性。没有实践，就自称通过学，已经到了穷尽天理的地步，天下哪有这样的事？因此，知道了不去践行，不能称为学，知道了不去践行，当然就不能穷尽天理了。懂得了不通过践行就不能穷尽天理的道理，也就知道了知与行的合一并进，是不能分成两件事来做的了。

既然万事万物的道理不存在于我们的心之外，而又一定要说穷尽天下的事理，这大概是因为觉得我们心中的良知还有不足，一定要向外寻求广大天地间的事物来加以弥补。这就仍然是把心和理分成两件事了。做学、问、思、辨、笃行的功夫，虽然有的人资质困勉，但只要付出他人百倍的努力，功夫扩充到极致，就算是充分发挥本性而达到知天命的地步，也不过是实现了我们心中的良知而已。除了良知，难道还要从外面再添加分毫吗？如今一定要说穷尽天下之理，却不知道反过来向内心寻求，那么所谓的善恶的根源、真假的区别，舍弃了我心中的良知，又将怎样体会省察呢？你所说的被气息外物束缚掩蔽，正是被这些束缚掩蔽住了。如今想要去除这些掩蔽，不知道在这里用功，却想要向外寻求，这就像是眼睛看不清楚，不去服药调理来治疗他的双眼，而徒然盲目地向身外寻求光明，光明怎么能从外界寻得呢？放纵随意行事的危害，不在心中的良知上去精微考察天理，其结果真是差之毫厘，失之千里啊，不能不加以分辨明察。你不要认为我的这些说法太过苛刻了。

一三七

来书云："教人以致知明德，而戒其即物穷理[①]，诚使昏暗之士深居端坐，不闻教告，遂能至于知致而德明乎？纵令静而有觉，稍悟本性，则亦定慧无用之见，果能知古今，达事变，而致用于天下国家之实否乎？其曰'知者意之体，物者意之用'，格物如'格君心之非'之'格'，语虽超悟独得，不踵陈见，抑恐于道未相吻合。"

区区论致知格物，正所以穷理，未尝戒人穷理，使之深居端坐而一无所事也。若谓即物穷理，如前所云"务外而遗内"者，则有所不可耳。昏暗之士，果能随事随物精察此心之天理，以致其本然之良知，则虽愚必明，虽柔必强，大本立而达道行[②]，九经之属可一以贯之而无遗矣[③]。尚何患其无致用之实乎？彼顽空虚静之徒，正惟不能随事随物精察此心之天理，以致其本然之良知，而遗弃伦理，寂灭虚无以为常[④]，是以要之不可以治家国天下。孰谓圣人穷理尽性之学而亦有是弊哉？

心者身之主也，而心之虚灵明觉，即所谓本然之良知也。其虚灵明觉之良知，应感而动者谓之意，有知而后有意，无知则无意矣。知非意之体乎？意之所用，必有其物，物即事也。如意用于事亲，即事亲为一物；意用于治民，即治民为一物；意用于读书，即读书为一物；意用于听讼，即听讼为一物：凡意之所用，无有无物者，有是意即有是物，无是意即无是物矣。物非意之用乎？

"格"字之义，有以"至"字训者，如"格于文祖"[⑤]、"有苗来格"[⑥]，是以"至"训者也。然格于文祖，必纯孝诚敬，幽明之间，无一不得其理，而后谓之格；有苗之顽，实以文德诞敷而后格，则亦兼有"正"字之义在其间，未可专以"至"字尽之也。如"格其非心"、"大臣格君心之非"之类，是则一皆正其不正以归于正之义，而不可以"至"字为训矣。且《大学》格物之训，又安知其不以"正"字为训，而必以"至"字为义乎？如以"至"字为义者，必曰穷至事物之理，而后其说始通。是其用功之要全在一"穷"字，用力之地全在一"理"字也。若上去一"穷"、下去一"理"字，而直曰"致知在至物"，其可通乎？夫穷理尽性，圣人之成训，见于《系辞》者也。苟格物之说而果即穷理之义，则圣人何不直曰"致知在穷理"，而必为此转折不完之语，以启后世之弊邪？

盖《大学》格物之说，自与《系辞》穷理大旨虽同[⑦]，而微有分辨。穷理者，兼格致诚正而为功也；故言穷理则格致诚正之功皆在其中，言格物则必兼举致知、诚意、正心，而后其功始备而密。今偏举格物而遂谓之穷理，此所以专以穷理属知，而谓格物未常有行，非惟不得格物之旨，并穷理之义而失之矣。此后世之学所以析知行为先后两截，日以支离决裂，而圣学益以残晦者，其端实始于此。吾子盖亦未免承沿积习，见则以为于道未相吻合，不为过矣。

【注释】

① 即物穷理：参见第一百三十五条注①。

② 大本达道：语自《中庸》首章："中也者，天下之大本也；和也者，天下之达道也。致中和，天地位焉，万物育焉。"意为中是天下的根本，和是普遍遵循的规律。达到中和的境界，天地就各居其位，万物就得以生长。

③ 九经：语自《中庸》："凡为天下国家有九经，曰：修身也，尊贤也，亲亲也，敬大臣也，体群臣也，子庶民也，来百工也，柔远人也，怀诸侯也。"国家有九经，指治理国家有九条原则：修养自身，尊重贤人，亲爱亲人，敬重大臣，体恤群臣，爱民如子，招纳工匠，优待远客，安抚诸侯。

④ 寂灭虚无：佛家云寂灭，道家言虚无。

⑤ 格于文祖：语自《尚书·舜典》："归，格于艺祖。"注曰："归，告至文祖之庙；艺，文也。"格，至、到；文祖，尧的庙。

⑥ 有苗来格：语自《尚书·大禹谟》："七旬，有苗格。"有苗来格，意思是有苗族人来到。

⑦《系辞》：《易经》的《传》，即孔子所系之《十翼》之属，其《说卦》

第一章云："穷理尽性以至于命。"

【译文】

你来信说："您教导人们要致知明德，却劝诫他们不要从事物上穷究天理，假如让糊涂的人深居空坐，不听圣贤的教导，就能达到实现良知和明白德行的境界吗？那怕是让他们在静中有所知觉，稍微体悟到人的本性，那也只是一些禅定智慧之类无用的见解，难道真能通晓古今，彻达事变，在天下国家的实际中派上用场吗？您说过'知是意的本体，物是意的作用'，格物的'格'，就是'格君心之非'的'格'"，这话虽然显出高超的悟性，是独到的见解而不落俗套，但也恐怕与圣道并不吻合吧？"

我所说的致知格物，就是所谓穷尽事物的道理，而不是禁止人们去穷尽事物之理，让人们深居空坐而无所事事。假如穷究事物之理，就像之前所说那样，只注重外在的学习而忽视内心的存养，那就不对了。糊涂的人如果真能在万事万物上精心体察本心的天理，发现其本来的良知，那么，即使愚蠢也会变得聪明起来，即使柔弱也能变得强大起来，就能够立大本，行达道，九经之类就可以一应贯穿而没有遗漏，你还会担心他没有治理国家的实际才能吗？那些顽固地坚持虚灵静空的佛家子弟，正是由于不能在万事万物上精心体察本心的良知，所以才会抛弃伦理，把寂灭虚无当做正常现象，自然他们就不能够齐家、治国、平天下。谁说圣人穷尽天理、充分发挥人性的学说，也有这样的弊病呢？

心是身体的主宰，而心的虚灵明觉，正是人本心固有的良知。虚明灵觉的良知，因为感应而发动就是意念。有良知而后有意念，没有良知就没有意念，这良知不就是意念的根据吗？意念的运用必然作用于某一事物，一个事物就是一桩事情。比如当意念作用于侍奉双亲，那么侍奉双亲就是一桩事情；意念作用于治理百姓，那么治理百姓就是一桩事情；意念作用于读书，读书就是一桩事情；意念作用于听讼，听讼就是一桩事情。凡是意念作用到的地方，就有了某一具体事物的存在。有什么样的意念就有什么样的事物，没有什么样的意念就没有什么样的事物。事物难道不就是意念的作用吗？

关于"格"字的意思，有用"至"来解释的，如"格于文祖"、"有苗来格"，其中的格都是至的意思。然而"格于文祖"必然是至纯的孝、至诚的敬，即使是阴阳两界的道理也无不通晓，然后才能称之为"格"。苗族人愚昧顽固，只有实施以礼乐教化后才能格，所以"格"字又有正的意思，不能单单用"至"来解释。如"格其非心"、大臣"格君心之非"等，其中的"格"，都是纠正错误使之归于正确的意思，岂能用一个"至"来解释？况且《大学》中对于格物的解释，又怎么能知道它不能用"正"字而必须用"至"字来解释呢？如果用"至"字来解释，必须说穷尽事物的道理，这样才说得通，这样一来，用功的要领就全在一个"穷"字上，用力的对象就全在一个"理"字上。如果前面去掉一个"穷"字，后面去掉一个"理"字，直接说"致知在至物"，能说得通吗？穷理尽性是圣人既定的教诲，在《易经·系辞》中有所记载。假如格物的学说真的是穷理的意思，那么圣人为何不直接说"致知在穷理"，而一定要说这种语意转折而且不完整的话，用以导致后世的弊病呢？

《大学》中的格物之说与《易经·系辞》中的穷理的意思大致相同，只是稍微有点区别。穷理中包含有格物、致知、诚意、正心等功夫。所以谈到穷理，格物、致知、诚意、正心等功夫就都在其中了；谈到格物，就必然兼有致知、诚意、正心，然后格物的功夫才能严密。现在只提到格物就说穷理，这是只把穷理视为知，而认为格物中不包括践行，这非但没有抓住格物的本质，而且连穷理的本义也一并丢失了。这就是后世学者为什么把知和行分成两部分，使自己的学问一天天走向支离破碎，而圣学也一天天残缺晦涩，其原因就产生于这里啊！你承袭了过时的观点，反而以为我的学说与圣人之道不相吻合，这样说不算过分吧！

一三八

来书云："谓致知之功将如何为温凊？如何为奉养即是诚意，非别有所谓格物，此亦恐非。"

此乃吾子自以己意揣度鄙见而为是说，非鄙人之所以告吾子者矣。若果如吾子之言，宁复有可通乎？盖鄙人之见，则谓意欲温凊、意欲奉养者，所谓意也，而未可谓之诚意。必实行其温凊奉养之意，务求自慊而无自欺，然后谓之诚意。知如何而为温凊之节，知如何而为奉养之宜者，所谓知也，而未可谓之致知。必致其知如何为温凊之节者之知，而实以之温凊，致其知如何为奉养之宜者之知，而实以之奉养，然后谓之致知。温凊之事，奉养之事，所谓物也，而未可谓之格物。必其于温凊之事也，一如其良知之所知，当如何为温凊之节者而为之，无一毫之不尽；于奉养之事也，一如其良知之所知，当如何为奉养之宜者而为之，无一毫之不尽，然后谓之格物。

温凊之物格，然后知温凊之良知始致；奉养之物格，然后知奉养之良知始致，故曰"物格而后知至"①。致其知温凊之良知，而后温凊之意始诚；致其知奉养之良知，而后奉养之意始诚；故曰"知至而后意诚"②。此区区诚意、致知、格物之说盖如此。吾子更熟思之，将亦无可疑者矣。

【注释】

① 物格而后知至：意为通过对万事万物道理的认识、研究后，才能获得知识。语自《大学》："物格而后知至，知至而后意诚，意诚而后心正，心正而后身修，身修而后家齐，家齐而后国治，国治而后天下平。"

② 知至而后意诚：见上注。意为获得对道理的认知后，意念才能真诚。

【译文】

你来信说："所谓致知的功夫，就是怎样让父母冬暖夏凉？怎样奉养父母，这就是诚意，并非另外有所谓格物，这恐怕不对吧。"

这是你用自己的思想来猜测我的观点，并不是我这样对你讲过。如果像你说的那样，怎么能讲得通？我的看法是，想要让父母冬暖夏凉、想要奉养父母，这只是意念，还不能称之为诚意；一定要切实践行了温凊奉养，并且务求使自己对此感到愉快而不是违心，这才能叫诚意。知道怎样使父母冬暖夏凉、怎样奉养父母最适宜，这只能称为知，还不能称为致知。一定要既知道了，又做到了，才能称为致知。温凊和奉养的事，是所谓的物，而不能称为格物；在使父母冬暖夏凉和奉养适宜这件事上，必须要按照自己心中的良知所认为的那样去实践，没有一点保留，然后才能称为格物。父母冬暖夏凉的物格了，然后想让父母冬暖夏凉的良知才算“致”了；奉养父母的物格了，然后想奉养父母的良知才算“致”了。

所以《大学》里说“物格而后知至”，致了想让父母冬暖夏凉的良知，然后这样的意念才是诚挚的；致了想奉养父母且得适宜的良知，然后这样的意念才是真诚的，所以《大学》又说“知至而后意诚”。我关于“诚意、致知、格物”的学说大体如此，你再好好想想，也就没有什么可疑惑的了。

一三九

来书云：“道之大端易于明白，所谓良知良能，愚夫愚妇可与及者[①]。至于节目时变之详，毫厘千里之缪，必待学而后知。今语孝于温凊定省，孰不知之？至于舜之不告而娶[②]，武之不葬而兴师[③]，养志养口[④]，小杖大杖[⑤]，割股庐墓等事[⑥]，处常处变，过与不及之间，必须讨论是非，以为制事之本，然后心体无蔽，临事无失。”

“道之大端易于明白”，此语诚然。顾后之学者，忽其易于明白者而弗由，而求其难于明白者以为学，此其所以“道在迩而求诸远，事在易而求诸难”也[⑦]。孟子云：“夫道若大路然，岂难知哉？人病不由耳！”[⑧]良知良能，愚夫愚妇与圣人同。但惟圣人能致其良知，而愚夫愚妇不能致，此圣愚之所由分也。节目时变，圣人夫岂不知？但不专以此为学。而其所谓学者，正惟致其良知，以精察此心之天理，而与后世之学不同耳。吾子未暇良知之致，而汲汲焉顾是之忧，此正求其难于明白者以为学之弊也。夫良知之于节目时变，犹规矩尺度之于方圆长短也。节目时变之不可预定，犹方圆长短之不可胜穷也。故规矩诚立，则不可欺以方圆，而天下之方圆不可胜用矣；尺度诚陈，则不可欺以长短，而天下之长短不可胜用矣；良知诚致，则不可欺以节目时变，而天下之节目时变不可胜应矣。毫厘千里之谬，不于吾心良知一念之微而察之，亦将何所用其学乎？是不以规矩而欲定天下之方圆，不以尺度而欲尽天下之长短，吾见其乖张谬戾，日劳而无成也已。

吾子谓："语孝于温凊定省，孰不知之？"然而能致其知者鲜矣。若谓粗知温凊定省之仪节，而遂谓之能致其知，则凡知君之当仁者皆可谓之能致其仁之知，知臣之当忠者皆可谓之能致其忠之知，则天下孰非致知者邪？以是而言，可以知致知之必在于行，而不行之不可以为致知也明矣。知行合一之体，不益较然矣乎？夫舜之不告而娶，岂舜之前已有不告而娶者为之准则，故舜得以考之何典，问诸何人，而为此邪？抑亦求诸其心一念之良知，权轻重之宜，不得已而为此邪？武之不葬而兴师，岂武之前已有不葬而兴师者为之准则，故武得以考之何典，问诸何人，而为此邪？

抑亦求诸其心，念之良知，权轻重之宜，不得已而为此邪？使舜之心而非诚于为无后[⑨]，武之心而非诚于为救民，则其不告而娶与不葬而兴师，乃不孝不忠之大者。而后之人不务致其良知，以精察义理于此心感应酬酢之间，顾欲悬空讨论此等变常之事，执之以为制事之本，以求临事之无失，其亦远矣！其余数端，皆可类推，则古人致知之学，从可知矣。

【注释】

①愚夫愚妇可与及者：语自《中庸》第十二章："君子之道费而隐。夫妇之愚，可以与知焉；及其至也，虽圣人亦有所不知焉。"意为君子之道既用途广大又形态精微，一般人可以认识，但最精微的境界，圣人也难以把握。

②舜之不告而娶：语自《孟子·万章上》第二章："舜之不告而娶，何也？孟子曰：'告则不得娶。男女居室，人之大伦也。如告，则废人之大伦，以怼父母，是以不告也。'"怼，怨恨。舜在没有告诉父亲瞽叟的情况下娶了尧的两个女儿为妻。不过在孟子看来，"不孝有三，无后为大"，舜的"不告而娶"是为了避免父母（舜母乃后母）知道后因生怨恨而加阻拦，以便能够有后代子孙，这是权变之下孝的体现。

③武之不葬而兴师：事载《史记》卷六十一《伯夷列传第一》："伯夷、叔齐，孤竹君之二子也。父欲立叔齐。及父卒，叔齐让伯夷。伯夷曰：'父命也。'遂逃去。叔齐亦不肯立而逃之。国人立其中子。于是伯夷、叔齐闻西伯昌善养老，盍往归焉。及至，西伯卒，武王载木主，号为文王，东伐纣。伯夷、叔齐叩马而谏曰：'父死不葬，爰及干戈，可谓孝乎？以臣弑君，可谓仁乎？'左右欲兵之。太公曰：'此义人也。'扶而去之。

武王已平殷乱，天下宗周，而伯夷、叔齐耻之，义不食周粟，隐于首阳山，采薇而食之。及饿且死，作歌。其辞曰：'登彼西山兮，采其薇矣。以暴易暴兮，不知其非矣。神农、虞、夏忽焉没兮，我安适归矣？于嗟徂兮，命之衰矣！'遂饿死于首阳山。"武王未先葬父而载文王木主伐纣，在孟子看来，也是一种权变之下孝的体现。

④ 养志养口：语自《孟子·离娄上》第十九章："孟子曰：'事，孰为大？事亲为大；守，孰为大？守身为大。不失其身而能事其亲者，吾闻之矣；失其身而能事其亲者，吾未之闻也。孰不为事？事亲，事之本也；孰不为守？守身，守之本也。曾子养曾皙，必有酒肉；将彻，必请所与，问有余，必曰：'有。'曾皙死，曾元养曾子，必有酒肉；将彻，不请所与，问有余，曰：'亡矣。'将以复进也。此所谓养口体者也。若曾子，则可谓养志也。事亲若曾子者，可也。'"孟子说："侍奉谁最重要？侍奉父母最重要。守护什么最重要，守护自己（不使陷于不义）最重要。自己的品质节操无所失，又能侍奉父母的，我听说过；自己的品质节操已经陷于不义了，却能够侍奉父母的，我没有听说过。侍奉的事都应该做，但是，侍奉父母是根本；守护的事都应该做，但是，守护自己的品质节操是根本。从前曾子侍奉他的父亲曾皙，每餐一定都有酒有肉，撤除的时候，一定要问，剩下的给谁；曾皙若问还有剩余吗，一定答道：'有。'曾皙死了，曾元侍奉曾子，也一定有酒有肉；撤除的时候，便不问剩下的给谁了；曾子若问还有剩余吗，便说：'没有了。'意思是留下预备以后进用。这种叫做口体之养（养口）。至于曾子对父亲，才可以叫做顺从亲意之养（养志）。侍奉父母做到像曾子那样就可以了。"（杨伯峻《孟子译注》，页164—165，中华书局2005年版）

⑤ 小杖大杖：语自《孔子家语·六本》："曾子耘瓜，误斩其根。曾

皙怒，建大杖以击其背。曾子仆地而不知人久之。有顷，乃苏，欣然而起，进于曾皙曰：‘向也参得罪于大人，大人用力教参，得无疾乎？’退而就房，援琴而歌，欲令曾皙而闻之，知其体康也。孔子闻之而怒，告门弟子曰：‘参来勿内。’曾参自以为无罪，使人请于孔子。子曰：‘汝不闻乎？昔瞽瞍有子曰舜，舜之事瞽瞍，欲使之，未尝不在于侧；索而杀之，未尝可得。小棰则待过，大杖则逃走。故瞽瞍不犯不父之罪，而舜不失烝烝之孝。今参事父，委身以待暴怒，殪而不避，既身死而陷父于不义，其不孝孰大焉？汝非天子之民也，杀天子之民，其罪奚若？’曾参闻之曰：‘参罪大矣。’遂造孔子而谢过。”

⑥ 割股：春秋时期，晋文公重耳流亡时，介子推曾割大腿上的肉给文公吃。以后以割股治疗父母之病为至孝。此风至宋代而益盛。清代学者李绂著《割股考》，以记其事。庐墓：语自《孟子·滕文公上》第四章：“孔子后，三年之外，门人治任将归，入揖于子贡。皆失声，然后归。子贡反，筑室于场，独居三年，然后归。”此后形成例制，父母亡故后，孝子在墓前搭建草棚，一般要住三年，以表达对父母的哀思怀念之情。

⑦ 道在迩而求诸远，事在易而求诸难：语自《孟子·离娄上》第十一章：“孟子曰：‘道在迩而求诸远，事在易而求诸难。人人亲其亲、长其长，而天下平。’”迩，近也。在孟子看来，道在近处却往远处求，事情本容易却往难处做。只要各人亲爱自己的双亲，尊敬自己的长辈，天下就太平了。

⑧ 夫道若大路然，岂难如哉？人病不由耳：语自《孟子·告子下》第二章：“夫道，若大路然，岂难知哉？人病不求耳。子归而求之，有余师。”“由”，《孟子》原文作“求”。孟子说：“道就像大路一样坦然，难道会难以了解吗？只怕人不去寻求罢了。你回去自己寻求吧，老师多得

很呢。”

⑨ 无后：语自《孟子·离娄上》第二十六章：“不孝有三，无后为大。舜不告而娶，为无后也，君子以为犹告也。”在孟子看来，不孝顺父母的事有三种，其中以没有子孙为最大的不孝。舜不先禀告父母就娶妻，为的是怕没有子孙（因为先禀告，妻就会娶不成），因此君子认为他虽没有禀告，实际上同禀告了一样。“不孝有三”，赵岐注云：“于礼有不孝者三事，谓阿意曲从，陷亲不义，一不孝也；家贫亲老，不为禄仕，二不孝也；不娶无子，绝先祖祀，三不孝也。”

【译文】

你来信说：“圣道大的方面容易明白，就像您所说的‘良知良能’，即使愚夫愚妇也能明白。至于具体内容随时代而变化的详情，就有毫厘千里的差别，必须学习后才能明白。现在就季节温清、早晚定省上谈论孝道，谁不明白？至于舜不向父母请示就娶亲，武王未安葬文王就兴兵，曾子赡养父亲是遵从父亲的意愿，而曾元赡养父亲就只是为了让他活命，父亲用小杖打就应该承受，用大杖打就应该逃走，割股疗亲，结庐守孝等事，在正常与非常时、过度与不足之间，一定要讨论出是非，作为处理事情的准则，然后人心的本体才能不被蒙蔽，遇事才能没有过失。”

圣道大的方面容易明白，这句话是对的。看后来的学者，忽略容易明白的大道理不遵循，却把那些难以明白的东西作为学问，这是孟子所说的“道在迩而求诸远，事在易而求诸难”。孟子说：“圣道就像大路，难道很难认知吗？人们的问题在于不去探求而已。”在良知良能上，愚夫愚妇和圣人是相同的。

但是只有圣人能致良知，愚夫愚妇却不能，这是他们差别所在之处。具体内容随时代而变化，圣人怎么会不知道？只是不会专门把它当做学问罢了。圣人所谓的学问，只是致良知来精确体察心中的天理，这与后世所说的学问不同。你不花时间去致良知，却念念不忘为一些细节问题发愁，这正是把那些难以明白的东西当成学问的弊端。良知对于随时而变的具体内容，就像规矩尺度对于方圆长短一样。随时而变的细节不能事先确定，就像方圆长短的无穷无尽一样。所以规矩一旦确定，是方是圆就十分明白，对天下方圆的测量也就不在话下；尺度一旦制定，是长是短就十分明白，衡量天下长短也就不在话下。良知一旦实现了，那么细节的随时变化就显露无遗，天下不断变化的具体情况就都能够应付。毫厘千里的差异，不在我们心中良知的细微处进行认真体察，所学的东西又有什么用呢？不依规矩而要确定天下的方圆，不用尺度而要确定天下的长短，在我看来纯属是一种荒谬的做法，只会导致终日辛劳而无所收获。

你说"就季节温清、早晚定省上谈论孝道，谁不明白"，但是能真正实现孝道的人却很少。如果说粗略明白温清定省的礼数就算是能够实现孝的良知，那么，凡是知道君王应当仁爱的人，都可以说他能实现仁的良知，凡是知道臣子应当忠心的人，都可以说他能实现忠的良知，这样，天下还有谁不能实现良知呢？因此可以说，"致知"一定要付诸实践，不实践就不能算"致知"，就很清楚了。知行合一的本质，不也就更明白了吗？至于舜不请示父母而娶妻，难道是以前已经有这样的规则，所以舜能够考证什么经典,询问什么人,才这样做？还是他根据心中的一点良知,权衡轻重利弊,迫不得已才这样做？武王不安葬文王就兴兵讨伐,难道是以前已经有这样的规则,所以武王能够考证什么经典,询问什么人,才这样做？还是他根据心中的一点良知,权衡轻重利弊,迫不得已才这样做？假如舜的心中不是真的担心没有后代,武王心中不是真的要救民于水火之中,那么,不请示父母而娶妻和不安葬先王而兴兵讨伐,就是最大的不孝和不忠。后世的人不努力实现他们的良知,不在处理事物时精确体察天理,只想凭空研究这些非常的事情,把它作为待人处事的原则,以求得做事时没有过失,这就离正确太远了。其他几例,都可以根据上面的例子来类推,那么古人致良知的学说,就可以知道了。

一四〇

来书云:"谓《大学》格物之说专求本心,犹可牵合,至于《六经》、《四书》所载'多闻多见'[①]、'前言往行'[②]、'好古敏求'[③]、'博学审问'、'温故知新'[④]、'博学详说'[⑤]、'好问好察'[⑥],是皆明白求于事为之际、资于论说之间者,用功节目固不容紊矣。"

格物之义,前已详悉;牵合之疑,想已不俟复解矣。至于多闻多见,乃孔子因子张之务外好高[⑦],徒欲以多闻多见为学,而不能求诸其心,以阙疑殆,此其言行所以不免于尤悔,而所谓见闻者,适以资其务外好高而已。盖所以救子张多闻多见之病,而非以是教之为学也。夫子尝曰"盖有不知而作之者,我无是也"[⑧],是犹孟子"是非之心,人皆有之”之义也[9]。此言正所以明德性之良知非由于闻见耳。若曰“多闻，择其善者而从之，多见而识之”，则是专求诸见闻之末，而已落在第二义矣，故曰“知之次也”。夫以见闻之知为次，则所谓知之上者果安所指乎？是可以窥圣门致知用力之地矣。夫子谓子贡曰：“赐也，汝以予为多学而识之者欤？非也，予一以贯之。”[10]使诚在于多学而识，则夫子胡乃谬为是说以欺子贡者邪？“一以贯之”，非致其良知而何？《易》曰：“君子多识前言往行，以畜其德。”[11]夫以畜其德为心，则凡多识前言往行者，孰非畜德之事？此正知行合一之功矣。

“好古敏求”者，好古人之学而敏求此心之理耳。心即理也。学者，学此心也；求者，求此心也。孟子云：“学问之道无他，求其放心而已矣。”[12]非若后世广记博诵古人之言词，以为好古，而汲汲然惟以求功名利达之具于其外者也。“博学审问”，前言已尽。“温故知新”，朱子亦以温故属之尊德性矣[13]。德性岂可以外求哉？惟夫知新必由于温故，而温故乃所以知新，则亦可以验知行之非两节矣。“博学而详说之”者，将以反说约也[14]，若无反约之云，则博学详说者果何事邪？舜之“好问好察”，惟以用中而致其精一于道心耳。道心者，良知之谓也。君子之学，何尝离去事为而废论说？但其从事于事为论说者，要皆知行合一之功，正所以致其本心之良知；而非若世之徒事口耳谈说以为知者，分知行为两事，而果有节目先后之可言也。

【注释】

① 多闻多见：语自《论语·为政》第十八章："多闻阙疑，多见阙殆。"意思是通过多闻多见，解除疑惑，增长知识。

② 前言往行：语自《周易》大畜卦辞："君子以多识前言往行，以畜其德。"意思是君子应多多了解古代先贤的言行，以积蓄自己的德性。

③ 好古敏求：语自《论语·述而》第十九章："好古，敏以求之者也。"意思是爱好古代文化，勤奋求知。

④ 温故知新：语自《论语·为政》第十一章："温故而知新，可以为师矣。"孔子说，在温习旧知识时，能有新体会、新发现，就可以做老师了。

⑤ 博学详说：语自《孟子·离娄下》第十五章："博学而详说之，将以反说约也。"意思是通过广泛的学习和详细的解说，等到融会贯通后，再回过头来扼要地领会其精髓大义。

⑥ 好问好察：语自《中庸》："舜好问，而好察迩言。"意思是不仅善于请教别人，而且善于观察百姓日常用语，以了解民情民意。

⑦ 子张：姓颛孙，名师，字子张，鲁国人，孔子的学生。

⑧ 盖有不知而作之者，我无是也：语自《论语·述而》第二十八章：子曰："盖有不知而作之者，我无是也。多闻，择其善者而从之，多见而识之，知之次也。"盖有不知而作之者，指的是那种明明不懂却凭空造作的人，孔子说他自己没有这种毛病。

⑨ 是非之心，人皆有之：语自《孟子·告子上》第六章，孟子曰："恻隐之心，人皆有之；羞恶之心，人皆有之；恭敬之心，人皆有之；是非之心，人皆有之。"

⑩ 一以贯之：语自《论语·卫灵公》第二章："子曰：'赐也，女以予

为多学而识之者与？’对曰：‘然。非与？’曰：‘非也，予一以贯之。’”此“一以贯之”与《里仁篇》的“夫子之道，忠恕而已矣”的“一贯”相同。子贡他们所重视的是孔子的博学多才，而孔子自己所重视的则是贯彻始终的忠恕之道。

⑪ 以畜其德：参见本条注②。

⑫ 求放心：语自《孟子·告子上》第十一章：“学问之道无他，求其放心而已矣。”孟子认为，学问之道没有别的，就是把那丧失了的善良之心找回来罢了。

⑬ 温故属之尊德性：语自《朱子语类》卷六十四：“温故只是存得这道理在，便是尊德性。”“不尊德性，则懈怠弛慢矣，学问何从而进？”温故本属道问学之事，但只要存得道理在，便是向内寻求，便是尊德性。这里，王阳明借助朱熹本人的话，强调德性不能向外求索，既然温故属之尊德性，当然就是尊德性主导着道问学。

⑭ 反说约：见本条注⑤。

【译文】

你来信说：“您认为《大学》中‘格物’的意思是专门探求本心，还能勉强理解，至于《六经》、《四书》中记载的‘多闻多见’、‘前言往行’、‘好古敏求’、‘博学审问’、‘温故知新’、‘博学详说’、‘好问好察’，这些都很明显是在做事和辩论的过程中探求的，下功夫的名目次序是不能乱的。”

“格物”的含义，前面已经详细解释，关于你觉得牵强的疑问，想来已经不需要我再作解释。至于说到“多闻多见”，是孔子因为子张好高骛远才说的。子张仅仅以多闻多见作为学问，而不能从本心上认真存养，因为一点缺失就产生危险，因此他的语言行为难免有过失和悔恨。他所谓的见闻正好助长了他好高骛远向外探求的毛病。所以，孔子的话是为了纠正子张的毛病，而不是教导子张把多闻多见当作学问。孔子曾说："大概有一种人，什么都不知道，却喜欢凭空乱说，我不是这种人。"就像孟子所说的"是非之心，人皆有之"的意思一样。这说明人的德性良知不是从见闻中来的。至于孔子说"多闻，择其善者而从之，多见而识之"，则是专门探求见闻的细节，这已经是次要的事了，所以孔子说"知之次也"。以见闻方面的知识为次要学问，那么首要的学问指的是什么呢？从这里可以看出圣学致知用功的地方。孔子对子贡说："端木赐啊，你认为我是博学多识的人吗？不是的，我的学问是由一个忠恕之道贯穿着的。"如果良知真的在于多闻多见，那么孔子为什么要说这种"谬论"来欺骗子贡呢？一以贯之，不是致良知又是什么？《周易》说："君子多识前言往行，以畜其德。"如果目的在于积累存养德性，那么更多地了解圣人的言行，难道不是积累存养德性的事吗？这正是知行合一的功夫。

所谓"好古敏求"，就是喜爱古人的学问，勤奋地探求心中的天理，心就是天理，学就是学习这个本心，求就是探求这个本心。孟子说："学问之道无他，求其放心而已矣。"不像后世人们那样，广泛背诵古人的词句，认为这就是好古，却又念念不忘追求名利等外在的东西。"博学审问"，前面已经说过。"温故知新"，朱子也认为"温故"属于尊德性的范畴。德性难道可以在心外探求吗？知新必须通过温故，温故才能知新，这也可以证明知行不是两件事。至于"博学而详说之"，是为了重新返回到简单的表达中来，如果不是为了“以反说约”，那么“博学强说”到底是为了什么呢？舜好问好察，就是中正平和，使得他的心精纯至极达到天理的境界。道心就是良知。君子的学问什么时候离开过实践，抛弃过辨析呢？但是实践和辨析都要遵循知行合一的功夫，这正是为了实现本心中的良知，而不是像后世学者那样只把夸夸其谈当作认识，把认识和实践分成两件事，从而产生用功的内容有先有后的说法。

一四一

来书云：“杨、墨之为仁义[①]，乡愿之乱忠信[②]，尧、舜、子之之禅让[③]，汤、武、楚项之放伐[④]，周公、莽、操之摄辅[⑤]，谩无印正，又焉适从？且于古今事变，礼乐名物，未尝考识，使国家欲兴明堂[⑥]，建辟雍[⑦]，制历律[⑧]，草封禅[⑨]，又将何所致其用乎？故《论语》曰‘生而知之’者，义理耳。若夫礼乐名物[⑩]，古今事变，亦必待学，而后有以验其行事之实。此则可谓定论矣。”

所喻杨、墨、乡愿、尧、舜、子之、汤、武、楚项、周公、莽、操之辨，与前舜、武之论，大略可以类推。古今事变之疑，前于良知之说，已有规矩尺度之喻，当亦无俟多赘矣。

至于明堂、辟雍诸事，似尚未容于无言者。然其说甚长，姑就吾子之言而取正焉，则吾子之惑将亦可以少释矣。

夫明堂、辟雍之制，始见于吕氏之《月令》、汉儒之训疏[⑪]，《六经》、《四书》之中未尝详及也。岂吕氏、汉儒之知，乃贤于三代之贤圣乎？齐宣之时[⑫]，明堂尚有未毁，则幽、厉之世[13]，周之明堂皆无恙也。尧、舜茅茨土阶，明堂之制未必备，而不害其为治；幽、厉之明堂，固犹文、武、成、康之旧[14]，而无救于其乱。何邪？岂能以不忍人之心而行不忍人之政[15]，则虽茅茨土阶，固亦明堂也，以幽、厉之心而行幽、厉之政，则虽明堂，亦暴政所自出之地邪？武帝肇讲于汉，而武后盛作于唐[16]，其治乱何如邪？

天子之学曰辟雍，诸侯之学曰泮宫[17]，皆象地形而为之名耳。然三代之学[18]，其要皆所以明人伦，非以辟不辟、泮不泮为重轻也。孔子云："人而不仁，如礼何！人而不仁，如乐何！"[19]制礼作乐，必具中和之德，声为律而身为度者[20]，然后可以语此。若夫器数之末，乐工之事，祝史之守，故曾子曰"君子所贵乎道者三"、"笾豆之事，则有司存"也[21]。尧命羲和，钦若昊天，历象日月星辰，其重在于敬授人时也。舜在璿玑玉衡[22]，其重在于以齐七政也[23]。是皆汲汲然以仁民之心而行其养民之政，治历明时之本，固在于此也。羲和历数之学，皋、契未必能之也[24]，禹、稷未必能之也；尧、舜之知而不遍物[25]，虽尧、舜亦未必能之也。然至于今，循羲和之法而世修之，虽曲知小慧之人，星术浅陋之士，亦能推步占候而无所忒，则是后世曲知小慧之人[26]，反贤于禹、稷、尧、舜者邪？

封禅之说，尤为不经，是乃后世佞人谀士，所以求媚于其上，倡为夸侈，以荡君心，而靡国费。盖欺天罔人，无耻之大者，君子之所不道，司马相如之所以见讥于天下后世也[27]。吾子乃以是为儒者所宜学，殆亦未之思邪？

夫圣人之所以为圣者，以其生而知之也。而释《论语》者曰："生而知之者，义理耳。若夫礼乐名物，古今事变，亦必待学而后有以验其行事之实。"夫礼乐名物之类，果有关于作圣之功也？而圣人亦必待学而后能知焉，则是圣人亦不可以谓之生知矣！谓圣人为生知者，专指义理而言，而不以礼乐名物之类，则是礼乐名物之类无关于作圣之功矣。圣人之所以谓之生知者，专指义理，而不以礼乐名物之类，则是学而知之者，亦惟当学知此义理而已，困而知之者，亦惟当困知此义理而已。今学者之学圣人，于圣人之所能知者，未能学而知之，而顾汲汲焉求知圣人之所不能知者以为学，无乃失其所以希圣之方欤？

凡此，皆就吾子之所惑者而稍为之分释，未及乎"拔本塞源"之论也[28]。

【注释】

①杨、墨之为仁义：杨，即杨朱，字子居，又称阳生，战国时期魏人，主张为我，近似于义。墨，即墨翟，战国时期鲁人，墨家的创始人，提倡兼爱、非攻，反对儒家"爱有差等"，近似于仁。

②乡愿之乱忠信：语自《论语·阳货》。乡愿，指不讲原则、八面玲珑的好好先生。

③尧、舜、子之之禅让：上古时部落首领的职位传贤不传子，尧禅让于舜，舜禅让于禹。子之为战国时燕王哙的相国，后哙让位给子之，事自《史记·燕召公世家》。

④汤、武、楚项之放伐：商汤放逐夏桀于南巢，周武王讨伐商纣于牧

野，项羽杀义帝而自立为西楚霸王。

⑤ 周公、莽、操之摄辅：周公在周成王年幼时摄政，待成王成年后还政于成王，为后世典范，事自《史记·周本纪》。王莽以外戚居大司马，杀汉平帝，立孺子婴，自摄其政，后篡位，改国号新，事自《汉书·王莽传》。曹操讨伐董卓，迎立汉献帝，自任丞相，挟天子以令诸侯，其子曹丕废献帝，建魏国，事自《三国志·魏志》。

⑥ 明堂：周天子于各地设明政教之堂，礼上帝、祭祖先、朝诸侯等大典均于此处行之。参见《礼记·明堂位》，《大戴礼记·明堂》。

⑦ 辟雍：周天子为贵族子弟设立的大学，形如璧环，四面有水。

⑧ 历律：历法与乐律。

⑨ 封禅：古代帝王在泰山上筑坛祭天称为“封”，在泰山旁的梁父山上辟场以祭地称为“禅”。

⑩ 礼乐名物：见朱熹《论语集注·述而》第十九章引尹惇（1061—1132）语：“尹氏曰：‘孔子以生知之圣，每云好学者，非惟勉人也，盖生而可知者义理尔，若夫礼乐名物，古今事变，亦必待学而后有以验其实也。’”

⑪ 吕氏之《月令》，汉儒之训疏：吕氏，即《吕氏春秋》，战国末期秦相吕不韦召集门客所撰，为杂家的代表著作。其中有十二纪详述各月气候的思想，与《礼记》中的《月令》相吻合。汉儒之训疏，指郑玄等人为儒家经典所作的注疏。

⑫ 齐宣之时：战国时期齐国国君齐宣王曾向孟子征询是否要毁明堂，孟子认为明堂是有道德而能一统天下的君主的殿堂，要行王政，便不可毁明堂。

⑬ 幽、厉：周幽王和周厉王，周代的暴君。

⑭ 文、武、成、康：周文王、周武王、周成王、周康王，是周代前四任贤明的君主。

⑮ 以不忍人之心而行不忍人之政：语自《孟子·公孙丑上》第六章："先王有不忍人之心，斯有不忍人之政矣。以不忍人之心行不忍人之政，治天下可运之掌上。"

⑯ 武帝肇讲于汉，而武后盛作于唐：汉武帝曾与大臣们议论过立明堂之事，武则天曾毁乾元殿而立明堂。

⑰ 泮宫：西周时为诸侯弟子设立的学校，建在泮水之旁。

⑱ 三代之学：语自《孟子·滕文公上》第三章："设为庠、序、学校以教之。庠者，养也；校者，教也；序者，射也。夏曰校，殷曰序，周曰庠，学则三代共之，皆所以明人伦也。人伦明于上，小民亲于下。"

⑲ 孔子云礼乐句：语自《论语·八佾》第三章："子曰：'人而不仁，如礼何？人而不仁，如乐何？'"孔子视仁为本质、根本，礼、乐为形式，人若失去了仁这一本质，礼、乐又有何用？

⑳ 声为律而身为度：以大禹的声音作为音律的标准，以大禹的身长作为尺度的标准。见《史记·夏本纪》，是称颂大禹之辞。

㉑ 笾豆之事，则有司存：笾豆，祭祀的礼器。语自《论语·泰伯》第四章："君子所贵乎道者三：动容貌，斯远暴慢矣；正颜色，斯近信矣；出辞气，斯远鄙倍矣。笾豆之事，则有司存。"祭祀的器具和具体操作，则由有司们（司仪、乐工）负责。

㉒ 璿玑玉衡：语自《尚书·舜典》第五节："在璿玑玉衡，以齐七政。"璿玑玉衡，旋转而可以窥测天象的玉制仪器。

㉓ 七政：《尚书·舜典》："七政者，谓春、秋、冬、夏、天文、地理、人道，所以为政也。"一说以日、月和金、木、水、火、土的运行为政。

㉔皋、契：皋，皋陶，又作咎由，舜的大臣，为士师，即执法之官；契，舜的大臣，为司徒，掌管教育。

㉕尧、舜之知而不遍物：语自《孟子·尽心上》第四十六章："孟子曰：'知者无不知也，当务之为急；仁者无不爱也，急亲贤之为务。尧、舜之知而不遍物，急先务也；尧、舜之仁不遍爱人，急亲贤也。'"

㉖曲知：一隅之见。

㉗司马相如：字长卿，成都人，西汉著名文学家。为迎合汉武帝的心愿，撰《封禅文》，为后世所讥讽。

㉘拔本塞源：本意为拔出树根，堵塞水源。语自《左传·昭公十九年》："我在伯父，犹衣服之有冠冕，木水之有本源，民人之有谋主也。伯父若裂冠毁冕，拔本塞源，专弃谋主，虽戎狄，其何有余一人？"拔本塞源，意为将错误的观念从根本上铲除，以达到思想的正本清源。

【译文】

你来信说："杨朱、墨翟所谓的仁义，乡愿所谓的忠信，尧、舜、子之的禅让，商汤、周武王、项羽的放逐与杀戮，周公、王莽、曹操的辅佐摄政，这些繁琐的事情无从考证，又该听谁的呢？况且对于古今事变、礼乐名物度数都没有考察识别，假如国家要造明堂，建学校，制定立法乐律，举行封禅大典，又怎能发挥作用呢？所以《论语》中说的'生而知之'，知就是知义和理。其他如礼乐名物、古今事变这些事，也要等学习之后才能验证是否可行。这句话可以说是公理了。"

你所说的杨朱、墨子、乡愿、尧、舜、子之、商汤、武王、项羽、周公、王莽、曹操等人的区别，与之前说到的舜和武王的讨论，大致可以类推。对古今事变的疑问，前面在谈论良知时，已经用规矩尺度的比喻解释过，这里也无需再多说了。

关于造明堂、建学校等事，似乎还不能不讲。但是这些事说来话长，姑且根据你信中的话讨论一下，这样你的疑惑可能会减少一些。

明堂、学校的制度，最早见于《吕氏春秋》中的《月令》和汉代儒生的注释中，《六经》、《四书》中没有详细记载。难道吕不韦、汉代儒生的见识能超过三代的圣贤吗？齐宣王时，明堂有的还没有被毁掉，而周幽王、周厉王的时代，明堂都完好无损。尧舜时期住茅草屋，垒土台阶，明堂的制度未必完善，但并不影响他们把天下治理得井井有条。幽王、厉王时期的明堂，虽和文王、武王、成王、康王时的一样，但并不能帮他们挽救天下大乱的情势，为什么呢？只要能“用仁爱之心推行仁爱之政”，哪怕茅草屋和土台阶也可以起到明堂的作用。若以幽王、厉王的心来行幽王、厉王的暴政，即使有了明堂，不也成了施行暴政的地方吗？汉武帝曾经与大臣讨论建设明堂，武则天毁掉乾元殿修建明堂，他们治理天下的情况又如何呢？

天子建的学校叫做辟雍，诸侯建的学校叫做泮宫，都是根据地形来命名的。然而三代时的学校，其关键之处是以昌明伦理纲常为目的，不是以它的样子像不像璧环、是否建在泮水之畔为权衡。孔子说：“人如果没有仁爱之心，有礼又能怎么样呢？人如果没有仁爱之心，有乐又能怎么样呢？”制作礼乐，必须具备中和的品德，只有其声音可以作为音律、其身高可以作为尺度的人，才能从事这样的工作。至于礼乐器具的细节与技巧，则是乐工和祝史们的职责。所以曾子说："君子重视的道有三个方面，至于行礼过程中的具体事项，则由有关官员负责安排。"尧命令羲和遵从天道，观测推算日月星辰的运行，目的在于恭敬地将时令教授给老百姓。舜观测北斗七星的运行，目的在于安排好七种政事。这都是念念不忘以仁爱之心推行其养育百姓的仁爱之政。制定历法、明白时令的目的就在于此。羲氏、和氏在历法和数学方面的才能，皋陶和契未必能有，大禹和后稷也未必能有。尧舜的智慧不能通晓万物，即便尧舜也未必具有这些才能。可是到如今，照着羲和二氏的方法世世代代地沿习下来，即使那些一知半解而有小聪明的人、那些略通星术的浅薄之士，也能推算历法，占卜天象。难道这些人反而比大禹、后稷、尧、舜还要贤明吗？

封禅的说法就更加荒诞不经了，这是后代阿谀奉承之徒为了在皇帝面前讨好献媚，怂恿鼓吹的迷惑君心、浪费国力的说教。简直是欺天惑人、无耻之尤的行径，君子是不屑于言此的。司马相如为何受到天下人嘲笑，这就是原因。而你却认为这是儒者应该认真学习的，显然是欠考虑了吧！

圣人之所以是圣人，是由于他们生而知之。朱熹解释《论语》时说："生而知之的是义和理。那些礼乐名物，古今事变，也还是要学过之后，才能检验其是否符合事实。"如果礼乐名物之类是圣人成圣的功夫，圣人也必须学习后才能知晓，那么圣人就不能称为是生而知之了。说圣人是生而知之，是专指义和理而言，不包括礼乐名物之类，因此礼乐名物之类的事物与成圣的功夫无关。所谓学而知之，也只是学习义理，困而知之，也只是困勉于这个义和理而已。如今学者学习圣人，对于圣人能通晓的义理不去学习，却念念不忘探求圣人所不知道的东西，并且把它们当做学问，这不是迷失了成圣的方向吗？

以上这些仅仅是针对你的困惑稍加分析解释，还没有涉及正本清源的讨论。

一四二

夫"拔本塞源"之论不明于天下[①]，则天下之学圣人者将日繁日难，斯人沦于禽兽夷狄，而犹自以为圣人之学；吾之说虽或暂明于一时，终将冻解于西而冰坚于东，雾释于前而云滃于后[②]，呶呶焉危困以死，而卒无救于天下之分毫也已！

夫圣人之心，以天地万物为一体[③]，其视天下之人，无外内远近，凡有血气，皆其昆弟赤子之亲，莫不欲安全而教养之，以遂其万物一体之念。天下之人心，其始亦非有异于圣人也，特其间于有我之私，隔于物欲之蔽，大者以小，通者以塞，人各有心，至有视其父子兄弟如仇雠者。圣人有忧之，是以推其天地万物一体之仁以教天下，使之皆有以克其私，去其蔽，以复其心体之同然[④]。其教之大端，则尧、舜、禹之相授受，所谓"道心惟微，惟精惟一，允执厥中"[⑤]。而其节目，则舜之命契，所谓"父子有亲，君臣有义，夫妇有别，长幼有序，朋友有信"五者而已[⑥]。唐、虞、三代之世，教者惟以此为教，而学者惟以此为学。当是之时，人无异见，家无异习，安此者谓之圣，勉此者谓之贤，而背此者，虽其启明如朱，亦谓之不肖[⑦]。下至闾井、田野、农、工、商、贾之贱，莫不皆有是学，而惟以成其德行为务。何者？无有闻见之杂，记诵之烦，辞章之靡滥，功利之驰逐，而但使之孝其亲，弟其长，信其朋友，以复其心体之同然。是盖性分之所固有，而非有假于外者，则人亦孰不能之乎？

学校之中，惟以成德为事，而才能之异，或有长于礼乐、长于政教、长于水土播植者，则就其成德，而因使益精其能于学校之中。迨夫举德而任，则使之终身居其职而不易，用之者惟知同心一德，以共安天下之民，视才之称否，而不以崇卑为轻重，劳逸为美恶；效用者亦惟知同心一德，以共安天下之民，苟当其能，则终身处于烦剧而不以为劳，安于卑琐而不以为贱。当是之时，天下之人熙熙皞皞[⑧]，皆相视如一家之亲。其才质之下者，则安其农、工、商、贾之分，各勤其业以相生相养，而无有乎希高慕外之心。其才能之异若皋、夔、稷、契者，则出而各效其能，若一家之务，或营其衣食，或通其有无，或备其器用，集谋并力，以求遂其仰事俯育之愿[⑨]，惟恐当其事者之或怠而重己之累也。故稷勤其稼，而不耻其不知教，视契之善教，即己之善教也；夔司其乐，而不耻于不明礼，视夷之通礼[⑩]，即己之通礼也。盖其心学纯明，而有以全其万物一体之仁，故其精神流贯，志气通达，而无有乎人己之分，物我之间。譬之一人之身，目视、耳听、手持、足行，以济一身之用。目不耻其无聪，而耳之所涉，目必营焉；足不耻其无执，而手之所探，足必前焉；盖其元气充周，血脉条畅，是以痒疴呼吸，感触神应，有不言而喻之妙。此圣人之学所以至易至简[11]，易知易从，学易能而才易成者，正以大端惟在复心体之同然，而知识技能，非所与论也。

【注释】

① 夫“拔本塞源”之论：自此段起至篇末，清人陈龙正曾以《拔本塞源论》为名单独刻行，是王阳明最著名、最具代表性的论著之一。

② 云滃：云雾涌起。

③ 以天地万物为一体：语自《河南程氏遗书》程颢语：“仁者以天地万物为一体。”阳明接过，尤倡万物一体之仁，于正德九年甲戌（1514）《书王嘉秀请益卷》中首次提及“仁者以天地万物为一体”，尤其于晚岁之《大学问》中备论其详。

④ 同然：语自《孟子·告子上》第七章：“至于心，独无所同然乎？心之所同然者何也？谓理也，义也。圣人先得我心之所同然耳。故义理之悦我心，犹刍豢之悦我口。”王阳明于《朱子晚年定论》中有“予既自幸其说之不缪于朱子，又喜朱子之先得我心之同然”一句。参见附录《朱子晚年定论·阳明自序》注⑨。

⑤ 道心惟微，惟精惟一，允执厥中：此“十六字心诀”之“道心惟微”前有“人心惟危”四字，王阳明置留不提，必有其意。

⑥ “父子有亲”句：语自《孟子·滕文公上》第四章：“圣人有忧之，使契为司徒，教以人伦：父子有亲，君臣有义，夫妇有别，长幼有序，朋友有信。”

⑦ 启明如朱，谓之不肖：语自《尚书·尧典》：“放齐曰：‘胤子朱启明。’帝曰：‘吁！嚚讼可否？’是以孟子曰：‘丹朱之不肖。’又曰：‘若

尧崩之后，不从尧之子而从舜也。'" 放齐，尧的大臣。胤子，嗣子；朱，尧的儿子丹朱。启明，开通；嚚，不忠实；讼，争辩。

⑧ 熙熙皞皞：意为和乐宽广。

⑨ 仰事俯育：语自《孟子·梁惠王上》："是故明君制民之产，必使仰足以事父母，俯足以畜妻子。"

⑩ 夷之通礼：语自《尚书·舜典》："帝曰：'咨！四岳。有能典朕三礼，佥曰伯夷。'" 三礼，祀天神，享人鬼，祭地祇。

⑪ 至易至简：语自《周易·系辞上》第一章："乾道成男，坤道成女。乾知大始，坤作成物。乾以易知，坤以简能。易则易知，简则易从。易知则有亲，易从则有功。……易简而天下之理得矣。"

【译文】

正本清源的学说一天不昌明于天下，那么，天下学习圣人的人，就会一天天觉得繁琐艰难，甚至于沦落到夷狄、禽兽的地步，还自以为学的是圣人的学问。我的学说虽然暂时昌明于天下，也只是刚解开西边的冻，东边又结了坚冰；拨开前面的雾，后面又涌起云。我就是不顾安危、喋喋不休地讲论说道，也丝毫不能拯救天下。

圣人的心与天地万物为一体，他看待天下的人，没有远近内外之别，凡是有血气生命的，都是自己的兄弟子女，都要教养他们，使他们安全，以实现他与天地万物一体的信念。天下人的心，最初同圣人的心并没有区别，只是后来夹杂了私心，被物欲所蒙蔽，天下为公的大心变成了为自己的小心，通达的心变得阻塞了，人人各有私心，甚至将父子兄弟看成仇人。圣人对此非常担忧，于是推行他天地万物为一体的仁爱来教育天下人，使人人都能克制私欲，清除蒙蔽，以恢复人心，达到与圣心相同的状态。圣人教化的基本精神，就是尧、舜、禹一脉相承的“道心惟微，惟精惟一，允执厥中”。圣人教化的具体内容，就是舜让契所推行的“父子有亲，君臣有义，夫妇有别，长幼有序，朋友有信”这五个方面。唐、虞的时代以及夏、商、周三代，老师只教这些，学生也只学这些。那时，人人的观点统一，家家的习惯一致，能自然而然实践这些内容的，就都是圣人；通过努力能够做到的，就都是贤人；违背这些的，即使像丹朱一样聪明，也属于不肖之徒。在田间市井，从事农、工、商贸的普通人，也都学习这些内容，把成就自己的品德当作第一要务。为什么呢？因为当时没有乱七八糟的见闻，没有繁琐支离的记诵，没有数不胜数的诗词文章，更没有追名逐利，有的只是孝顺双亲，尊敬兄长，对朋友忠信，恢复人心本体所共有的良知。这是人性中本来就有的，不须从外面去求取，还有谁会做不到呢？

学校的作用主要是培养人的性德。人的才能各有不同，有擅长礼乐的，有擅长政治教化的，有擅长水利农事的，就要根据他们不同的资秉，因材施教，使他们的才干在学校里进一步提高，根据各人的德性，让他们终身担任某一职务。用人的人只知同心同德、共同努力，使天下百姓安居乐业，再观察被任用的人的才能是否称职，而不以身份高低分出轻重，不以职业不同分出好坏。被任用的人也只知同心同德，共同努力，使天下百姓安居乐业。如果所在的岗位适合自己，哪怕是一生都从事繁重的工作也不认为辛苦，一生都从事低下琐碎的工作也不认为卑贱。那时候，天下所有的人都高高兴兴，亲如一家。才能一般的人安于农、工、商贸的职业本份，兢兢业业，互相提供生活必需品，没有攀比，没有嫉妒与羡慕。才能像皋陶、夔、后稷、契一样卓越的人，则入仕做官来发挥他们的才干。天下的事就像一个家庭的事，有人负责衣服、食物方面的劳作，有人负责经商互通有无，有人制造器具，大家群策群力，来实现赡养父母、教育子女的心愿，大家都只怕自己承担的事务做不好，因而都尽心尽责地去做。后稷在农业劳动上勤劳，而不以自己文化不足为耻辱，他把契的善于施教，当做如同自己善教一般。夔负责音乐，而不以自己不尽通礼仪为耻辱，而把伯夷的通晓礼仪，看做如同自己也通晓礼仪一般。因为他们心地纯明，能够完全实现天地万物为一体的仁爱，所以他们的精神心气流畅贯通，没有他人与自我之分，也没有人和万物的区别。就像一个人的身体，用眼睛看、用耳朵听、用手把持、用脚行走，都是为了满足自己身体的需要。眼睛不会因为自己不能听而感到耻辱，耳朵听到声音的时候，眼睛一定会去看。脚不以不能拿东西为耻辱，手向前伸出去拿东西时，脚一定会向前跟进。由于人体元气充沛周行，血脉畅通，所以痒痛呼吸都能被感觉到，并且做出神奇的反应，有不言而喻的妙处。所以圣人的学问是最容易、最简单，容易领会、容易践行，学习容易掌握，才能容易发挥。圣学的关键就在于恢复人心所共有的天理，而对于具体的知识和技能，我就不多加论述了。

一四三

三代之衰，王道熄而霸术焻；孔、孟既没，圣学晦而邪说横。教者不复以此为教，而学者不复以此为学。霸者之徒，窃取先王之近似者，假之于外，以内济其私己之欲，天下靡然而宗之，圣人之道遂以芜塞，相仿相效，日求所以富强之说，倾诈之谋，攻伐之计，一切欺天罔人，苟一时之得，以猎取声利之术，若管、商、苏、张之属者[1]，至不可名数。既其久也，斗争劫夺，不胜其祸，斯人沦于禽兽夷狄，而霸术亦有所不能行矣。

世之儒者，慨然悲伤，搜猎先圣王之典章法制，而掇拾修补于煨烬之余[2]，盖其为心，良亦欲以挽回先王之道。圣学既远，霸术之传积渍已深，虽在贤知，皆不免于习染，其所以讲明修饰，以求宣畅光复于世者，仅足以增霸者之藩篱，而圣学之门墙遂不复可睹。于是乎有训诂之学，而传之以为名；有记诵之学，而言之以为博；有词章之学，而侈之以为丽。若是者纷纷籍籍，群起角立于天下，又不知其几家，万径千蹊，莫知所适。世之学者，如入百戏之场，欢谑跳踉、骋奇斗巧、献笑争妍者，四面而竞出，前瞻后盼，应接不遑，而耳目眩瞀，精神恍惑，日夜遨游淹息其间，如病狂丧心之人，莫自知其家业之所归。时君世主亦皆昏迷颠倒于其说，而终身从事于无用之虚文，莫自知其所谓。间有觉其空疏谬妄，支离牵滞，而卓然自奋，欲以见诸行事之实者，极其所抵，亦不过为富强功利五霸之事业而止[③]。

圣人之学日远日晦，而功利之习愈趋愈下。其间虽尝瞽惑于佛、老，而佛、老之说卒亦未能有以胜其功利之心；虽又尝折衷于群儒，而群儒之论终亦未能有以破其功利之见。盖至于今，功利之毒沦浃于人之心髓，而习以成性也几千年矣。相矜以知，相轧以势，相争以利，相高以技能，相取以声誉。其出而仕也，理钱谷者则欲兼夫兵刑，典礼乐者又欲与于铨轴[④]，处郡县则思藩臬之高[⑤]，居台谏则望宰执之要[⑥]。故不能其事，则不得以兼其官；不通其说，则不可以要其誉。记诵之广，适以长其敖也[⑦]；知识之多，适以行其恶也；闻见之博，适以肆其辨也；辞章之富，适以饰其伪也。是以皋、夔、稷、契所不能兼之事，而今之初学小生皆欲通其说，究其术。其称名借号，未尝不曰吾欲以共成天下之务，而其诚心实意之所在，以为不如是则无以济其私而满其欲也。

呜呼！以若是之积染，以若是之心志，而又讲之以若是之学术，宜其闻吾圣人之教，而视之以为赘疣、枘凿[⑧]，则其以良知为未足，而谓圣人之学为无所用，亦其势有所必至矣！

呜呼！士生斯世，而尚何以求圣人之学乎！尚何以论圣人之学乎！士生斯世而欲以为学者，不亦劳苦而繁难乎！不亦拘滞而险艰乎！呜呼！可悲也已！所幸天理之在人心，终有所不可泯，而良知之明，万古一日，则其闻吾拔本塞源之论，必有恻然而悲，戚然而痛，愤然而起，沛然若决江河而有所不可御者矣！

非夫豪杰之士无所待而兴起者，吾谁与望乎！

【注释】

① 管、商、苏、张：管，即管仲，名夷吾，春秋时人，帮助齐桓公成就春秋第一霸主；商，即商鞅，公孙氏，名鞅，卫国人，亦称卫鞅。在秦国实行变法，使秦国国力大增；苏，即苏秦，战国时洛阳人，游说六国合纵拒秦，一度身佩六国相印；张，即张仪，战国时魏人，任秦惠王相，以连横之说策动六国与秦国交好，分化瓦解六国的团结，以便各个击破。这四人均有杰出的治国才能。

② 煨烬：指秦始皇三十四年（前 213）焚书。

③ 五霸：参看第十一条注㉓。

④ 铨轴：铨，选官；轴，要害部位。古代吏部的要职。

⑤ 藩臬：指藩司和臬司。藩司，明清时分管一省财赋、人事和司法的长官；臬司，管理对官吏的惩治。

⑥ 台谏：御史台与谏议大夫。宰执：宰相，执一国之政柄。

⑦ 敖：原作“教”，据施氏《集要》本改。

⑧ 赘疣枘凿：累赘，迂腐。

【译文】

夏、商、周三代以后，王道衰退，霸道兴盛。孔子、孟子去世以后，圣学晦暗，邪说横行。教的人不再教圣学，学的人也不再学圣学。讲霸道的人，暗地里用与三代先王相似的东西，借助外在的知识技能来满足自己的私欲，世人纷纷奉他们为楷模，圣人之道也就荒芜阻塞了。世人互相效仿，天天探讨穷兵黩武、倾轧欺瞒、征伐兴兵的谋略，以及一切瞒天过海，逞一时之能而获取功名利禄的手段，像管仲、商鞅、苏秦、张仪这样的人，多得不计其数。长此以往，人们互相争斗，祸患无穷，这些人沦为夷狄、禽兽，甚至连霸道之术都推行不下去了。

于是，世上的儒者感叹悲戚，搜寻过去圣王的典章制度，从秦始皇焚书余下的灰烬里拾掇修补，其目的就是为了恢复先王之道。然而，圣学晦暗已经太久远了，霸术流传造成的影响又很深，即使是贤明睿智的人也免不了受到污染。他们对圣学进行宣扬、修饰，希望圣学重新发扬光大，实际上这只能增加霸术的影响力，至于圣学的踪影却再也见不到了。于是产生了解释古书字义的训诂学，传授课程以图虚名；产生了记诵圣言的记诵学，以满口圣人之言来冒充博学；产生了作诗填词的辞章学，以铺排夸张追求文采。类似的学说吵嚷喧嚣，在世上争奇斗艳，不知道有多少家！他们流派众多，使人们无所适从。天下的学者好像进入了民间百戏的表演场，只见欢呼跳跃、争奇斗巧、献媚取悦的戏子从四面同时涌出，令人前顾后盼，应接不暇，以至于令人眼花耳聋，精神恍惚，日日夜夜在里面沉溺游弋，就像丧心病狂之人，不知道自己的家在哪里。当时的君王们也沉迷倾倒于这类学问，终生从事无用的虚文，都不知道自己说了些什么。偶尔有人认识到这些学说的空洞荒诞，杂乱不通，于是发奋努力，想以实际行动干点实事，他们所能做到的也不过是像春秋五霸那样富国强兵，建功立业，追逐功名的霸业而已。

圣人的学问日益疏远而晦暗，功利的风气却一天盛过一天。

这中间虽然有被佛教、道教的学说迷惑的人，然而佛教、道教的学说到底也无法战胜世人追逐名利的心。虽然有人又试图用群儒的学说来调和折衷，但是群儒的学说最终也战胜不了人们的功利之心。时至今日，功利的流毒已侵蚀人们的灵魂，积习成性，已有数千年。人们在知识上互相夸耀，在权势上互相倾轧，在利益上互相争夺，在技能上互相攀比，在名声上互相竞争。那些做官的人，管理钱粮的还想兼管军事和司法，掌管礼乐的又想参与吏部的事务，在郡县做官的则想到省里当主管人事、财政和司法的大官，位居监察要职的则窥伺着宰相的位子。原本没有某个方面的才能，理应不能做某个方面的官；不通晓某个方面的理论，理应不能获得相应的荣誉，可实际情况却是：擅长记忆，正好助长他们的傲慢；知识丰富，正好促使他们作恶；见闻广博，却使得他们肆意诡辩；文采富丽，正好掩饰他们的虚伪。所以，皋陶、夔、后稷、契都不能兼做的事，现在初学的孩童都想通晓那些理论，探究那些方法。他们打出的名义幌子，是我要完成天下人共同的事业，但他们的真实想法却是，不采取这样的手段就无法满足他们的私欲。

唉！在这样的积习影响下，以这样的心态，又讲求这样的学问，当他们听到我说的圣人的教诲时，当然就视之为累赘和迂腐的学说。他们把良知当成短处，把圣人的学说当成无用的东西，这就是必然的了！

唉，生活在这样时代的人，要怎么寻求圣学呢？要怎么谈论圣学呢？生活在这样的时代，却想成为学圣之人，岂不是太艰难辛苦了吗？岂不是太困难险峻了吗？唉，太可悲了呀！万幸的是天理自在人心，终究不可泯灭，良知的光明即便历经万古也不会变化。所以听了我正本清源的论述，有识之士必定会恻然而悲，戚然而痛，奋然而起，就像江河决堤的洪水一样无法阻挡。如果不是有天下英雄豪杰不期而至，我还能寄希望于谁呢？

启问道通书[①]

一四四

吴、曾两生至[②]，备道道通恳切为道之意，殊慰相念！若道通，真可谓笃信好学者矣。忧病中，曾不能与两生细论[③]，然两生亦自有志向肯用功者，每见辄觉有进，在区区诚不能无负于两生之远来，在两生则亦庶几无负其远来之意矣。临别以此册致道通意，请书数语，荒愦无可言者，辄以道通来书中所问数节，略下转语奉酬[④]。草草殊不详细，两生当亦自能口悉也。

来书云："日用工夫只是立志。近来于先生诲言时时体验，愈益明白。然于朋友不能一时相离。若得朋友讲习，则此志才精健阔大，才有生意。若三五日不得朋友相讲，便觉微弱，遇事便会困，亦时会忘。乃今无朋友相讲之日，还只静坐，或看书，或游衍经行[⑤]，凡寓目措身，悉取以培养此志，颇觉意思和适。然终不如朋友讲聚，精神流动，生意更多也。离群索居之人[⑥]，当更有何法以处之？"

此段足验道通日用工夫所得，工夫大略亦只是如此用，只要无间断，到得纯熟后，意思又自不同矣。大抵吾人为学紧要大头脑只是立志，所谓困忘之病，亦只是志欠真切。今好色之人未尝病于困忘，只是一真切耳。自家痛痒，自家须会知得，自家须会搔摩得。既自知得痛痒，自家须不能不搔摩得。佛家谓之方便法门，须是自家调停斟酌，他人总难与力，亦更无别法可设也。

【注释】

① 问：钱德洪跋及施氏《集要》作"周"。道通：周道通，名充，号静庵，江苏宜兴人，先后从学于王阳明与湛甘泉，能够沟通两家学说。周道通于嘉靖三年正月受业于阳明，时阳明正值丁父忧而守制期间，故此书应写于嘉靖三年甲申（1524）之后。

② 吴、曾两生：据文义，此二人为王阳明学生，且与周道通同门。其余不详。

③ 曾：原作"会"，据施氏《集要》改。

④ 下：原作"干"，据施氏《集要》改。

⑤ 游衍经行：漫游而不经意地行走。

⑥ 离群索居：语自《礼记·檀弓》，指脱离人群而独自居住。

【译文】

吴、曾两位后生来到我这里，详细介绍了你恳切向道的志向，我深感欣慰和想念。像你这样的人，真可称得上是笃信好学了。我正在忧病当中，不能与两位后生详谈，但他们两位也是有志向肯用功的人，每次见面都能发觉他们的进步。我当然不能辜负他们远道而来的诚意，对他们来说，也不致有负此番远道而来。临别时，用这封书信来表达对你的想念，要我写几句话。我此时昏聩糊涂，不知该说些什么，就只好将道通你来信中问到的几个问题稍微解释奉上。草草数语不能详细道来，两位后生应当也能亲口向你转达吧。

你来信中说："日常的功夫只是立志，近来对先生您的这一教诲时时加以体察验证，就更加明白。但是我无法离开朋友片刻，如果有朋友与我相互切磋，我的志向才会专注健全、广阔宏大，才会生机勃勃。如果有三五天不和朋友们互相切磋，志向就会变得微弱，遇到事时就会产生困惑，甚至有时会忘记志向。在目前没有朋友互相探讨的日子里，我就静坐沉思，或者看看书，或者不经意地漫游散步。举手投足间都不忘存养这个心志，深深感受到自己内心的平和舒适，但终究不如和朋友一起切磋时那样精神振奋，生机勃勃。离开人群而独自居住的人，有什么更好的办法来保持心志呢？"

你这段话充分验证了道通你平时用功的收获。立志的功夫大概就是如此，只要每天坚持，从不间断，等到功夫纯熟后，感觉自然就不同了。一般说来，做学问最重要的就是"立志"。之所以有困惑健忘的毛病，也只是立志还不够真切笃实。那些好色之徒从来不会有困惑健忘的毛病，就是因为他好色的欲望非常真切。自己的痛痒自己知道，自己自然会去挠痒摩挲。既然知道痛痒，也就不得不挠痒摩挲，佛教称之为"方便法门"。这一定是自己调整酌磨，别人终究无法给力，也没有其他更好的门道。

一四五

来书云："上蔡尝问[①]：'天下何思何虑？'伊川云：'有此理，只是发得太早。'[②]在学者工夫，固是'必有事焉而勿忘'，然亦须识得'何思何虑'底气象，一并看为是。若不识得这气象，便有'正'与'助长'之病。若认得'何思何虑'而忘'必有事焉'工夫，恐又堕于无也。须是不滞于有，不堕于无。然乎否也？"

所论亦相去不远矣，只是契悟未尽。上蔡之问与伊川之答，亦只是上蔡、伊川之意，与孔子《系辞》原旨稍有不同。《系》言"何思何虑"，是言所思所虑只是一个天理，更无别思别虑耳，非谓无思无虑也，故曰"同归而殊途，一致而百虑，天下何思何虑"。云"殊途"，云"百虑"，则岂谓无思无虑邪？心之本体即是天理，天理只是一个，更有何可思虑得？天理原自寂然不动，原自感而遂通，学者用功，虽千思万虑，只是要复他本来体用而已，不是以私意去安排思索出来，故明道云："君子之学，莫若廓然而大公，物来而顺应。"若以私意去安排思索，便是用智自私矣[③]。"何思何虑"正是工夫，在圣人分上便是自然的，在学者分上便是勉然的。伊川却是把作效验看了，所以有"发得太早"之说。既而云"却好用功"，则已自觉其前言之有未尽矣。濂溪"主静"之论[④]，亦是此意。今道通之言虽已不为无见，然亦未免尚有两事也。

【注释】

① 上蔡：谢良佐（1050—1103），字显道，河南上蔡人，世称上蔡先生，程门四大弟子之一。

② 发得太早：语自《河南程氏遗书·上蔡语录》："（谢良佐）二十年前往见伊川。伊川曰：'近日事如何？'对曰：'天下何思何虑？'伊川曰：'是则是，有此理，贤却发得太早。'"

③ 用智：明道答横渠先生《定性书》："大率患在于自私而用智。自私则不能以有为为应迹，用智则不能以明觉为自然。"

④ 主静：语自周敦颐《太极图说》："五性感动而善恶分，万事出矣。圣人定之以中正仁义而主静。"

【译文】

你来信说："谢良佐曾经问天下思考些什么，又忧虑些什么。伊川先生说：'有这些道理，只是生发得太早了。'从学者的功夫来看，固然是'必有事焉而勿忘'，然而也必须明白'何思何虑'的气象，综合起来考虑才对。如果不明白这种气象，就会有揠苗助长的毛病。如果明白'何思何虑'，却又忘了'必有事焉'的功夫，恐怕又会陷入虚无。必须既不累于'有'，又不坠于'无'。这样理解如何？"

你所说的虽然相差不多，只是还没有领悟透彻。上蔡的问与伊川先生的回答，也只是上蔡和伊川先生的意思。这和孔子《系辞》中的原意稍有差别。《系辞》说"何思何虑"，是说所思所虑只是一个天理，除此之外，没有别的思虑，并不是说没有思虑。因此说"同归而殊途，一致而百虑，天下何思何虑"。说"殊途”，说“百虑”，这难道是没有思虑吗？心的本体就是天理，天理只有一个，还有什么别的可思虑的呢？天理原本就是宁静寂然的，感应之后就能贯通。学者下功夫，即使千思万虑，目标也只是要恢复天理原来的本体和功用，而不是凭着自己的私心去安排思索出来。所以明道说：“君子做学问，应该是心胸宽广而公正无私，有事发生则顺其自然。”如果凭着私心去安排思索，就是将智慧用在了私欲上。“何思何虑”正是为学的功夫，在圣人看来这是自然而然的，对学者来说必须下功夫才能做到。伊川先生却把这些看作功夫的结果，所以他说“发得太早”，接着又说“这正是应该下的功夫”，他已经感觉到前面讲的还不全面。濂溪主张静守的观点也是这种意思。如今道通你的看法，虽然不无见地，但仍然还存在时而累于有、时而陷入无的状况。

一四六

来书云：“凡学者才晓得做工夫，便要识认得圣人气象[①]。盖认得圣人气象，把做准的，乃就实地做工夫去，才不会差，才是作圣工夫。未知是否？”

“先认圣人气象”，昔人尝有是言矣，然亦欠有头脑。圣人气象自是圣人的，我从何处识认？若不就自己良知上真切体认，如以无星之秤而权轻重，未开之镜而照妍媸，真所谓以小人之腹而度君子之心矣[②]。圣人气象何由认得？自己良知原与圣人一般，若体认得自己良知明白，即圣人气象不在圣人而在我矣。程子尝云：“觑着尧，学他行事，无他许多聪明睿智，安能如彼之动容周旋中礼？”[③]又云：

"心通于道，然后能辨是非。"[4]今且说通于道在何处，聪明睿智从何处出来。

【注释】

① 圣人气象：语自《河南程氏遗书》卷二十二："凡看文字，非只是要理会得语言，要识圣人气象。"

② 以小人之腹而度君子之心：语自《世说新语·雅量》。

③ "中礼"四句：语自《河南程氏遗书》卷十八之伊川语。"动容周旋中礼"，语自《孟子·尽心下》第三十三章："动容周旋中礼者，盛德之至也；哭死而哀，非为生者也；经德不回，非以干禄也；言语必信，非以正行也。"孟子第一句"动容周旋中礼者，盛德之治"的意思是，举止仪容无不合于礼，这是德行深厚到了极点。

④ 心通于道，然后能辨是非：语自《河南程氏遗书》卷五。意思是只有心与天理相通，才能明辨是非。

【译文】

你来信中说："大凡学者刚刚明白做功夫，就要认识圣人气象。大概认识了圣人气象，把圣人气象当作标准，去脚踏实地地下功夫，才不会出错，才是成为圣人的功夫。这样说对不对？"

"先认识圣人气象"，这话曾有人这样说过，然而还是没抓住要点。圣人气象自然是圣人的，我们如何去体认呢？如果不从自己良知上真切认识，就像用没有准星的秤来衡量轻重，用没有开光的镜来对照美丑，真就是所谓以小人之腹度君子之心了。

圣人气象如何体认呢？我们自己的良知原本和圣人是一样的，如果将我们自己的良知体认明白了，那么圣人气象不在圣人，就在我们自己身上了。程子曾说："眼看着尧，学他如何做事，又没有他那些聪明睿智，怎么能像他那样一举一动都符合礼仪呢？"程子还说："心与天道相通，然后才能辨明是非。"如今你且说说你哪里与天道相通，你的聪明睿智又是从哪里来的。

一四七

来书云："事上磨炼[①]，一日之内不管有事无事，只一意培养本原。若遇事来感，或自己有感，心上既有觉，安可谓无事？但因事凝心一会，大段觉得事理当如此，只如无事处之，尽吾心而已。然乃有处得善与未善，何也？又或事来得多，须要次第与处，每因才力不足，辄为所困，虽极力扶起，而精神已觉衰弱。遇此未免要十分退省[②]，宁不了事，不可不加培养。如何？"

所说工夫，就道通分上也只是如此用，然未免有出入在。凡人为学，终身只为这一事，自少至老，自朝至暮，不论有事无事，只是做得这一件，所谓"必有事焉"者也。若说"宁不了事，不可不加培养"，却是尚为两事也。必有事焉而勿忘勿助，事物之来，但尽吾心之良知以应之，所谓"忠恕违道不远"矣[③]。凡处得有善有未善，及有困顿失次之患者，皆是牵于毁誉得丧，不能实致其良知耳。若能实致其良知，然后见得平日所谓善者未必是善，所谓未善者却恐正是牵于毁誉得丧，自贼其良知者也。

【注释】

①事上磨炼：阳明所强调的功夫和解读“知行合一”、“致良知”的常用措辞。参见第二十三条、四十四条、二百零四条、二百六十二条。

②退省：意思是退下来反省。语自《论语·为政》第九章：“子曰：‘吾与回言终日，不违如愚。退而省其私，亦足以发。回也不愚。’”

③忠恕违道不远：语自《中庸》第十三章：“忠恕违道不远，施诸己而不愿，亦勿施于人。”乃即“己所不欲，勿施于人”是也。

【译文】

你来信说：“存养要在事上磨炼，一天之内，不管有事没事，只一心培养本体。如果遇到事情有了感触，或者自己有了感触，心里既然有了感觉，怎么能说无事呢？但是根据情况仔细考虑一会儿，大体觉得事理应当如此，只是当作没什么事一样对待，尽我的本心罢了。但仍会有处理得尽善和不尽善的情况，这是为何呢？又有时候事情来得多，需要按顺序处理，常常因才力不足，就会被事情所困扰，即使极力坚持，也会觉得精神已经疲惫衰弱。遇到这种情况，未免要退下来反省自己，宁肯事情做不下去，也不能不存养本心。这样说对吗？”

你所说的功夫，对于道通你这样的人来说，也就是如此了，然而未免还是有些出入。凡人求学，终身只做这一件事。从小到老，从早到晚，不论有事无事，只做这一件，这就是所谓“必有事焉”。如果说“宁肯事情做不完，也不能不存养本心”，就成两件事了。所谓“必有事焉而勿忘勿助”，事物来临，只要尽到我心中的良知来回应它，就是所谓“忠恕违道不远”了。凡是事物有处理得好，有处理得不好的，有困扰、有失序的，都是因为太在意得失，而不能脚踏实地地实现良知。如果能够脚踏实地地实现良知，自然会发现平日里所谓处理得善的事情未必就是善，处理得不善的，恐怕正是因为太在意毁誉得失，而丢掉了自己的良知所致。

一四八

来书云："致知之说，春间再承诲益，已颇知用力，觉得比旧尤为简易。但鄙心则谓与初学言之，还须带格物意思，使之知下手处。本来致知格物一并下，但在初学，未知下手用功，还说与格物，方晓得致知。"云云。

格物是致知工夫，知得致知，便已知得格物。若是未知格物，则是致知工夫亦未尝知也。近有一书，与友人论此颇悉，今往一通细观之，当自见矣。

【译文】

你来信说："致知的学问，春天里再次得到先生的教诲，不胜受益，已经很清楚应该怎样用功，觉得比从前更加简易了。但是我心中认为对初学者讲说的时候，还一定要加上'格物'的意思，让他们明白下功夫的地方。本来'致知'和'格物'应该是一起用功的，但对于初学者来说，不知道如何下手，所以还是先讲'格物'，再明白'致知'。"等等。

"格物"就是"致知"的功夫，知道"致知"就是已经知道了

“格物”。如果不知道“格物”，那么连“致知”的功夫也就不曾知道。近来我有一封书信，与朋友谈论这个问题非常详细，现在寄去给你仔细看看，自然能够明白。

一四九

来书云：“今之为朱、陆之辨者尚未已，每对朋友言正学不明已久，且不须枉费心力为朱、陆争是非；只依先生‘立志’二字点化人，若其人果能辨得此志来，决意要知此学，已是大段明白了，朱、陆虽不辨，彼自能觉得。又尝见朋友中见有人议先生之言者，辄为动气。昔在朱、陆二先生所以遗后世纷纷之议者，亦见二先生工夫有未纯熟，分明亦有动气之病，若明道则无此矣。观其与吴涉礼论介甫之学①，云：‘为我尽达诸介甫，不有益于他，必有益于我也。’②气象何等从容！尝见先生与人书中亦引此言③，愿朋友皆如此。如何？”

此节议论得极是极是，愿道通遍以告于同志，各自且论自己是非，莫论朱、陆是非也。以言语谤人，其谤浅；若自己不能身体实践，而徒入耳出口，呶呶度日，是以身谤也，其谤深矣。凡今天下之论议我者，苟能取以为善，皆是砥砺切磋我也，则在我无非警惕修省进德之地矣。昔人谓“攻吾之短者是吾师”④，师又可恶乎？

【注释】

①吴涉礼：吴师礼（陈荣捷先生谓“涉”为“师”之误），字安仲，杭

州人。介甫：王安石（1021—1086），字介甫，号半山，江西临川人，官至宰相。

② “为我”三句：意思是请替我向介甫先生转达我的全部观点，如果对他没有好处，则一定对我有益。语自《河南程氏遗书》卷一。

③ 与人书：指王阳明《答汪石潭内翰》书，其文末有“有所未尽，不惜教论，不有益于兄，必有益于我也”句。见《王文成公全书》卷四。

④ 攻吾之短者是吾师：语自《荀子·修身》：“故非我而当者，吾师也；是我而当者，吾友也；谄谀者，吾贼也。”王阳明于《教条示龙场诸生》一文中，亦云：“凡攻我之失者，皆我师也，安可以不乐受而心感之乎？”

【译文】

你来信说：“如今为朱熹、陆九渊争辩的还大有人在。我常常对朋友们说，圣学不昌明已经很久了，并不需要枉费心机来为朱陆的学说争论是非，只凭着先生‘立志’两个字来指点人。如果这个人真能辨别这个志向，决心要学习圣学，那他已经大体上算是明白了。朱与陆的谁是谁非，他自己也能觉察出来。我也常常看到朋友当中有人看到旁人有非议先生的言论时，就非常生气。以前，朱陆两位先生遗留给后世诸多争议，说明两位先生的功夫有不够纯熟的地方，分明有意气用事的毛病。像明道先生就没有这样的问题。他与吴师礼谈论王介甫的学问时，曾说：‘请替我向介甫先生转达我的全部观点，即使这对他没有好处，也一定对我有益。’这是何等从容的气度！我曾经看到先生给别人的书信中也引用这句话，希望朋友们都能这样，是吗？”

你这段话讲得非常非常对，希望道通你能够告诉所有同志，每个人只需审视自己的不足，不要去议论朱陆的是非。用语言来诽谤他人，这种诽谤很肤浅，如果自己不能亲身实践，而只是随便听听说说，唠唠叨叨度日，这是用行动诽谤，这种诽谤的错误就深重了。现在天下凡是非议我的，如果能使我从中得到好处，那都是对我的磨砺切磋，我无非把他当作是警惕反省，当作是增进品德之处。荀子曾说“攻击我缺点的人是我的老师”，我怎会对老师产生厌恶呢？

一五〇

来书云：“有引程子‘人生而静，以上不容说，才说性，便已不是性’[①]，何故不容说？何故不是性？晦庵答云：‘不容说者，未有性之可言；不是性者，已不能无气质之杂矣。’[②]二先生之言皆未能晓，每看书至此，辄为一惑，请问。”

“生之谓性”，“生”字即是“气”字，犹言气即是性也。气即是性。人生而静，以上不容说，才说气即是性，即已落在一边，不是性之本原矣。孟子“性善”，是从本原上说。然性善之端须在气上始见得，若无气，亦无可见矣。恻隐、羞恶、辞让、是非即是气，程子谓“论性不论气，不备；论气不论性，不明”[③]，亦是为学者各认一边，只得如此说。若见得自性明白时，气即是性，性即是气，原无性气之可分也。

【注释】

① “人生而静”句：语自《礼记·乐记》第十一节：“人生而静，天之性也；感于物而动，性之欲也。”程颢于《河南程氏遗书》卷一《端伯传师说》云：“‘生之谓性’，性即气，气即性，生之谓也。人生气禀，理有善恶，然不是性中元有此两物相对而生也。有自幼而善，有自幼而恶，是气禀有然也。善固性也，然恶亦不可不谓之性也。盖‘生之谓性’，‘人生而静’以上不容说，才说性时，便已不是性也。凡人说性，只是说‘继之者善’也，孟子言人性善是也。夫所谓‘继之者善’也者，犹水流而就下也。皆水也，有流而至海，终无所污，此何烦人力之为也？有流而未远，固已渐浊；有出而甚远，方有所浊。有浊之多者，有浊之少者。清浊虽不同，然不可以浊者不为水也。如此，则人不可以不加澄治之功。”意思是，“人生而静”是未发的，是以上的，是不容言说的；一旦言说了，就是已发的、以下的，而不是原先的那个性的本体了，就不能不有了气质之杂（见下注）。

② 不能无气质之杂：语自《朱子文集》卷六十一《答严时亨》之一：“不容说者，未有性之可言；不是性者，已不能无气质之杂矣。‘人生而静’是未发时，以上即是人物未生之时，不可谓性。才谓之性，便是人生以后，此理堕在形气之中，不全是性之本体矣。”

③ “不备，不明”句：语自《河南程氏遗书》卷六：“论性不论气，不备；论气不论性，不明。”程氏注云：“一本此下云：‘二之则不是。’”云性、气岂可二分？

【译文】

你来信说：“有人引用程子‘人天生就处于静中，这静以上的状态是没法说的，才说了性时，便已不是性了’这句话问朱熹为什么不能说，为什么说了就不是性，朱晦庵回答说：‘不能说，是因为没有性可言；不是性，是说已经不可能没有气质掺杂在里面了。’两位先生的话，我都没能明白，每次书读到这里，就有这个疑惑，特向先生请教。”

我认为，“生之谓性”，“生”字就是“气”字，也可说“气”即是“性”。人天生就处于静中，这以上就不能说了，一旦说了“气”即是“性”，这个性就已经偏到一边，不再是性的本来状态了。孟子的性善论，是从性的本原上说。然而性善的端倪，一定要通过气才能见得到，如果没有气，也就无法看到了。恻隐、羞恶、辞让、是非都是气。程子说“论性不论气，就不全面；论气不论性，就不明朗”，这也是因为做学问的人往往只看到一方面，所以只能这样强调。如果能看明白自己的天性的话，那么气就是性，性就是气，性和气原本就是没有区别的。

答陆原静书①

一五一

来书云：“下手工夫，觉此心无时宁静。妄心固动也，照心亦动也；心既恒动，则无刻暂停也。”

是有意于求宁静，是以愈不宁静耳。夫妄心则动也，照心非动也；恒照则恒动恒静，天地之所以恒久而不已也。照心固照也，妄心亦照也；“其为物不贰，则其生物不息”②，有刻暂停则息矣，非“至诚无息”之学矣[③]。

【注释】

①答陆原静书：陆原静，即陆澄，王阳明的学生。参见上卷第十五条。此书作于嘉靖三年（1524），时阳明五十三岁，居越。

②其为物不贰，则其生物不息：息，《中庸》原本为“测”。《中庸》第二十六章：“天地之道，可一言而尽也；其为物不贰，则其生物不测。”意为天地的法则可以用一个“诚”字概括而尽，他作为万物的根据只此一个，而产生出的万物则不可计量。

③至诚无息：语自《中庸》第二十六章：“故至诚无息。不息则久，久则征，征则悠远，悠远则博厚，博厚则高明。”所以，至诚是没有停息的，不停息就能保持长久，就能广博深厚，就能高大光明。

【案】

此篇充满辩证意味。照心妄心只是一个心，其动与静是统一的，有生命的事物永远不会停息，至诚学问的追求也是永无止境的。

【译文】

你（陆澄）来信中说：“下手做功夫的时候，觉得心中没有一刻平静。妄心固然在活动，照心也在活动；心既然是一直在活动的，也就没有片刻的停歇了吗？”

像这样刻意去追求平静，反而越来越无法得到平静。妄心是活动的，照心则不是活动的。只要心是永远明澈的，也就永远是活动的，同时也永远是平静的，天地万物也就因此而永不停息地运动着。这样一来，照心固然是明澈，妄心也是明澈的了。照心与妄心不可以分为两件事物，作为有生命的事物也就不会停息，如有片刻的停息，作为生命体也就灭亡了，这样的学问也就不是至诚而永无止境的学问了。

一五二

来书云"良知亦有起处"云云。

此或听之未审。良知者，心之本体，即前所谓恒照者也。心之本体，无起无不起，虽妄念之发，而良知未尝不在，但人不知存，则有时而或放耳；虽昏塞之极，而良知未尝不明，但人不知察，则有时而或蔽耳。虽有时而或放，其体实未尝不在也，存之而已耳；虽有时而或蔽，其体实未尝不明也，察之而已耳。若谓良知亦有起处，则是有时而不在也，非其本体之谓矣。

【译文】

你来信中说："良知也有发端的地方。"等等。

这或许是你听得不够明白。良知是心的本体，也就是上面所说的恒常的照心。心的本体，无所谓发端或不发端。即使妄念产生，良知也并非不存在，只是人们不知道要存养良知，因此有时会放失它。即使昏聩闭塞到了极点，良知也并非不明朗，只是人们不知道要去省察它，因而有时就会被蒙蔽。虽然良知有时被放失了，但它的本体实际上并非不曾存在，只须存养它就可以了。虽然良知有时被蒙蔽了，但它的本体并非不曾明朗，只须精察它就可以了。如果说良知也有发端的地方，就会以为良知曾经并不存在，这就不是良知本体的说法了。

一五三

来书云："前日精一之论，即作圣之功否？"①

"精一"之"精"以理言，"精神"之"精"以气言。理者气之条理，气者理之运用；无条理则不能运用，无运用则亦无以见其所谓条理者矣。精则精，精则明，精则一，精则神，精则诚；一则精，一则明，一则神，一则诚：原非有二事也。后世儒者之说与养生之说各滞于一偏，是以不相为用。前日"精一"之论，虽为原静爱养精神而发，然而作圣之功实亦不外是矣。

【注释】

① 此问《全书》无，疑为后人所加。但从阳明所答观之，似亦可有此问。

【译文】

你来信说："前些天先生说的'精一'的论点，就是做圣人的功夫吗？"

"精一"的"精"是从理上来说的，"精神"的"精"是从气上来说的。理，是气的条理；气，是理的运用。没有条理也就不能运用，没有运用也就无法体现所谓的条理了。精可以作精细，可以作明朗，可以作专一，可以作神圣，可以作诚心。一可以作精细，可以作明朗，可以作神圣，可以作诚心。精和一原本就不是两回事。但后世儒者的学说和道家养生的学说却各自偏向一边，因此不能互相为用。我前些天讲的“精一”的论点，虽然是针对原静你喜欢存养精神而讲，不过做圣人的功夫，其实也不过是如此罢了。

一五四

来书云“元神、元气、元精[①]，必各有寄藏发生之处，又有真阴之精、真阳之气”云云。

夫良知一也，以其妙用而言谓之神，以其流行而言谓之气，以其凝聚而言谓之精，安可以形象方所求哉？真阴之精，即真阳之气之母；真阳之气，即真阴之精之父；阴根阳，阳根阴[②]，亦非有二也。苟吾良知之说明，则凡若此类，皆可以不言而喻。不然，则如来书所云“三关七返九还”之属[③]，尚有无穷可疑者也。

【注释】

① 元神、元气、元精：道教用语，合称三元。

② 阴根阳，阳根阴：语自周敦颐《太极图说》：“无极而太极，太极动而生阳，动极而静；静而生阴，静极复动。一动一静，互为其根。”根，根据。指阴与阳互为根据，动与静亦互为根据。

③ 三关：据道教《黄庭经》，口为天关，手为人关，足为地关，合称“三关”。《淮南子·主术》称耳、目、口为三关。也有认为三关为人身的三个穴位，是修炼内丹的通道。七返：道教以七代火，心属火，降心火于

丹田下，养得肾中真气，复返于心田，即为七返之功。一说饿日七返灵砂，以道家所谓仙药食之，能还魂，因炼药过程须经七次转化，故称七返。九还：道教以九代金，情属金，摄情归性，养得性光圆明，以还先天真性，即为九还之功。一说为九还丹，道家所说的仙药，服之可以长生不老。炼制过程中丹砂变成水银，经多次变化又成丹砂，故名九还。

【译文】

你来信说："元神、元气、元精一定各有寄托藏身的产生处，又有真阴之精、真阳之气。"等等。

良知只有一个，就它的奇妙的用处来说可称之为神，就它的流行来说可称之为气，就它的凝聚来说可称之为精，怎能从它的形象、方位、处所上来探求呢？真阴之中的元精，就是真阳之气的母体；真阳之中的元气，就是真阴之精的父体。阴生阳，阳生阴，都只是一个整体。如果我的良知学说能够昌明于天下，类似的问题都可以迎刃而解。否则，你来信中所说的"三关"、"七返"、"九还"之类，仍有数不清的疑问。

又[1]

一五五

来书云："良知，心之本体，即所谓性善也，未发之中也，寂然不动之体也，廓然大公也。何常人皆不能而必待于学邪？中也，寂也，公也，既以属心之体，则良知是矣。今验之于心，知无不良，而中、寂、大公实未有也。岂良知复超然于体用之外乎？”

性无不善，故知无不良，良知即是未发之中，即是廓然大公，寂然不动之本体，人人之所同具者也。但不能不昏蔽于物欲，故须学以去其昏蔽，然于良知之本体，初不能有加损于毫末也。知无不良，而中、寂、大公未能全者，是昏蔽之未尽去，而存之未纯耳。体即良知之体，用即良知之用，宁复有超然于体用之外者乎？

【注释】

① 又：这是接上书的第二封书信，即《答陆原静书（二）》。

【译文】

你来信中说：“良知是心的本体，是所谓的‘性善’，是感情未发出来时的中正，是寂然不动的本体，是廓然大公，为何常人一定要通过学习才能达到呢？中和、寂静和大公无私的品德，既然都属于心的本体，那就是良知了。如今通过心中的验证，知没有不良的，但中和、寂静、大公无私的品德却未必实际存在。难道说良知又能超然于体用之外吗？”

性没有不善的，所以知没有不良的。良知就是未发出来的中和，就是廓然大公、寂然不动的本体，人人都具有。但是却不能避免被物欲所遮蔽，因此一定要通过不断地学习来去除这种昏聩和蒙蔽。最终这对于良知的本体不会有丝毫的损害。知没有不良的，那么中和、寂静、公正的品德之所以没有完全具备，是因为昏聩和蒙蔽没有被完全摒除，良知的存养还不够纯粹。体就是良知的本体，用就是良知的作用，哪里有什么超然于体用之外的良知呢？

一五六

来书云："周子曰'主静'[①]，程子曰'动亦定，静亦定'[②]，先生曰'定者心之本体'，是静定也，决非不睹不闻、无思无为之谓，必常知、常存、常主于理之谓也。夫常知、常存、常主于理，明是动也，已发也，何以谓之静？何以谓之本体？岂是静定也，又有以贯乎心之动静者邪？"

理无动者也。"常知、常存、常主于理"，即"不睹不闻、无思无为"之谓也。不睹不闻，无思无为，非槁木死灰之谓也。睹、闻、思、为，一于理，而未尝有所睹、闻、思、为，即是动而未尝动也[③]，所谓"动亦定，静亦定"，体用一原者也[④]。

【注释】

① 主静：语自周敦颐《太极图说》："形既生矣，神发知矣，五性感动，而善恶分，万事出矣。圣人定之以中正仁义，而主静，立人极焉。"

② 动亦定，静亦定：语自程颢《明道先生文二·答横渠张子厚先生书》："所谓定者，动亦定，静亦定，无将迎，无意必。"邓艾民先生于此注云：佐藤一斋说他尝得文成《书太极图说》墨本，末有云："濂溪自注主静云'无欲故静'。而于《通书》云：'无欲则静虚动直。'是主静之说，实兼动静。"(《传习录栏外书》) 据此，王守仁实沟通"主静"与"动亦定，

静亦定”之说，可补充此处答语。

③动而未尝动：语自周敦颐《周子通书·动静第十六》：“动而无静，静而无动，物也。动而无动，静而无静，神也。动而无动，静而无静，非不动不静也。物则不通，神妙万物。”

④体用一原：语自《河南程氏文集》卷八《易传序》：“至微者，理也；至著者，象也。体用一源，显微无间。”陈荣捷先生说《大汉和辞典》提到“体用一源”四字来源于澄观的《华严经注》，但太田绵城已在《疑问录》中指出，在该书及澄观的其他著作中，都没有发现此语。然而澄观确实在其注疏中说过意义较泛的类似用语，但用字稍有不同（参见《续大藏经》第一辑第八十八套第三册）。

【译文】

你来信中说：“周敦颐说‘主静’，程子说‘动亦定，静亦定’，先生你说‘定者心之本体’，这些静和定，决不是不看不听，不想不做，必须是常知常存，常主天理。明明是动，是已发，怎么能说是静呢？怎么能说是本体呢？难道这个静定了下来，又贯穿于心的动静之中吗？”

天理是不动的。时常认知，时常存养，时常遵循天理，就是不看不听、不想不做的意思。不看不听，不想不做，并不是身如槁木，心如死灰，所谓看、听、想、做，都是专注于天理，不另外去看、听、想、做其他事，这就是所谓动，却又未曾动。所谓的“动亦定，静亦定”，就是本体和作用原本就是一致的意思。

一五七

来书云："此心未发之体，其在已发之前乎？其在已发之中而为之主乎？其无前后内外而浑然一体者乎？今谓心之动静者，其主有事无事而言乎？其主寂然感通而言乎？其主循理从欲而言乎？若以循理为静，从欲为动，则于所谓'动中有静，静中有动，动极而静，静极而动'者不可通矣[①]。若以有事而感通为动，无事而寂然为静，则于所谓'动而无动，静而无静'者不可通矣[②]。若谓未发在已发之先，静而生动，是至诚有息也，圣人有复也[③]，又不可矣。若谓未发在已发之中，则不知未发已发俱当主静乎？抑未发为静而已发为动乎？抑未发已发俱无动无静乎？俱有动有静乎？幸教。"

"未发之中"即良知也，无前后内外而浑然一体者也。有事无事，可以言动静，而良知无分于有事无事也。寂然感通，可以言动静，而良知无分于寂然感通也。动静者所遇之时，心之本体固无分于动静也。理无动者也，动即为欲，循理则虽酬酢万变而未尝动也，从欲则虽槁心一念而未尝静也。动中有静，静中有动，又何疑乎？有事而感通，固可以言动，然而寂然者未尝有增也。无事而寂然，固可以言静，然而感通者未尝有减也。动而无动，静而无静，又何疑乎？无前后内外而浑然一体，则至诚有息之疑不待解矣。未发在已发之中，而已发之中未尝别有未发者在；已发在未发之中，而未发之中未尝别有已发者存，是未尝无动静，而不可以动静分者也。

凡观古人言语，在“以意逆志”而得其大旨，若必拘滞于文义，则“靡有孑遗”者，是周果无遗民也[④]。周子“静极而动”之说，苟不善观，亦未免有病。盖其意从“太极动而生阳，静而生阴”说来。太极生生之理，妙用无息，而常体不易。太极之生生，即阴阳之生生。就其生生之中，指其妙用无息者而谓之动，谓之阳之生，非谓动而后生阳也。就其生生之中，指其常体不易者而谓之静，谓之阴之生，非谓静而后生阴也。若果静而后生阴，动而后生阳，则是阴阳动静截然各自为一物矣。阴阳一气也，一气屈伸而为阴阳；动静一理也，一理隐显而为动静。春夏可以为阳为动，而未尝无阴与静也；秋冬可以为阴为静，而未尝无阳与动也。春夏此不息，秋冬此不息，皆可谓之阳、谓之动也；春夏此常体，秋冬此常体，皆可谓之阴、谓之静也。自元、会、运、世、岁、月、日、时，以至刻、杪、忽、微，莫不皆然，所谓动静无端，阴阳无始，在知道者默而识之，非可以言语穷也。若只牵文泥句，比拟仿像，则所谓心从《法华》转，非是转《法华》矣[⑤]。

【注释】

①动静四句：为朱熹注《周子通书·动静第十六》之语。见前篇注③。又《河南程氏遗书》卷七有“静中便有动，动中自有静”之语。

②动而无动，静而无静：语自《周子通书·动静第十六》。见前篇注③。

③圣人有复：语自《周子通书》第三章：“性焉安焉之谓圣，复焉执

焉之谓贤。”

④ 以意逆志、靡有孑遗、周无遗民：语自《孟子·万章上》第四章：“故说诗者，不以文害辞，不以辞害志，以意逆志，是为得之。如以辞而已矣，《云汉》之诗曰：‘周余黎民，靡有孑遗。’信斯言也，是周无遗民也。”

⑤ 心从《法华》转，非是转《法华》：语自《六祖坛经》，意思是应当巧妙运用《法华经》的悟境，而不是拘泥于《法华经》的文字。

【译文】

你来信说：“人心‘未发’的本体，是在‘已发’之前呢，还是在‘已发’之中，并且主导着‘已发’？或者是‘未发’、‘已发’不分先后内外而浑然一体呢？现在所说的心的动和静，是以有事无事来说，还是从寂静不动、感应相通来说，或者是就遵循天理、顺从欲望来说呢？如果认为遵循天理时是静止，顺从欲望时是运动，那么所谓的‘动中有静，静中有动，动极而静，静极而动’就说不通了。如果以有事感应为运动，无事寂静为静止，那么所谓的‘动而无动，静而无静’也同样说不通了。如果说‘未发’在‘已发’之前，静产生动，那么至诚就有了停息，圣人势必就要向德性回复，这又讲不通了。如果说‘未发’已在‘已发’之中，那么不知道是‘未发’、‘已发’都主宰静呢，还是‘未发’主宰着静，‘已发’主宰着动，或者是‘未发’和‘已发’都是无动无静、有动有静？请先生指教。”

“未发之中”就是良知，没有前后内外之分，浑然一体。有事无事可以用动静来说，而良知不能分有事无事。寂静不动、感应相通可以用动静来说，而良知不能分为寂静感应。动与静是根据时间而变化的，心的本体原本不分运动或静止。天理是固定静止的，动就是私欲。遵循天理，则千变万化也不曾动；服从私欲，即使心中只有一念产生也不是静。“动中有静，静中有动”，这又有什么可怀疑的呢？有事感应相通，固然可以说是动，但是寂静不动的良知并没有增加什么。无事寂静不动，固然可以说是静，但是感应相通的良知并没有减少什么。“动而无动，静而无静”，又有什么可怀疑的呢？良知没有前后内外的差别，浑然一体，那么对“至诚有息”的怀疑就不用解释了。“未发”在“已发”之中，但“已发”之中未曾另有“未发”存在；“已发”在“未发”之中，但“未发”之中未曾另有“已发”存在。这里不是没有动静，只是不能用动静来区别而已。

但凡观察古人的言论，在于用心体察古人的用心，从而明白其中主旨。如果一定要拘泥于文字，那么“没有一个遗留在世”这句话就该解释为周朝果真没有遗民了。周子“静极而动”的学说，如果不善于体察，就难免会出差错，这是因为他的意思是从“太极动而生阳，静而生阴”上来说的。太极运动变化的道理妙用无穷，但其本体是永恒不变的。太极的运动变化就是阴阳的运动变化，在其运动变化中，就其妙用无穷来说就是动，就是阳的产生，并非运动后才产生阳；在其运动变化中，就其本体永恒不变来说就是静，就是阴的产生，并非静止后才产生阴。如果真的是静止后才产生阴，运动后才产生阳，那么阴阳、动静就是截然不同的两个事物了。阴阳是同一种气，气的伸缩产生阴阳；动静是一个理，理的隐藏与显现就是动静。春夏可以说是阳和动，但不是没有阴和静。秋冬可以说是阴和静，也不是没有阳和动。

春夏秋冬变化不止，都是阳，是动；春夏秋冬的本体永恒不变，都是阴，是静。从元、会、运、世、岁、月、日、时，一直到刻、杪、忽、微，都是这样。所谓“动静没有开端，阴阳没有起始”，对于明白天道的人来说，可以默默体会，却不能完全用语言表达。如果只是拘泥于文字，比附模仿，那就是所谓的《法华》支配着心转，而不是心支配着《法华》转了。

一五八

来书云：“尝试于心，喜怒忧惧之感发也，虽动气之极，而吾心良知一觉，即罔然消阻，或遏于初，或制于中，或悔于后。然则良知常若居优闲无事之地而为之主，于喜怒忧惧若不与焉者，何欤？”

知此则知未发之中，寂然不动之体，而有发而中节之和，感而遂通之妙矣。然谓良知“常若居于优闲无事之地”，语尚有病。盖良知虽不滞于喜怒忧惧，而喜怒忧惧亦不外于良知也。

【译文】

你来信说：“曾经在心中尝试过，喜怒忧惧的感情产生时，即使极度生气，只要心中的良知一旦发觉，就会慢慢消解，有时在生气的最初，有时在生气的中途，都可以消解掉，但有时却在事后才能悔悟。然而良知常常好像在悠闲无事的地方作为主宰，这似乎与喜怒忧惧没有什么关系，这是为什么？”

你明白了这一点，就能认识到未发之中那寂然不动的本体了，就能体悟到发而中节的平和与感而遂通的精妙了。但说良知常常好像在悠闲无事的地方，这句话是有问题的，良知虽然不在喜怒忧惧中滞留，但喜怒忧惧也不可能超脱于良知之外。

一五九

来书云："夫子昨以良知为照心。窃谓：良知，心之本体也；照心，人所用功，乃戒慎恐惧之心也，犹思也。而遂以戒慎恐惧为良知，何欤？"

能戒慎恐惧者，是良知也。

【译文】

你来信说："先生昨天将良知解释为照心。我私下里认为，良知是心的本体，照心是人所用的功夫，是戒慎恐惧的心，就像是思想。但先生却把戒慎恐惧当作良知，为什么呢？"

能让人戒慎恐惧的，就是良知。

一六〇

来书云："先生又曰'照心非动也'，岂以其循理而谓之静欤？'妄心亦照也'[①]，岂以其良知未尝不在于其中，未尝不明于其中，而视听言动之不过则者，皆天理欤？且既曰妄心，则在妄心可谓之照，而在照心则谓之妄矣。妄与息何异？今假妄之照以续至诚之无息，窃所未明，幸再启蒙。"

"照心非动"者，以其发于本体明觉之自然，而未尝有所动也。有所动即妄矣。“妄心亦照”者，以其本体明觉之自然者未尝不在于其中，但有所动耳。无所动即照矣。无妄无照，非以妄为照、以照为妄也。照心为照，妄心为妄，是犹有妄有照也。有妄有照则犹贰也，贰则息矣。无妄无照则不贰，不贰则不息矣。

【注释】

① 照心非动，妄心亦照：照心中包含了妄心，是因为有了活动；妄心中包含照心，是因为良知一直存在。照心妄心，只是一个心。“无照无妄”之心，即是心之本体，即是无善无恶的。那么，“有照有妄”岂不就是“有善有恶”的“意之动”吗？如果说“有照有妄”是将心一分为二了，那么“有善有恶”的“意之动”也是把心一分为二了，良知被昏蔽，其至诚的运动也就停息了。所以要用良知知善知恶的是非功夫去做为善去恶的格物功夫，以使良知恢复其至诚不息的运动。

【案】

阳明很少使用“纯善”一词。我们今日所理解的“纯善的心”，就是那“无善无恶”的心，是心之体，是“至善”，是“至诚”的心。所以把“致良知”的“致”理解为恢复，“致良知”就是复其初。“初心”一词，在阳明那里有两重意思：一是初心乃为本心，乃为心之体，即天德之良知；二是最初立下的不变的志向，即成圣志向。初心是大志向，而非小志向。

【译文】

你来信写道："先生又说'照心非动也'，难道是因为它遵循天理，就说它是静吗？'妄心亦照也'，难道是因为良知未曾不在妄心中存在，未尝不在妄心中澄明，而人的视听言动能不逾越准则，都是天理的作用吗？既然说到妄心，那么相对妄心而言，其中也有照心；相对照心而言，其中也有妄心。妄与息有什么不同呢？假如把妄心中的照与至诚无息联系起来，我就不能明白了，请先生再指点一二。"

"照心非动"，是因为它生发于本体自然的明觉，而未曾有所活动，一旦有所活动就是妄了。"妄心亦照"，是因为本体自然的明觉未尝不在妄心之中，只是有所活动而已，不活动就是照了。无妄无照，并不是把妄心当作照心、把照心当作妄心。如果认为照心是照，妄心是妄，这就仍然是有妄有照了。有妄有照，就是将妄心照心视为两个心，良知也就停息了。无妄无照，则是把妄心照心视为一个整体，整体就不会停息，这就是至诚而不停息的良知啊！

一六一

来书云："养生以清心寡欲为要。夫清心寡欲，作圣之功毕矣。然欲寡则心自清。清心非舍弃人事而独居求静之谓也。盖欲使此心纯乎天理，而无一毫人欲之私耳。今欲为此之功，而随人欲生而克之，则病根常在，未免灭于东而生于西。若欲刊剥洗荡于众欲未萌之先，则又无所用其力，徒使此心之不清。且欲未萌而搜剔以求去之，是犹引犬上堂而逐之也[①]，愈不可矣。”

必欲此心纯乎天理，而无一毫人欲之私，此作圣之功也。必欲此心纯乎天理，而无一毫人欲之私，非防于未萌之先而克于方萌之际不能也。防于未萌之先而克于方萌之际，此正《中庸》“戒慎恐惧”、《大学》“致知格物”之功，舍此之外，无别功矣。夫谓“灭于东而生于西”、“引犬上堂而逐之”者，是自私自利、将迎意必之为累[②]，而非克治洗荡之为患也。今曰“养生以清心寡欲为要”，只“养生”二字，便是自私自利、将迎意必之根。有此病根潜伏于中，宜其有“灭于东而生于西”、“引犬上堂而逐之”之患也。

【注释】

①引犬上堂而逐之：语自《河南程氏遗书》卷二上：“勿谓小儿无记性，所历事皆能不忘，故善养子者，当其婴孩，鞠之使得所养，全其和气，乃至长而性美，教之示以好恶有常。至如养犬者，不欲升其堂，则时其升堂而扑之。若既扑其升堂，又复食之于堂，则使孰从？虽日挞而求其不升，不可得也。养异类且尔，况人乎？故养正者，圣人也。”

②将迎：语自《庄子·知北游》：“颜渊问乎仲尼曰：‘回尝闻诸夫子曰：无有所将，无有所迎。回敢问其游。’仲尼曰：‘圣人处物，不伤物。不伤物者，物亦不能伤也。唯无所伤者，为能与人相将迎。’”将，送；将迎，送迎，交往。孔子的原意是说圣人与万物彼此相爱无伤，故能彼此交往。阳明这里只取迎来送往意，一来一去，徒劳无益。意必：语自《论语·子罕》第四章：“子绝四：毋意，毋必，毋固，毋我。”意思是孔子能杜绝四种毛病：不悬空揣测，不绝对肯定，不固执己见，不唯我独尊。

【译文】

你来信说："养生最关键的是清心寡欲。清心寡欲，做圣人的功夫就得以完成。然而寡欲了，心自然能够清明。清心并不是要舍弃人事，以隐居独处来追求宁静，而是要让此心纯然天理，没有一点私欲。现在要做这种功夫，随着私欲的生发就来克除它，但病根仍旧常在，未免东边的克除掉了，西边的又生发出来。如果想在各种私欲萌发之前就把它们清除干净，又不知从何处下手，反而使自己的心变得不清明了。况且，在私欲产生前就去四处搜寻它，再把它清除，就好像是把狗带进屋里，再赶它出去，这就更加不行了。"

一定要使此心纯乎天理，而没有一丝一毫私欲，这才是做圣人的功夫。一定要使此心纯乎天理，而没有一丝一毫私欲，不在私欲萌发之前就加以防范，将它克除在即将萌发的时候，是不行的。在私欲萌发之前就加以防范，将它克除在即将萌发之时，这正是《中庸》"戒慎恐惧"、《大学》"致知格物"的功夫。除此之外，没有其他的功夫。所谓东边的克除掉了，而西边的又生发出来，把狗带进屋里，再赶它出去，这是自私自利、往返徒劳无益、主观上刻意追求造成的结果，而不是克治荡除本身的问题。如今说"养生最关键的是清心寡欲"，然而"养生"这两个字，就是自私自利、刻意追求的根源。有这个根源潜伏在心中，就会产生东边的私欲克除掉了，而西边的又生发出来，把狗带进屋里，再将它赶出去的问题。

一六二

来书云："佛氏于不思善不思恶时认本来面目[①]，与吾儒'随物而格'之功不同。吾若于不思善不思恶时用致知之功，则已涉于思善矣。欲善恶不思，而心之良知清静自在，惟有寐而方醒之时耳。斯正孟子'夜气'之说。但于斯光景不能久，倏忽之际，思虑已生。不知用功久者，其常寐初醒而思未起之时否乎？今澄欲求宁静，愈不宁静，欲念无生，则念愈生，如之何而能使此心前念易灭，后念不生，良知独显，而与造物者游乎[②]？"

"不思善不思恶时认本来面目"，此佛氏为未识本来面目者设此方便。"本来面目"即吾圣门所谓"良知"。今既认得良知明白，即已不消如此说矣。"随物而格"，是"致知"之功，即佛氏之"常惺惺"[③]，亦是常存他本来面目耳。体段工夫，大略相似。但佛氏有个自私自利之心，所以便有不同耳。今欲善恶不思，而心之良知清静自在，此便有自私自利、将迎意必之心，所以有不思善、不思恶时用致知之功，则已涉于思善之患。孟子说"夜气"，亦只是为失其良心之人指出个良心萌动处，使他从此培养将去。今已知得良知明白，常用致知之功，即已不消说夜气；却是得兔后不知守兔，而仍去守株[④]，兔将复失之矣。欲求宁静，欲念无生，此正是自私自利、将迎意必之病，是以念愈生而愈不宁静。良知只是一个良知，而善恶自辨，更有何善何恶可思？良知之体本自宁静，今却又添一个求宁静；本自生生，今却又添一个欲无生，非独圣门致知之功不如此，虽佛氏之学亦未如此将迎意必也。只是一念良知，彻头彻尾，无始无终，即是前念不灭，后念不生。今却欲前念易灭而后念不生，是佛氏所谓断灭种性⑤，入于槁木死灰之谓矣。

【注释】

①“不思善不思恶”句：语自《六祖坛经·行由品》：“惠能遂出，盘坐石上。惠明作礼云：‘望行者为我说法。’惠能云：‘汝既为法而来，可屏息诸缘，勿生一念，吾为汝说。’明良久，惠能云：‘不思善，不思恶，正与么时，那个是明上座本来面目。’惠明言下大悟。”意思是不刻意于趋善，也不刻意于避恶，在一种自然平和心态下体认本心。

②与造物者游：语自《庄子·天下》：“上与造物者游，而下与外死生、无终始者为友。”外，置之度外；无终始，不分终始。

③常惺惺：语自《明觉禅师语录》卷三：“玄沙问僧：‘近离甚处？’云：‘瑞崖。’沙云：‘瑞崖有何言句？’僧云：‘长唤主人翁，自云诺惺惺著，他后莫受人瞒。’”

④守株：语自《韩非子·五蠹》：“宋人有耕者，田中有株，兔走触株，折颈而死，因释其耒而守株，冀复得兔，兔不可复得，而身为宋国笑。”

⑤断灭种性：意为使心灵处于死寂状态，其后果是不能悟入唯识。语自《成唯识论》卷九：“何谓大乘二种种性？一、本性住种性，谓无始来依附本识法尔所得无漏法因；二、习所成种性，谓闻法界等流法已、闻所成等熏习所成。要具大乘此二种性，方能渐次悟入唯识。”

【译文】

你来信说："佛教在不思善、不思恶中认识本来面目，与我们儒家根据事物具体情况来研究事理的功夫不同。儒家在不思善、不思恶的时候下致知的功夫，就已经涉及思善了。要做到不思善恶，让心中的良知处于清静自在的状态，只有睡觉刚醒时可以，这正是孟子的"夜气"论。但这个时间不能维持太久，瞬息之间思虑就产生了。不知道用功时间长的人，能否经常像睡觉刚醒思虑未生时那样？如今我想摒弃私欲求得宁静，却越发静不下来；想使杂念不生，杂念却更多。怎样才能使心中前念易灭，后念不生，良知独自显现并与大道相合呢？"

"不思善、不思恶中认识本来面目"，这是佛教给那些不识本来面目的人设下的方便途径。本来面目就是圣学所谓的良知。现在既然能够认清良知，就不需要这样说了。"根据事物的具体情况去研究事理"，是致知的功夫，就是佛教的"常惺惺"，也是常存他的本来面目而已。两家的形式与功夫大体相似，但佛教有自私自利之心，这就与儒家有了不同。如今要刻意追求不思善恶，而保持心中良知清静自在，这就有自私自利的心了，所以才会有不思善、不思恶中用致知的功夫，就已经涉及思善的弊病。孟子谈论"夜气"，也只是为那些失去良心的人指明了良心产生的地方，使他们从此处去培养良知。如今已经明白认识良知，常用致知的功夫，也就不需要说"夜气"了，不然就成了得到兔子后不知道要看住它，却去守着树，那么兔子就会重新跑掉。欲求宁静，欲念无生，这正是自私自利、刻意追求的毛病，因此欲念生得越厉害，心中越不宁静。良知只有一个，能自然分辨善恶，哪还有什么善恶可想？良知原本是宁静的，现在却又添了一个求宁静；良知原本是充满生机的，现在却又添了一个不生杂念，不但圣学的致知功夫不是这样，就连佛教也不主张这样刻意追求。只要一心在良知上，彻头彻尾，无始无终，就是前念不灭，后念不生。现在你却既想前念易灭，又想后念不生，这就是佛教所讲的断灭种姓，即心灵处于死寂状态，人就会形同槁木、心如死灰。

一六三

来书云："佛氏又有'常提念头'之说，其犹孟子所谓'必有事'，夫子所谓'致良知'之说乎？其即常惺惺，常记得，常知得，常存得者乎？于此念头提在之时，而事至物来，应之必有其道。但恐此念头提起时少，放下时多，则工夫间断耳。且念头放失，多因私欲客气之动而始[1]，忽然惊醒而后提。其放而未提之间，心之昏杂多不自觉。今欲日精日明，常提不放，以何道乎？只此常提不放，即全功乎？抑于常提不放之中，更宜加省克之功乎？虽曰常提不放，而不加戒惧克治之功，恐私欲不去；若加戒惧克治之功焉，又为思善之事，而于本来面目又未达一间也。如之何则可？"

"戒惧克治"，即是"常提不放"之功，即是"必有事焉"，岂有两事邪？此节所问，前一段已自说得分晓；末后却是自生迷惑，说得支离，及有"本来面目，未达一间"之疑，都是自私自利将迎意必之为病。去此病，自无此疑矣。

【注释】

① 客气：客，与主相对。心性乃为主体，由此而生气血之生理之性，是为客气。

【案】

戒惧克治就是常提不放，至简至明，不必搅过来搅过去（将迎）。

【译文】

你来信说："佛教又有'常提念头'的说法，就像孟子所说的'必有事'，先生所说的'致良知'吗？也就是常惺惺、常记得、常知得、常存得吗？在提起这个念头的时候，面对各种事物，一定会有恰当的方法去应对。但恐怕这念头提起的时候少，而放下的时候多，那样功夫就中断了。甚至念头的丧失，大多是因为私欲及客气的冲动所造成，要突然惊醒后才提得起来。在放下之后提起之前，人心昏暗杂乱常常自己不能觉察，现在想让念头日益精明，常提不放，有什么方法吗？单单一个常提起不放，就是全部的功夫吗？还是在常提不放之中，更应该增加反省克治的功夫呢？虽然说有了常提不放，但不加上戒惧克治的功夫，恐怕私欲就无法克除。如果加上了戒惧克治的功夫，似乎又成了"思善"的事，和"本来面目"又不一致了。到底该怎么做呢？"

其实戒惧克治，就是"常提不放"的功夫，就是"必有事焉"，怎能分得开呢！你这段话所问的，前一段话已经自然解说明白，最后却自己产生了迷惑，说得支离破碎，反而出现"'本来面目’又不一致”的疑问，这都是自私自利、刻意追求的弊病，克除这个弊病，自然也就没有这个疑问了。

一六四

来书云：“‘质美者明得尽，渣滓便浑化。’[1] 如何谓明得尽？如何而能便浑化？”

良知本来自明。气质不美者，渣滓多，障蔽厚，不易开明。质美者渣滓原少，无多障蔽，略加致知之功，此良知便自莹彻。些少渣滓如汤中浮雪，如何能作障蔽？此本不甚难晓。原静所以致疑于此，想是因一“明”字不明白，亦是稍有欲速之心。向曾面论“明善”之义，明则诚矣[2]，非若后儒所谓明善之浅也。

【注释】

① 质美者明得尽，渣滓便浑化：语自《河南程氏遗书》卷十一，明道语。

② 明则诚：语自《中庸》第二十一章：“自诚明谓之性，自明诚谓之教。诚则明矣，明则诚矣。”诚，则无不明矣；明，则可以至于诚矣。

【译文】

你来信说：“程明道曾说‘本质美好的人，善德尽显，缺点便容易融化消失了’。如何就是善德尽显？怎样才能使缺点融化消失呢？”

其实良知本来就是光明美好的。本质不美的人，身上缺点很多，良知被遮蔽很厚，不容易显现出光明。本质美好的人，缺点原本就少，没有那么多遮蔽，稍微用些致知的功夫，良知就自然澄明。那一点点缺点，就像热水中漂浮的雪花，怎么能遮蔽住呢？这道理本来不难懂，原静你之所以对此产生疑问，是因为对一个“明”字还没有完全明白，也是还有一点心急。曾经常和你当面谈论过明善的含义，明就是诚，而不像后世儒者那样，将明善理解得如此浅薄。

一六五

来书云：“聪明睿知果质乎①？仁义礼智果性乎？喜怒哀乐果情乎？私欲客气果一物乎？二物乎？古之英才若子房②、仲舒③、叔度④、孔明⑤、文仲⑥、韩、范⑦诸公，德业表著，皆良知中所发也，而不得谓之闻道者，果何在乎？苟曰此特生质之美耳，则生知安行者，不愈于学知困勉者乎？愚意窃云谓诸公见道偏则可，谓全无闻，则恐后儒崇尚记诵训诂之过也。然乎？否乎？”

性一而已。仁义礼知，性之性也；聪明睿知，性之质也；喜怒哀乐，性之情也；私欲客气，性之蔽也。质有清浊，故情有过不及，而蔽有浅深也。私欲客气，一病两痛，非二物也。张、黄、诸葛及韩、范诸公，皆天质之美，自多暗合道妙；虽未可尽谓之知学，尽谓之闻道，然亦自其有学，违道不远者也⑧。使其闻学知道，即伊、傅⑨、周、召⑩矣。若文中子则又不可谓之不知学者，其书虽多出于其徒，亦多有未是处，然其大略则亦居然可见，但今相去辽远，无有的然凭证，不可悬断其所至矣。夫良知即是道，良知之在人心，不但圣贤，虽常人亦无不如此。若无有物欲牵蔽，但循着良知发用流行将去，即无不是道。但在常人多为物欲牵蔽，不能循得良知。如数公者，天质既自清明，自少物欲为之牵蔽，则其良知之发用流行处自然是多，自然违道不远。学者学循此良知而已，谓之知学，只是知得专在学循良知。数公虽未知专在良知上用功，而或泛滥于多岐，疑迷于影响，是以或离或合而未纯。若知得时，便是圣人矣。后儒尝以数子者尚皆是气质用事，未免于行不著，习不察，此亦未为过论。但后儒之所谓著察者，亦是狃于闻见之狭，蔽于沿习之非，而依拟仿象于影响形迹之间，尚非圣门之所谓著察者也；则亦安得以己之昏昏而求人之昭昭也乎[11]？所谓"生知安行"，"知行"二字亦是就用功上说；若是知行本体，即是良知良能，虽在困勉之人，亦皆可谓之"生知安行"矣。"知行"二字更宜精察。

【注释】

①聪明睿知果质乎：聪明睿知，语自《中庸》第三十章："唯天下至圣，为能聪明睿知，足以有临也；宽裕温柔，足以有容也；发强刚毅，足以有执也；齐庄中正，足以有敬也；文理密察，足以有别也。"质，朱熹注此章曰："聪明睿知，生知之质。"

②子房：张良（公元前189年卒），字子房，相传为城父（今安徽省亳州东南）人。汉初三杰之一，刘邦的重要谋士，辅佐刘邦得天下，被封为留侯。

③ 仲舒：董仲舒（约前 176—约前 104），今河北省枣强人，西汉大儒，今文经学家，提出“罢黜百家，独尊儒术”的观点为汉武帝所采纳，对后世影响极大。

④ 叔度：黄宪，字叔度，汝南慎阳（今河南平舆县）人，东汉名士。自幼家贫。德行彪炳当世，终生不仕，有颜回之称。

⑤ 孔明：诸葛亮（181—234），字孔明，三国时蜀相。

⑥ 文仲：王通，字仲淹，门人私谥曰“文中子”，绛州龙门（今山西河津）人。隋代大儒，倡儒、释、道三教合一。

⑦ 韩、范：韩琦，字雅圭，相州安阳（今属河南）人，北宋名臣。范仲淹，字希文，苏州吴县人，北宋政治家、文学家。韩琦、范仲淹出将入相，世称韩范。

⑧ 违道不远：语自《中庸》第十三章：“忠恕违道不远，施诸己而不愿，亦勿施于人。”参见第一百四十七条注 ③。

⑨ 伊、傅：伊尹，商初重臣，出身奴隶，辅佐商汤灭夏。傅，傅说，商代武丁（前 1324—前 1226）之贤相。

⑩ 周、召：周，即周公。召，即召公，谥号康，与周公同为文王之子，武王之弟，共同辅佐成王。详见《史记·周本纪》。

⑪ 昭昭：语自《孟子·尽心下》第二十章：“孟子曰：‘贤者以其昭昭，使人昭昭；今以其昏昏，使人昭昭。’”

【译文】

你来信问：“聪明睿智，真的是人的禀赋吗？仁义礼智，真的是人的天性吗？喜怒哀乐，真的是人的情感吗？私欲与客气，是一回事还是两回事？古代的豪杰，像张良、董仲舒、黄宪、诸葛亮、王通、韩琦、范仲淹等人，功业卓著，这都是从他们的良知中生发出来的，但又不能说他们都是认识圣道的人，这到底是为什么？如果说他们天资卓异，那么生知安行的人难道不如学知利行和困知勉行的人吗？我想，如果说他们对道的认识不全面，还说得过去，如果说他们完全不认识道，恐怕是后世儒者过于崇尚背诵训诂而产生的偏见吧。这样说对吗？”

人性只有一个。仁义礼智，是人性的本质；聪明睿智，是人性的禀赋；喜怒哀乐，是人性的情感；私欲客气，是人性的障蔽。本性有清浊之分，所以感情有过分或欠缺的不同，蒙蔽也有深浅。私欲、客气，是一种毛病引发的两种痛苦，而不是两种事物。张良、黄宪、孔明、韩琦、范仲淹等人，都是天生资质卓著的人，自然与道多有妙合之处，虽然不能说他们完全明白圣学、通晓圣道，但他们的学问才识离圣道也并不远。假如他们能全面通晓圣学、得闻大道，那他们就成了伊尹、傅说、周公、召公了。至于文中子，倒也并不能说他不明白圣学，他的书虽然多出自学生之手，其中也有不少错误，但是他学问大体上还是可以看明白的。然而由于年代相隔久远，又没有确实的凭据，无法凭空断定他的学问离圣道到底有多远。

良知就是道。良知自在人心中，不管是圣贤，还是普通人，都是如此。如果没有物欲牵累遮蔽，单凭良知发挥运行，就都是道。但是普通人大多被物欲蒙蔽，不能遵循良知。像上面谈到的几个人，天生资质清明，遮蔽的物欲比较少，所以良知发挥运行的地方就多，自然离道就近。所谓的学，就是指学习如何去遵循良知。所谓知学，就是明白应该专心学习遵循良知。他们几个人虽然不知道一心在良知上用功，有的兴趣广泛，受到别的东西影响或迷惑，所以他们有时偏离道，有时符合道，没有达到纯粹的境界。然而，假如他们明白了这一点，就是圣人了。后世儒者曾经认为他们几个全凭天资建功立业，未免是不知其然，更不知其所以然，这样评价他们并不过分。不过，后世儒者所说的“著”和“察”，也是拘泥于狭窄的见闻，受到旧有习惯的蒙蔽，模仿圣人的影响和事迹，并不是圣学所谓的“著”和“察”。自己糊里糊涂，怎么能使别人明白呢？所谓生知安行，“知行”两字是从用功方面说的。至于说知行的本体，其实就是良知良能。从这个角度讲，即使是困知勉行的人，也都可以说是生知安行。所以，对“知行”二字更应该仔细体察。

一六六

来书云：“昔周茂叔每令伯淳寻仲尼、颜子乐处[①]。敢问是乐也，与七情之乐，同乎？否乎？若同，则常人之一遂所欲，皆能乐矣，何必圣贤？若别有真乐，则圣贤之遇大忧大怒大惊大惧之事，此乐亦在否乎？且君子之心常存戒惧，是盖终身之忧也[②]，恶得乐？澄平生多闷，未尝见真乐之趣，今切愿寻之。”

“乐”是心之本体，虽不同于七情之乐，而亦不外于七情之乐。虽则圣贤别有真乐，而亦常人之所同有。但常人有之而不自知，反自求许多忧苦，自加迷弃。虽在忧苦迷弃之中，而此乐又未尝不存。但一念开明，反身而诚[③]，则即此而在矣。每与原静论，无非此意。而原静尚有何道可得之间，是犹未免于"骑驴觅驴"之蔽也。

【注释】

①颜子乐处：语自《河南程氏遗书》卷二，程明道语："昔受学于周茂叔。每令寻颜子、仲尼乐处所乐何事。"其所乐系指《论语·雍也》第九章所云："子曰：'贤哉，回也！一箪食，一瓢饮，在陋巷。人不堪其忧，回也不改其乐。贤哉，回也！'"

②终身之忧：语自《孟子·离娄下》第二十八章："是故君子有终身之忧，无一朝之患也。"所以君子有长期的忧虑，却没有突发的痛苦。

③反身而诚：语自《孟子·尽心上》第四章："孟子曰：'万物皆备于我矣。反身而诚，乐莫大焉。'"孟子说，一切我都具备了，反躬自问，自己是忠诚踏实的，这便是最大的快乐。

【译文】

你来信说："从前，周茂叔常常让伯淳寻找孔子与颜回的快乐之处。请问这种快乐，与七情中的快乐是否相同？如果相同的话，那么普通人一旦满足了自己的欲望，就都能快乐了，何必要去当圣贤呢？如果另有真正的快乐，那么圣贤遇到非常忧闷、生气、惊讶、恐惧的事，这种快乐还存在吗？况且君子心中常有戒惧，这是终身的忧闷，怎么能快乐呢？我平时多烦闷，还未曾见过真正的快乐，现在非常迫切地想要寻求到它。"

孔子、颜回的快乐是发自心的本体，虽然与七情中的快乐有所不同，但也不在七情中的快乐之外。虽然圣贤另有真正的快乐，但也是常人所共有的，只是常人拥有而自己不知道，反而去寻求许多忧闷苦难，因迷惘把快乐放弃了。其实就在忧闷、苦难、迷惘、放弃的情况中，这种快乐也未尝不存在，只要一念明朗，追求自身的诚挚，快乐就能常在心中。我每次与原静你谈到，都是这个意思，而你仍然有“怎样才能寻求快乐”的疑问，你这真是骑驴找驴啊。

一六七

来书云：“《大学》以心有好乐、忿懥、忧患、恐惧为不得其正，而程子亦谓‘圣人情顺万事而无情’[①]。所谓‘有’者，《传习录》中以病疟譬之[②]，极精切矣。若程子之言，则是圣人之情不生于心而生于物也，何谓耶？且事感而情应，则是是非非可以就格。事或未感时，谓之有，则未形也；谓之无，则病根在。有无之间，何以致吾知乎？学务无情，累虽轻，而出儒入佛矣，可乎？”

圣人致知之功至诚无息[③]，其良知之体皦如明镜，略无纤翳。妍媸之来，随物见形，而明镜曾无留染。所谓“情顺万事而无情”也。“无所住而生其心”[④]，佛氏曾有是言，未为非也。明镜之应物，妍者妍，媸者媸，一照而皆真，即是生其心处。妍者妍，媸者媸，一过而不留，即是无所住处。病疟之喻，既已见其精切，则此节所问可以释然。病疟之人，疟虽未发，而病根自在，则亦安可以其疟之未发而遂忘其服药调理之功乎？若必待疟发而后服药调理，则既晚矣。致知之功无间于有事无事，而岂论于病之已发未发邪？大抵原静所疑，前后虽若不一，然皆起于自私自利、将迎意必之为祟。此根一去，则前后所疑自将冰消雾释，有不待于问辨者矣。

【注释】

① 圣人情顺万事而无情：语自《河南程氏遗书》卷三明道《答横渠先生定性书》："天地之常，以其心普万物而无心。圣人之常，以其情顺万事而无情。"

②《传习录》：指今之《传习录上》，即由徐爱、陆澄、薛侃所录，并于正德十三年（1518）刻于赣州的"虔刻本"。

③ 至诚无息：语自《中庸》第二十六章："故至诚无息，不息则久，久则征，征则悠远，悠远则博厚，博厚则高明。"至诚法天，天行不息，故至诚亦无息。不息则持久，则无穷，则博厚，则高明。博厚，孟子所谓"充实之美"；高明，孟子所谓"有光辉之大"。参见第十六条注②。

④ 无所住而生其心：语自《金刚经》第十品："应无所住而生其心。"意思是事物本身虽然没有留下表面的痕迹，却记录在了心里。

【译文】

你来信说："《大学》中有以'心有好乐、愤怒、忧患、恐惧'等为'不得其正'，而程子也说'圣人对待万事有情有义，却常常表现为无所谓情'。所谓有情，《传习录上》中有所谓'病疟之喻'，非常精细贴切。像程子说的这样，就成了圣人的情感不是产生于心，而是产生于外物了，为什么这样说呢？如果说感受到事物，就会产生相应的情感，那么，其中的是是非非就可以辨别并加以格除。反之，如果没有接触到事物，要说有情，情却没有显现，要说没有病根，却又似有似无，这怎么能致知呢？为学如果做到无情，这样牵累虽然少了，却又从儒家滑落入佛教的泥潭，这怎么行呢？”

圣人致知的功夫，就是至诚无息。圣人良知的本体，像明镜一样，没有一点纤尘遮蔽，美丑随时可以在镜中现出原形，而明镜却不曾受到一点污染。这就是所谓的“情顺万事而无情”。“无所住而生其心”，佛教曾经这样说过，并没有错。明镜照物，美就是美，丑就是丑，一照就显出真相，这就是显现内心的地方。美就是美，丑是就丑，照过后什么都不留下，这就是无所住。疟病之喻，既然你认为是精细贴切的，那么这里的问题就能迎刃而解了。有疟病的人，病虽然没有发作，但病根仍在，怎么能因为病没有发作，就忘记做吃药调理的功夫呢？如果一定要等到病发作了再吃药调理，就已经晚了。致知的功夫，不存在有事无事之分，怎能看病有无发作呢？原静你的疑问，虽然前后不一，但都根源于自私自利、刻意追求这一弊端。这个弊端一但去掉，那么你前后的疑惑就自然冰消雾散，用不着再去费思量了。

【钱德洪跋】

《答原静书》出，读者皆喜澄善问，师善答，皆得闻所未闻。师曰：“原静所问，只是知解上转，不得已与之逐节分疏。若信得良知，只在良知上用功，虽千经万典，无不吻合，异端曲学，一勘尽破矣，何必如此节节分解[①]？佛家有扑人逐块之喻[②]，见块扑人，则得人矣，见块逐块，于块奚得哉？”在坐诸友闻知畅然，惕然皆有惺悟[③]。此学贵反求，非知解可入也。

【注释】

①“虽千经万典”至“节节分解”：王阳明向来反对脱离致良知宗旨而在文义上逐节分疏，以知解接人。除此跋外，阳明《五经臆说十三条》钱德洪序引阳明语：“师曰：‘只致良知，虽千经万典，异端曲说，如执权衡，天下轻重莫逃焉，更不必支分句析，以知解接人也。’”（《王文成公全书》，页1123）知解接人，以纯粹知识的讲解去教人。

②仆人逐块之喻：语自《涅槃经》第二十六品：“凡一切凡夫，虽观于果，不观因缘。如犬逐块不逐人，亦复如是。”

③惕然皆有惺悟：《王文成公全书》为“似有惺惺悟”，意思是有所醒悟，有所觉悟。

【译文】

先生给陆原静的回信一经公布，读者们都对陆原静的善于提问和先生的善于解答非常赞赏，都说内容是闻所未闻的。先生说：“原静这些都是在知识解答上转圈，我不得已才为他逐段讲解。如果相信良知，只在良知上下功夫，即使千经万典，也没有不吻合的，异端曲学，都可以一下子就看出破绽，何必像这样逐段地拆开来解读呢！佛教有‘扑人逐块’的比喻，看到石块扑向人，才能咬住人，如果看到石块就去追逐石块，在石块上能得到什么呢？”在座的各位学友听了，都悚然有所省悟。老师的这种学问贵在反省自求，不是仅仅从知识解答上就可以把握的。

答欧阳崇一

一六八

崇一来书云[1]："师云：'德性之良知，非由于闻见。若曰"多闻，择其善者而从之，多见而识之"[2]，则是专求之见闻之末，而已落在第二义。'窃意良知虽不由见闻而有，然学者之知未尝不由见闻而发；滞于见闻固非，而见闻亦良知之用也。今日落在第二义，恐为专以见闻为学者而言。若致其良知而求之见闻，似亦知行合一之功矣。如何？"

良知不由见闻而有，而见闻莫非良知之用，故良知不滞于见闻，而亦不离于见闻。孔子云："吾有知乎哉？无知也。"[3]良知之外，别无知矣。故"致良知"是学问大头脑，是圣人教人第一义。今云专求之见闻之末，则是失却头脑，而已落在第二义矣。近时同志中盖已莫不知有致良知之说，然其工夫尚多鹘突者，正是欠此一问。大抵学问工夫，只要主意头脑是当，若主意头脑专以致良知为事，则凡多闻多见，莫非致良知之功。盖日用之间，见闻酬酢，虽千头万绪，莫非良知之发用流行，除却见闻酬酢，亦无良知可致矣，故只是一事。若曰致其良知而求之见闻，则语意之间未免为二，此与专求之见闻之末者虽稍不同，其为未得精一之旨则一而已。"多闻，择其善者而从之，多见而识之"，既云"择"，又云"识"，其良知亦未尝不行于其间；但其用意乃专在多闻多见上去择识，则已失却头脑矣。崇一于此等处见得当已分晓，今日之问，正为发明此学，于同志中极有益。但语意未莹，则毫厘千里，亦不容不精察之也。

【注释】

① 崇一：欧阳德（1495—1554），字崇一，号南野，江西泰和人，进士，官至礼部尚书。王阳明的弟子。

② 多闻，择其善者而从之，多见而识之：语自《论语·述而》第二十七章："子曰：'盖有不知而作之者，我无是也。多闻，择其善者而从之，多见而识之，知之次也。'"

③ 吾有知乎哉？无知也：语自《论语·子罕》第七章："子曰：'吾有知乎哉？无知也。有鄙夫问于我，空空如也，我叩其两端而竭焉。'"

【译文】

欧阳崇一来信写道："先生说：'德性的良知，并非由闻见产生，如果说听得多然后选择好的来遵从，见得多然后从中加以识别，则是专门在见闻细节上求索，这就已经落在低一等的层次了。'我认为良知虽然不是从见闻中而来，然而学者的知识，未尝不是从见闻中得来的。拘泥于见闻固然不对，但见闻也是良知的应用。现在说'落在低一等的层次'，恐怕是针对专门把见闻当作学问的人来说的。如果为了致良知而通过在见闻上求索，似乎也是知行合一的功夫。这样理解对吗？"

良知并非从见闻而来，然而见闻也无不都是良知的应用。因此良知不拘泥于见闻，也离不开见闻。孔子说："我有知识吗？没有知识啊。"良知之外，没有其他的知识了。因此"致良知"是学问最关键的地方，是圣人教人的第一要义。现在说专注于探求见闻的末节，就是失去了重点，已经落在第二位了。最近一段时间，同志们都已经知道了我“致良知”的学说，然而功夫仍然还有很多模糊不清的地方，正是欠缺你这一问。大体而言，做学问的功夫一定要把握住关键，如果把“致良知”当作最关键的地方，那么凡是多闻、多见莫不是“致良知”的功夫。日常生活中，见识应酬虽然头绪繁多，但都是良知的发用流行，除了见识应酬，也就没有别的良知可致，因此这两者也只是一件事。如果说致良知要从见闻上探求，那么言语之间不免就把良知和见闻分成两件事了，这虽然与专门在见闻上探求细节的做法稍有不同，但两者都是不懂得精一的主旨，这一点则是相同的。“多闻，择其善者而从之，多见而识之”，既然说到“择”，又说到“识”，可见良知已经在其中发挥了作用，但是其用意还是在多闻多见上选择、认知，这就仍然是丢失了最关键的环节。崇一你对这些问题的认识应该非常清楚了，今天这样的疑问，正好有利于阐发我的学说，对同志们也非常有益。但如果意思表达不准确，就会差之毫厘、谬以千里，不能不审慎体察。

一六九

来书云：“师云：‘《系》言何思何虑，是言所思所虑只是天理，更无别思别虑耳，非谓无思无虑也。心之本体即是天理，有何可思虑得？学者用功，虽千思万虑，只是要复他本体，不是以私意去安排思索出来。若安排思索，便是自私用智矣。学者之敝，大率非沉空守寂，则安排思索。’[①] 德辛壬之岁着前一病[②]，近又着后一病。但思索亦是良知发用，其与私意安排者何所取别？恐认贼作子，惑而不知也。”

“思曰睿，睿作圣。”[③]“心之官则思，思则得之。”[④]思其可少乎？沉空守寂与安排思索，正是自私用智，其为丧失良知，一也。良知是天理之昭明灵觉处，故良知即是天理。思是良知之发用。若是良知发用之思，则所思莫非天理矣。良知发用之思自然明白简易，良知亦自能知得。若是私意安排之思，自是纷纭劳扰，良知亦自会分别得。盖思之是非邪正，良知无有不自知者。所以认贼作子，正为致知之学不明，不知在良知上体认之耳。

【注释】

①“师云”句：见于《启问道通书》，参见第一百四十五条。

②辛壬之岁：即正德十六年辛巳（1521）至嘉靖元年壬午（1522）。

③思曰睿，睿作圣：语自《尚书·洪范》第六节：“貌曰恭，言曰从，视曰明，听曰聪，思曰睿。恭作肃，从作乂，明作哲，聪作谋，睿作圣。”思曰睿，睿作圣，意思是思想要深刻通达，深刻而通达的思想即是圣人的境界。

④心之官则思，思则得之：语自《孟子·告子上》第十五章：“耳目之官不思，而蔽于物，物交物，则引之而已矣。心之官则思，思则得之，不思则不得也。”

【译文】

你来信提道：“先生说《系辞》所说的‘何思何虑’，是指所思所虑只是天理，没有其他的思虑，也不是无思无虑。心之本体就是天理，有什么别的可以思虑的呢？学者用功，虽然千思万虑，都只是要恢复心的本体，而非凭借私意去安排思索出个天理来。如果安排思索，就是自私用智了。学者的弊病，大多不是枯守空寂，就是刻意思索。我从辛巳到壬午年间犯了前一个毛病，近日又犯了后一个毛病。但思索也是良知的发用，它与刻意思索有什么区别呢？我害怕自己认贼作子，故而迷惑而弄不明白。”

“思想一定要深刻通达，深刻通达的思想才是圣人的境界。”“心的功能是思考，思考就能有所得。”怎么能缺少思虑呢？枯守空寂，与安排思索，正是自私用智，同样是丧失了良知。良知是天理的昭明灵觉所在之处，因此良知就是天理，思虑是良知的发用。凡是由良知发用的思考，所思考的都是天理。良知发用的思考，自然是明白简洁的，良知也就自然可以理解了。如果是刻意安排的思考，必然就是纷纷扰扰，良知也自然能够分辨出来。思虑的是非、正邪，良知都能够自然加以分辨。之所以认贼作子，正是由于致知的学问还不明白，不知道要在良知上体察认知。

一七〇

来书又云：“师云：‘为学终身只是一事，不论有事无事，只是这一件。若说宁不了事，不可不加培养，却是分为两事也。’[①] 窃意觉精力衰弱，不足以终事者，良知也。宁不了事，且加休养，致知也。如何却为两事？若事变之来，有事势不容不了，而精力虽衰，稍鼓舞亦能支持，则持志以帅气可矣[②]。然言动终无气力，毕事则困惫已甚，不几于暴其气已乎[③]？此其轻重缓急，良知固未尝不知，然或迫于事势，安能顾精力？或困于精力，安能顾事势？如之何则可？"

"宁不了事，不可不加培养"之意，且与初学如此说，亦不为无益。但作两事看了，便有病痛。在孟子言"必有事焉"，则君子之学，终身只是集义一事。义者宜也。心得其宜之谓义。能致良知，则心得其宜矣，故集义亦只是致良知。君子之酬酢万变，当行则行，当止则止，当生则生，当死则死，斟酌调停，无非是致其良知，以求自慊而已[④]。故"君子素其位而行"[⑤]，"思不出其位"[⑥]，凡"谋其力之所不及，而强其知之所不能"者[⑦]，皆不得为致良知；而凡"劳其筋骨，饿其体肤，空乏其身，行拂乱其所为，动心忍性，以增益其所不能"者[⑧]，皆所以致其良知也。若云"宁不了事，不可不加培养"者，亦是先有功利之心，较计成败利钝，而爱憎取舍于其间，是以将了事自作一事，而培养又别作一事，此便有是内非外之意，便是自私用智，便是义外，便有"不得于心，勿求于气"之病，便不是致良知以求自慊之功矣。

所云"鼓舞支持，毕事则困惫已甚"，又云"迫于事势，困于精力"，皆是把作两事做了，所以有此。凡学问之功，一则诚，二则伪，凡此皆是致良知之意欠诚一真切之故。《大学》言诚其意者，"如恶恶臭，如好好色，此之谓自慊"。曾见有"恶恶臭，好好色"，而须"鼓舞支持"者乎？曾见

“毕事则困惫已甚”者乎？曾有“迫于事势，困于精力”者乎？此可以知其受病之所从来矣。

【注释】

① “师云”句：《启问道通书》之语，见第一百四十七条。

② 持志以帅气：语自《孟子·公孙丑上》第二章：“夫志，气之帅也；气，体之充也。夫志至焉，气次焉。故曰：‘持其志，无暴其气。’”

③ 暴其气：见上注。

④ 自慊：自满自足之意。语自《大学》第六章：“所谓诚其意者，毋自欺也，如恶恶臭，如好好色，此之谓自慊，故君子必慎其独也。”

⑤ 君子素其位而行：语自《中庸》第十四章：“君子素其位而行，不愿乎其外。”素，现在。君子只做自己现在所处地位的事，不希慕做超出自己本分的事。

⑥ 思不出其位：语自《论语·宪问》第二十八章：“子曰：‘不在其位，不谋其政。’曾子曰：‘君子思不出其位。’”曾子此语引自《周易》艮卦之象辞：“《象》曰：‘兼山，艮。君子以思不出其位。’”意为君子经常思考行动不应超越本位。

⑦ 谋其力之所不及，而强其知之所不能：语自欧阳修（1007—1072）《欧阳文忠公文集》卷十五之《秋声赋》：“而况思其力之所不及，忧其智之所不能。”

⑧ “劳其筋骨”句：语自《孟子·告子下》第十五章：“故天将降大任于斯人也，必先苦其心志，劳其筋骨，饿其体肤，空乏其身，行拂乱其所为，所以动心忍性，增益其所不能。”

【译文】

来信又写道："先生说：'为学终身只是一件事，不论有事无事，只是这一件。如果说宁肯不做完事，也不能不加存养的功夫，就是将为学功夫分成两件事了。'我认为，感到精力衰竭，不能做完事就不做，是依从了良知；宁肯不处理完事情，也要认真存养本心的，是致知。这怎么变成两件事了呢？如果事情发生变化不能不处理，虽然精力衰微，稍微振作也能坚持下来，只要保持意志统帅气力就可以了。然而言语行动终究有气无力，一旦做完事情就疲惫不堪，这是不是滥用气力呢？这其中的轻重缓急，良知应当明白，但有时迫于形势，又怎能顾及精力呢？有时精疲力竭，又怎能顾及形势呢？到底应该怎么办呢？"

"宁肯不将事情做完，也不能不存养内心"，对初学者这样说也不是没有好处，但已经把做事和存养本心当成两件事看了，就有了弊端。孟子说"必有事焉"，君子做学问就是终生"集义"。义就是宜，心做到了适宜就是义。能致良知，心就能做到适宜，所以"集义"也就是致良知。君子待人接物，应对种种事变，该做就做，该停就停，该生就生，该死就死，斟酌考虑，都是为了致良知，从而求得心安理得。所以"君子素其位而行"，"思不出其位"。凡是谋求自己力所不及的事，勉强干自己才智不能胜任的事，都不能算是致自己的良知。凡是"劳其筋骨，饿其体肤，空乏其身，行拂乱其所为，动心忍性，以增益其所不能"的，都是为了致自己的良知。如果说"宁肯不将事情做完，也不能不存养本心"，这也是先有功利之心，计较其中的成败利弊后做出的爱恨取舍，所以就把做事与存养本心看成两件事了。这就是重视本心而忽视做事的心态，就是为私欲而动脑筋，把义看作外在的东西，便会出现“不得于心，勿求于气”的弊病，就不是通过致良知来使自己心安理得的功夫了。

你所说的“强作支撑，完事后疲惫不堪”，和你所说的“迫于形势，精疲力竭”，都是把做事、存养本心看作两件事，所以才会有这样的疑问。凡是做学问的功夫，精一就是真诚，三心二意就是虚伪，这些都是因为致良知的心还不够真诚确切。《大学》里说“诚其意者，如恶恶臭，如好好色，此之谓自慊”，你从哪里见过厌恶恶臭、喜好美色而需要强作支撑的人呢？从哪里见过做完这些事后疲惫不堪的人呢？又从哪里见过迫于形势、精疲力竭做事的人呢？从这里就可以知道你的病根在什么地方了。

一七一

来书又有云：“人情机诈百出，御之以不疑，往往为所欺，觉则自入于逆亿[①]。夫逆诈即诈也，亿不信即非信也，为人欺又非觉也。不逆不亿而常先觉，其惟良知莹彻乎？然而出入毫忽之间，背觉合诈者多矣。”

“不逆不亿而先觉”，此孔子因当时人专以逆诈、亿不信为心，而自陷于诈与不信，又有不逆不亿者，然不知致良知之功，而往往又为人所欺诈，故有是言。非教人以是存心，而专欲先觉人之诈与不信也。以是存心，即是后世猜忌险薄者之事，而只此一念，已不可与入尧、舜之道矣。不逆不亿而为人所欺者，尚亦不失为善，但不如能致其良知而自然先觉者之尤为贤耳。崇一谓其惟良知莹彻者，盖已得其旨矣。然亦颖悟所及，恐未实际也。

盖良知之在人心，亘万古，塞宇宙，而无不同。不虑而知，恒易以知险，不学而能[②]，恒简以知阻[③]，先天而天不违[④]，天且不违，而况于人乎？况于鬼神乎？夫谓“背觉合诈”者，是虽不逆人，而或未能无自欺也；虽不亿人，而或未能果自信也。是或常有求先觉之心，而未能常自觉也。常有求先觉之心，即已流于逆亿而足以自蔽其良知矣，此“背觉合诈”之所以未免也。

君子学以为己[⑤]，未尝虞人之欺己也，恒不自欺其良知而已；未尝虞人之不信己也，恒自信其良知而已；未尝求先觉人之诈与不信也，恒务自觉其良知而已。是故不欺，则良知无所伪而诚，诚则明矣；自信，则良知无所惑而明，明则诚矣。明诚相生，是故良知常觉常照。常觉常照，则如明镜之悬，而物之来者自不能遁其妍媸矣。何者？不欺而诚，则无所容其欺，苟有欺焉，而觉矣；自信而明，则无所容其不信，苟不信焉，而觉矣。是谓易以知险，简以知阻，子思所谓“至诚如神，可以前知”者也。然子思谓“如神”，谓“可以前知”[⑥]，犹二而言之。是盖推言思诚者之功效，是犹为不能先觉者说也。若就至诚而言，则至诚之妙用即谓之神，不必言“如神”。至诚则无知而无不知，不必言“可以前知”矣。

【注释】

①逆亿：语自《论语·宪问》第三十三章：“子曰：‘不逆诈，不亿不

信。抑亦先觉者，是贤乎！'" 逆诈，预先怀疑别人欺诈。亿不信，猜想别人不诚信。

② 不学而能：语自《孟子·尽心上》第十五章："孟子曰：'人之所不学而能者，其良能也；所不虑而知者，其良知也。'"

③ 知险、知阻：语自《周易·系辞下》："夫乾，天下之至健也，德性恒易，以知险。夫坤，天下之至顺也，德行恒简，以知阻。"

④ 先天而天不违：语自《周易》乾《文言》："夫大人者，与天地合其德，与日月合其明，与四时合其序，与鬼神合其吉凶。先天而天弗违，后天而奉天时。天且弗违，而况于人乎？况于鬼神乎？"

⑤ 为己：语自《论语·宪问》第二十五章："子曰：'古之学者为己，今之学者为人。'" 为己，提升自己的内在修养。

⑥ 前知：语自《中庸》第二十四章："至诚之道，可以前知。" 意思是人如果能把握和践行诚挚的大道，就能够预见未来。

【译文】

来信又写道："人情诡诈多变，如果以不加怀疑的态度来对待，常常会被欺骗。想发现他人是否诡诈，自己就会事先怀疑别人是否诚信。逆诈就是欺诈，猜测别人不诚信不能算诚信，被人欺骗又不觉悟。不事先怀疑，不事先猜测，又常常能即刻察觉到欺诈，这大概只有良知莹彻的人才能做到吧？由于欺诈和诚信看起来区别微妙而不易分辨，所以不自觉和欺诈不实的人就会很多。"

不事先怀疑，不事先猜测，而又能即刻加以觉察，这是孔子针对当时许多欺诈别人、待人不诚信、深陷欺诈泥潭的人所说的话。有些人不欺诈，不随意猜测别人，但他们并不知道致良知的功夫，常常被人欺骗。孔子的话并不是教人存心去事先察觉他人的欺诈和虚伪。存心揣度别人是否欺诈与虚伪，是后世猜忌、阴险、狡诈、刻薄之人所做的事，只要存有这一种念头，就已经远离了尧、舜的圣人之道。不猜测，不欺诈，不臆想别人不诚信，而被人欺骗，这样的人虽没有丧失善良的本性，但不如能致良知而即刻察觉奸伪的人贤明。崇一你说“只有良知莹彻的人才能如此”，基本上已经把握了孔子的宗旨，不过，这也只是你的聪明所领悟到的，在实际生活中恐怕还难以达到。

良知在人的心中，亘古不变，充满宇宙。“不虑而知”，“恒久而平易，知道险难之所在”，“不学而能”，“恒久而简易，知道阻隔之所在”，“先于天象而不违反天道，天尚且不违背，更何况人呢？更何况鬼神呢”。那些不觉悟而被欺诈的人，虽然不去猜测别人是否欺诈，而或许未尝不自欺。虽然不去臆想别人是否诚信，而或许未尝有所自信。这使他们或许常常有寻求先觉的心思，但却不能常常自我觉悟。常有探求先觉的心思，就已沦落于事先猜测别人欺诈和不诚信的臆想之中，这就足以遮蔽他们的良知了。这就是为什么他们不觉悟和无法避免欺诈不实的原因。

君子求学是为了提高自己的修养，不曾忧虑别人会欺骗自己，只是永远不欺骗自己的良知罢了。不担忧别人对自己不诚信，只是永远相信自己的良知。不去谋求预先察觉别人的欺诈和不诚信，只是永远自觉存养自己的良知。因此，君子不欺骗自己，良知就能虔诚而不虚伪；君子虔诚，良知就能莹彻。君子自信，良知就会不受迷惑而晶莹透彻；晶莹透彻也就虔诚了。晶莹透彻和诚心诚意互相促进，所以良知能不断觉悟，不断明朗。常觉常照的良知就像高悬的明镜，万事万物的美丑都无法在它面前隐藏。为什么这样说呢？良知不欺诈便是真诚，也就不能容忍欺骗，遇到欺骗就能觉察。良知自信明朗，也就不能容忍不诚信，遇到不诚信就能察觉。这就是所谓的“易以知险，简以知阻”和子思所说的“至诚如神，可以前知”。不过子思所说的“如神”和“可以前知”，还是分成两件事来说了。因为他是从思诚的功效上说的，是给那些不能觉悟的人说的。如果就至诚而言，至诚的奇妙之处就是“神”，而不必说“如神”。如果能至诚，就能做到无知而无不知，就不必说“可以前知”了。

答罗整庵少宰书[①]

一七二

某顿首启：昨承教及《大学》，发舟匆匆，未能奉答。晓来江行稍暇[②]，复取手教而读之。恐至赣后人事复纷沓[③]，先具其略以请。

来教云：“见道固难，而体道尤难。道诚未易明，而学诚不可不讲。恐未可安于所见而遂以为极则也。”[④]幸甚幸甚！何以得闻斯言乎？其敢自以为极则而安之乎？正思就天下之有道以讲明之耳。而数年以来，闻其说而非笑之者有矣，诟訾之者有矣，置之不足较量辨议之者有矣，其肯遂以教我乎？其肯遂以教我，而反覆晓谕，恻然惟恐不及救正之乎？然则天下之爱我者，固莫有如执事之心深且至矣！感激当何如哉！

夫“德之不修，学之不讲”⑤，孔子以为忧。而世之学者稍能传习训诂，即皆自以为知学，不复有所谓讲学之求，可悲矣！夫道必体而后见，非已见道而后加体道之功也；道必学而后明，非外讲学而复有所谓明道之事也。然世之讲学者有二：有讲之以身心者，有讲之以口耳者。讲之以口耳，揣摸测度，求之影响者也；讲之以身心，行著习察，实有诸己者也。知此则知孔门之学矣。

【注释】

①《答罗整庵少宰书》：罗钦顺（1465—1547），字允升，号整庵，江西泰和人。进士，官至吏部尚书。明代著名理学家，“气学”代表人物，对程朱陆王都有所批评。少宰，次长，明清时侍郎一职的别称。正德十五年（1520）夏，阳明四十九岁，即平宁王朱宸濠后的第二年，时任江西巡抚的王阳明溯赣江至赣州，路经泰和，当时罗整庵任吏部右侍郎，又称少宰，恰好请假住在老家，就写了《与王守仁》信一封，在王阳明经过时交给他。此书即是阳明对该信的回复。罗获信后再答一书，王阳明时已逝。参见《明儒学案》卷四十七。

② 江：即赣江。陈荣捷先生注为扬子江，误。

③ 赣：即江西南部的赣州。

④ “见道固难”句：见《罗整庵集·困知记·附录》。

⑤ 德之不修，学之不讲：语自《论语·述而》第三章：“子曰：‘德之

不修，学之不讲，闻义不能徙，不善不能改，是吾忧也。'"

【译文】

阳明顿首谨启：昨天承蒙您以《大学》教诲我，匆匆登船，未能奉上回答。今天早上，趁着在江上行船稍有一点闲暇，重新将您的信拜读了一遍。恐怕到了赣地之后人事又会纷乱繁忙，先在这里简单回答，请您指教。

您在信中教导说："认识道固然很难，而要体会道就更加难。道的确不容易明白，然而学问也不能不讲授，恐怕不能满足于把自己的见识当做最高标准吧。"真是荣幸之至！从哪里还能听到这样的教诲呢？我怎敢安心以自己的见识为最高标准呢？正想着怎样贴近天下之道来讲求明白呢。这些年来，有听闻我的学说而非议嘲笑我的，有诟病我的，也有人认为不值得一辩而不屑一顾的，他们怎么肯开导教诲我呢？他们哪里肯为了教育我，而反复开导、心存仁慈、唯恐不能纠正拯救我的缺漏呢？由此可见，天下关心爱护我的人当中，没有谁像您这样对我悉心关怀的了，我该怎样感激您呢？

孔子说"品德如果不修炼，学问如果不讲习"，会因此而甚感忧虑。然而后世的学者稍稍能读经解释，就都自认为掌握了学问，不再有讲究探求学问的打算，真是可悲啊！道一定要体察后才能发现，而不是发现后再去运用体察道的功夫。道一定要学习后才能明白，而不是向外讲学之后才有所谓明道的事。然而世间讲求学问的人有两种，有用身心讲学的，有用口耳讲学的。用口耳讲学，揣摩推测，讲的都是捕风捉影的事。用身心讲学，能够透过现象把握本质，那确实都来自自己的良知。明白了这一点，就能通晓圣人之学了。

一七三

来教谓某“《大学》古本之复，以人之为学但当求之于内，而程、朱格物之说不免求之于外，遂去朱子之分章而削其所补之传”。非敢然也。学岂有内外乎？《大学》古本乃孔门相传旧本耳。朱子疑其有所脱误，而改正补缉之。在某则谓其本无脱误，悉从其旧而已矣。失在于过信孔子则有之，非故去朱子之分章而削其传也。夫学贵得之心。求之于心而非也，虽其言之出于孔子，不敢以为是也，而况其未及孔子者乎！求之于心而是也，虽其言之出于庸常，不敢以为非也，而况其出于孔子乎！且旧本之传数千载矣，今读及文词，既明白而可通，论其工夫，又易简而可入，亦何所按据，而断其此段之必在于彼，彼段之必在于此，与此之如何而缺，彼之如何而补[①]，而遂改正补缉之？无乃重于背朱而轻于叛孔已乎？

【注释】

①补：《全书》本作“误”，据《集要》改。

【译文】

您在来信中教导，说我“恢复《大学》的旧版本，是认为人们做学问只应当在心中探求，而程朱的‘格物’学说不免要在心外探求，因此删去了朱子的分章，并且削除了他增补的传文”。其实我并不敢这样。学问怎么能分内外呢？《大学》的旧版本是孔门传下来的原本，朱子认为其中有脱漏错误，因此改正补齐。对我来说则认为旧的版本没有脱漏错误，所以完全遵从旧版本而已。如果说我的过失在于过分相信孔子，这种情况是有的，但并不是刻意要删去朱子的分章和增补的传文。做学问最可贵的是用心，如果心里认为不对，即使是出自孔子的话，也不敢苟同，何况是那些并不如孔子的人呢？如果心里认为正确，即使是出自平常人的话，也不敢非议，何况是出自孔子的话呢？何况《大学》旧版本已经流传了数千年，现在去读那些文词，仍然明白通顺，讨论其中的功夫，简易而可以入手，又有什么根据断定这一段一定在那里，那一段一定在这里，以及这里缺了什么东西，那里又该增补什么，就这样去一面改正、一面补齐旧的版本？岂不是将背离朱子看得很重，反而将背叛孔子看得很轻了吗？

一七四

来教谓：“如必以学不资于外求，但当反观内省以为务，则‘正心诚意’四字亦何不尽之有？何必于入门之际，便困以格物一段工夫也[①]？”

诚然诚然。若语其要，则“修身”二字亦足矣，何必又言正心？“正心”二字亦足矣，何必又言诚意？“诚意”二字亦足矣，何必又言致知，又言格物？惟其工夫之详密，而要之只是一事，此所以为精一之学，此正不可不思者也。夫理无内外，性无内外，故学无内外。讲习讨论，未尝非内也；反观内省，未尝遗外也。夫谓学必资于外求，是以己性为有外也，是义外也，用智者也；谓反观内省为求之于内，是以己性为有内也，是有我也，自私者也，是皆不知性之无内外也。故曰："精义入神，以致用也；利用安身，以崇德也"[②]，"性之德也，合内外之道也"[③]。此可以知格物之学矣。格物者，《大学》之实下手处，彻首彻尾，自始学至圣人，只此工夫而已，非但入门之际有此一段也。

夫正心诚意、致知格物，皆所以修身而格物者，其所用力，日可见之地。故格物者，格其心之物也，格其意之物也，格其知之物也；正心者，正其物之心也；诚意者，诚其物之意也；致知者，致其物之知也：此岂有内外彼此之分哉！理一而已。以其理之凝聚而言，则谓之性；以其凝聚之主宰而言，则谓之心；以其主宰之发动而言，则谓之意；以其发动之明觉而言，则谓之知；以其明觉之感应而言，则谓之物。故就物而言谓之格，就知而言谓之致，就意而言谓之诚，就心而言谓之正。正者，正此也；诚者，诚此也；致者，致此也；格者，格此也，皆所谓穷理以尽性也。天下无性外之理，无性外之物。学之不明，皆由世之儒者认理为外，认物为外，而不知义外之说，孟子盖尝辟之[④]，乃至袭陷其内而不觉，岂非亦有似是而难明者欤？不可以不察也。

【注释】

①格物：语自《大学》经文："物格而后知至，知至而后意诚，意诚而后心正，心正而后身修，身修而后家齐，家齐而后国治，国治而后天下平。"

②"精义入神"四句：语自《周易·系辞下》："精义入神，以致用也；利用安身，以崇德也。"意思是对于精微道理的探求，能够达到神妙的境界，便能够经世致用；对于精微道理运用得好，便能够安静身心，涵养品德。

③性之德也，合内外之道：语自《中庸》第二十五章："诚者，非自成己而已也，所以成物也。成己，仁也；成物，知也。性之德也，合内外之道也，故时措之宜也。"

④孟子盖尝辟之：指孟子辟（批评）告子的义外之说。见《孟子·告子上》第四章告子与孟子的一段对话。参见第一百三十三条注②③。

【译文】

您在信中教导我说："如果认为做学问不必到心外探求，只要专心反省内求就行了，那么，'正心诚意'这四个字还有什么没说尽的？又何必在初学时用'格物'的功夫迷惑人呢？"

诚然很对！如果要说最关键的，那么"修身"两个字就够了，何必还要说"正心"呢？"正心"两个字就够了，何必又说"诚意"呢？"诚意"两个字就够了，何必又说"致知"，又说"格物"呢？之所以这样，只是由于做学问的功夫详细周密，而概括起来只是一件事，那就是称为"精一"的学问，这一点不能不认真思考。天理没有内外的区分，人性没有内外的区分，所以学问也没有内外的区别。讲习讨论未尝不是内，反省内求未尝就遗弃了外。如果认为学问一定离不开外求，那就是认为人性中有外在的部分，这就是“义外”，就是“用智”。如果认为反观内省只是在内心中探求，那就是认为人性还有内在的部分，那就是“有我”、“自私”。这两种观点都是不懂得人性没有内外之分。所以说，《周易·系辞》讲的“精义入神，以致用也；利用安身，以崇德也”，《中庸》讲的“性之德也，合内外之道也”，都可以明白“格物”的学问是没有内外之分的。“格物”是《大学》确切的入门地方，从头到尾，从开始学习到成为圣人，都只是这个功夫，而不仅仅是只做入门时的功夫。

“正心”、“诚意”、“致知”、“格物”都是为了“修身”。“格物”也只是人们每天所下的功夫中可以看得见的方面。所以“格物”就是清除心中的物欲，清除意念中的物欲，清除认知中的物欲。正心就是纠正物欲之心，诚意就是使物欲之心归于精诚，致知就是去除物欲恢复良知。这难道有内外和彼此之分吗？天理只有一个，从天理的凝聚来说就是性，从天理凝聚的主宰来说就是心，从天理主宰的发动来说就是意，从天理发挥光明觉悟来说就是知，从对天理光明觉悟的感应来说就是物。所以天理从物上来说就是格，从知来说就是致，从意来说就是诚，从心来说就是正。正就是正心，诚就是诚意，致就是致知，格就是格物，都是为了穷尽天理而充分发挥本性。天下没有人性之外的天理，没有人性之外的事物。圣学不昌明，都是由于世上的儒者认为天理存在于本心之外，认为事物存在于本心之外，却不知道孟子曾经批判过“义外”的学说，以至于沿袭错误而不知道，这难道不是也有似是而非而难以明白之处吗？所以不能不加以体察！

一七五

凡执事所以致疑于格物之说者，必谓其是内而非外也；必谓其专事于反观内省之为，而遗弃其讲习讨论之功也；必谓其一意于纲领本原之约，而脱略于支条节目之详也；必谓其沉溺于枯槁虚寂之偏，而不尽于物理人事之变也。审如是，岂但获罪于圣门，获罪于朱子？是邪说诬民，叛道乱正，人得而诛之也，而况于执事之正直哉！审如是，世之稍明训诂、闻先哲之绪论者，皆知其非也，而况执事之高明哉？凡某之所谓格物，其于朱子“九条”之说[①]，皆包罗统括于其中，但为之有要，作用不同，正所谓毫厘之差耳。然毫厘之差，而千里之缪实起于此，不可不辨。

【注释】

① 朱子“九条”：语自朱熹《大学或问》：一、或读书讲道义，或论古今人物而别其是非，或应接事物而处其当，今日格物，明日又格一物。二、自一身之中，以至万物之理，多多理会。三、非穷尽天下之理，亦非止穷得一理，但须多积累。四、于一一事上穷尽，可以类推。一事上穷不得，且别穷一事。或先其易，或先其难，各随人深浅。五、物必有理，皆所当穷。六、如欲为孝，当知所以为孝之道。七、物我一理。才明彼，即晓此。一草一木皆有理，不可不察。八、知至善之所在。九、察之于身。这是朱熹为格物致知用力之处所安排的功夫次第。

【案】

这里强调的是阳明格物说与朱子格物说（朱子九条）的区别，前者有一个关键之处，后者则是无差别的平列；前者的关键是“正心”，后者看不到任何重点。

【译文】

执事先生，您之所以怀疑我的“格物”学说，一定是认为我肯定内求而否定外求；一定是认为我专门致力于反观内省而放弃了外在讲习讨论的功夫；一定认为我一心只在重视简洁的纲领本原上，而忽略详细的条目；一定认为我沉浸在枯槁虚空的偏执中，而不能穷尽人情事理的变化。如果真是这样，我岂止只是圣门的罪人，朱子的罪人？简直是用邪说欺骗百姓，背离朝纲而扰乱正道，人人得而诛之了，更何况像您这样正直的人呢！如果真是这样，世上稍微懂得一点训诂的人，知道一些圣贤言论的人，都知道我是错误的，更何况像您这样高明的人呢？我所说的格物涵盖了朱子的九条，但我的格物学说自有关键之处，作用和朱子的九条不同，正是所谓的毫厘之差。然而毫厘之差，则是谬误千里啊，所以我不能不辨明。

一七六

孟子辟杨、墨至于“无父，无君”[1]。二子亦当时之贤者，使与孟子并世而生，未必不以之为贤。墨子“兼爱”，行仁而过耳；杨子“为我”，行义而过耳。此其为说，亦岂灭理乱常之甚，而足以眩天下哉？而其流之弊，孟子至比于禽兽夷狄，所谓“以学术杀天下后世”也[②]。

今世学术之弊，其谓之学仁而过者乎？谓之学义而过者乎？抑谓之学不仁不义而过者乎？吾不知其于洪水猛兽何如也！孟子云：“予岂好辩哉？予不得已也！”[③]杨、墨之道塞天下，孟子之时，天下之尊信杨、墨，当不下于今日之崇尚朱说，而孟子独以一人呶呶于其间，噫，可哀矣！韩氏云：“佛、老之害甚于杨、墨。”[④]韩愈之贤不及孟子，孟子不能救之于未坏之先，而韩愈乃欲全之于已坏之后，其亦不量其力，且见其身之危，莫之救以死也！呜呼！若某者其尤不量其力，果见其身之危，莫之救以死也矣。夫众方嘻嘻之中，而独出涕嗟若[⑤]，举世恬然以趋，而独疾首蹙额以为忧，此其非病狂丧心，殆必诚有大苦者隐于其中，而非天下之至仁，其孰能察之？

其为《朱子晚年定论》，盖亦不得已而然。中间年岁早晚诚有所未考，虽不必尽出于晚年，固多出于晚年者矣。然大意在委曲调停，以明此学为重，平生于朱子之说如神明蓍龟，一旦与之背驰，心诚有所未忍，故不得已而为此。“知我者谓我心忧，不知我者谓我何求”[⑥]，盖不忍抵牾朱子者，其本心也；不得已而与之抵牾者，道固如是，“不直则道不见”也[⑦]。执事所谓决与朱子异者，仆敢自欺其心哉？夫道，天下之公道也；学，天下之公学也，非朱子可得而私也，非孔子可得而私也。天下之公也，公言之而已矣。故言之而是，虽异于己，乃益于己也；言之而非，虽同于己，适损于己也。益于己者，己必喜之；损于己者，己必恶之。然则某今日之论，虽或于朱子异，未必非其所喜也。君子之过[⑧]，如日月之食，其更也，人皆仰之，而小人之过也必文[⑨]。某虽不肖，固不敢以小人之心事朱子也。

【注释】

① 无父、无君：语自《孟子·滕文公下》第九章："圣人不作，诸侯放恣，处士横议，杨朱、墨翟之言盈天下。天下之言，不归杨，则归墨。杨氏为我，是无君也；墨氏兼爱，是无父也。无父无君，是禽兽也。"

② 以学术杀天下后世：语自《陆九渊集》卷一《与曾宅之》："惟其生于后世，学绝道丧，异端邪说充塞弥满，遂使有志之士罹此患难，乃与世间凡庸恣情纵欲之人均其陷溺，此岂非以学术杀天下哉！"

③ "孟子云"二句：语自《孟子·滕文公下》第九章："公都子曰：'外人皆称夫子好辩，敢问何也？'孟子曰：'予岂好辩哉？予不得已也。'"

④ "韩氏云"句：语见《韩昌黎全集》卷十八："佛、老之害甚于杨、墨。"

⑤ 出涕嗟若：语自《周易》离卦爻辞："六五，出涕沱若，戚嗟若，吉。"指泪水滂沱不绝地流，哀伤叹息，吉祥。

⑥ 知我者谓我心忧，不知我者谓我何求：语自《诗经·王风·黍离》。

⑦ 不直则道不见：语自《孟子·滕文公上》第五章："孟子曰：'吾今则可以见矣。不直则道不见，我且直之。'"见，显现。不直则道不见，如果不直言相告，真理就不能显现。

⑧ 君子之过：语自《论语·子张》第二十一章："子贡曰：'君子之过也，如日月之食焉，过也，人皆见之；更也，人皆仰之。'"子贡说，君子

的过失好比日蚀月蚀，错误的时候，人人都看得见；更改的时候，人人都仰望着。

⑨ 小人之过也必文：语自《论语·子张》第八章："子夏曰：'小人之过也必文。'"文，文过饰非。

【译文】

孟子批评杨朱、墨子是无父无君。其实这两人也是当时的贤人，如果与孟子处在同一个时代，那么孟子也未必不认为他们是贤人。墨子提倡"兼爱"，是施行仁政过了头。杨朱主张"为我"，是行仁义太过分。他们的学说，难道能泯灭天理扰乱纲常到足以迷惑天下所有人吗？但他们学说产生的弊端，被孟子比作夷狄禽兽，是在用学术杀害天下后世的人。

当今学术的弊端，能说是学仁过分了吗？是学义过分了吗？还是学不仁不义太过分了？我不知道他们与洪水猛兽相比有什么不同！孟子说："我难道是喜欢辩论吗？我是不得已啊。"杨朱、墨子的学说流行天下，在孟子的时代，天下的人尊崇信仰杨朱、墨子的学说，并不亚于现在人们推崇朱子的学说，而孟子独自一人与众人辩论。唉，真是可悲！韩愈说："佛家道家学说的危害比杨朱、墨子的更严重。"韩愈的贤明远不如孟子，孟子不能在世道人心败坏之前拯救它，韩愈却想在败坏之后恢复世道人心，他这是不自量力，而且都知道他身处危境，也没有人来救他以至于死去。唉！至于我自己，更是不自量力，发现自己面临危险，却也没有人能救我于死地！大家正在高兴地嬉笑，我却独自泪流满面。天下的人都心安理得地趋炎附势，我却独自皱眉忧虑而痛心疾首。这如果不是我丧心病狂，就一定是心中有极大的痛苦，如果不是世上最仁爱的人，谁又能体察我心中的愁苦呢？

我写《朱子晚年定论》，也是迫不得已。其中年代的先后，确实有一些不能加以考证，虽然不全是出自朱子晚年，但大部分是他晚年的著述。我的本意是调解朱陆的争辩，重在使圣学昌明。我一生中始终将朱子的学说奉为神明，一旦要和它背离，确实很不忍心，所以说是不得已才这样做。"理解我的人，都知道我是在担忧，不理解我的人，还以为我有什么目的呢？"我本心并不愿与朱子的学说相抵触，而又不得不这样做，是因为圣道本来就是这样。"不说直话，圣道就显现不出来"啊！您却说我是一定要与朱子的学说对立，我怎么敢自己欺骗自己呢？圣道是天下共同的道，圣学是天下共同的学，不是朱子自己私有的，也不是孔子自己私有的。对天下共有的东西，应该秉公而论。所以，只要说得对，即使和自己的见解不同，也是对自己有益。话说得不对，即使和自己的见解相同，也会对自己有害。有益于自己的，自己一定喜欢；有害于自己的，自己一定厌恶。那么我现在的观点，虽然同朱子不一样，但未必不是朱子所喜欢的。君子的过错就像日食和月食，改正了过错，人人都敬仰他，而小人对自己的过错一定会掩饰。我虽然不够贤明，怎么也不敢用小人的心态来对待朱熹先生。

一七七

执事所以教，反覆数百言，皆以未悉鄙人格物之说。

若鄙说一明，则此数百言皆可以不待辨说而释然无滞。故今不敢缕缕以滋琐屑之渎。然鄙说非面陈口析，断亦未能了了于纸笔间也。嗟乎！执事所以开导启迪于我者，可谓恳到详切矣！人之爱我，宁有如执事者乎？仆虽甚愚下，宁不知所感刻佩服，然而不敢遽舍其中心之诚然而姑以听受云者，正不敢有负于深爱，亦思有以报之耳。秋尽东还[1]，必求一面，以卒所请，千万终教！

【注释】

① 东：《集要》作“冬”，当是。

【译文】

您的教诲，反复有数百句，都是因为没有明白我“格物”的学说。如果一旦明白了我的学说，那么这数百句话都可以不必辩论而毫无疑问。因此我现在不敢再详细陈述，以避免琐碎麻烦。然而我的学说或许可以当面陈述，所以并非纸笔能够阐述清楚。唉！您对我的教导启迪，可以说是恳切到了极为详细的地步，爱护我的人，哪里有像您这样的呢？我虽然愚笨低下，一定知道对您的感谢敬佩。然而我不敢舍弃心中的真诚而勉强接受您的看法，正是因为我不敢辜负您的厚望，也是想对您有所回报啊。等到秋天过去，我冬天回来的时候，一定登门拜望，当面向您请教，到时还望您千万不吝赐教！

答聂文蔚[1]

一七八

春间远劳迂途枉顾，问证惓惓，此情何可当也！已期二三同志，更处静地，扳留旬日，少效其鄙见，以求切劘之益，而公期俗绊，势有不能，别去极怏怏，如有所失。忽承笺惠，反覆千余言，读之无甚浣慰。

中间推许太过，盖亦奖掖之盛心，而规砺真切，思欲纳之于贤圣之域；又托诸崇一以致其勤勤恳恳之怀，此非深交笃爱，何以及是！知感知愧，且惧其无以堪之也。虽然，仆亦何敢不自鞭勉，而徒以感愧辞让为乎哉？

其谓"思、孟、周、程无意相遭于千载之下，与其尽信于天下，不若真信于一人。道固自在，学亦自在，天下信之不为多，一人信之不为少"者，斯固君子"不见是而无闷"之心[2]，岂世之谫谫屑屑者知足以及之乎？乃仆之情，则有大不得已者存乎其间，而非以计人之信与不信也。

【注释】

① 聂文蔚：名豹（1487—1563），字文蔚，号双江，江西永丰人。王阳明的学生。

② 不见是而无闷：语自《周易》乾卦《文言》："不成乎名，遁世无闷，不见是而无闷。"意思是即便不被肯定，也不会因此烦闷。

【译文】

有劳您春天绕道远来见我，反复询问论证，这种热情我怎能担当得起呢！我已经约好两三位同志，找一个安静的地方，待上十几天，一起讨论我的观点，以便在切磋中受益。然而您事务繁忙，不得不离开，我心中十分怅然，若有所失。突然收到您的来信，反复数千字，读了之后无限欣慰。

信中对我赞许太多，这也是对我一片提携盛意，而其中真切的规劝，是希望我能跨入圣贤的领域，又嘱托崇一转达深切的关怀，如果不是深交厚爱的朋友，怎能做到这样呢。我感动惭愧，并生怕辜负了您的厚爱。虽然这样，我也不敢不自勉自励，而不会仅仅停留在感激、惭愧和辞让上？

您说"子思、孟子、周敦颐、程子并不期望千年以后仍能被人理解，与其让天下人都相信，还不如被一个人真正相信。圣道自然存在，圣学也自然存在，天下人都相信不为多，只有一人相信也不为少"，这就是君子"不见是而无闷"的心态。这难道是世上浅薄琐碎的人能理解的吗？对我来说，其中有很多万不得已的苦衷，所以并不计较别人是否相信。

一七九

夫人者，天地之心。天地万物，本吾一体者也，生民之困苦荼毒，孰非疾痛之切于吾身者乎？不知吾身之疾痛，无是非之心者也。是非之心，不虑而知，不学而能，所谓良知也。良知之在人心，无间于圣愚，天下古今之所同也。世之君子惟务致其良知，则自能公是非，同好恶，视人犹己，视国犹家，而以天地万物为一体，求天下无治，不可得矣。古之人所以能见善不啻若己出，见恶不啻若己入，视民之饥溺犹己之饥溺[①]，而一夫不获[②]，若己推而纳诸沟中者[③]，非故为是而以蕲天下之信己也，务致其良知，求自慊而已矣。尧、舜、三王之圣[④]，言而民莫不信者[⑤]，致其良知而言之也；行而民莫不说者，致其良知而行之也。是以其民熙熙皞皞[⑥]，杀之不怨，利之不庸[⑦]，施及蛮貊，而凡有血气者莫不尊亲，为其良知之同也。呜呼！圣人之治天下，何其简且易哉！

【注释】

① 饥溺：语自《孟子·离娄下》第二十九章："禹思天下有溺者，由己溺之也；稷思天下有饥者，由己饥之也，是以如是其急也。"

② 一夫不获：语自《尚书·说命》："一夫不获，则曰时予之辜。"

③ 沟中：语自《孟子·万章上》第七章："思天下之民，匹夫匹妇有不被尧、舜之泽者，若己推而内之沟中。其自任以天下之重如此，故就汤而说之以伐夏救民。"内，即纳。

④ 三王：指汤、文王、武王。

⑤ 莫不信：语自《中庸》第三十一章："见而民莫不敬，言而民莫不信，行而民莫不说。"

⑥ 熙熙皞皞：熙，和也；皞，广大自得貌。

⑦ 杀之不怨，利之不庸：语自《孟子·尽心上》第十三章："杀之而不怨，利之而不庸，民日迁善而不知为之者。"杀之而不怨，即便被杀也不加怨恨。庸，酬谢。利之而不庸，得到好处而不去酬谢。

老百姓一天天向善，却不知道是谁帮助了他们。

【译文】

人就是天地的心，天地万物与我本来就是一体的。百姓所受的困苦残害，难道不也是我自己的切肤之痛吗？不知道自己痛苦的人，就是没有是非之心的人。是非之心，是不需要思考就能够知道的，不需要学习就能够拥有的，这就是所谓的良知。良知自在人的心中，不论圣人或傻瓜，从古到今都是相同的。世上的君子，只要专心在致良知上，就自然能具备共同的是非好恶，待人如待己，爱国如爱家，把天地万物看作一个整体，以求得天下的大治。古人之所以能看见别人做好事，就像自己做了好事；看见别人做坏事，就像自己做了坏事；看到百姓饥饿痛苦，就像自己在饥饿痛苦一样；有一个人生活没有着落，就像自己把他推到了沟中去似的，并非故意要这样做来取信于天下，而是专门致其良知来求得自我满足。尧、舜、禹、汤、周文王、周武王说的话天下没有人不相信的，这是因为他们是致了自己的良知之后才说的话；对他们的行为百姓没有不愉悦的，这是因为他们是在致自己的良知之后才做出的行为。所以他们领导的百姓和和美美、心情舒畅，即使被处死也不怨恨，得到好处也不认为应该酬谢。把这些推行到蛮夷之地，凡是血气方刚的人没有不孝敬父母的，因为大家的良知都是相同的。唉！圣人治理天下是多么简单容易啊！

一八〇

后世良知之学不明，天下之人用其私智以相比轧，是以人各有心，而偏琐僻陋之见，狡伪阴邪之术，至于不可胜说；外假仁义之名，而内以行其自私自利之实，诡辞以阿俗，矫行以干誉，掩人之善而袭以为己长，讦人之私而窃以为己直。忿以相胜而犹谓之徇义，险以相倾而犹谓之疾恶。妒贤忌能，而犹自以为公是非；恣情纵欲，而犹自以为同好恶。相陵相贼，自其一家骨肉之亲，已不能无尔我胜负之意、彼此藩篱之形，而况于天下之大、民物之众，又何能一体而视之？则无怪于纷纷籍籍，而祸乱相寻于无穷矣！

【译文】

后世良知的学说不再昌明，天下的人各用自己的私欲才智互相倾轧，因此人人各有自己的私心，而那些偏激浅陋、琐碎繁杂的见解，狡诈阴险的心术，更是达到了登峰造极的地步。他们对外假借仁义的名号，对内则做着自私自利的事，用巧言诡辩来迎合世俗，用虚伪行为来博取名誉，把损害别人的善良作为自己的长处，把攻击别人的隐私当作自己的正直，因为私愤相互争斗还称之为殉道正义，阴险地互相倾轧还认为是疾恶如仇，妒贤嫉能还自认为是是非公正，恣意放纵却仍自认为是好恶分明，互相欺凌互相侵害，即使是一家骨肉这样亲密的，也不能摒除你我的区别、胜负的争执、彼此的成见，更何况天下之大、百姓之众、事物之多，就更不能一视同仁了！这就难怪天下动荡不安、祸乱不断啊！

一八一

仆诚赖天之灵，偶有见于良知之学，以为必由此而后天下可得而治。是以每念斯民之陷溺，则为之戚然痛心，忘其身之不肖，而思以此救之，亦不自知其量者。天下之人见其若是，遂相与非笑而诋斥之，以为是病狂丧心之人耳。

呜呼！是奚足恤哉？吾方疾痛之切体，而暇计人之非笑乎！人固有见其父子兄弟之坠溺于深渊者，呼号匍匐，裸跣颠顿，扳悬崖壁而下拯之。士之见者，方相与揖让谈笑于其傍，以为是弃其礼貌衣冠，而呼号颠顿若此，是病狂丧心者也。故夫揖让谈笑于溺人之傍而不知救，此惟行路之人、无亲戚骨肉之情者能之，然已谓之无恻隐之心，非人矣[①]。若夫在父子兄弟之爱者，则固未有不痛心疾首，狂奔尽气，匍匐而拯之。彼将陷溺之祸有不顾，而况于病狂丧心之讥乎？而又况于蕲人之信与不信乎？

呜呼！今之人虽谓仆为病狂丧心之人，亦无不可矣。天下之人心皆吾之心也，天下之人犹有病狂者矣，吾安得而非病狂乎？犹有丧心者矣，吾安得而非丧心乎？

【注释】

① 无恻隐之心，非人矣：语自《孟子·公孙丑上》第六章："孟子曰：'……由是观之，无恻隐之心，非人也；无羞恶之心，非人也；无辞让之心，非人也；无是非之心，非人也。'"

【译文】

我靠着上天的眷顾，偶然发现了良知的学说，认为只有致良知才能天下大治。因此我每当想到百姓的苦难就痛心疾首，忘了自己才疏学浅，想用良知来拯救天下的百姓，真是自不量力。世上的人看到我这样做，纷纷嘲笑诋毁我，认为我是丧心病狂的人。

唉！这没什么值得计较的！我正处于切肤之痛中，哪里有空去顾及别人的非议嘲笑呢？如果有人看到他的父子兄弟掉进深渊，一定会呼叫着匍匐爬过去，跌落鞋帽而全然不顾，攀着悬崖峭壁下去救人。而那些绅士看到这种场景，却在一旁作揖打躬，在那跌倒的人身旁谈笑风生，认为这个人衣冠不整有失礼节，还要在这里大喊大叫，说不定是个丧心病狂的人。因此他们作揖打躬、谈笑风生，完全视落水之人于不顾，如同那些没有任何骨肉之情的陌路人的做法。然而，孟子已经说过，“没有恻隐之心的人就不是人”。如果是有父子兄弟亲情的，就一定会痛心疾首，尽力狂奔，爬着也要去实施拯救。他们会不顾溺水的危险，难道还会怕被讥笑为丧心病狂吗？还会在意别人的信与不信吗？

唉！现在的人即使认为我精神不正常，我也不在乎。天下人的心，都是我的心。天下的人还有“病狂”的，我又怎能不“病狂”呢？天下人还有“丧心”的，我又怎么能不“丧心”呢？

一八二

昔者孔子之在当时，有议其为谄者[①]，有讥其为佞者[②]，有毁其未贤[3]，诋其为不知礼[4]，而侮之以为东家丘者[5]。有嫉而沮之者[6]，有恶而欲杀之者[7]。晨门、荷蒉之徒，皆当时之贤士，且曰"是知其不可而为之者欤"[8]！"鄙哉，硁硁乎，莫己知也，斯已而已矣"[9]。虽子路在升堂之列[10]，尚不能无疑于其所见[11]，不悦于其所欲往[12]，而且以之为迂[13]，则当时之不信夫子者，岂特十之二三而已乎？然而夫子汲汲遑遑，若求亡子于道路，而不暇于暖席者，宁以蕲人之知我信我而已哉？盖其天地万物一体之仁，疾痛迫切，虽欲已之，而自有所不容已，故其言曰："吾非斯人之徒与而谁与[14]！欲洁其身而乱大伦，果哉，末之难矣！"

呜呼！此非诚以天地万物为一体者，孰能以知夫子之心乎？若其遁世无闷，乐天知命者[15]，则固"无入而不自得"[16]，"道并行而不相悖"也[17]。

【注释】

① 为谄：语自《论语·八佾》第十八章："子曰：'事君尽礼，人以为谄也。'"意为：孔子说："服事君主，一切依照作臣子的礼节去做，别人却以为他在谄媚哩。"

② 为佞：语自《论语·宪问》第三十二章："微生亩谓孔子曰：'丘何为是栖栖者与？无乃为佞乎？'孔子曰：'非敢为佞，疾固也。'"微生亩，人名；栖栖，忙忙碌碌；为佞，逞口才。

③ 未贤：语自《论语·子张》第二十四章："叔孙武叔毁仲尼。子贡曰：'无以为也，仲尼不可毁也。他人之贤者，丘陵也，犹可逾也；仲尼，日月也，无得而逾也。人虽欲自绝，其何伤于日月乎？多见其不知量

也。'"

④ 不知礼：见《论语·八佾》第十五章："子入太庙，每事问。或曰：'孰谓鄹人之子知礼乎？入太庙，每事问。'子闻之曰：'是礼也。'"孔子进入太庙，什么都问，有人就说他不知礼。

⑤ 东家丘：语自《孔子家语》："孔子西家有愚夫，不知孔子为圣人。乃曰：'彼东家丘，我知之矣。'"

⑥ 有嫉而沮之者：《史记·孔子世家》记载，孔子任鲁国大司寇时，齐国害怕鲁国因此强大起来，就送女乐给鲁国国君和当权者季孙氏，使得鲁国国政荒废，孔子不得已离开鲁国。事见《论语·微子》第四章："齐人归女乐，季桓子受之。三日不朝，孔子行。"

⑦ 有恶而欲杀之者：《论语·宪问》记载，孔子周游列国时，经过宋国，宋国的司马桓魋想杀掉他。

⑧ 知其不可而为之：语自《论语·宪问》第四十一章："子路宿于石门。晨门曰：'奚自？'子路曰：'自孔氏。'曰：'是知其不可而为之者与？'"

⑨ "鄙哉"四句：语自《论语·宪问》第四十二章："子击磬于卫。有荷蒉而过孔氏之门者，曰：'有心哉！击磬乎！'既而曰：'鄙哉！硁硁乎！莫己知也，斯己而已矣。深则厉，浅则揭。'子曰：'果哉！末之难也。'"深厉浅揭，语自《诗经·邶风·匏有苦叶》，深厉，比喻水深，只得听之任之；浅揭，比喻水浅，可以撩起衣服趟过去。

⑩ 升堂：语自《论语·先进》第十四章："子曰：'由之瑟奚为于丘之门？'门人不敬子路。子曰：'由也升堂矣，未入于室也。'"

⑪ 所见：语自《论语·雍也》第二十六章："子见南子，子路不说（悦）。夫子矢之曰：'予所否者，天厌之！天厌之！'"

⑫ 欲往：语自《论语·阳货》第五章："公山弗扰以费畔（叛），召，子欲往。子路不说，曰：'末之也已，何必公山氏之之也。'子曰：'夫召我者而岂徒哉？如有用我者，吾其为东周乎？'"

⑬ 迂：语自《论语·子路》第三章："子路曰：'卫君待子而为政，子将奚先？'子曰：'必也正名乎！'子路曰：'有是哉，子之迂也！奚其正？'子曰：'野哉由也！君子于其所不知，盖阙如也。名不正，则言不顺；言不顺，则事不成。'"

⑭ 吾非斯人之徒与而谁与：语自《论语·微子》第六章："子路行以告。夫子怃然曰：'鸟兽不可与同群，吾非斯人之徒与而谁与？天下有道，丘不与易也。'"

⑮ 遁世无闷、乐天知命：遁世无闷，参看第一百七十八条。乐天知命，语自《周易·系辞上》："乐天知命，故不忧。"

⑯ 无入而不自得：语自《中庸》第十四章："素富贵，行乎富贵；素贫贱，行乎贫贱；素夷狄，行乎夷狄；素患难，行乎患难。君子无入而不自得。"君子无入而不自得：君子无论在何情况下，都能随遇而安，悠然自得，不作非分之望。

⑰ 道并行而不相悖：语自《中庸》第三十章："万物并育而不相害，道并行而不相悖。"

【译文】

从前孔子在世时，有人说他谄媚，有人说他花言巧语，有人诋毁他的贤能，有人诽谤他不懂礼仪，有人侮辱他是东家丘，有人嫉妒并阻止他，有人厌恶并想杀他。就连晨门、荷蒉等当时的贤士，还说他"明知道不可为而为之"，"见识浅陋！没有自知之明,还固执得很”。虽然子路对圣学的理解已经达到了升堂的地步,但对孔子的知识理解得尚不够深入细致,所以对孔子的做法不能理解,因而不高兴,而且认为孔子迂腐。当时不信任孔子的人,岂止仅仅是十之二三?然而孔子匆匆忙忙,像是在路上寻找失去的子女,没有时间休息,他难道是为了让人相信自己、了解自己吗?因为他有一颗以天地万物为一体的仁爱之心,深深感到心痛不安,即使想不管也身不由己。所以他说:“我不和世人相处还能和谁在一起呢?想要洁身自好却扰乱了道德伦常,结果最终很难啊!”

唉!除了真有担当者能把天地万物当作与自己一体的人,谁能理解孔子的一番天地之心呢?至于那些逃离世事无所用心而乐天知命的人,当然能做到“君子无入而不自得”,“老天与我并行而不互相妨碍”了。

一八三

仆之不肖,何敢以夫子之道为己任?顾其心亦已稍知疾痛之在身,是以徬徨四顾,将求其有助于我者,相与讲去其病耳。今诚得豪杰同志之士扶持匡翼,共明良知之学于天下,使天下之人皆知自致其良知,以相安相养,去其自私自利之蔽,一洗谗妒胜忿之习,以济于大同[①],则仆之狂病,固将脱然以愈,而终免于丧心之患矣,岂不快哉!

嗟乎!今诚欲求豪杰同志之士于天下,非如吾文蔚者而谁望之乎?如吾文蔚之才与志,诚足以援天下之溺者;今又既知其具之在我而无假于外求矣,循是而充,若决河注海，孰得而御哉？文蔚所谓“一人信之不为少”，其又能逊以委之何人乎？

【注释】

① 大同：语自《礼记·礼运》首节：“大道之行也，天下为公。选贤与能，讲信修睦……是谓大同。”

【译文】

我才疏学浅，怎敢以振兴孔子的圣道为己任？只是我的心里也稍微知道自己身上的病痛，所以心中彷徨，四处寻找能帮助我的人，互相讲习讨论以除去我的病痛。现在，如果真能有豪杰之士支持帮助我，共同使良知的学说昌明于天下，让天下的人都知道致自己的良知，来互相帮助存养，除去自私自利的毛病，清除诋毁、嫉妒、好胜和易怒的恶习，以实现天下大同，那么，我的狂病就能马上痊愈，最终免于丧心的疾患，那是多么痛快啊！

唉！现在真要寻求天下的豪杰之士，除了文蔚你，还能指望谁呢？像文蔚这样的才志，确实足以拯救天下受苦受难的人。现在既然知道良知在自己心中，不需要向外探求，那么遵循这样的原则并加以扩充，就会像江河决口汇入大海，谁能抵御得了呢？文蔚你所说的“有一人相信就不算少”，那你还能谦逊地推让给谁呢？

一八四

会稽素号山水之区[①]，深林长谷，信步皆是，寒暑晦明，无时不宜，安居饱食，尘嚣无扰，良朋四集，道义日新，优哉游哉，天地之间宁复有乐于是者！孔子云："不怨天，不尤人，下学而上达。"②仆与二三同志，方将请事斯语，奚暇外慕？独其切肤之痛，乃有未能忿然者，辄复云云尔。

咳疾暑毒，书札绝懒。盛使远来，迟留经月，临岐执笔，又不觉累纸。盖于相知之深，虽已缕缕至此，殊觉有所未能尽也。

【注释】

①会稽：浙江绍兴之山名。

②"孔子云"句：语自《论语·宪问》第三十七章："子曰：'不怨天，不尤人，下学而上达，知我者其天乎！'"下学，指博文约礼，所谓文章可得而闻者也；上达，指尽性知天，所谓天道不可得而闻者也。知我者其天乎，言我固非时人之所能知也，唯天能知我者也。

【译文】

会稽向来是山水丰美的地区，深远的树林、幽长的山谷随处可见；寒暑阴晴，一向宜人；安居满足，尘嚣不扰；好友聚集，道学进步。如此悠闲自在，天地之间还有像这样的闲适快乐吗？孔子说："不怨天，不尤人，下学而上达。"我与两三位志同道合的同志想要遵从孔子这样的教导，哪有时间向外求慕呢？只是有切肤之痛，还不能放下，就又写了这封信。

我因咳嗽复发，又天气炎热，懒于书信，你派人盛情远来，停留逾月，临行提笔，不觉又写了这么多，我们相知如此深厚，虽然信已经详尽啰嗦，仍然觉得很多话还没有说完。

二[①]

一八五

得书，见近来所学之骤进，喜慰不可言。谛视数过，其间虽亦有一二未莹彻处，却是致良知之功尚未纯熟。到纯熟时，自无此矣。譬之驱车，既已由于康庄大道之中[②]，或时横斜迂曲者，乃马性未调、衔勒不齐之故，然已只在康庄大道中，决不赚入傍蹊曲径矣。近时海内同志到此地位者曾未多见，喜慰不可言，斯道之幸也！

贱躯旧有咳嗽畏热之病，近入炎方，辄复大作。主上圣明洞察，责付甚重，不敢遽辞。地方军务冗沓，皆舆疾从事。今却幸已平定，已具本乞回养病。得在林下稍就清凉，或可瘳耳。人还，伏枕草草，不尽倾企。外惟浚一简[③]，幸达致之！

【注释】

① 阳明此书写于嘉靖七年（1528）于广西，据《王阳明年谱》十月条“是月与豹书”，应为阳明一生中最后的书信。之前他收到了聂豹的来信，故作此复。

② 康庄大道：语自《尔雅·释宫》：“五达谓之康，六达谓之庄。”意为四通八达的大道。

③ 惟浚：陈九川（1495—1562），字惟浚，号明水，江西临川人，官至礼部郎中。王阳明的学生。

【译文】

收到来信，看到你近来学问进步很大，欣慰之情难以言表。你的信我仔细看过几遍，虽然其中也有一两处没有完全理解透彻的，那是因为致良知功夫还没有纯熟，一旦纯熟的话，也就没有这样的问题了。这好比驾车，已经走上康庄大道，也还有时出现迂回曲折的情形，是因为马的性格没有调教好，或缰绳没有勒齐的缘故。既然已经走在康庄大道上，就不会出现因受骗而驶入旁径小道的原则性问题。最近海内的同志到达这种境界的还不多见，欣慰难以言表，这是圣道的幸运啊！

我身体上有咳嗽怕热的毛病，最近进入炎热的地区后，反复发作得很严重。皇上圣明洞察，将很重的责任托付给我，不敢立即推辞。地方上军务繁杂，我都是带病处理，现在幸好已经平定，我已奏请皇上请求回家养病，如果能在家乡稍微体贴些清凉，或许可以痊愈。来人就要回去了，我趴在枕头上给你回信，草草几句不能表达我心中的倾慕和企盼。另外，我给陈九川写有一封信，请代为转达。

一八六

来书所询，草草奉复一二：

近岁来山中讲学者，往往多说“勿忘勿助”工夫甚难，问之，则云：“才着意便是助，才不着意便是忘，所以甚难。”

区区因问之云："忘是忘个甚么？助是助个甚么？"其人默然无对，始请问。

区区因与说，我此间讲学，却只说个"必有事焉"，不说"勿忘勿助"。必有事焉者，只是时时去集义。若时时去用必有事的工夫，而或有时间断，此便是忘了，即须勿忘。时时去用必有事的工夫，而或有时欲速求效，此便是助了，即须勿助。其工夫全在必有事焉上用，勿忘勿助，只就其间提撕警觉而已。若是工夫原不间断，即不须更说勿忘；原不欲速求效，即不须更说勿助。此其工夫何等明白简易，何等洒脱自在！今却不去必有事上用工，而乃悬空守着一个勿忘勿助，此正如烧锅煮饭，锅内不曾渍水下米，而乃专去添柴放火，不知毕竟煮出个甚么物来。吾恐火候未及调停，而锅已先破裂矣。近日一种专在勿忘勿助上用工者，其病正是如此。终日悬空去做个勿忘，又悬空去做个勿助，渀渀荡荡，全无实落下手处；究竟工夫只做得个沉空守寂，学成一个痴呆汉，才遇些子事来，即便牵滞纷扰，不复能经纶宰制。此皆有志之士，而乃使之劳苦缠缚，担阁一生，皆由学术误人之故，甚可悯矣！

【译文】

就你来信中询问的，我只能草草回答如下：

近年来到山中讲学的人，往往多说"勿忘勿助"的功夫很难。我问他们，他们说稍有想法就是"助"，一无用心就是"忘"，所以很难把握。

我问他们："忘是忘什么？助是助什么？"他们默然答不出来，才请教我。

我就跟他们说，我在这里讲学，只讲"必有事焉"，不讲"勿忘勿助"。"必有事焉"只是时时刻刻去"集义"。如果时时去下"必有事"的功夫，而偶尔有所中断，这就是忘了，就需要做到"勿忘"；时时去下"必有事"的功夫，而偶尔想要快速见效，这就是助了，就需要做到"勿助"。功夫都在"必有事焉"上下，"勿忘勿助"只是在其中起到提携警醒的作用而已。如果功夫原本就没有间断，就不需要再说"勿忘"；原本就没想追求速效，就不需要再说"勿助"。这种功夫多么明白容易！多么洒脱自在！现在他们不在"必有事"上用功，却凭空守着一个"勿忘勿助"，正像是烧锅煮饭，锅里没有添水下米，却去添柴烧火，不知道最后能煮出什么东西来！我担心火候还没来得及调好，锅已经先破裂了。近来专在"勿忘勿助"上用功的人，他们的毛病正是如此。终日凭空去做"勿忘"的功夫，又凭空去做"勿助"的功夫，空荡渺茫，完全没有下手落实的地方。最后做到头，只落得个陷入空虚、死守寂静，成了一个痴呆汉。如果一遇到事，就心烦意乱，难以妥善应对。这些人都是有志之士，却因此而苦于困扰，耽误一生，实在是错误的学术误导了他们，真让人惋惜啊！

一八七

夫必有事焉，只是集义。集义只是致良知。说集义则一时未见头脑，说致良知即当下便有实地步可用工。故区区专说致良知。随时就事上致其良知，便是格物；着实去致良知，便是诚意；着实致其良知而无一毫意、必、固、我，便是正心；着实致良知则自“无忘”之病；无一毫意、必、固、我，则自“无助”之病。故说格、致、诚、正，则不必更说个“忘”、“助”。孟子说“忘”、“助”，亦就告子得病处立方。告子强制其心，是助的病痛，故孟子专说助长之害。告子助长，亦是他以义为外，不知就自心上集义，在必有事焉上用功，是以如此。若时时刻刻就自心上集义，则良知之体洞然明白，自然是是非非纤毫莫遁，又焉有“不得于言，勿求于心；不得于心，勿求于气”之弊乎①？孟子集义养气之说，固大有功于后学，然亦是因病立方，说得大段，不若《大学》格、致、诚、正之功尤极精一简易，为彻上彻下、万世无弊者也。

【注释】

①“不得于言”四句：语自《孟子·公孙丑上》第二章：“曰：‘敢问夫子之不动心与告子之不动心，可得闻欤？’告子曰：‘不得于言，勿求于心；不得于心，勿求于气。’不得于心，勿求于气，可；不得于言，勿求于心，不可。”孟子显然是不同意告子的意见的：心中有所不安，不必求助于意气，是可以的；言语有过失，不必到内心去寻找原因，却不可以。阳明与孟子相同主张，以告子之言为弊。

【译文】

“必有事焉”就是“集义”，“集义”就是“致良知”。说“集义”一时还抓不到重点的话，说“致良知”当下就可以实际用功，所以我专门讲解“致良知”。随时在事上致其良知，就是“格物”；实实在在去致良知，就是“诚意”；实实在在致良知，而没有丝毫的意、必、固、我，就是“正心”。踏实地致良知，就没有忘的毛病，没有一点的意、必、固、我，就自然没有助的毛病了。因此说格物、致知、诚意、正心，就不必再说“勿忘勿助”了。孟子说“勿忘勿助”，是为告子的毛病开的药方。告子强制内心，是“助”的毛病，因此孟子专讲助的危害。告子之所以犯助的毛病，也是因为他认为义在心外，不知道从自己内心中集义，在“必有事焉”上用功，因此才会这样。如果时时刻刻在自己心中集义，那么良知的本体自然能够洞彻明白，是非自然都能纤毫毕现，又怎么会有“不得于言，勿求于心；不得于心，勿求于气”的毛病呢？孟子“集义”、‘养气”的学说，固然对后来学者大有功劳，然而这也是对症下药，从大体上说，就不如《大学》中的“格物、致知、诚意、正心”的功夫来得精一简易，为上下贯通，千秋万代都没有弊病。

一八八

圣贤论学，多是随时就事，虽言若人殊，而要其工夫头脑若合符节，缘天地之间，原只有此性，只有此理，只有此良知，只有此一件事耳。故凡就古人论学处说工夫，更不必搀和兼搭而说，自然无不吻合贯通者。才须搀和兼搭而说，即是自己工夫未明彻也。

近时有谓集义之功必须兼搭个致良知而后备者，则是集义之功尚未了彻也。集义之功尚未了彻，适足以为致良知之累而已矣。谓致良知之功必须兼搭一个勿忘勿助而后明者，则是致良知之功尚未了彻也。致良知之功尚未了彻，适足以为勿忘勿助之累而已矣。若此者，皆是就文义上解释牵附，以求混融凑泊，而不曾就自己实工夫上体验，是以论之愈精，而去之愈远。

文蔚之论，其于大本达道既已沛然无疑，至于致知穷理及忘助等说，时亦有搀和兼搭处，却是区区所谓康庄大道之中，或时横斜迂曲者。到得工夫熟后，自将释然矣。

【译文】

圣贤讲学，多是因时因事制宜，虽然他们的说法好像各不相同，但他们的宗旨都是一致的。因为天地之间，原本只有这个人性，只有这个天理，只有这个良知，只有这一件事而已，因此，凡是在古人论学上所讲的功夫，就不必再掺杂搭配，自然就会融合贯通；如果需要掺杂搭配，那就是自己的功夫还没有明白透彻。

近来有人认为“集义”的功夫一定要搭配上“致良知”然后才能算是完备，这其实是对“集义”的功夫还不明白透彻。“集义”的功夫还未明白透彻，恰恰成了“致良知”的阻碍。认为“致良知”的功夫一定要搭配上“勿忘勿助”然后才能明白的，就是“致良知”的功夫还没有明白透彻。“致良知”的功夫不明白透彻，也恰恰成了“勿忘勿助”的负担。类似这些，都是从字义上牵强附会解释来求得融会贯通，而没有从自己实际功夫上体验，因此论证得越精密，偏离圣道就越远。

文蔚你的观点在大本达道上已经没有疑问，至于“致知”、

"穷理"、"勿忘勿助"等学说，还不时有掺杂搭配的地方，这就是我说的走在康庄大道上，有时出现迂回曲折的情况，等到功夫纯熟之后，这种情况自然会消失。

一八九

文蔚谓"致知之说，求之事亲从兄之间，便觉有所持循"者，此段最见近来真切笃实之功。但以此自为，不妨自有得力处；以此遂为定说教人，却未免又有因药发病之患，亦不可不一讲也。

盖良知只是一个天理自然明觉发见处，只是一个真诚恻怛，便是他本体。故致此良知之真诚恻怛以事亲，便是孝；致此良知之真诚恻怛以从兄，便是弟；致此良知之真诚恻怛以事君，便是忠：只是一个良知，一个真诚恻怛。若是从兄的良知不能致其真诚恻怛，即是事亲的良知不能致其真诚恻怛矣；事君的良知不能致其真诚恻怛，即是从兄的良知不能致其真诚恻怛矣。故致得事君的良知，便是致却从兄的良知；致得从兄的良知，便是致却事亲的良知；不是事君的良知不能致，却须又从事亲的良知上去扩充将来，如此又是脱却本原，着在支节上求了。良知只是一个，随他发见流行处，当下具足，更无去求，不须假借。然其发见流行处却自有轻重厚薄毫发不容增减者，所谓天然自有之中也[①]。虽则轻重厚薄毫发不容增减，而原又只是一个；虽则只是一个，而其间轻重厚薄又毫发不容增减，若可得增减，若须假借，即已非其真诚恻怛之本体矣。此良知之妙用，所以无方体，无穷尽，“语大天下莫能载，语小天下莫能破”者也②。

【注释】

① 天然自有之中：语自《河南程氏遗书》卷十七，伊川语：“事事物物上皆天然有个中在那上，不待人安排也。”朱熹《大学或问》引云：“程子所谓天然自有之中。”

② 语大语小：语自《中庸》第十二章：“天地之大也，人犹有所感。故君子语大，天下莫能载焉；语小，天下莫能破焉。”

【译文】

文蔚你认为“致知”的观点，从孝敬父母、尊敬兄长上去寻求，就感到有所遵循。这里最能看出你近来所下功夫的真切笃实。但你自己从这里下功夫倒也无妨，自然有得力的地方，如果把这当成定论去教导人，就难免出现用药不当反而致病的情况，这不能不讲讲。

良知只是一个天理，良知的自然明白呈现就是真诚恻隐，这是它的本体。用致良知的真诚恻隐去侍奉父母就是孝，尊敬兄长就是悌，辅佐君主就是忠，这一切都只是一个良知，一个真诚恻隐。如果尊敬兄长的良知不能达到真诚恻隐，也就是侍奉双亲的良知不能达到真诚恻隐。如果辅佐君主的良知不能达到真诚恻隐，也就是尊敬兄长的良知不能达到真诚恻隐。所以，能实现辅佐君主的良知，就能实现尊敬兄长的良知。能实现尊敬兄长的良知，就能实现侍奉双亲的良知。不是说辅佐君主的良知不能实现，而是必须从侍奉父母的良知上去扩充。如果这样，就又脱离了本原，在细枝末节上探求了。良知只有一个，随着它的发挥和呈现，自然完备充足，无来无去，不需要向外假借。但是它发挥和呈现的地方，却有轻重厚薄的区别，丝毫不能增加减少，这就是所谓的天然自有之中。虽然轻重厚薄丝毫不能增减，但良知原本只是一个。虽然良知只是一个，但其中的轻重厚薄又丝毫不能增加减少。如果能够增减，如果必须向外探求，那就不是真诚恻隐的本体了。这就是良知的妙用之所以无形无体，无穷无尽，说他大，天下不能够承载，说他小，天下不能够分割的原因。

一九○

孟氏"尧、舜之道，孝弟而已"者[①]，是就人之良知发见得最真切笃厚、不容蔽昧处提省人，使人于事君处友、仁民爱物，与凡动静语默间，皆只是致他那一念事亲从兄真诚恻怛的良知，即自然无不是道。盖天下之事虽千变万化，至于不可穷诘，而但惟致此事亲从兄、一念真诚恻怛之良知以应之，则更无有遗缺渗漏者，正谓其只有此一个良知故也。事亲从兄一念良知之外，更无有良知可致得者，故曰："尧、舜之道，孝弟而已矣。"此所以为惟精惟一之学，放之四海而皆准，施诸后世而无朝夕者也[②]。

文蔚云："欲于事亲从兄之间，而求所谓良知之学。"就自己用工得力处如此说，亦无不可；若曰"致其良知之真诚恻怛，以求尽夫事亲从兄之道焉"，亦无不可也。明道云：

“行仁自孝弟始，孝弟是仁之一事，谓之行仁之本则可，谓是仁之本则不可。”③其说是矣。

【注释】

①尧、舜之道，孝弟而已：语自《孟子·告子下》第二章。

②无朝夕：语自《礼记·祭义》卷十四：“夫孝，置之而塞乎天地，溥之而横乎四海，施诸后世而无朝夕，推而放诸东海而准，推而放诸西海而准，推而放诸南海而准，推而放诸北海而准。”

③谓之行仁之本则可，谓之仁之本则不可：语自《河南程氏遗书》卷十八：“谓行仁自孝弟始，盖孝弟是仁之一事，谓之行仁之本则可，谓之仁之本则不可。盖仁是性也，孝弟是用也。性中只有仁、义、礼、智四者，几曾有孝弟来？仁主于爱，爱莫大于爱亲。故曰：‘孝弟也者，其为仁之本与！’”此为伊川语，而非明道语。

【译文】

孟子说的“尧、舜之道，孝弟而已”，是在人的良知最真切醇厚不容蒙蔽的地方提醒人，在忠君、交友、爱民、爱物以至于动与静、说话与沉默的时候，都只是实现他那种一心侍奉父母、尊敬兄长的真诚恻隐的良知，也就自然无处不是道了。天下的事虽然千变万化到无法穷举的地步，但只要用实现侍奉父母、尊敬兄长的真诚恻隐的良知去应对，也就不会有什么遗漏缺失的了，这正是只有一个良知的缘故。侍奉父母、尊敬兄长的良知之外，没有别的良知可以实现。因此说：“尧、舜之道，孝弟而已矣。”这就是惟精惟一的学问，放之四海而皆准，在后世推行也不会落伍。

文蔚你又说："想在侍奉父母、尊敬兄长之中，探求所谓良知的学问。"这从自己用功得力的方面来说，是可行的。如果说用实现良知的真诚恻隐来探求侍奉双亲、尊敬兄长的道理，也没什么不行。明道先生说："行仁从孝悌开始。孝悌是仁之中的一件事，说它是行仁的根本是可以的，说它是仁的根本就不对了。"这样说才正确。

一九一

亿逆先觉之说，文蔚谓"诚则旁行曲防，皆良知之用"，甚善甚善！间有搀搭处，则前已言之矣。惟浚之言亦未为不是[①]，在文蔚须有取于惟浚之言而后尽，在惟浚又须有取于文蔚之言而后明，不然，则亦未免各有倚着之病也。"舜察迩言，而询刍荛"[②]，非是以迩言当察，刍荛当询而后如此，乃良知之发见流行，光明圆莹，更无挂碍遮隔处，此所以谓之大知。才有执着意必，其知便小矣。讲学中自有去取分辨，然就心地上着实用工夫，却须如此方是。

【注释】

①惟浚之言：惟浚，陈九川，详见第一百八十五条注③。所言为何，已不可考。

②舜察迩言，而询刍荛：舜察迩言，语自《中庸》第六章："子曰：'舜其大知也与！舜好问而好察迩言，隐恶而扬善，执其两端，用其中于民，其斯以为舜乎！'"而询刍荛，语自《诗经·大雅·板》："先民有言，询于

刍荛。”刍荛，打柴人。这两句话出自不同典籍，阳明合而用之。

【译文】

关于不臆不信、不逆诈、预先觉察等论断，文蔚你认为，“只要内心真诚，即便是旁门左道、曲意提防，也都是良知的运用”，说得非常好！偶尔有掺杂搭配的地方，前面已经说过。九川的话也并不是完全不对。就你而言，应该吸收采纳九川的观点才能详尽；就九川而言，要吸收采纳文蔚你的观点才能明白，否则，你们难免各自都有偏颇的毛病了。舜思考浅显的道理，向樵夫询问，并不是因为浅显的道理应该思考，樵夫应该被请教，然后才这样做，而是良知的萌发流行光明圆莹，没有障碍遮蔽，这就是所谓的大智。一有执着意必，认知就变狭隘了。讲学中自然会有分辨和取舍，但是，要在心中踏踏实实地下功夫，必须这样做才行。

一九二

《尽心》三节[①]，区区曾有“生知、学知、困知”之说，颇已明白，无可疑者。盖尽心、知性、知天者，不必说存心、养性、事天，不必说夭寿不贰、修身以俟，而存心、养性与修身以俟之功已在其中矣。存心、养性、事天者，虽未到得尽心、知天的地位，然已是在那里做个求到尽心、知天的工夫，更不必说夭寿不贰、修身以俟，而夭寿不贰、修身以俟之功已在其中矣。

譬之行路，尽心、知天者，如年力壮健之人，既能奔走往来于数千百里之间者也；存心、事天者，如童稚之年，使之学习步趋于庭除之间者也；夭寿不贰、修身以俟者，如襁抱之孩，方使之扶墙傍壁而渐学起立移步者也。既已能奔走往来于数千里之间者，则不必更使之于庭除之间而学步趋，而步趋于庭除之间自无弗能矣；既已能步趋于庭除之间，则不必更使之扶墙傍壁而学起立移步，而起立移步自无弗能矣。然学起立移步，便是学步趋庭除之始；学步趋庭除，便是学奔走往来于数千里之基，固非有二事。但其工夫之难易，则相去悬绝矣。

心也，性也，天也，一也，故及其知之成功则一，然而三者人品力量自有阶级，不可躐等而能也[②]。

细观文蔚之论，其意似恐尽心、知天者废却存心、修身之功，而反为尽心、知天之病。是盖为圣人忧工夫之或间断，而不知为自己忧工夫之未真切也。吾侪用工，却须专心致志在夭寿不贰、修身以俟上做，只此便是做尽心、知天功夫之始。正如学起立移步，便是学奔走千里之始。吾方自虑其不能起立移步，而岂遽虑其不能奔走千里，又况为奔走千里者而虑其或遗忘于起立移步之习哉？

文蔚识见，本自超绝迈往，而所论云然者，亦是未能脱去旧时解说文义之习。是为此三段书分疏比合，以求融会贯通，而自添许多意见缠绕，反使用工不专一也。近时悬空去做勿忘勿助者，其意见正有此病，最能担误人，不可不涤除耳。

【注释】

①“尽心”三节：指《孟子·尽心上》第一章：“孟子曰：‘尽其心者，知其性也。知其性，则知天矣。存其心，养其性，所以事天也。殀寿不二，修身以俟之，所以立命也。’”殀，短命，早死。孟子认为充分发挥人的善良本心，就是知晓了人的本性。知晓人的本性，就知晓天命了。保持人的本心，养护人的本性，这是侍奉上天的办法。无论寿命长短，都不三心二意，等待天命，这就是用来安身立命的方法。

②躐等：超过，逾越。

【译文】

关于“尽心”三段，我曾经用生而知之、学而知之、困而知之来解说，已经很清楚，没有什么可怀疑的了。尽心、知性、知天的人，不必再说存心、养性、事天，也不必再说夭寿不贰、修身以俟，存心、养性与修身以俟的功夫已经在其中了。存心、养性、事天的人，虽然没有达到尽心、知天的境界，但是已经在那里做探求尽心、知天的功夫，更不用说夭寿不贰、修身以俟，而夭寿不贰、修身以俟的功夫也已经包含在其中了。

譬如行路，尽心、知天的人，就好比年轻力壮的人，能够在几千里的路上来回奔走。存心、事天的人，就好比儿童，只能在院子里教他走路。夭寿不贰、修身以俟的人，就像襁褓中的婴儿，只能使他扶着墙壁慢慢学习站立移动。已经能来回奔走几千里的人，就没必要再让他在庭院里学习走路，因为在庭院里走路自然不存在问题。已经能在庭院里走路的人，就不必再让他扶着墙学习站立移动，因为他自然能够站立移动。然而学习站立移动，是在庭院里学习走路的开始；在庭院里学习走路，是来回奔走几千里的基础。本来这并不是两回事，但是功夫的难易程度悬殊就大了。

心、性、天，三者本质是一样的。所以等到这三种人都能够通晓天理、成功行道了，效果就都是相同的。但是，这三种人的人品才能存在高下差别，不可能超越各自的等级去做事。

我认真思考你的观点，你的意思是害怕尽心、知天的人废弃了存心、修身的功夫，反而妨碍了尽心、知天。这是担心圣人的功夫会有中断，却不知道担心自己的功夫尚不真切。我们这类人用功，必须专心致志地在夭寿不贰、修身以俟上下功夫，这样才是尽心、知天的开始，正像学习站立移动是学习奔走千里的开始一样。我才担心不能站立移动，又怎么会去忧虑不能奔走千里呢？更何况为奔走千里的人去担心他遗忘了站立移动的本领呢？

文蔚，你的见识原本超凡脱俗，不过从你的话来看，也还是没能摒除从前解读文义的习惯，所以你才把知天、事天、夭寿不贰当作三件事，进行分析、综合、比较，以求融会贯通，结果是自己增添了许多纠缠不清的烦恼，反而使自己不能专一用功。最近凭空去做勿忘勿助功夫的人，正是犯了这个错误，此事害人不浅，不能不彻底铲除干净。

一九三

所谓"尊德性而道问学"一节[①]，至当归一，更无可疑。此便是文蔚曾着实用工，然后能为此言。此本不是险僻难见的道理，人或意见不同者，还是良知尚有纤翳潜伏。若除去此纤翳，即自无不洞然矣。

【注释】

① 尊德性而道问学：语自《中庸》。参看第二十五条注②。

【译文】

所谓“尊德性“和”道问学”应该统一，这不必怀疑。这是你文蔚踏实用功，然后才能说出的话。这本不是什么生僻难懂的道理，人们之所以有不同意见，还是良知中潜伏有纤细的灰尘，如果除去这些灰尘，就自然明白无误了。

一九四

已作书后，移卧檐间，偶遇无事，遂复答此。文蔚之学既已得其大者，此等处久当释然自解，本不必屑屑如此分疏。但承相爱之厚，千里差人远及，谆谆下问，而竟虚来意，又自不能已于言也。然直戆烦缕已甚，恃在信爱，当不为罪，惟浚及谦之、崇一处[①]，各得转录一通，寄视之，尤承一体之好也。

右南大吉录。

【注释】

① 谦之：邹守益（1491—1562），字谦之，号东廓，官至南京国子祭酒，王阳明的学生，江右王学代表人物。崇一：欧阳德，字崇一，号南野。

参看第一百零四条注①。

【译文】

此信写好后，我就到屋檐下躺着，正好没别的事，就又写了几句。文蔚你的学问已经抓住了关键，这些问题时间长了自然能够弄明白，本来我不必这样唠叨地讲解，但承蒙你的厚爱，不远千里派人来诚心请教，为了不辜负你的一片心意，我自然就多说了几句。然而我过于坦率啰嗦，凭着你对我如此厚爱，该不会怪罪我吧。还请将这封信抄几份，分别寄给九川、谦之、崇一等人看看，让他们体会到与你相同的好意。

以上南大吉录。

训蒙大意示教读刘伯颂等[①]

一九五

古之教者，教以人伦。后世记诵词章之习起，而先王之教亡。今教童子，惟当以孝弟忠信礼义廉耻为专务。其栽培涵养之方，则宜诱之歌诗以发其志意，导之习礼以肃其威仪，讽之读书以开其知觉。今人往往以歌诗习礼为不切时务，此皆末俗庸鄙之见，乌足以知古人立教之意哉！

大抵童子之情，乐嬉游而惮拘检，如草木之始萌芽，舒畅之则条达，摧挠之则衰痿。今教童子，必使其趋向鼓舞，中心喜悦，则其进自不能已。譬之时雨春风，沾被卉木，莫不萌动发越，自然日长月化；若冰霜剥落，则生意萧索，日就枯槁矣。故凡诱之歌诗者，非但发其志意而已，亦所以泄其跳号呼啸于咏歌，宣其幽抑结滞于音节也；导之习礼者，非但肃其威仪而已，亦所以周旋揖让而动荡其血脉，拜起屈伸而固束其筋骸也；讽之读书者，非但开其知觉而已，亦所以沉潜反复而存其心，抑扬讽诵以宣其志也。凡此皆所以顺导其志意，调理其性情，潜消其鄙吝，默化其粗顽，日使之渐于礼义而不苦其难，入于中和而不知其故。是盖先王立教之微意也。

若近世之训蒙稚者，日惟督以句读课仿，责其检束，而不知导之以礼；求其聪明，而不知养之以善；鞭挞绳缚，若待拘囚。彼视学舍如囹狱而不肯入，视师长如寇仇而不欲见，窥避掩覆以遂其嬉游，设诈饰诡以肆其顽鄙，偷薄庸劣，日趋下流。是盖驱之于恶而求其为善也，何可得乎？

凡吾所以教，其意实在于此。恐时俗不察，视以为迂，且吾亦将去②，故特叮咛以告。尔诸教读，其务体吾意，永以为训；毋辄因时俗之言，改废其绳墨，庶成蒙以养正之功矣③。念之念之！

【注释】

①训蒙大意示教读刘伯颂等：训蒙，教育儿童。教读，社学的讲师，刘伯颂应为教读之一。正德十三年（1518）四月，王阳明平定南赣汀漳叛乱后，班师还赣州，建立社学，邀请教读教育当地儿童。此文是写给刘伯颂等教读遵照施行的儿童教育大纲。

② 吾亦将去：陈荣捷先生释“将去”为“是年三月，（先生）已因病上疏乞致仕。后卒不允”。然《年谱》记录该事为正德十三年（1518）“三月，疏乞致仕，不允”。而阳明此书（《训蒙大意》）写于四月，“不允”之事已成过去，何来“将去”之由。又《年谱》载是年“五月，奏设和平县”，又据《王文成公全书》，《添设和平县治疏》写于是年五月初一日。“和平县治本和平峒羊子地”，距赣“各有数日程”（《年谱》）。这才是王阳明写毕此书后，紧接着将要去做的事情。

③ 蒙以养正：蒙，蒙昧，昏暗；蒙以养正，意为通过教育，将儿童之昏昧状况培养为纯正的品质。语自《周易》蒙卦《彖传》：“蒙以养正，圣功也。”圣功，最有价值的事业。陈荣捷先生云此语自蒙卦《象传》，误也。或是将“彖”误录为“象”。

【译文】

古代的教育，教的是人伦道德。后世背诵辞章的风气兴起后，先王的教化就消失了。现在教育儿童，只应把孝悌忠信、礼义廉耻作为专门的功课。至于培养的具体方法，则适宜用吟诵诗歌来激发他们的志趣；引导他们学习礼，使他们的仪表威严；教导他们读书，以开启他们的智慧。现在的人常常以为吟唱诗歌、学习礼仪有点不识时务，这都是庸俗鄙薄的见识，他们这些人怎么知道古人设立教育的本意呢！

一般来说，儿童的情趣是喜欢嬉戏游乐而害怕拘束，就像草木刚开始发芽，让它舒展畅快地生长，就能很快枝条发达，如果摧残压抑，就会很快枯萎。现在教育孩子，一定要使他们顺着自己的兴趣，多加鼓励，使他们整天生活在快乐的氛围里，那么他们自然就能不断进步。就好比时雨春风滋养花木，花木没有不萌芽发育的，它们自然能日新月异。如果他们遇到冰霜的侵袭，那么就会萧条破败，一天天地枯萎。所以凡是通过吟唱诗歌来引导孩子们，不仅能开发他们的志向和兴趣，而且能在吟唱诗歌中消耗他们上窜下跳的精力，在音律中抒发他们心中的郁结和不快。引导他们学习礼，不仅能使他们的仪表威严，而且还可以在打躬作揖中活动他们的血脉，在叩拜屈伸中活动他们的筋骨。教导他们读书，不仅能开启他们的智慧，而且也使他们在反复思索中存养他们的本心，在抑扬顿挫的朗诵中弘扬他们的志向。所有这些都是顺应他们的天性，引导他们的志向，调理他们的性情，潜移默化他们的鄙陋吝啬和粗浅愚顽的秉性，这样使他们逐渐符合礼而不感到艰难，性情在不知不觉中达到了中正平和。这才是先王设立教育的本意。

像现在训导启蒙儿童，每天只知道督促他们的句读功课，严格约束他们，却不知道用礼来引导，只知道要求他们聪明，却不知道用善良来培养他们，鞭打绳捆，像对待囚犯一样对待他们。他们把学校看作是监狱而不愿意去，把老师看作是强盗和仇人而不愿意见，于是，他们想尽办法要逃学而去嬉戏玩耍，弄虚作假，肆意顽劣，变得庸俗鄙陋，日益堕落。这无疑是一面驱使他们作恶，一面要求他们向善，这怎么做得到呢？

我的教育理念，本意就在这里。我担心世俗不能体察，认为我很迂腐，况且我就要离开了，所以特别加以叮咛嘱咐。你们这些教师们，务必要体察我的用意，永远遵守我的训示，不要因为世俗言论而更改废弃我的规矩，这也许就可以成就“蒙以养正”

的功效了吧。切记切记！

教约

一九六

每日清晨，诸生参揖毕，教读以次，遍询诸生：在家所以爱亲敬长之心，得无懈忽，未能真切否？温凊定省之仪，得无亏缺，未能实践否？往来街衢，步趋礼节，得无放荡，未能谨饬否？一应言行心术，得无欺妄非僻，未能忠信笃敬否①？诸童子务要各以实对，有则改之，无则加勉。教读复随时就事，曲加诲谕开发，然后各退就席肄业。

【注释】

① 笃敬：语自《论语·卫灵公》第五章："子张问行。子曰：'言忠信，行笃敬，虽蛮貊之邦行矣；言不忠信，行不笃敬，虽州里行乎哉？'"意为言语忠诚老实，行为忠厚严肃，纵到了别的部族国家，也行得通；反之，就是在本州乡里，也难以通行。

【译文】

每天早上，学生参拜行礼完毕，教师应当依次训问学生：在家里热爱父母尊敬兄长，是不是有所懈怠、有失真切呢？在温凊定省的礼节上，是否身体力行而无所欠缺呢？在街上行走时，是否步履谨慎而没有放荡不羁呢？一切言行心思，是否忠实守信而没有荒诞欺诈呢？每位学生一定要如实回答，有则改之，无则加勉。教师再针对具体的事情，委婉地加以教诲启迪，然后让他们回到各自座位上学习。

一九七

凡歌诗，须要整容定气，清朗其声音，均审其节调，毋躁而急，毋荡而嚣，毋馁而慑，久则精神宣畅，心气和平矣。每学量童生多寡，分为四班，每日轮一班歌诗，其余皆就席，敛容肃听。每五日则总四班递歌于本学。每朔望①，集各学会歌于书院②。

【注释】

① 朔望：农历每月的初一、十五。

② 书院：指王阳明于正德十三年（1518）九月于赣州所修濂溪书院。《年谱》："四方学者辐辏，始寓社圃，至不能容，乃修濂溪书院居之。"故此书（《教约》）之作当晚于《训蒙大意》至少五月余。

【译文】

吟唱诗歌时，必须仪容整洁，气定神闲，声音清朗，音调节奏要均衡，不急不躁，不狂不闹，不气馁，不惧难，久而久之就会精神宣畅，心平气和。每个学校根据学生的多少分成四个班，每天轮流一个班吟唱诗歌，其余的学生都坐着，表情严肃，认真聆听。每五天让四个班在学校依次吟唱诗歌。每月初一、十五，集合各学校到书院比赛吟唱诗歌。

一九八

凡习礼，须要澄心肃虑，审其仪节，度其容止，毋忽而惰，毋沮而怍，毋径而野，从容而不失之迂缓，修谨而不失之拘局，久则体貌习熟，德性坚定矣。童生班次，皆如歌诗。每间一日，则轮一班习礼。其余皆就席，敛容肃观。习礼之日，免其课仿。每十日则总四班递习于本学。每朔望，则集各学会习于书院。

【译文】

练习礼，必须澄清心思，消除私心杂念，平心静气，老师要认真审察每个学生行礼的细节、容貌举止，不疏忽懈怠，不沮丧害羞，不随便粗野，从容自如而不迂腐缓慢，言语谨慎而不拘束紧张，久而久之对行礼就熟练了，德性也就坚定了。学生的班次像吟唱诗歌时一样，每隔一天轮到一个班练习行礼，其余的班级都坐着，表情严肃认真地观看。练习行礼这一天，免去其他课程。每隔十天集合四个班，在全校依次练习行礼。每个月的初一、十五，集合各学校到书院举行行礼比赛。

一九九

凡授书不在徒多，但贵精熟。量其资禀，能二百字者，止可授以一百字。常使精神力量有余，则无厌苦之患，而有自得之美。讽诵之际，务令专心一志，口诵心惟，字字句句细绎反覆，抑扬其音节，宽虚其心意。久则义礼浃洽，聪明日开矣。

【译文】

老师讲课不在于数量的多少，而在于对书本知识的精熟。根据学生的资质，能认识二百字的，只应当教给他们一百字，让学生的精力有富余，那么他们就不会因为辛苦而厌烦学习，反而会有收获的愉悦。在诵读时，务必让他们专心致志，口读心想，一字一句，反复体会，声调抑扬顿挫，心胸宽广虚静。久而久之就能举止有礼，谈吐文明，日益聪明了。

二〇〇

每日工夫，先考德，次背书诵书，次习礼，或作课仿，次复诵书讲书，次歌诗。凡习礼歌诗之类，皆所以常存童子之心，使其乐习不倦，而无暇及于邪僻。教者知此，则知所施矣。虽然，此其大略也，神而明之，则存乎其人①。

【注释】

① 神而明之，则存乎其人：语自《周易·系辞上》："化而裁之存乎变，推而行之存乎通，神而明之存乎其人。"神而明之存乎其人，意为欲使易道神奇而显明，在于人的运用。

【译文】

每天的功课，先要考察德性，其次是背书、朗诵，再次是练习行礼或功课，最后再读书、讲课、吟唱诗歌。练习礼、吟唱诗歌，都是为了存养儿童的本性，使他们喜欢学习而不会感到厌倦，从而没有闲暇时间去干歪门邪道的事情。老师们知道了这些，就知道如何实施教学活动了。显然这里只说了个大概，至于明白领略其中的精妙之处，就在于各人的用功了。

传习录下

二〇一

正德乙亥[1]，九川初见先生于龙江[2]，先生与甘泉先生论格物之说[3]，甘泉持旧说。先生曰："是求之于外了。"甘泉曰："若以格物理为外，是自小其心也。"九川甚喜旧说之是。先生又论《尽心》一章[4]，九川一闻，却遂无疑。后家居，复以格物遗质。先生答云："但能实地用功，久当自释。"山间乃自录《大学》旧本读之，觉朱子格物之说非是；然亦疑先生以意之所在为物，"物"字未明。

己卯[5]，归自京师，再见先生于洪都[6]。先生兵务倥偬，乘隙讲授，首问："近年用功何如？"

九川曰："近年体验得'明明德'功夫只是'诚意'。自'明明德于天下'，步步推入根源，到'诚意'上，再去不得，如何以前又有格致工夫？后又体验，觉得意之诚伪，必先知觉乃可，以颜子'有不善未尝知之，知之未尝复行'为证[7]，豁然若无疑；却又多了格物功夫。又思来吾心之灵，何有不知意之善恶？只是物欲蔽了，须格去物欲，始能如颜子未尝不知耳。又自疑功夫颠倒，与诚意不成片段。后问希颜[8]。希颜曰：'先生谓格物致知是诚意功夫，极好。'九川曰：'如何是诚意功夫？'希颜令再思体看，九川终不悟，请问。"

先生曰："惜哉！此可一言而悟！惟濬所举颜子事便是了[9]，只要知身、心、意、知、物是一件。"

九川疑曰："物在外，如何与身、心、意、知是一件？"

先生曰："耳目口鼻四肢，身也，非心安能视听言动？心欲视听言动，无耳目口鼻四肢亦不能，故无心则无身，无身则无心。但指其充塞处言之谓之身，指其主宰处言之谓之心，指心之发动处谓之意，指意之灵明处谓之知，指意之涉着处谓之物：只是一件。意未有悬空的，必着事物，故欲诚意，则随意所在某事而格之，去其人欲而归于天理，则良知之在此事者无蔽而得致矣。此便是诚意的功夫。"

九川乃释然，破数年之疑。

又问："甘泉近亦信用《大学》古本，谓格物犹言造道⑩。又谓穷理如穷其巢穴之穷，以身至之也。故格物亦只是'随处体认天理'⑪，似与先生之说渐同。"

先生曰："甘泉用功，所以转得来。当时与说'亲民'字不须改，他亦不信，今论格物亦近，但不须换'物'字作'理'字，只还他一'物'字便是。"

后有人问九川曰："今何不疑'物'字？"

曰："《中庸》曰'不诚无物'⑫，程子曰'物来顺应'⑬，又如'物各付物'⑭、'胸中无物'⑮之类，皆古人常用字也。"

他日，先生亦云然。

【注释】

① 乙亥：正德十年（1515），阳明四十四岁。

② 九川：陈九川（1495—1562），字惟浚，号明水，江西临川人。授太常博士。因谏武宗南巡，廷杖五十。旋起礼部郎中。群小恨之，讼之

下狱。已而复官致仕，周流讲学。龙江：今南京。

③ 甘泉：湛若水（1466—1560），字元明，号甘泉，广东增城人。从学于陈白沙（名献章，1428—1500）。入试，选庶吉士，擢编修。后在北京与王阳明一见定交，誓言共倡圣学为事。

④《尽心》一章：即《孟子·尽心上》第一章："孟子曰：'尽其心者，知其性也。知其性，则知天矣。存其心，养其性，所以事天也。夭寿不贰，修身以俟之，所以立命也。'"尽心，指充分发挥心的作用。孟子认为，心是思维器官；心又具有善性，是道德的开端（恻隐心是仁之端，羞恶心是义之端，辞让心是礼之端，是非心是智之端）。性，孟子主张人性本善。天，指天命，也就是宋儒所说的天理。程颐说："在天为性，在人为命。"（《河南程氏遗书》卷十八）夭，短命。贰，背离。立命，指顺从天命，使自己的精神有所依托。

⑤ 己卯：正德十四年（1519），阳明四十八岁。

⑥ 洪都：今江西南昌。

⑦ 有不善未尝知之，知之未尝复行：语自《周易·系辞下》："子曰：颜氏之子，其殆庶几乎！有不善，未尝不知，知之未尝复行也。"意思是颜子一旦认识到了自己的过失（不善），就不会再去犯这一过失，即所谓"不贰过"。

⑧ 希颜：陈荣捷先生疑为"希渊"之误。希渊，即蔡宗兖，浙江余姚人，王阳明的学生。

⑨ 惟浚：陈九川的字。

⑩ 造道：语自《河南程氏遗书》卷十八："问：'学者不必同，如仁义忠信之类，只于一字上求之，可否？'曰：'且如《六经》，则各自有个蹊辙，及其造道，一也。仁义忠信只是一体事，若于一事上得之，其他皆通

也。然仁是本。'" 蹊，小径，途径；辙，道路，方法。造道，即体道；造道一也，指体道的基本方法是一致的。又《甘泉先生文录》卷七《答阳明书》释云："格者，至也。……格物者，即造道也。" 谓格物犹言造道：称格物就是造道，意为格物是体道的基本手段。.

⑪ 随处体认天理：语自《甘泉先生文录》卷七《答陈宗亨》："格物者，至其理也。学、问、思、辩、行，所以至知也。……格物云者，体认天理而存之也。" 湛若水，字元明，号甘泉，广东增城人，登弘治乙丑进士第，选庶士，撰编修，历官南京礼、吏、兵三部尚书，致仕建书院讲学，卒年九十五。湛与阳明为至交，共倡圣学为务，道同而学异。阳明以致良知为宗旨，甘泉倡随处体认天理；阳明以甘泉 "随处体认天理" 为求之于外，甘泉谓阳明致良知是 "自小其心"。但阳明自始至终视甘泉为志同道合者，临终前赋诗云："道同著形迹，期无负初心。"（《王文成公全书》，页 1510）存，保留；存之，各处保留。

⑫ 不诚无物：语自《中庸》第二十五章："诚者，物之终始，不诚无物，是故君子诚之为贵。" 诚，是贯彻万物始终的，不诚，就没有万物，所以君子以诚为高贵的品格。

⑬ 物来顺应：参看第七十二条注 ④。

⑭ 物各付物：语自《河南程氏遗书》卷十八《伊川先生语录四》："若能物各付物，便自不出来也。"

⑮ 胸中无物：语自《河南程氏外书》卷十一："尧夫胸中无事如此。" 尧夫，邵雍的字，共城（今河南辉县）人，北宋哲学家，与周敦颐、张载、程颢、程颐合称 "北宋五子"，著有《皇极经世编》、《伊川击壤集》等。

【译文】

正德十年，九川在南京初次见到先生。当时先生正和甘泉先生讨论“格物”的学说，甘泉先生坚持朱熹的观点。先生说：“这是在心外探求了。”甘泉先生回答说：“如果认为探求事物的理是外求，那是自己把心看小了。”九川当时赞同朱熹的说法，而对先生的说法尚存怀疑。先生又谈到《孟子·尽心》的第一章，九川听后，对先生的“格物”学说开始不再怀疑。后来在家闲居，九川又向先生请教“格物”的学说。先生说：“只要你能踏实用功，时间长了自然就会明白。”在山中静养期间，九川抄录《大学》旧本并加以阅读，觉得朱子的“格物”学说并不正确，但也怀疑先生把“意”的所在之处当作”物”，对“物”这个字还不太明白。

正德十四年，九川从京师回来，在洪都再次见到先生。当时先生军务繁忙，只能抽空给我们讲课。先生首先问九川：“近年来用功如何？”

九川说：“近年来，体会到‘明明德’的功夫只是‘诚意’。从‘明明德于天下’，一步步追根溯源，到‘诚意’上就再也推不下去了。为何‘诚意’之前会有‘格物’和‘致知’的功夫呢？经过仔细体验，觉得意是否真诚，必须先有知觉才行，颜子的‘对于不善的东西未尝能够认识，即使认识到了也未尝能够避免它’可以为证。于是我豁然开朗，确信无疑，但又多了一个‘格物’的功夫。又想，凭着我心的灵明，怎么会不知道意的善恶呢？是因为受到物欲的蒙蔽，必须格除物欲，才能像颜子那样善恶尽知吗？我又怀疑自己的功夫是否用颠倒了，导致‘格物’和‘诚意’联系不起来。后来问希渊，希渊说：‘先生说格物致知是诚意的功夫，说得好极了。’九川又问：‘为什么是诚意的功夫？’希渊让我再仔细考虑体察。但是我始终没有体会出来，特此向先生请教。”

先生说：“可惜啊！这本来是一句话就可以说清楚的，惟浚你所举的颜子事例就是了。只要知道身、心、意、知、物是一件事就行了。”

九川疑惑：“物在心外，怎么能和身、心、意、知是一件事呢？”

先生说：“耳、目、口、鼻、四肢，都是身体的一部分，没有心怎么能视、听、言、动呢？心要视、听、言、动，没有耳、目、口、鼻、四肢也不行。所以没有心就没有身体，没有身体也就没有心。但就充塞空间而言称为身，就主宰作用而言称为心，心的发动就是意，意的灵明就是知，意所涉及的就是物，都只是一回事。意不能凭空存在，必须附着于事物，所以要想‘诚意’，就要随着意所涉及的事物去格，摒除人欲而恢复天理。这样，良知在这件事上就不会受到蒙蔽，就可以‘致知’了。这就是‘诚意’的功夫。”

听了先生这番话，九川终于解开了数年的疑惑。

九川又问：“甘泉先生近年来也相信《大学》旧本，认为‘格物’如同‘造道’，认为穷理的穷，就是穷其巢穴的穷，要亲自到巢穴里去。所以，格物也就是‘随处体察天理’，这似乎同先生的学说渐渐一致了。”

先生说：“甘泉肯用功，所以他能转变过来。当时我对他说‘亲民’不用改，他也不相信。现在他所讲的‘格物’与我的观点也接近了，只是不用把‘物’字改成‘理’字，仍然用‘物’字就行了。”

后来有人问九川：“现在为什么不怀疑‘物’字了？”

九川说：“《中庸》说‘不诚无物’，程颢说‘物来顺应’，还有‘物各付物’、‘胸中无物’等，都是古人常用的字。”

后来先生也是这样说。

二〇二

九川问：“近年因厌泛滥之学，每要静坐，求屏息念虑。非惟不能，愈觉扰扰，如何？”

先生曰：“念如何可息？只是要正。”

曰：“当自有无念时否？”

先生曰：“实无无念时。”

曰：“如此却如何言静？”

曰：“静未尝不动，动未尝不静。戒谨恐惧即是念，何分动静？”

曰：“周子何以言‘定之以中正仁义而主静’？”[①]

曰：“无欲故静，是‘静亦定，动亦定’的‘定’字[②]，主其本体也。戒惧之念是活泼地。此是天机不息处，所谓‘维天之命，於穆不已’[③]，一息便是死。非本体之念，即是私念。”

【注释】

① 定之以中正仁义而主静：参见第一百五十六条注①。

② 动亦定，静亦定：参见第一百五十六条注②

③ 维天之命，於穆不已：语自《诗经·周颂·维天之命》："维天之命，於穆不已！於乎不显，文王之德之纯。"不已，无极，无穷尽。

【译文】

九川问："近几年因为讨厌流行的学说，每每要静坐，探求摒弃杂念思虑的时候，不仅无法心静，反而更加感到烦扰，为什么呢？"

先生说："念头怎么能打消？只是应该让它纯正。"

九川说："是否也应当存在没有念头的时候呢？"

先生说："确实没有无念头的时候。"

九川说："这样，怎么能说是静呢？"

先生说："静未尝不动，动未尝不静。戒谨恐惧就是念头，怎么分动静呢。"

九川说："周子为什么说'定之以中正仁义而主静'？"

先生说："没有私欲所以静，这是'静亦定，动亦定'的'定'字，主静是指主体。戒慎恐惧的念头是活泼的，这正体现了天机永不停息，就是所谓'维天之命，於穆不已'，天道是深远而永恒的，一旦停止就面临死亡。不是从本体发出的念头，就是私心杂念。"

二〇三

又问："用功收心时，有声色在前，如常闻见，恐不是专一。"

曰："如何欲不闻见？除是槁木死灰、耳聋目盲则可。

只是虽闻见而不流去，便是。”

曰：“昔有人静坐，其子隔壁读书，不知其勤惰，程子称其甚敬[①]。何如？”

曰：“伊川恐亦是讥他。”

【注释】

① 甚敬：语自《河南程氏遗书》卷三：“许渤（字仲容，进士）与其子隔一窗而寝，乃不闻其子读书与不读书。先生（伊川）谓此人持敬如此。”持敬，持守恭敬。

【译文】

九川又问：“用功收心时，有声、色在面前，还像平常那样闻、见，恐怕就不是专一了。”

先生说：“怎么能不闻、不见？除非是槁木死灰、耳聋目盲的人才可以。只要虽然去闻、去见而不随波逐流，就可以了。”

九川说：“从前有人静坐，他的儿子在隔壁读书，不知道儿子是勤劳还是懒惰。程子说他非常持敬。怎么理解呢？”

先生说：“伊川先生恐怕是在讥笑他。”

二〇四

又问：“静坐用功，颇觉此心收敛，遇事又断了。旋起个念头，去事上省察。事过又寻旧功，还觉有内外，打不作一片。”

先生曰：“此格物之说未透。心何尝有内外？即如惟浚，今在此讲论，又岂有一心在内照管？这听讲说时专敬，即是那静坐时心，功夫一贯，何须更起念头？人须在事上磨炼，做功夫乃有益。若只好静，遇事便乱，终无长进。那静时功夫亦差，似收敛，而实放溺也。"

后在洪都，复与子中、国裳论内外之说①。渠皆云："物自有内外，但要内外并着功夫，不可有间耳！"以质先生。曰："功夫不离本体，本体原无内外，只为后来做功夫的分了内外，失其本体了。如今正要讲明，功夫不要有内外，乃是本体功夫。"是日俱有省。

【注释】

① 子中：乃王阳明的学生夏良胜的字，正德三年（1508）进士，正德十六年（1521）与陈九川、舒国裳同侍阳明于南昌，有内外之问。国裳：舒芬（1484—1527），字国裳，号梓溪，江西进贤人，王阳明的学生。正德丁丑（1517）进士，国裳与夏子中等谏武宗南巡，上怒，命跪门五日，杖三十，谪福建提举。子中，据下文（第二百零七条），似应为"于中"，疑"于"误刻为"子"。

【译文】

九川又问："静坐用功，觉得心神颇有收敛，遇事又断了，马上起一个念头到事情上省察，事情过后又去寻找以前的功夫，仍然觉得有内外之别，无法打成一片。"

先生说："这是对'格物'的学说还没有透彻理解。心怎能分成内外呢？就像惟浚你现在在这里讲论，又哪里有一个心在里面照管？听讲说时的专敬，就是静坐时的心。功夫是一以贯之的，何必再起一个念头？人一定要在具体事情上磨炼，做功夫才是有益。如果只是好静，遇到事情就慌乱，终究还是没有长进。那静时的功夫似乎是在收敛，实际上是放纵沉溺。”

后来在洪都，又和子中、国裳讨论内外的学说，两个人都说：“事物原本就有内外之分，但要内外一起用功夫，不能有间隔。”九川就这件事向先生请教。先生说：“功夫不能离开本体，本体原本不分内外，只因为后来做功夫的人分了内外，也就失去了本体。现在正要讲明白功夫不要分内外，才是本体的功夫。”这一天大家都有所省悟。

二〇五

又问：“陆子之学何如？”

先生曰：“濂溪、明道之后，还是象山，只是粗些。”①

九川曰：“看他论学，篇篇说出骨髓，句句似针膏肓，却不见他粗。”

先生曰：“然他心上用过功夫，与揣摹依仿、求之文义自不同，但细看有粗处。用功久当见之。”

【注释】

①濂溪、明道之后，还是象山，只是粗些：语自王阳明《象山文集序》：“至宋周、程二子，始复追寻孔、颜之宗，而有‘无极而太极’、‘定之以仁义中正而主静’之说，动亦定，静亦定，无内外，无将迎之论，庶几精一之旨矣。自是而后，有象山陆氏，虽其纯粹和平若不逮于二子，而简易直截，

真有以接孟子之传。”(《王文成公全书》,页297)盖阳明所云象山之“粗”,乃指其“纯粹和平”方面不逮周、程二子,用功久后自能发现。

【译文】

九川又问:“陆象山先生的学说怎么样?”

先生说:“周敦颐、程颢之后,就数象山先生了,只是粗糙一些。”

九川说:“看他探讨学问,篇篇都能讲出精髓,句句都一针见血,却看不出他粗糙的地方。”

先生说:“是的。在心上下过功夫,与只在义上揣摩模仿、求个字面意思有所不同,但细看就能发现有粗糙的地方。用功久了,应当就能发现。”

二〇六

庚辰往虔州[①],再见先生,问:“近来功夫虽若稍知头脑,然难寻个稳当快乐处。”

先生曰:“尔却去心上寻个天理,此正所谓理障[②]。此间有个诀窍。”

曰:“请问如何?”

曰:“只是致知。”

曰:“如何致?”

曰:“尔那一点良知,是尔自家底准则。尔意念着处,他是便知是,非便知非,更瞒他一些不得。尔只不要欺他,实实落落依着他做去,善便存,恶便去。他这里何等稳当快乐。此便是格物的真诀、致知的实功。若不靠着这些真机，如何去格物？我亦近年体贴出来如此分明，初犹疑只依他恐有不足，精细看无些小欠阙。”

【注释】

①庚辰：正德十五年（1520），阳明四十九岁。虔州：即今江西赣州。

②理障：佛教用语，意思是以理阻碍正识。语自《圆觉经·弥勒菩萨章》。

【译文】

明正德十五年，九川到赣州再次见到先生，问：“近来的功夫虽然稍微能知道些关键，但很难找到一个稳当快乐的地方。”

先生说：“你需要到心上寻求天理，这就是所谓的理障。这中间有个诀窍。”

九川说：“请问是什么诀窍？”

先生说：“只是致知。”

九川说：“怎样致知？”

先生说：“你的那一点良知，是你自己的行为准则。你的意念所到之处，对的就知道是对的，错的就知道是错的，无法有丝毫隐瞒。你只要不欺骗自己的良知，切实按照它去做，善就可以存养，恶就可以除去，这是多么稳当快乐。这就是‘格物’的真正秘诀，‘致知’的实在功夫。如果不靠着这些真正的关键，怎么去格物？我也是在近年才体会得这样详细分明，刚开始还怀疑只依靠良知恐怕还不够，仔细体察后，发现没有一点缺陷。”

二〇七

在虔，与于中、谦之同侍。

先生曰："人胸中各有个圣人，只自信不及，都自埋倒了。"

因顾于中曰："尔胸中原是圣人。"

于中起不敢当。

先生曰："此是尔自家有的，如何要推？"

于中又曰："不敢。"

先生曰："众人皆有之，况在于中，却何故谦起来？谦亦不得。"

于中乃笑受。

又论："良知在人，随你如何不能泯灭，虽盗贼亦自知不当为盗，唤他做贼，他还忸怩。"

于中曰："只是物欲遮蔽，良心在内，自不会失，如云自蔽日，日何尝失了！"

先生曰："于中如此聪明，他人见不及此。"

【译文】

在虔州时，九川与于中、谦之一同陪着先生。

先生说："每人心中都有个圣人，只因自信心不够，自己把圣人埋没了。"

先生于是看着于中说："你胸中原本有圣人。"

于中站起身说不敢当。

先生说："这是你自已有的，怎么还推辞呢？"

于中又说："不敢。"

先生说："大家都有，何况于中，却为何谦让起来？这也是谦让不得的。"

于中于是笑着接受了。

又接着讨论："良知在人心中，不管怎样也泯灭不了，即使是盗贼也知道自己不应该去偷盗，喊他是贼，他也会不好意思。"

于中说："这只是物欲蒙蔽了，良心在内心中，自然不会丧失，就像乌云虽然遮蔽了太阳，太阳又何曾失去了呢？"

先生说："于中这样聪明，别人的见识达不到这样的境界。"

二〇八

先生曰："这些子看得透彻，随他千言万语，是非诚伪，到前便明。合得的便是，合不得的便非，如佛家说心印相似①，真是个试金石、指南针。"

【注释】

① 心印：语自《续藏经》第二辑第十八函《祖庭事苑》卷五："达摩西来，不立文字，单传心印。"意思是不用语言文字，直接以心相印证，以至领会和觉悟。

【译文】

先生说："把良知看得透彻，不管千言万语，是非真假，一看就明白。符合的就对，不符合的就不对，这就如同佛教所说的'心印’一样，真的是试金石、指南针。”

二〇九

先生曰：“人若知这良知诀窍，随他多少邪思枉念，这里一觉，都自消融，真个是灵丹一粒，点铁成金[1]。”

【注释】

① 灵丹一粒，点铁成金：语自《景德传灯录》：“灵丹一粒，点铁成金；至理一言，点凡成圣。”阳明常以金喻圣。若知良知诀窍者，可谓之圣。

【译文】

先生说：“人如果知道这良知的诀窍，不管有多少邪念私心，一旦被良知觉察，都自然会消除，真像一粒灵丹，可以点铁成金。”

二一〇

崇一曰[1]：“先生致知之旨，发尽精蕴，看来这里再去不得。”

先生曰：“何言之易也！再用功半年，看如何；又用功一年，看如何。功夫愈久，愈觉不同，此难口说。”

【注释】

① 崇一：欧阳德，字崇一，号南野。参看第一百零四条注①。

【译文】

欧阳德说："先生把致良知的宗旨阐述得淋漓尽致，看来在这个问题上想再进一步是不可能了。"

先生说："怎么能轻易这样说！再用半年功看看会怎样，又用一年功看看会怎样。下功夫的时间越长，越能觉得不同，这很难用语言表达出来。"

二一一

先生问九川："于'致知'之说体验如何？"

九川曰："自觉不同往时，操持常不得个恰好处，此乃是恰好处。"

先生曰："可知是体来与听讲不同。我初与讲时，知尔只是忽易，未有滋味。只这个要妙，再体到深处，日见不同，是无穷尽的。"

又曰："此'致知'二字，真是个千古圣传之秘；见到这里，百世以俟圣人而不惑！"

【译文】

先生问陈九川："你对于'致知'学说，有什么体验？"

九川说："感觉和以前不一样了。从前操持时常常不能到达恰好处，现在可以了。"

先生说："你可知，体会得来的与听讲得来的不一样。我当初给你讲的时候，知道你听得糊里糊涂的，没有体会到滋味。从恰到好处，再体会到深处，每天都有不同的认识，是不能穷尽的。”

先生又说：“这‘致知’两个字，真的是千古圣人传承的秘诀，懂得这个道理，就能‘等到百世以后圣人出现也不会产生疑惑’。”

二一二

九川问曰：“伊川说到‘体用一原，显微无间’处，门人已说是‘泄天机’[①]。先生致知之说，莫亦泄天机太甚否？”

先生曰：“圣人已指以示人，只为后人掩匿，我发明耳，何故说泄？此是人人自有的，觉来甚不打紧一般。然与不用实功人说，亦甚轻忽，可惜彼此无益。与实用功而不得其要者提撕之，甚沛然得力。”

【注释】

① 体用一原、显微无间、泄天机：语自《河南程氏外书》卷十二《传闻杂记》：和静（尹焞，1071—1142）尝以《易传序》请问曰：“‘至微者，理也。至著者，象也。体用一源，显微无间’，莫太泄露天机否？”伊川曰：“如此分明说破，犹自人不解悟。”（《二程集》，页689，中华书局2004年版）天机，此处谓道之奥妙。

【译文】

九川问：“伊川先生说到‘体用一源，显微无间’的时候，门人已经说他是泄露天机。先生的‘致知’学说，不也是泄露天机太厉害了吗？”

先生说："圣人早已经将致知学说指示给了后人，只是因为后人掩盖了，我不过将它重新指明，怎么能说是泄露天机呢？这良知是人人本来就有的，让人感觉似乎并不紧要，对于那些不用实在功夫的人来说，他们也十分轻视，这样对彼此都没有益处。我与切实用功但不得要领的人讲致良知，他们会感到大有益处。"

二一三

又曰："知来本无知，觉来本无觉，然不知，则遂沦埋。"

【译文】

先生又说："知道了才发现本来无所谓知道，察觉了才发现本来无所谓察觉，然而在不知不觉间，良知就随时被沦陷埋没了。"

二一四

先生曰："大凡朋友，须箴规指摘处少，诱掖奖劝意多，方是。"

后又戒九川云："与朋友论学，须委曲谦下，宽以居之[①]。"

【注释】

① 宽以居之：语自《周易》乾卦《文言》："君子学以聚之，问以辩之，宽以居之，仁以行之。"意思是以宽厚的态度待人接物。

【译文】

先生说："大凡是朋友，应该少一些指摘批评抨击，多一些开导鼓励劝勉，才是对的。"

后来又告诫九川说："与朋友谈论学问，应该委婉谦虚，宽容待人。"

二一五

九川卧病虔州。先生云："病物亦难格，觉得如何？"

对曰："功夫甚难。"

先生曰："常快活便是功夫。"

【译文】

九川在赣州因病卧床。先生说："疾病这件事很难格除，你觉得怎么样？"

九川回答说："这功夫的确很难。"

先生说："常常保持快活的心态，就是功夫了。"

二一六

九川问："自省念虑或涉邪妄，或预料理天下事，思到极处，井井有味，便缱绻难屏。觉得早则易，觉迟则难；用力克治，愈觉扞格。惟稍迁念他事，则随两忘。如此廓清，亦似无害。"

先生曰："何须如此！只要在良知上着功夫。"

九川曰："正谓那一时不知。"

先生曰："我这里自有功夫，何缘得他来？只为尔功夫断了，便蔽其知。既断了，则继续旧功便是，何必如此。"

九川曰："直是难鏖，虽知，丢他不去。"

先生曰："须是勇。用功久，自有勇。故曰'是集义所生者'[1]，胜得容易，便是大贤。"

【注释】

① 是集义所生者：语自《孟子·公孙丑上》第二章："其为气也，配义与道。无是，馁也。是集义所生者，非义袭而取之也。"意思是浩然正气是长期积累正义行为而产生的，而不是凭借偶然的义举而获得的。

【译文】

九川问："自我反省思虑，有时涉及邪妄，有时又去思考治理天下的事，想到极致处，也觉得津津有味，流连难以舍弃，发现得早还容易克治，发现得晚就很难克治，用力去克治，越发觉得矛盾，只有稍微去想些别的事情，才能忘掉。这样清除思虑，好像也没有什么害处。"

先生说："何必如此，只要在良知上下功夫就可以了。"

九川说："正是说那一时不知道良知。"

先生说："我这里自然有致良知的功夫。为何会有那种情况？只因为你的功夫间断了，你的良知才会被遮蔽。既然已经中断了，那么延续旧的功夫就可以了，何必如此？"

九川说："几乎是一场恶战。虽然知道了，就是驱除不掉。"

先生说："这必须要靠勇气。用功久了，自然就有勇气。因此说‘是义的积聚产生出来的’。如果能轻易取胜，就是大贤人了。”

二一七

九川问：“此功夫却于心上体验明白，只解书不通。”

先生曰：“只要解心。心明白，书自然融会。若心上不通，只要书上文义通，却自生意见。”

【译文】

九川问：“这种功夫却在心中能体验明白，只是解释书义时无法清楚。”

先生说：“只需要在心中弄明白。内心明白了，书中之义自然融会贯通。如果心中不明白，只追求书中文义的明白，反而会生出另外的解释。”

二一八

有一属官，因久听讲先生之学，曰：“此学甚好。只是簿书讼狱繁难，不得为学。”

先生闻之曰：“我何尝教尔离了簿书讼狱悬空去讲学？尔既有官司之事，便从官司的事上为学，才是真格物。如问一词讼，不可因其应对无状，起个怒心；不可因他言语圆转，生个喜心；不可恶其嘱托，加意治之；不可因其请求，屈意从之；不可因自己事务烦冗，随意苟且断之；不可因旁人谮毁罗织，随人意思处之。这许多意思皆私，只尔自知，须精细省察克治，惟恐此心有一毫偏倚，杜人是非，这便是格物致知。簿书讼狱之间，无非实学，若离了事物为学，却是著空。”

【译文】

有一位下属官员长期听先生讲学，说：“这学说非常好，只是平日簿书讼狱事务繁杂困难，没有办法学习。”

先生听了，说：“我何曾教你离开簿书讼狱凭空去讲求学习？你既然有官司事务，就从官司事务上学习，这才是真正的格物。例如审理一案件，不能因人应对无理，而产生恼怒；不能因人言辞圆滑，而产生欢喜；不能因为厌恶对方的委托，而加倍惩罚；也不能因为对方求情，就勉强答应他；不能因自己事务繁杂冗多，就随意断案；不能因旁人诋毁罗织罪名，就随着他们的意思断案。这些情况都是私欲的表现，只有你自己知道，必须精细地省察克治，惟恐心中有一点偏倚，错判是非。这就是格物致知。簿书讼狱的事务之间，都是实在的学问。如果离开具体事物谈学习，那都是落空的。”

二一九

虔州将归，有诗别先生云：“良知何事系多闻，妙合当时已种根。好恶从之为圣学，将迎无处是乾元[①]。”

先生曰：“若未来讲此学，不知说‘好恶从之’从个甚么。”

敷英在座[②]，曰：“诚然。尝读先生《大学古本序》[③]，不知所说何事。及来听讲许时，乃稍知大意。”

【注释】

① 乾元：语自《周易》乾卦《彖传》："大哉乾元，万物资始，乃统天。"乾，《易经》首卦卦名，其卦象象征着天，其品格为刚健。乾与坤相对，乾为阳，坤为阴。阴阳和合能资生万物，亦能统御万物。

② 敷英：王阳明的学生。其余不详。

③《大学古本序》：该序作于正德戊寅（1518），据《王阳明年谱》"十有三年戊寅，先生四十七岁，在赣"称"七月，刻古本《大学》"，知此序与《传习录卷上》均刻于同年。

【译文】

九川将要从赣州归家，写了一首诗向先生告别："良知何事系多闻，妙合当时已种根。好恶从之为圣学，将迎无处是乾元。"

先生说："你如果没有来这里学习，就不可能知道'好恶从之'是从的个什么。"

敷英当时在座，说道："没错。我也曾经读先生的《大学古本序》，当时不明白所讲的是什么事，直到来了听讲一段时间后，才稍微明白了大概意思。"

二二〇

于中、国裳辈同侍食。先生曰："凡饮食只是要养我身，食了要消化；若徒蓄积在肚里，便成痞了，如何长得肌肤？后世学者博闻多识，留滞胸中，皆伤食之病也。"

【译文】

于中、国裳等人侍奉先生共餐。先生说："凡是饮食，只是为要存养我们的身体，吃了就要消化，如果仅仅是积蓄在肚子里，就成了肿块，如何能存养肌体呢？后世的学者博闻多智，知识都滞留在胸中，就都是不消化的毛病。"

二二一

先生曰："圣人亦是学知，众人亦是生知。"

问曰："何如？"

曰："这良知人人皆有，圣人只是保全，无些障蔽，兢兢业业，亹亹翼翼[1]，自然不息，便也是学；只是生的分数多，所以谓之生知安行。众人自孩提之童，莫不完具此知，只是障蔽多，然本体之知自难泯息，虽问学克治，也只凭他；只是学的分数多，所以谓之学知利行。"

【注释】

① 亹亹翼翼：亹亹，强勉貌，语自《诗经·大雅·文王》："亹亹文王，令闻不已。"翼翼，勉敬貌，语自《诗经·大雅·文王》："世之不显，厥犹翼翼。"

【译文】

先生说："圣人也是'学而知之'，普通人也是'生而知之'。"

九川问道："为什么呢？"

先生说："良知是人人都有的，圣人只是保全良知而不蒙蔽它，兢兢业业，勤勤恳恳，自然不会停息，这也是学习，只是生就的成分多，所以说是‘生知安行’。普通人从小时候开始，也都完整具有良知，只是遮蔽很多，然而本体的良知却难以自行泯灭，虽然问学克治，也只是依靠良知，只是学的成分多，所以说是‘学知利行’。”

二二二

黄以方问：“先生格致之说，随时格物以致其知，则知是一节之知，非全体之知也。何以到得溥博如天、渊泉如渊地位[①]？”

先生曰：“人心是天渊。心之本体无所不该，原是一个天。只为私欲障碍，则天之本体失了。心之理无穷尽，原是一个渊。只为私欲窒塞，则渊之本体失了。如今念念致良知，将此障碍窒塞一齐去尽，则本体已复，便是天渊了。”

乃指天以示之曰：“比如面前见天，是昭昭之天，四外见天，也只是昭昭之天，只为许多房子墙壁遮蔽，便不见天之全体，若撤去房子墙壁，总是一个天矣，不可道眼前天是昭昭之天，外面又不是昭昭之天也。于此便见一节之知，即全体之知；全体之知，即一节之知。总是一个本体。”

【注释】

①溥博如天、渊泉如渊：语自《中庸》第三十一章：“溥博渊泉，而时出之。溥博如天，渊泉如渊。见而民莫不敬，言而民莫不信，行而民莫不说。”溥博，周遍而广大；渊泉，幽静而深浚。如此圣人之德，百姓莫不

尊敬，莫不信服，莫不喜悦。

【译文】

黄以方问："先生格致的学说，随时格物来致良知，那么知就是一部分的知，而不是全体的知了，怎么能到达广阔如天、深邃如渊的地步呢？"

先生说："人心就是天和渊。心的本体，无所不包，原本就是天，只因被私欲障碍，天的本体失去了。心中天理没有穷尽，原本就是渊，只因被私欲阻塞，渊的本体失去了。如今念念不忘致良知，将这些障碍阻塞一并驱除，那么本体恢复之后，就是天、就是渊了。"

先生于是指着天开示道："比如面前看到的天，是明亮的天，四下看到的天，也还是明亮的天，只因为有许多房屋墙壁遮蔽着，就看不到天的全体，如果撤去这些房屋墙壁，还是这一个天，不能说面前的天是明亮的天，外面就不是明亮的天。从这里就能知道，部分的良知就是全体的良知，全体的良知就是部分的良知，本体总是一个。"

二二三

先生曰："圣贤非无功业节气，但其循着这天理，则便是道，不可以事功气节名矣。"（已下门人黄直录）

【译文】

先生说："圣贤不是没有功绩气节，但他们遵循这天理，就是道，圣人不是以事功气节出名的。”

二二四

“‘发愤忘食’，是圣人之志如此，真无有已时；‘乐以忘忧’[①]，是圣人之道如此，真无有戚时，恐不必云得不得也[②]。”

【注释】

① 发愤忘食、乐以忘犹：语自《论语·述而》第十九章：“叶公问孔子于子路，子路不对。子曰：‘汝奚不曰：其为人也，发愤忘食，乐以忘犹，不知老之将至云尔。’”

② 恐不必云得不得也：语自朱熹《论语集注·述而》第十九章注：“未得，则发愤而忘食；已得，则乐之而忘犹。”朱熹将上注两句区分为“未得”与“已得”，阳明则不以为然。得，指得道耳。

【译文】

“‘发愤忘食’，这是圣人的志向，真的没有停止的时候；‘乐以忘忧’，这是圣人的道行，真的没有忧戚的时候，恐怕不必说什么得到与不得到吧。”

二二五

先生曰：“我辈致知，只是各随分限所及。今日良知见在如此，只随今日所知扩充到底；明日良知又有开悟，便从明日所知扩充到底，如此方是精一功夫。与人论学，亦须随人分限所及。如树有这些萌芽，只把这些水去灌溉。萌芽再长，便又加水。自拱把以至合抱，灌溉之功皆是随其分限所及。若些小萌芽，有一桶水在，尽要倾上，便浸坏他了。”

【译文】

先生说：“我们这些人致知，只是各自随着自己的能力大小尽力而为。今天的良知明白到这个程度，只跟着今天所知的扩充到底；明天早上良知又有所开悟，就从明天所知的扩充到底，这样才是精一的功夫。和别人讨论学问，也必须随着别人的能力所能达到的地方入手。例如树木有这些萌芽，只用这些水去灌溉，萌芽继续生长，就继续加水。从拱把粗细到合抱粗细，灌溉的功夫都是随着树芽的生长所能达到的程度来进行。如果只是这么小的树芽，有一桶水在，全都浇上去，就会泡坏它了。”

二二六

问“知行合一”。

先生曰：“此须识我立言宗旨。今人学问，只因知行分作两件，故有一念发动，虽是不善，然却未曾行，便不去禁止。我今说个知行合一，正要人晓得一念发动处，便即是行了。发动处有不善，就将这不善的念克倒了。须要彻根彻底，不使那一念不善潜伏在胸中。此是我立言宗旨。”

【译文】

黄以方向先生请教知行合一的问题。

先生说：“这就一定要知道我立言的宗旨。现在世人的学问，只因为把知行分作两件事，因此，有一念头萌动，虽然是不善的，然而还未曾实践，就不去禁止。我现在讲一个‘知行合一’，正是要让人明白一念萌生，就是行动了，如果萌生了不善的念头，就要把这不善的念克治了，一定要彻彻底底不让那不善的一念潜伏在心中。这是我学问最高的宗旨。”

二二七

“圣人无所不知，只是知个天理；无所不能，只是能个天理。圣人本体明白，故事事知个天理所在，便去尽个天理。不是本体明后，却于天下事物都便知得，便做得来也。天下事物，如名物度数、草木鸟兽之类，不胜其烦。圣人须是本体明了，亦何缘能尽知得？但不必知的，圣人自不消求知；其所当知的，圣人自能问人，如‘子入太庙，每事问’之类[①]，先儒谓‘虽知亦问，敬谨之至’[②]。此说不可通。圣人于礼乐名物不必尽知，然他知得一个天理，便自有许多节文度数出来。不知能问，亦即是天理节文所在。”

【注释】

①子入太庙，每事问：语自《论语·八佾》第十五章：“或曰：‘孰谓鄹人之子知礼乎？入大庙。每事问。’子闻之曰：‘是礼也。’”孔子出生于鲁国邹地，故称邹人之子。

②虽知亦问，敬谨之至：语自朱熹《论语集注》引伊和靖之语：“礼者，敬而已矣。虽知亦问，谨之至也。”

【译文】

“圣人无所不知，只是知道天理；无所不能，只是能为天理。圣人的本体明白，因此事事都知道天理的所在，就去穷尽天理。不是本体明白之后，就对天下的事物都能知道，就能做好了。天下事物，像名物度数、草木鸟兽之类，数不胜数，圣人一定要明白本体，又怎能什么都知道呢？但不必知道的，圣人自然不会去求知；应当知道的，圣人自然能向他人询问，像‘孔子进太庙，事事请教’之类，朱熹说‘虽然知道也要问，是恭敬谨慎的极致’。这种说法不通。圣人对于礼乐名物不必全都知道，然而他知道一个天理，也就自然有很多规矩法则引申出来。不知道的能够去问，这也是天理规则所在之处。”

二二八

问：“先生尝谓‘善恶只是一物’。善恶两端，如冰炭相反，如何谓只一物？”

先生曰：“至善者，心之本体。本体上才过当些子，便是恶了。不是有一个善，却又有一个恶来相对也。故善恶只是一物。”

直因闻先生之说[①]，则知程子所谓“善固性也，恶亦不可不谓之性”[②]。

又曰：“善恶皆天理。谓之恶者本非恶，但于本性上过与不及之间耳。”[③]其说皆无可疑。

【注释】

①直：黄直，字以方，江西金谿人，嘉靖二年（1523）进士。王阳明的学生。

② 善固性也，恶亦不可不谓之性：语自《河南程氏遗书》卷一："'生之谓性'，性即气，气即性，生之谓也。人生气禀，理有善恶，然不是性中原有此两物相对而生也。有自幼而善，有自幼而恶，是气禀有然也。善固性也，然恶亦不可不谓之性也。盖'生之谓性'、'人生而静'以上不容说，才说性时，便已不是性也。凡人说性，只是说'继之者善'也，孟子言人性善是也。"通常认为此段乃程颢之语。他主张在"生之谓性"的意义上，性是无所谓善恶的，论善恶须就"人生气禀"言，即只能就气禀之后言，而气禀之前是"人生而静"的性之本体阶段，是不容说，即不能用经验语言来表达的。他还认为，即便孟子论性，也只是就"继之者善"以后的性而言。意思是孟子论性也不是就天道之超越层面（在阳明则为"心之本体"）而言的。"人生而静"引自《礼记·乐记》："人生而静，天之性也；感于物而动，性之欲也。物至知知，然后好恶形焉。"事实上，程颢这里是将"性"和"欲"作了人性在不同阶段的区分。阳明认同此观点，这与他后来提出的"四句教"之前两句"无善无恶心之体，有善有恶意之动"是相契合的。

③ "善恶皆天理"句：语自《河南程氏遗书》卷二上："天下善恶皆天理，谓之恶者非本恶，但或过或不及便如此，如杨、墨之类。"乃程颢之语。"恶者非本恶"，指人生而静以上"不容说"的阶段，之后人性有了或过或不及，就有了恶。

【译文】

黄以方问："先生曾经说善恶只是一物，善恶的两端，就像冰和炭一样相反，怎么说只是一物呢？”

先生说：“至善是心的本体。本体上稍有些过当，就是恶了。不是有一个善，就又有一个恶来相对。因此善恶只是一物。”

黄以方听了先生所说的话，就明白了程明道所谓的“善固然是本性，恶也不能不称之为本性”。

先生又说过：“善恶都是天理。被称为恶的，本来不是恶，只是本性上有些过当或者不及而已。”对这些说法都不再有疑问。

二二九

先生尝谓：“人但得好善如好好色，恶恶如恶恶臭，便是圣人。”直初时闻之觉甚易，后体验得来，此个功夫着实是难。如一念虽知好善恶恶，然不知不觉，又夹杂去了。才有夹杂，便不是好善如好好色、恶恶如恶恶臭的心。善能实实的好，是无念不善矣；恶能实实的恶，是无念及恶矣。如何不是圣人？故圣人之学，只是一诚而已。

【译文】

先生曾说过：“人只要能喜好善行像喜好美色一样，厌恶恶行像厌恶恶臭一样，就是圣人。”黄以方初听说这种说法时，觉得非常容易，后来仔细体会才明白，这种功夫实在很难。比如心中虽然知道喜好善行、厌恶恶行，然而不知不觉又掺杂进别的东西。一旦有所夹杂，就不再是喜好善像喜好美色一样，厌恶恶像厌恶恶臭一样了。如果能实实在在地喜好善行，这就是没有一念不善。如果能实实在在地厌恶恶行，这就是没有一念为恶。这难道不就是圣人吗？因此圣人的学问，只是一个“诚”字而已。

二三〇

问《修道说》言“率性之谓道”，属圣人分上事；“修道之谓教”[①]，属贤人分上事。

先生曰：“众人亦率性也，但率性在圣人分上较多，故‘率性之谓道’属圣人事。圣人亦修道也，但修道在贤人分上多，故‘修道之谓教’属贤人事。”

又曰：“《中庸》一书，大抵皆是说修道的事。故后面凡说君子，说颜渊，说子路，皆是能修道的；说小人，说贤知愚不肖，说庶民，皆是不能修道的；其他言舜、文、周公、仲尼至诚至圣之类，则又圣人之自能修道者也。”

【注释】

① 率性之谓道，修道之谓教：语自《中庸》首章：“天命之谓性，率性之谓道，修道之谓教。”此处言及“性”、“道”、“教”之关联，又称“修道说”。《中庸》一书主要讲修道问题，故其又有《修道说》之称。

【译文】

黄以方就《修道说》中所讲的“率性之谓道”属于圣人分内的事、“修道之谓教”属于贤人分内的事向先生请教。

先生说：“平常人也能做到率性，但是率性在圣人身上表现得比较多，因此‘率性之谓道’属于圣人的事。圣人也修道，只是修道在贤人身上表现得比较多，因此‘修道之谓教’属于贤人的事。”

先生又说：“《中庸》这本书，大体上都是说修道的事。因此后面凡是讲君子，讲颜渊，讲子路，都是能修道的；讲小人，讲贤者、智者，愚者、不肖者，讲庶民，都是不能修道的。其他讲到舜、文王、周公、孔子之类至诚至圣的人，则又是圣人中自然能修道的人。”

二三一

问：“儒者到三更时分，扫荡胸中思虑，空空静静，与释氏之静只一般，两下皆不用[①]，此时何所分别？”

先生曰：“动静只是一个。那三更时分空空静静的，只是存天理，即是如今应事接物的心[②]。如今应事接物的心，亦是循此天理，便是那三更时分空空静静的心。故动静只是一个，分别不得。知得动静合一，释氏毫厘差处亦自莫掩矣。”

【注释】

① 两下：指儒、佛两家。

② 如今：即现在、白天。阳明此番应答当在白天。意思是白天与夜间一样，皆有动有静，动静合一，有一样应事接物的心，一样存天理的心，怎会与佛家的虚寂一般呢？又岂云“答非所问”呢（陈荣捷先生引但衡今云：“本节问答皆笼统，且答非所问”）？

【译文】

黄以方问："儒者到三更时分，扫清心中思虑，空荡安静，与佛教的静是一样的，两者都不发挥作用，这时怎样区别它们呢？"

先生说："动静是一件事。那三更时分，空荡安静的，只是存养天理，也就是现在应事接物的心。现在（指白天）应事接物的心，也是遵循这个天理，也就是那三更时分空荡安静的心。因此，动静是一件事，不能分开。明白了动静合一的道理，儒家与佛教的细微差别也就昭然若揭了。"

二三二

门人在座，有动止甚矜持者。先生曰："人若矜持太过，终是有弊。"曰："矜持太过，何如有弊？"曰："人只有许多精神，若专在容貌上用功，则于中心照管不及者多矣。"

有太直率者。先生曰："如今讲此学，却外面全不检束，又分心与事为二矣。"

【译文】

在座的门人中，有人举止过于矜持。先生说："人如果太过于矜持，终归是有毛病。"黄以方问："为什么说矜持太过是有了毛病？"先生说："人的精神毕竟有限，你把它专门用在容貌上，就难以照顾到内心。"

又有的人过于直率。先生说："现在讲求良知的学问，如果在外貌上全不检点，又是把心与事分成两件了。"

二三三

门人作文送友行，问先生曰："作文字不免费思，作了后又一二日，常记在怀。"

曰："文字思索亦无害。但作了常记在怀，则为文所累，心中有一物矣，此则未可也。"

又作诗送人。先生看诗毕，谓曰："凡作文字要随我分限所及。若说得太过了，亦非修辞立诚矣[①]。"

【注释】

① 修辞立诚：语自《周易》乾卦《文言》："子曰：'君子进德修业。忠信，所以进德也。修辞立其诚，所以居业也。知至至之，可与几也。知终终之，可与存义也。'"孔子认为，君子要增进美德、修养功业。忠实诚信，是增进美德的基础。把握好自己的文辞和言行，确立实在的诚意，是修养功业的前提。能把握时机、全力进取的人，可以与之商讨事物发展的征兆；知道事物发展的结局，并能以行动适应结局的人，可以与之一道拥有正义。

【译文】

有一个学生写文章为朋友送行，于是他问先生："写文章不免花费心思，写成之后又在一两天之内总是挂记在心上。"

先生说："写文章思索没有害处，但写完了还常记在心上，就会被文章所牵累，心中总是存着一件事情，这样就不对了。"

又有人写诗送人。先生看完诗之后，说道："凡是写诗作文，要根据自己的才力大小因势而为，如果堆砌太多，也就不是发自内心的修饰和用辞了。”

二三四

“文公格物之说，只是少头脑，如所谓‘察之于念虑之微’，此一句不该与‘求之文字之中’、‘验之于事为之著’、‘索之讲论之际’混作一例看[①]，是无轻重也。”

【注释】

① 文公所谓四句：语自朱熹《大学或问》：“昔者圣人盖有忧之，是以于其始教，为之小学，而使之习于诚敬，则所以收其放心、养其德性者，已无所不用其至矣。及其进乎大学，则又使之即夫事物之中，因其所知之理，推而究之，以各致乎其极，则吾之知识，亦得以周遍精切而无不尽也。若其用力之方，则或考之事为之著，或察之念虑之微，或求之文字之中，或索之讲论之际，使于身心性情之德，人伦日用之常，以至天地鬼神之变，鸟兽草木之宜，自其一物之中，莫不有以见其所当然而不容已与其所以然而不可易者。”

【译文】

先生说：“朱熹‘格物’的学说，只是不得要领。比如，他所谓的‘在思虑与念头的细微处去体察’，这一句不该与‘在语言文字之中去寻求’、‘在事物的明显处去检验’、‘在讲学与谈论之间去寻找’混为一件事来看，这是没有轻重之分了。”

二三五

问“有所忿懥”一条[①]。

先生曰：“忿懥几件[②]，人心怎能无得？只是不可有耳！凡人忿懥着了一分意思，便怒得过当，非廓然大公之体了。故有所忿懥，便不得其正也。如今于凡忿懥等件，只是个物来顺应，不要着一分意思，便心体廓然大公[③]，得其本体之正了。且如出外见人相斗，其不是的，我心亦怒。然虽怒，却此心廓然，不曾动些子气。如今怒人，亦得如此，方才是正。”

【注释】

① 有所忿懥：语自《大学》：“身有所忿懥，则不得其正；有所恐惧，则不得其正；有所好乐，则不得其正；有所忧患，则不得其正。”

② 忿懥几件：指忿懥、恐惧、好乐、忧患，见上注。

③ 廓然大公：参见第七十二条注②④。

【译文】

黄以方就“有所忿懥”一条向先生请教。

先生说：“愤怒、恐惧、好乐、忧患等几种情绪，人心中怎会没有呢？那只是不应该的‘有’罢了。人在愤怒时，多一分愤怒成分，就成了过分愤怒，就不是心胸宽广、大公无私的本体了。因此有所愤怒，心就不能保持中正。如今对于愤怒等情绪，需要做到顺其自然，不要过分在意，心体才能廓然大公，才能保持心体的中正平和。例如，外出看到别人斗殴，对于错误的一方，我心中也会产生愤怒。然而虽然愤怒，却心中坦然，不曾动气。如今对别人有怒气时，也应该如此，这才是中正平和。”

二三六

先生尝言："佛氏不着相[①]，其实着了相。吾儒着相，其实不着相。"请问。

曰："佛怕父子累，却逃了父子；怕君臣累，却逃了君臣；怕夫妇累，却逃了夫妇，都是为个君臣、父子、夫妇着了相，便须逃避。如吾儒有个父子，还他以仁[②]；有个君臣，还他以义；有个夫妇，还他以别，何曾着父子、君臣、夫妇的相？"

【注释】

① 着相：执着于事物的外在形式。相，佛教名词，指事物的外形、表象。

② 还他以仁：对于佐藤一斋释"仁"作"亲"，陈荣捷与邓艾民二先生持见不一。陈先生谓："一斋误矣。仁与义对。墨氏兼爱，有近于仁；杨氏为我，有近于义，均偏。"邓先生云："五教指父子有亲、君臣有义、夫妇有别等，故'亲'较'仁'字为切。"

【译文】

先生曾经说："佛教不执着于相，其实是执着于相了；我们儒家执着于相，其实并不执着于相。"于是学生向先生请教。

先生说："佛教害怕被父子关系牵累，就逃避父子关系；害怕被君臣关系拖累，就逃避君臣关系；害怕被夫妇关系拖累，就逃避夫妇关系。这都是执着于君臣、父子、夫妇的相了，才要逃避。像我们儒家有父子关系，就给它仁爱；有君臣关系，就给它忠义；有夫妇关系，就给它有礼有别，何曾执着于父子、君臣、夫妇的相呢？"

二三七

黄勉叔问①："心无恶念时，此心空空荡荡的，不知亦须存个善念否？"

先生曰："既去恶念，便是善念，便复心之本体矣。譬如日光，被云来遮蔽，云去，光已复矣。若恶念既去，又要存个善念，即是日光之中添燃一灯。"（已下门人黄修易录）

【注释】

① 黄勉叔：姓黄，名修易，字勉叔，王阳明的学生。

【译文】

黄修易问："心中没有恶念时，心中空空荡荡的，不知道是否也需要存养一个善念？"

先生说："既然驱除了恶念，就是善念，自然就恢复了心的本体了。如同阳光被云遮住，云走之后，阳光自然就会重现。如果恶念已经除掉，又要存养一个善念，就像是在阳光之下添上一盏灯。"

二三八

问："近来用功，亦颇觉妄念不生。但腔子里黑窣窣的[①]，不知如何打得光明。"

先生曰："初下手用功，如何腔子里便得光明？譬如奔流浊水，才贮在缸里，初然虽定，也只是昏浊的，须俟澄定既久，自然渣滓尽去，复得清来。汝只要在良知上用功。良知存久，黑窣窣自能光明矣。今便要责效，却是助长，不成功夫。"

【注释】

① 黑窣窣：越地方言，形容伸手不见五指之黑。

【译文】

黄修易问："最近用功，也觉得妄念不再产生，但心中漆黑一片，不知怎样才能光明？"

先生说："刚开始下手用功，心里怎么就能得到光明呢？就像奔流的浊水，刚刚倒进缸里，开始虽然已经静止不动，但也只是浑浊的，需要等到静止沉淀久了，渣滓自然全都不见，重新变清。你只要在良知上用功，良知存养入心，黑暗自然能光明了。你若想马上产生效果，就如同揠苗助长，不是真正的用功。"

二三九

先生曰："吾教人致良知，在格物上用功，却是有根本的学问。日长进一日，愈久愈觉精明。世儒教人事事物物上去寻讨，却是无根本的学问。方其壮时，虽暂能外面修饰，不见有过，老则精神衰迈，终须放倒。譬如无根之树，移栽水边，虽暂时鲜好，终久要憔悴。”

【译文】

先生说：“我教人致良知，在格物上用功，是有根本的学问。一天比一天进步，时间越久越觉得精明。然而程、朱等儒者却教人在各种事物上去寻求讨教，那是没有根本的学问。人在年轻力壮时，虽然能暂时修饰外表，看不到过错，老了之后就精神衰竭，最终一定会支撑不住而倒下去。就像无根的树木，移栽到水边，虽然暂时鲜活美好，终究会憔悴而死。”

二四〇

问“志于道”一章[①]。

先生曰：“只‘志道’一句，便含下面数句功夫，自住不得。譬如做此屋，志于道是念念要去择地鸠材，经营成个区宅。据德却是经画已成，有可据矣。依仁却是常常住在区宅内，更不离去。游艺却是加些画采，美此区宅。艺者，义也，理之所宜者也，如诵诗、读书、弹琴、习射之类，皆所以调习此心，使之熟于道也。苟不志道而游艺，却如无状小子，不先去置造区宅，只管要去买画挂做门面，不知将挂在何处？”

【注释】

① 志于道：语自《论语·述而》第六章："子曰：'志于道，据于德，依于仁，游于艺。'"以求道为目标，以德行为根据，以仁爱为依托，而游学于礼、乐、射、御、书、数等六艺之中。

【译文】

黄修易向先生请教《论语》"志于道"这一章。

先生说："只'志于道'一句，就包括下面很多句的功夫，不能只停留在'志于道'。例如盖间房子，'志于道'是念念不忘要去选地挑材，经营成房子。'据德'却是房屋已经建成，可以居住了。'依于仁'却是常常住在房子内，不再离去。'游于艺'则是增加装饰，美化房子。艺就是义，是天理适宜的地方，例如诵诗、读书、弹琴、射箭之类，都是为了调节本心，使人能够熟悉学圣之道。如果不先志于道就去游艺，就像是一个毛头小子，不先去建房子，只管买画来装饰当作门面，不知道要挂在哪里？"

二四一

问："读书所以调摄此心，不可缺的。但读之之时，一种科目意思牵引而来[①]，不知何以免此？"

先生曰："只要良知真切，虽做举业，不为心累；总有累亦易觉，克之而已。且如读书时，良知知得强记之心不是，即克去之；有欲速之心不是，即克去之；有夸多斗靡之心不是，即克去之。如此，亦只是终日与圣贤印对，是个纯乎天理之心。任他读书，亦只是调摄此心而已，何累之有？"

曰："虽蒙开示，奈资质庸下，实难免累。窃闻穷通有命，上智之人恐不屑此。不肖为声利牵缠，甘心为此，徒自苦耳。欲屏弃之，又制于亲，不能舍去，奈何？"

先生曰："此事归辞于亲者多矣，其实只是无志。志立得时，良知千事万为只是一事。读书作文安能累人？人自累于得失耳。"

因叹曰："此学不明，不知此处担阁了几多英雄汉②！"

【注释】

① 科目：指科举考试中的秀才、明经、进士等科目。

② 担阁：即耽搁。

【译文】

黄修易问："读书是为了调节自己的心，不能缺少。但读书的时候，一种科举成名的念头又被牵引出来，不知道怎么才能避免？"

先生说："只要良知真切笃实，即使有些科举功名念头，也不致成为心的负担，也容易觉察并加以克治。就像读书时，良知明白强记的心不对，就立即加以克治；明白急于求成的心不对，就立即加以克治；明白争强好胜的心不对，就立即加以克治。这样终日与圣贤之学相为印证，保留一颗纯粹天理的心，任凭如何读书，也只是将其作为心的调节，怎么会有牵累呢？"

黄修易说："虽然得蒙先生开导，奈何我资质平庸低下，实在难以免除牵累。我曾听说穷困还是通达天命注定，非常聪明的人，恐怕不屑于此；愚笨的人，又被声名利禄牵累，一心为科举读书，必然自己感到苦恼。想要摒弃这个念头，又被亲人的期望牵制，不能克除掉，怎么办呢？”

先生说：“在这件事上，很多人将原因归咎于亲人，其实只是自己没有志向。只要志向确立，良知之下千事万事都只是同一件事。读书写文章，怎能牵累人呢？人自己在得失之中牵累自己而已。”

先生因此有感叹道：“圣学不昌明，在这里不知耽搁了多少英雄好汉！”

二四二

问：“‘生之谓性’[①]，告子亦说得是，孟子如何非之？”

先生曰：“固是性，但告子认得一边去了，不晓得头脑。若晓得头脑，如此说亦是。孟子亦曰‘形色，天性也’[②]，这也是指气说。”

又曰：“凡人信口说，任意行，皆说此是依我心性出来，此是所谓生之谓性。然却要有过差。若晓得头脑，依吾良知上说出来，行将去，便自是停当。然良知亦只是这口说，这身行，岂能外得气，别有个去行去说？故曰‘论性不论气，不备；论气不论性，不明’[③]。气亦性也，性亦气也，但须认得头脑是当。”

【注释】

① 生之谓性：语自《孟子》，参见第一百五十条注①。

② 形色，天性也：语自《孟子·尽心上》第三十八章：“孟子曰：‘形

色，天性也，惟圣人然后可以践行。'" 意为人的身体容貌是天生的，但只有圣人可以（通过内在的充实）来展现和实践这一天性。

③ 论性不论气，不备；论气不论性，不明：语自《河南程氏遗书》卷六。孟子之性是本原之性，然性之善端离不开气，在这个意义上，阳明认同程颢的"论性不论气，不备；论气不论性，不明"这句话，并从程颢的"人生而静以上不容说"来理解告子的"生之谓性"，进而强调了"性气不分"的观点。参见第一百五十条注 ③ 及第二百二十八条注 ②。

【译文】

黄修易问："'生之谓性'，告子说得很对啊，孟子为什么说他不对？"

先生说："固然是性，但告子的认知偏离了，不知道问题的重点；如果知道重点的话，像这样说也对。孟子也说'形色是天性'，这也是针对气说的。"

先生又说："凡是一个人信口开河、任意妄为，都会说'这是从我心中的本性出来的'，这就是所谓的生之谓性。然而这会出现很多差错。如果知道重点，从我良知上说出来，做出来，就自然安稳妥当。然而良知也不能只是凭口说，凭身体践行，怎能把气抛开一边，凭空地去做去说呢？因此程颢说：'论性不论气，不备；论气不论性，不明。'气也是性，性也是气，但必须把握住重点才行。"

二四三

又曰："诸君功夫最不可助长。上智绝少，学者无超入圣人之理。一起一伏，一进一退，自是功夫节次。不可以我前日用得功夫了，今却不济，便要矫强，做出一个没破绽的模样。这便是助长，连前些子功夫都坏了。此非小过，譬如行路的人，遭一蹶跌，起来便走，不要欺人做那不曾跌倒的样子出来。诸君只要常常怀个'遁世无闷，不见是而无闷'之心[①]，依此良知，忍耐做去，不管人非笑，不管人毁谤，不管人荣辱，任他功夫有进有退，我只是这致良知的主宰不息，久久自然有得力处，一切外事亦自能不动。"

又曰："人若着实用功，随人毁谤，随人欺慢，处处得益，处处是进德之资。若不用功，只是魔也，终被累倒。"

【注释】

①遁世无闷，不见是而无闷：语自《周易》乾卦《文言》："不成乎名，遁世无闷，不见是而无闷。乐则行之，忧则违之，确乎其不可拔，潜龙也。"遁，隐藏；违，回避；拔，改变。意为从世间隐退不会感到闷闷不乐，不被世人承认也不苦闷。能愉快地实现抱负时，便入仕行道；感到忧虑时，便出世遁隐。信念坚定，从不动摇，这一君子的作为便是潜龙的品德。王阳明在《送毛宪副致仕归桐江书院序》中尝云："君子之道，出与处而已。其出也有所为，其处也有所乐。"（《王文成公全书》，页999—1000）此序作于正德三年戊辰（1508），时阳明正值贬谪之地，"处乐出为"，乃君子之修为与潜龙之品德是也。

【译文】

先生又说："各位做功夫，最不能揠苗助长。聪明绝顶的人非常少，一般学者没有超脱进入圣人境界的道理。一起一伏，一进一退，自然是功夫的顺序。不能因为我前天下了功夫，今天不济，就要勉强装出一副没有破绽的样子来，这就是揠苗助长，连前段时间的功夫都损坏了。这不是小的过错。譬如走路的人摔了一跤，爬起来就继续走，不要欺骗别人装出一副没有摔倒的样子。各位只要经常怀有'遁世无闷，不见是而无闷'的内心，依照良知耐心用功，不管别人的非议嘲笑，不管别人的诋毁诽谤，不管别人的荣辱得失，任凭功夫有进有退，我只坚持致良知的念头，经久不息，自然有得力的地方，一切外事外物都不能再干扰我。"

先生又说："人只要踏实用功，任凭别人诋毁诽谤，任凭别人欺负轻慢，反而处处受益，处处是品德提升的资本；如果不用功，别人的诋毁就像是魔鬼，最终会将你压垮。"

二四四

先生一日出游禹穴[①]，顾田间禾曰："能几何时，又如此长了。"

范兆期在傍曰[②]："此只是有根。学问能自植根，亦不患无长。"

先生曰："人孰无根？良知即是天植灵根，自生生不息，但着了私累，把此根戕贼蔽塞，不得发生耳。"

【注释】

①禹穴：一说以为在今浙江绍兴之会稽山，传说大禹葬此；一说以

为会稽山并无洞壑，凡禹井、禹穴、阳明洞类，只是石罅，并无托足地。王十朋（1112—1171）《梅缓先生文集·后集》卷四《禹穴》诗云："如今禹穴无寻处，洞锁阳明石一拳。"

② 范兆期：姓范，名引年，字兆期，号半野，王阳明的学生。

【译文】

先生有一天到禹穴出游，环顾田间的禾苗说："这才多长时间，就又长这么高了！"

范兆期在旁边说："这是因为有根。学问如果能自己种下根，也就不用担心不进步了。"

先生说："人们谁没有根呢？良知就是天生的灵根，自然生生不息，只是被私欲牵累，将这根残害蒙蔽，不能正常生长发育罢啦。"

二四五

一友常易动气责人。先生警之曰："学须反己。若徒责人，只见得人不是，不见自己非。若能反己，方见自己有许多未尽处，奚暇责人？舜能化得象的傲[①]，其机括只是不见象的不是。若舜只要正他的奸恶，就见得象的不是矣。象是傲人，必不肯相下，如何感化得他？"是友感悔。

曰："你今后只不要去论人之是非，凡当责辩人时，就把做一件大己私克去方可。"

【注释】

①舜能化得象的傲：语自《尚书·尧典》。参见第二百九十六条注①。王阳明于居黔时作《象祠记》，云："象盖已化于舜矣。《孟子》曰：'天子使吏治其国，象不得已有为也。'斯盖舜爱象之深而虑之详，所以扶持辅导之者之周也。不然，周公之圣，而管、蔡不免焉。斯可以见象之既化于舜，故能任贤使能而安于其位，泽加于其民，既死而人怀之也。……吾于是益有以信人性之善，天下无不可化之人也。"（《王文成公全书》，页1024）坚信人性本善，由化象进而化天下之人，是王阳明"觉民行道"的早期表达。

【译文】

一位朋友常常容易生气责怪旁人。先生警示他说："学习一定要反省自己。如果只是责怪别人，就会只看到别人的不对，看不到自己的错误。如果能反省自己，才能看到自己有许多不足之处，哪还有时间责怪别人呢？舜之所以能感化傲慢的象，关键在于不去看象的错误。如果舜只是要纠正象的奸恶，就会只看到象的错误。象是傲慢的人，一定不肯服气，又怎么能被感化呢？"

这位朋友感慨悔悟。先生说："你今后只不要去议论别人的对错，凡是要指责别人的错误时，就将这错误当作自己的一个大私欲来加以克治，这样才行。"

二四六

先生曰："凡朋友问难，纵有浅近粗疏，或露才扬己，皆是病发。当因其病而药之可也,不可便怀鄙薄之心,非君子与人为善之心矣[①]。”

【注释】

① 与人为善:语自《孟子·公孙丑上》第八章:“大舜有大焉,善与人同。舍己从人,乐取于人以为善。……取诸人以为善,是与人为善者也。故君子莫大乎与人为善。”

【译文】

先生说:“凡是朋友在一起讨论问题,纵使有浅显粗鄙的不同看法,或者想要表现才干,刻意褒扬自己,或有意作秀,都是毛病发作。只有对症下药才可以,不能怀有鄙视轻薄的心,否则,就不是君子与人为善的心了。”

二四七

问:“《易》,朱子主卜筮[①],程传主理[②],何如?”

先生曰:“卜筮是理,理亦是卜筮。天下之理,孰有大于卜筮者乎?只为后世将卜筮专主在占卦上看了,所以看得卜筮似小艺。不知今之师友问答,博学、审问、慎思、明辩、笃行之类,皆是卜筮。卜筮者,不过求决狐疑,神明吾心而已。《易》是问诸天,人有疑,自信不及,故以《易》问天。谓人心尚有所涉,惟天不容伪耳。”

【注释】

① 朱子主卜筮:《朱子语类》卷六十六讨论甚详。朱子还著有《周易本义》十二卷、《易学启蒙》三卷,皆主张《周易》本为卜筮而作。

② 程传主理:程颐著《周易程氏传》四卷,其《答张闳中书》云:"有理而后有象,有象而后有数。《易》因象以明理,由象而知数。得其义,则象数在其中矣。"可见程子主理。传,指《程氏易传》,又称《周易程氏传》。

【译文】

黄修易问:"朱子认为《易经》主要在于卜筮,程子的《易传》认为《易经》主要在于天理,先生以为如何?"

先生说:"卜筮是天理,天理也是卜筮。天下的道理还有比卜筮还大的吗?只因为后世将卜筮专注在了算卦上看,所以卜筮就成了雕虫小技,而不懂得现在师友之间的问答,博学、审问、慎思、明辨、笃行之类,都是卜筮的范畴。卜筮不过是辩难解惑,使人心变得清晰明白而已。《易经》是向天求教的书,人有了疑问,又不自信,因此借助《易经》来向天求教。人心往往会有所偏颇,天是容不得半点虚假的。"

二四八

黄勉之问[①]:"'无适也,无莫也,义之与比'[②],事事要如此否?"

先生曰:"固是事事要如此,须是识得个头脑乃可。义即是良知,晓得良知是个头脑,方无执着。且如受人馈送,也有今日当受的，他日不当受的；也有今日不当受的，他日当受的。你若执着了今日当受的，便一切受去；执着了今日不当受的[③]，便一切不受去，便是'适'、'莫'，便不是良知的本体，如何唤得做义？"（已下门人黄省曾录）

【注释】

① 黄勉之：姓黄，名省曾，字勉之，号五岳，苏州人，王阳明的学生。

② 无适也，无莫也，义之与比：语自《论语·里仁》第十章："子曰：'君子之于天下也，无适也，无莫也，义之与比。'"适，可也；莫，不可也。无可无不可，没有固定的模式，一切以是否符合义为依据。比，依据，参照，比照。

③ 不当受：语自《孟子·公孙丑下》第三章："陈臻问曰：'前日于齐，王馈兼金一百而不受；于宋，馈七十镒而受；于薛，馈五十镒而受。前日之不受是，则今日之受非也；今日之受是，则前日之不受非也，夫子必居一于此矣。'"陈臻，孟子的学生。当受不当受，以义为准则。义就是良知。

【译文】

黄勉之问："'无适也，无莫也，义之与比'，事事都要如此吗？"

先生说："固然事事要如此，也必须要先知道一个重点才可以。义就是良知，知道良知是个重点，才没有执着。就像接受别人的馈赠，有今天应当接受、他日不该接受的，也有今天不该接受、他日应该接受的。你如果执着于今天应该接受的，就接受所有的馈赠；执着于今天不该接受的，就所有馈赠都不接受，这就是‘适’和‘莫’,就不是良知的本体了,怎么能叫作义呢?”

二四九

问:“‘思无邪’一言[①],如何便盖得三百篇之义?”

先生曰:“岂特三百篇,《六经》只此一言便可该贯,以至穷古今天下圣贤的话,‘思无邪’一言也可该贯。此外更有何说?此是一了百当的功夫。”

【注释】

①思无邪:语自《论语·为政》第二章:“子曰:‘《诗》三百,一言以蔽之,曰思无邪。’”

【译文】

黄勉之问:“‘思无邪’一语,怎么就能涵盖《诗经》三百篇的涵义呢?”

先生说:“何止《诗经》的三百篇,《六经》都可以用这句话贯通,以至于穷尽古今天下圣贤的话,都可以用‘思无邪’一句话来涵盖。此外更有什么说法呢?这真是一了百当的功夫啊!”

二五〇

问道心、人心[①]。先生曰:“‘率性之谓道’便是道心。但着些人的意思在,便是人心。道心本是无声无臭,故曰‘微’。依着人心行去,便有许多不安稳处,故曰‘惟危’。”

【注释】

① 道心、人心：语自《古文尚书·大禹谟》："人心惟危，道心惟微，惟精惟一，允执厥中。"此被谕为古代儒家理想中的圣人尧、舜、禹相传授的"十六字心诀"。一说疑此书为伪。

【译文】

黄勉之向先生请教道心和人心。先生说："'率性之谓道'，就是道心。只要增添了一些人的意思在，就是人心。道心本来是无声无味的，因此称为'微'。依照人心去做，就有许多不安稳的地方，因此称为'惟危'。"

二五一

问："'中人以下，不可以语上'[①]，愚的人与之语上尚且不进，况不与之语，可乎？"

先生曰："不是圣人终不与语。圣人的心，忧不得人人都做圣人。只是人的资质不同，施教不可躐等[②]。中人以下的人，便与他说性说命，他也不省得，也须慢慢琢磨他起来。"

【注释】

① 中人以下，不可以语上：语自《论语·雍也》第十九章："子曰：'中人以上，可以语上也；中人以下，不可以语上也。'"

② 不可躐等：不可以混同。

【译文】

黄勉之问："'中等程度以下的人，不可以给他讲上等的学问'，愚钝的人给他讲解上等高深的学问，他尚且无法进步，何况不给他们讲解呢，这样可以吗？"

先生说："不是圣人始终不给他讲解，圣人心中恨不得人人都成为圣人。只是人的资质不同，施行教导不可以眉毛胡子一把抓。中等程度以下的人，就是给他讲解天性和天命，他也一时无法理解，一定要慢慢地开导他。"

二五二

一友问："读书不记得如何？"

先生曰："只要晓得，如何要记得？要晓得已是落第二义了，只要明得自家本体。若徒要记得，便不晓得；若徒要晓得，便明不得自家的本体。"

【译文】

一位朋友问："读书记不住怎么办？"

先生说："只要理解就够了，为什么要记得？要理解已经是落在次要的地位了，只要使自己本体心中明朗清楚就够了。如果只是要记得，就无法理解。如果只是要理解，就无法使自己本体心中明朗清楚。"

二五三

问："'逝者如斯'[①]，是说自家心性活泼泼地否？"

先生曰："然。须要时时用致良知的功夫，方才活泼泼地，方才与他川水一般。若须臾间断，便与天地不相似。此是学问极至处，圣人也只如此。"

【注释】

①逝者如斯：语自《论语·子罕》第十六章："子在川上，曰：'逝者如斯夫！不舍昼夜。'"

【译文】

黄勉之问："'逝者如斯'是说自己心性生动活泼吗？"

先生说："是的。一定要时时刻刻下致良知的功夫，才能生动活泼，才能与那河流中水一样。如果有片刻间断，就与天地不一样了。这是学问极致的地方，圣人也只是如此而已。"

二五四

问"志士仁人"章[①]。

先生曰："只为世上人都把生身命子看得来太重，不问当死不当死，定要宛转委曲保全，以此把天理却丢去了。忍心害理，何者不为？若违了天理，便与禽兽无异，便偷生在世上百千年，也不过做了千百年的禽兽。学者要于此等处看得明白。比干、龙逢只为他看得分明[②]，所以能成就得他的人。"

【注释】

① 志士仁人：语自《论语·卫灵公》第八章："志士仁人，无求生以害仁，有杀身以成仁。"

② 比干：殷纣之叔父，谏纣不听，被杀。龙逢：姓关（一曰姓吴），夏桀贤臣，谏桀不听，被杀。

【译文】

黄勉之向先生请教《论语》"志士仁人"章的大意。

先生说："只是因为世上的人都把身体性命看得太重，不管是否该死，一定要辗转委曲求全，这样把天理都丢弃了。忍心残害天理，还有什么事做不出来呢？如果违背了天理，就与禽兽没有区别，就算苟且偷生在世上千百年，也不过是做了千百年的禽兽而已。学者要在这些地方看得明白。比干、关龙逢只因为也看得分明，所以能成就他们的仁。"

二五五

问："叔孙武叔毁仲尼[①]，大圣人如何犹不免于毁谤？"

先生曰："毁谤自外来的，虽圣人如何免得。人只贵于自修，若自己实实落落是个圣贤，纵然人都毁他，也说他不着。却若浮云掩日，如何损得日的光明？若自己是个象恭色庄、不坚不介的，纵然没一个人说他，他的恶慝终须一日发露。所以孟子说'有求全之毁，有不虞之誉'[②]。毁誉在外的，安能避得？只要自修何如尔！"

【注释】

① 叔孙武叔毁仲尼：语自《论语·子张》第二十四章："叔孙武叔毁仲尼。子贡曰：'无以为也，仲尼不可毁也。他人之贤者，丘陵也，犹可逾也；仲尼，日月也，无得而逾也。人虽欲自绝，其何伤于日月乎？多见其不知量也！'"

②有求全之毁，有不虞之誉：语自《孟子·离娄上》第二十一章："孟子曰：'有不虞之誉，有求全之毁。'"朱熹集注引吕氏曰："行不足以致誉而偶得誉，是谓不虞之誉；求免于毁而反致毁，是谓求全之毁。"行为不足以受到赞誉而偶然受到了赞誉，称为不虞之誉；力求免于遭致损毁而反倒招致损毁，称为求全之毁。

【译文】

黄勉之问："叔孙武叔诽谤孔子，大圣人为什么也不能免于被诽谤呢？"

先生说："诽谤是从身外来的，即使是圣人也未必能避免得了。人贵在自我修养，如果自己实实在在是个圣贤，纵然他人都诽谤他，也不能对他有所损害。就像浮云遮蔽太阳，怎么能损害太阳的光明呢？如果自己是个外貌恭谨端庄、内在摇荡无德的人，纵然没有一个人诽谤他，他的恶意终究会有一天暴露出来。所以孟子说'有求全之毁，有不虞之誉'。外在的毁誉，怎能避免？只要自我修养就够了。"

二五六

刘君亮要在山中静坐[①]。先生曰："汝若以厌外物之心去求之静，是反养成一个骄惰之气了。汝若不厌外物，复于静处涵养，却好。”

【注释】

① 刘君亮：字元道，王阳明的学生。余未详。后人常将其与另外一刘姓后学相混。

【译文】

刘君亮要在山中静坐修行。先生说：“你如果用厌弃外物的心去追求安静，这反而养成一个骄惰之气了。你如果不厌弃外物，又能在安静中存养，那不是很好吗？”

二五七

王汝中、省曾侍坐[①]。

先生握扇命曰：“你们用扇。”

省曾起对曰：“不敢。”

先生曰：“圣人之学，不是这等捆缚苦楚的，不是妆做道学的模样。”

汝中曰：“观‘仲尼与曾点言志’一章略见[②]。”

先生曰：“然。以此章观之，圣人何等宽洪包含气象！且为师者问志于群弟子，三子皆整顿以对。至于曾点，飘飘然不看那三子在眼，自去鼓起瑟来，何等狂态。及至言志，又不对师之问目，都是狂言。设在伊川，或斥骂起来了[③]。圣人乃复称许他，何等气象！圣人教人，不是个束缚他通做一般，只如狂者便从狂处成就他，狷者便从狷处成就他。人之才气如何同得？”

【注释】

① 王汝中：王畿（1498—1583），字汝中，号龙溪，浙江绍兴人，王阳明的得意弟子，终身致力于传播阳明心学。省曾：黄省曾，字勉之。

② 仲尼与曾点言志：参看第二十七条注⑤。

③ 设在伊川，或斥骂起来了：见《河南程氏外书》卷十二：“韩持国与伊川善。韩在颍昌，欲屈致伊川、明道，预戒诸子侄，使治一室，至于修治窗户，皆使亲为之，其诚敬如此。二先生到，暇日与持国同游西湖，命诸子侍行。行次，有言貌不庄敬者，伊川回视，厉声叱之曰：‘汝辈从长者行，敢笑语如此，韩氏孝谨之风衰矣。’持国遂皆逐去之。”

【译文】

王汝中、黄省曾服侍先生坐着。

先生拿着扇子，说道：“你们用扇。”

省曾站起来说道：“不敢。”

先生说：“圣人之学不是这样拘束痛苦的，不是装成道学的样子。”

王汝中说：“看了‘仲尼与曾点言志’一章，可以略见这个观点。”

先生说：“对。从这章来看，圣人多么宽容，包含万象。老师向各位弟子询问他们的志向，三个人都庄重认真地回答，只有曾点飘飘然不把其他三人看在眼中，自己去鼓瑟，多么狂傲的姿态。等到谈论志向的时候，又不针对老师的提问回答，都是些狂言乱语。如果是伊川先生，早就责骂他了。圣人却又称赞他，这是什么样的气象。圣人教人，不是把人都拘束成一个样子，对性格外露的人就从外在的方面成就他，对于性格内向的人就从内敛的方面成就他。人的才能气质怎能一样呢？”

二五八

先生语陆元静曰："元静少年亦要解《五经》，志亦好博。但圣人教人，只怕人不简易，他说的皆是简易之规。以今人好博之心观之，却似圣人教人差了。"

【译文】

先生对陆元静说："元静少年时期就想要注解《五经》，志气也是喜好博学的。然而圣人教导人，只担心人不能简易，他教导的都是简易的规则。用现在人喜好博学的心来看，却像是圣人教导人教导得不对了。"

二五九

先生曰："孔子无不知而作[①]，颜子有不善未尝不知[②]，此是圣学真血脉路。"

【注释】

① 不知而作：语自《论语·述而》第二十七章："子曰：'盖有不知而作之者，我无是也。多闻，择其善者而从之，多见而识之，知之次也。'"

不知而作,明明不懂却要凭空造作。

② 有不善未尝不知:语自《周易·系辞下》第五章:"子曰:'颜氏之子,其殆庶几乎!有不善未尝不知,知之未尝复行也。'"颜氏之子,指颜回;殆,大概;庶几,接近。颜子稍有过失就能察觉,察觉了就不会再犯。参见第二百零一条注 ⑦。

【译文】

先生说:"孔子从不无知而作为,颜子有不对的地方都未曾不知道,这是圣学真正的精血脉络之路。"

二六〇

何廷仁[①]、黄正之[②]、李侯璧[③]、汝中、德洪侍坐。

先生顾而言曰:"汝辈学问不得长进,只是未立志。"

侯璧起而对曰:"珙亦愿立志。"

先生曰:"难说不立,未是必为圣人之志耳。"

对曰:"愿立必为圣人之志。"

先生曰:"你真有圣人之志,良知上更无不尽[④]。良知上留得些子别念挂带,便非必为圣人之志矣。"

洪初闻时[⑤],心若未服,听说到此,不觉悚汗。

【注释】

① 何廷仁:字性之,号善山,初名秦(1486—1551),江西雩县人,王阳明的学生。

② 黄正之:即黄宏纲。参看第 120 条。

③ 李侯璧：名珙，浙江永康人，王阳明的学生。余不详。

④ 尽：通“净”，干净、完全之意。

⑤ 洪：疑为“珙”的误刻。联系下文“心若未服，听说到此，不觉悚汗”，“洪”非为钱德洪。

【译文】

何廷仁、黄正之、李侯璧、汝中、德洪侍奉先生坐着。

先生环顾大家，说道：“你们的学问没有长进，只是因为没有立志。”

侯璧站起来说：“我也愿意立志。”

先生说：“很难说你不立志，但这不一定是圣人的志。”

侯璧回答说：“愿意立一定成为圣人的志向。”

先生说：“你要是真的有成为圣人的志向，在良知上就不会不尽。良知上留得一些其他的挂念，就一定不是成为圣人的志向了。”

侯璧刚听说的时候心中好像并不服气，听到这里，不觉流下汗来。

二六一

先生曰：“良知是造化的精灵。这些精灵，生天生地，成鬼成帝，皆从此出，真是与物无对[①]。人若复得他完完全全[②]，无少亏欠，自不觉手舞足蹈，不知天地间更有何乐可代。”

【注释】

① 与物无对：语自《河南程氏遗书》卷二之《明道识仁篇》："此道与物无对。"

② 复得他完完全全：即复得良知完完全全，与上条注④"良知上更无不尽"意同。

【译文】

先生说："良知是造化的精灵，这些精灵，生出了天和地，化作了鬼和帝，都是从它们当中出来的，真是没有任何事物能和它们相比。人如果能把它们完全恢复，一点亏欠都没有，自然不知不觉就手舞足蹈，不知道天地之间还有什么乐趣可以取代。"

二六二

一友静坐有见，驰问先生。答曰："吾昔居滁时[①]，见诸生多务知解，口耳异同，无益于得，姑教之静坐，一时窥见光景，颇收近效。久之，渐有喜静厌动、流入枯槁之病。或务为玄解妙觉，动人听闻。故迩来只说致良知。良知明白，随你去静处体悟也好，随你去事上磨炼也好，良知本体原是无动无静的。此便是学问头脑。我这个话头，自滁州到今，亦较过几番，只是'致良知'三字无病。医经折肱[②]，方能察人病理。"

【注释】

① 居滁：正德八年（1513），阳明四十二岁，冬十月，至滁州（今安

徽境内)，以南京太仆寺少卿督马政。

② 医经折肱：语自《左传·定公十三年》："三折肱，知为良医。"肱，从肘到腕的部分。三折，意思是阅历丰富，可为良医。

【译文】

一位朋友在静坐中有所见解感悟，就跑来请教先生。先生回答说："我从前住在滁州的时候，看到各位学生多注重知识见解，口耳说听中的异同，没有多大的收获，因此教他们静坐。他们很快就领悟到了一些东西，短时间内效果很好。久而久之，逐渐有喜静厌动、流于枯槁的毛病。有的人只追求玄妙感觉的解读，借此耸人听闻。因此近来我强调'致良知'。良知清楚明白，那么随你去静处体会感悟也好，或者去事上磨炼行动也好，良知的本体原本是无动无静的。这就是学问的关键之处。我这个问题，从滁州到今天，也反复比较过几次，只是'致良知'三个字没有毛病。这就好比医生医治过多次骨折，就能成为明察病情的良医。"

二六三

一友问："功夫欲得此知时时接续，一切应感处反觉照管不及。若去事上周旋，又觉不见了。如何则可？"

先生曰："此只认良知未真，尚有内外之间。我这里功夫，不由人急心，认得良知头脑是当，去朴实用功，自会透彻。到此便是内外两忘[①]，又何心事不合一？"

【注释】

① 内外两忘：语自《河南程氏文集》卷二之《答横渠张子厚先生书》："与其非外而是内，不若内外之两忘也。"

【译文】

一位朋友问："做功夫想使得良知时时不断，但在应付事物时却又感到照顾不到位。如果在事情上去周旋，又觉得良知不见了。应该怎么办呢？"

先生说："这只是对良知的认知不真切，还有内外的区别。我这里的功夫不能急于求成，看清良知的关键，踏实用功，自然能够体会透彻。到了这种程度就可做到内外两忘，又怎么会心与事不合一呢？"

二六四

又曰："功夫不是透得这个真机[①]，如何得他充实光辉[②]？若能透得时，不由你聪明知解接得来。须胸中渣滓浑化，不使有毫发沾带[③]，始得。"

【注释】

① 真机：真谛，指事物的真实意蕴。此语借用于佛学。

② 充实光辉：参看第十六条注②。

③ 沾带：滞留。

【译文】

先生又说："功夫若不能透彻把握其中真谛，如何能让它充实光明呢？如果能透彻把握，则不是靠你的聪明和对知识的理解，而是要靠化解心中的私欲，不让私欲有一点点的滞留，这样才行。"

二六五

先生曰："'天命之谓性'，命即是性。'率性之谓道'，性即是道。'修道之谓教'①，道即是教。"

问："如何道即是教？"

曰："道即是良知。良知原是完完全全，是的还他是，非的还他非，是非只依着他，更无有不是处。这良知还是你的明师。"

【注释】

①"天命之谓性"三句：参见第二百三十条注①。

【译文】

先生说："'天命之谓性'，命就是性。'率性之谓道'，性就是道。'修道之谓教'，道就是教。"

问："为什么道就是教呢？"

先生说："道就是良知。良知原本是完完全全，是的就给他个是，非的就给他个非，是非只根据良知来，也就没有其他可怀疑的了。这良知也是你的明师。"

二六六

问："'不睹不闻'是说本体，'戒慎恐惧'是说功夫否[①]？"

先生曰："此处须信得本体原是不睹不闻的，亦原是戒慎恐惧的。戒慎恐惧不曾在不睹不闻上加得些子。见得真时，便谓戒慎恐惧是本体[②]，不睹不闻是功夫[③]，亦得。"

【注释】

① 戒慎恐惧：参看第37条注③。

② 本体：参见第5条注④。

③ 功夫：参见第9条注①、上卷徐爱跋注⑤。

【译文】

钱德洪问："'不睹不闻'是说本体，'戒慎恐惧'是说功夫吗？"

先生说："这里必须坚信本体原来是不睹不闻的，也原本是戒慎恐惧的。戒慎恐惧不曾在不睹不闻上增加一点东西。如果认知得真切了，就算说戒慎恐惧是本体，不睹不闻是功夫，也是对的。"

二六七

问"通乎昼夜之道而知"[①]。

先生曰：“良知原是知昼知夜的。”

又问：“人睡熟时良知亦不知了。”

曰：“不知何以一叫便应？”

曰：“良知常知，如何有睡熟时？”

曰：“向晦宴息[②]，此亦造化常理。夜来天地混沌，形色俱泯，人亦耳目无所睹闻，众窍俱翕，此即良知收敛凝一时。天地既开，庶物露生，人亦耳目有所睹闻，众窍俱辟，此即良知妙用发生时。可见人心与天地一体，故‘上下与天地同流’[③]。今人不会宴息，夜来不是昏睡，即是妄思魇寐。”

曰：“睡时功夫如何用？”

先生曰：“知昼即知夜矣。日间良知是顺应无滞的，夜间良知即是收敛凝一的，有梦即先兆。”

【注释】

①通乎昼夜之道而知：语自《周易·系辞上》：“范围天地之化而不过，曲成万物而不遗，通乎昼夜之道而知。”通乎昼夜之道而知，意为由于能通幽明之故，则无不知也。

②向晦宴息：语自《周易》随卦《象传》：“象曰：‘泽中有雷，随。君子以向晦入宴息。’”向，方向。晦，阴暗，日落。宴息，休息。君子日出而作，日落而息，懂得按照规律作息。

③上下与天地同流：语自《孟子·尽心上》第十三章：“夫君子所过者化，所存者神，上下与天地同流，岂曰小补之哉？”意为君子所过之处人人皆受到感化，其停留处所起的作用是神秘莫测的。其上与天、其下

与地同时运转，其作用不能说是小小的补益吧？

【译文】

钱德洪请教“通乎昼夜之道而知”这句话。

先生说：“良知本来是知道昼夜的。”

钱德洪又问：“人睡熟时，良知也就不知道了。”

先生说：“不知道怎么会一叫就答应？”

钱德洪说：“良知既然常常知道，怎么会有睡熟的时候？”

先生说：“夜晚休息也是自然常理。夜晚天地一片朦胧，事物的形状颜色都消失了，人的眼睛耳朵也没什么可看可听的了，器官都停止了活动，这就是良知收敛凝聚时的情形。白天到来，万物复苏，眼睛耳朵也有可看可听的了，所有的器官都开始工作，这就是良知发挥奇妙作用的时刻。由此可见，人心与天地是一个整体，所以孟子说‘上下与天地同流’。现在的人不会休息，到了晚上不是昏睡就是胡思乱想做噩梦。”

钱德洪说：“睡觉时怎么用功呢？”

先生说：“知道白天怎么用功，也就知道晚上怎么用功了。白天良知是畅通无阻的，夜晚良知是收敛凝聚的，有梦就是先兆。”

二六八

又曰：“良知在夜气发的，方是本体，以其无物欲之杂也。学者要使事物纷扰之时，常如夜气一般，就是通乎昼夜之道而知。”①

【注释】

① 通乎昼夜之道而知：见上条注①。

【译文】

先生又说："良知在夜气中生发的是本体，因为它没有掺杂物欲。学者要在事物纷扰纠缠的时候，常常像夜气一样，就能做到'通乎昼夜之道而知'。"

二六九

先生曰："仙家说到虚[1]，圣人岂能虚上加得一毫实？佛氏说到无，圣人岂能无上加得一毫有？但仙家说虚，从养生上来；佛氏说无，从出离生死苦海上来[2]，却于本体上加却这些子意思在，便不是他虚无的本色了，便于本体有障碍。圣人只是还他良知的本色，更不着些子意在。良知之虚，便是天之太虚[3]；良知之无，便是太虚之无形。日月风雷山川民物，凡有貌象形色，皆在太虚无形中发用流行，未尝作得天的障碍。圣人只是顺其良知之发用，天地万物，俱在我良知的发用流行中，何尝又有一物超于良知之外，能作得障碍？"

【注释】

① 仙家：指道教。

② 苦海：佛教名词，比喻世俗人间的苦难像大海一样无边无际。

③ 太虚：语自张载《正蒙·太和》："太虚无形，气之本体。"

【译文】

先生说："道家讲究虚，圣人怎能在虚上增加一点实？佛教讲究无，圣人怎能在无上增加一点有？但道家说虚是从养生上来的，佛教说无是从脱离生死苦海上来的，在本体上添加这些意思，就不是虚、无的本色了，就妨碍了本体。圣人只是还给良知本色，而不添加其他意思。良知的虚就是天的太虚，良知的无就是太虚的无形。日月风雷山川民物，凡是有相貌形状颜色的东西，都是在太虚无形当中生发流行的，从未成为天的障碍。圣人只是顺应良知的生发作用，天地万物都在良知的生发作用与流行当中，何曾又有事物在良知之外兴起，成为障碍呢？"

二七〇

或问："释氏亦务养心[①]，然要之不可以治天下，何也？"

先生曰："吾儒养心[②]，未尝离却事物，只顺其天则自然[③]，就是功夫。释氏却要尽绝事物，把心看做幻相[④]，渐入虚寂去了，与世间若无些子交涉，所以不可治天下。"

【注释】

① 释氏：指佛教。

② 养心：语自《孟子·尽心下》第三十五章："孟子曰：'养心莫善于寡欲。其为人也寡欲，虽有不存焉者，寡矣；其为人也多欲，虽有存焉者，寡矣。'"

③ 天则：语自《周易》乾卦《文言》："乾元用九，乃见天则。"乾卦

的六爻皆为九，为纯刚之德，以此观天，则天的秉赋（天则）自然显现（乃见）。

④幻相：参见《顿悟入道要门论》："夫法虽无种性，应物俱现，心幻也，一切俱幻，若有一法不是幻者，幻即有定。心空也，一切皆空，若有一法不空，空义不立。迷时人逐法，悟时法由人。"

【译文】

有人问："佛教也追求养心，然而却不能用来治理天下，为什么呢？"

先生说："我们儒家养心没有离开事物，只顺应天理自然法则，就是功夫。佛教却要绝灭抛弃事物，将心看成幻相，渐渐进入虚妄寂静，与世间似乎没有一点关系，所以不能治理天下。"

二七一

或问异端。先生曰："与愚夫愚妇同的，是谓同德。与愚夫愚妇异的，是谓异端。"

【译文】

有人向先生请教关于异端的问题。先生说："与愚夫愚妇相同的，就叫做同德；与愚夫愚妇不同的，就叫做异端。"

二七二

先生曰："孟子不动心，与告子不动心，所异只在毫厘间。告子只在不动心上着功，孟子便直从此心原不动处分晓。心之本体原是不动的，只为所行有不合义，便动了。孟子不论心之动与不动，只是集义[①]，所行无不是义，此心自然无可动处。若告子只要此心不动，便是把捉此心，将他生生不息之根反阻挠了。此非徒无益，而又害之。孟子集义工夫，自是养得充满，并无馁歉；自是纵横自在，活泼泼地，此便是浩然之气[②]。”

【注释】

①集义：语自《孟子·公孙丑上》第二章：“是集义所生者，非义袭而取之也。行有不慊于心，则馁矣。我故曰告子未尝知义，以其外知也。”朱熹注云：“集义，犹言积善，盖欲事事皆合于义也。……非由只行一事偶合于义，便可掩袭于外而得之也。”

②浩然之气：语自《孟子·公孙丑上》第二章：“‘敢问夫子恶乎长？’曰：‘我知言，我善养吾浩然之气。’‘敢问何谓浩然之气？’曰：‘难言也。’”朱熹注云：“难言者，盖其心所独得，而无形声之验，有未易以言语形容者。故程子曰：‘观此一言，则孟子之实有是气可知矣。’”

【译文】

先生说：“孟子的不动心和告子的不动心，区别只在毫厘之间。告子只在不动心上用功，孟子就直接从心的原本不动处用功。心的本体原本是不动的，只因为行为不符合义就动了。孟子不论心的动与不动，只说集义，所行没有不符合义的，这心自然就不会动了。如果告子只要这心不动，就去抓住这心，把他生生不息的根源阻挠住，这不但徒劳无益，反而又损害了它。孟子集义的功夫，自然将心存养得充盈饱满，没有一点缺憾；自然纵横自在，生气勃勃，这就是所谓浩然之正气。”

二七三

又曰：“告子病源，从‘性无善无不善’上见来[①]。性无善无不善，虽如此说，亦无大差，但告子执定看了，便有个无善无不善的性在内。有善有恶又在物感上看，便有个物在外，却做两边看了，便会差。无善无不善，性原是如此，悟得及时，只此一句便尽了，更无有内外之间。告子见一个性在内，见一个物在外，便见他于性有未透彻处。”

【注释】

① 性无善无不善：语自《孟子·告子上》第二章：“孟子曰：‘水信无分于东西，无分于上下乎？人性之善也，犹水之就下也。人无有不善，水无有不下。’”朱熹注云：“此章言性本善，固顺之而无不善；本无恶，故反之而后为恶，非本无定体，而可以无所不为也。”阳明以为，告子本意并无错，错就错在将“无善无恶”与“有善有恶”分成了一个内，一个外。

【译文】

先生又说：“告子的病根，是从性无善无不善上来的。性没有善没有不善，虽然这样说，也没有什么大的差错，但告子固执地认为，有个无善无不善的性在心中，有善有恶又在事物感觉上认知，就有个事物在心外，却把它们分成两边看了，就会有问题。

没有善没有不善，性原本是这样，领悟到一定境界时，只要这一句话就说尽了，没有内外的分别。告子看见一个性在心中，看见一个物在心外，就能看出他对性还没有透彻领悟。”

二七四

朱本思问[①]：“人有虚灵[②]，方有良知。若草木瓦石之类，亦有良知否？”

先生曰：“人的良知，就是草木瓦石的良知。若草木瓦石无人的良知，不可以为草木瓦石矣。岂惟草木瓦石为然？天地无人的良知，亦不可为天地矣。盖天地万物与人原是一体，其发窍之最精处，是人心一点灵明。风、雨、露、雷，日、月、星、辰，禽、兽、草、木，山、川、土、石，与人原只一体。故五谷禽兽之类，皆可以养人；药石之类，皆可以疗疾，只为同此一气，故能相通耳。”

【注释】

① 朱本思：名得之，字本思，号近斋，江苏靖江人，王阳明的学生。

② 虚灵：指心，即人的头脑。古人不知人的思维器官是大脑，以为是心在思维。

【译文】

朱本思问：“人有清净的灵觉，才有良知。像草木瓦石这些，也有良知吗？”

先生说：“人的良知就是草木瓦石的良知，如果草木瓦石没有人的良知，就不能称为草木瓦石了。难道只有草木瓦石是这样吗？天地没有人的良知，也就不是天地了。天地万物与人原本是一体的，它最精妙的开窍处是人心的一点灵觉清明。风雨露雷，日月星辰，禽兽草木，山川土石，与人原本都是一体的。因此五谷禽兽之类都可以养人，药石之类都可以治疗疾病，只因为它们的气是相同的，因此能够相通。”

二七五

先生游南镇[①]，一友指岩中花树问曰："天下无心外之物，如此花树，在深山中自开自落，于我心亦何相关？"

先生曰："你未看此花时，此花与汝心同归于寂[②]，你来看此花时，则此花颜色一时明白起来，便知此花不在你的心外。"

【注释】

① 南镇：浙江绍兴会稽山在隋文帝开皇年间被封为南镇。

② 寂：沉静，不动，不显现，并不等于不存在。王阳明用"寂"表示事物（花）尚未进入人的视野，成为人的认识对象，这个时候，人的心中并没有花的存在，所以心外无物（心外无花）。

【译文】

先生游览南镇，一位朋友指着岩石中的花树问道："天下没有心外的事物，像这棵花树，在深山中自开自落，与我的心又有什么关系呢？"

先生说："你没看到这花时，这花与你的心同归于寂静；你来看到这花时，这花的颜色一下就显现明白起来，就知道这花不在你的心外了。"

二七六

问："大人与物同体，如何《大学》又说个厚薄[①]？"

先生曰："惟是道理，自有厚薄。比如身是一体，把手足捍头目，岂是偏要薄手足？其道理合如此。禽兽与草木同是爱的，把草木去养禽兽，心又忍得[②]？人与禽兽同是爱的，宰禽兽以养亲，与供祭祀，燕宾客，心又忍得？至亲与路人同是爱的，如箪食豆羹[③]，得则生，不得则死，不能两全，宁救至亲，不救路人，心又忍得？这是道理合该如此。及至吾身与至亲，更不得分别彼此厚薄。盖以仁民爱物[④]，皆从此出。此处可忍，更无所不忍矣。《大学》所谓厚薄，是良知上自然的条理，不可逾越，此便谓之义；顺这个条理，便谓之礼；知此条理，便谓之智；终始是这条理，便谓之信。"

【注释】

①厚薄：语自《大学》："自天子以至于庶人，壹是皆以修身为本。其本乱而末治者否矣。其所厚者薄，而其所薄者厚，未之有也。"从天子到普通百姓，一律都以修身为根本。如果根本紊乱却想使枝叶顺畅，那是不可能的。应重视的却被忽视，该轻视的反而被重视，从没有那种治理天下的方法。

② “心”字原无，据下文补。

③ 箪食豆羹：语自《孟子·告子上》第十章：“一箪食，一豆羹，得之则生，弗得则死。”

④ 仁民爱物：语自《孟子·尽心上》第四十五章：“孟子曰：‘君子之于物也，爱之而弗仁；于民也，仁之而弗亲。亲亲而仁民，仁民而爱物。’”

【译文】

有学生问：“先生您说大人物与事物同是一个整体，为什么《大学》却要分个厚薄呢？”

先生说：“只是因为道理本来就有厚薄之分。比如人身是一个整体，用手脚保护头和眼睛，难道是要故意轻视手脚吗？只是道理应当如此。我们对禽兽与草木都是爱的，用草木去存养禽兽，又怎么忍心呢？我们对人与禽兽都是爱的，宰杀禽兽来奉养亲人，供于祭祀，宴请宾客，又怎么忍心呢？我们对至亲与路人都是爱的，如果只有一碗饭、一碗汤，得到就生，得不到就会死，不能两全，宁愿去救至亲，而不去救路人，又怎么忍心呢？只是道理应当如此。至于自己和亲人，就更不会分个厚此薄彼了。因为对民众的仁爱和对物的爱都是从内心发出来的，这里若能够忍心，也就没有什么不能够忍心的了。《大学》所谓的厚薄，是良知上的自然而然的条理，不能逾越，这就称为义；遵循这个条理，就称为礼；明白这个条理，就称为智；始终坚持这个条理，就称为信。”

二七七

又曰:“目无体,以万物之色为体;耳无体,以万物之声为体;鼻无体,以万物之臭为体;口无体,以万物之味为体;心无体,以天地万物感应之是非为体。”

【译文】

先生又说:“眼睛没有本体,万物的颜色就是它的本体;耳朵没有本体,万物的声音就是它的本体;鼻子没有本体,万物的气息就是它的本体;嘴巴没有本体,万物的味道就是它的本体;心灵没有本体,天地万物感应到的是非就是它的本体。”

二七八

问夭寿不贰[①]。

先生曰:“学问功夫,于一切声利嗜好俱能脱落殆尽,尚有一种生死念头毫发挂带,便于全体有未融释处。人于生死念头,本从生身命根上带来,故不易去。若于此处见得破,透得过,此心全体方是流行无碍,方是尽性至命之学[②]。”

【注释】

① 夭寿不贰:参看第六条注⑩。

② 尽性至命:语自《周易·说卦传》:“和顺于道德而理于义,穷理尽性以至于命。”意为符合顺应天道人德以及事物的道理,穷尽了事理和人性以至于其发展的必然性。命,必然性。

【译文】

有人向先生请教“夭寿不贰”。

先生说：“学问功夫，在一切名利嗜好上都能完全摆脱，但仍旧有一种贪生怕死的念头牵挂在心头，就不能完全与本体融会贯通。人的生死念头，本来就是从生命根源处带来的，因此不容易驱除。如果在这里能看得破，识得透，这颗心才能完全做到畅通无碍，才是尽性知命的学问。”

二七九

一友问：“欲于静坐时将好名、好色、好货等根逐一搜寻，扫除廓清，恐是剜肉做疮否？”

先生正色曰：‘这是我医人的方子，真是去得人病根。更有大本事人，过了十数年，亦还用得着。你如不用，且放起，不要作坏我的方子。”

是友愧谢。

少间，曰：“此量非你事，必吾门稍知意思者[①]，为此说以误汝。”

在坐者皆悚然。

【注释】

① 吾门稍知意思者：佐藤一斋认为：“陆原静有引犬上堂而逐之之疑，吾门稍知意思者，盖指陆原静辈。”参见第一百六十一条。

【译文】

一朋友问：“想在静坐时，把好名、好色、好财等病根逐一找出来，清除干净，恐怕这是割肉补疮吧？”

先生严肃地说：“这是我治病救人的药方，真的能驱除人的病根，本事再大的人过了十几年之后，也还用得着。你要是不用，就放下，不要糟蹋了我的药方！”

这位朋友十分惭愧地道歉。

过了一会儿，先生说：“我琢磨这不是你的意思，一定是我那些稍懂一点意思的学生们这样说来误导你。”

在座的人都严肃起来。

二八〇

一友问功夫不切。

先生曰：“学问功夫，我已曾一句道尽，如何今日转说转远，都不着根？”

对曰：“致良知盖闻教矣，然亦须讲明。”

先生曰：“既知致良知，又何可讲明？良知本是明白，实落用功便是。不肯用功，只在语言上转说转糊涂。”

曰：“正求讲明致之之功。”

先生曰：“此亦须你自家求，我亦无别法可道。昔有禅师，人来问法，只把麈尾提起[①]。一日，其徒将麈尾藏过，试他如何设法。禅师寻麈尾不见，又只空手提起。我这个良知就是设法的麈尾。舍了这个，有何可提得？”

少间，又一友请问功夫切要。

先生旁顾曰：“我麈尾安在？”

一时在坐者皆跃然。

【注释】

① 麈尾提起：麈，一形状似鹿、个头比鹿大的动物，其尾可做拂尘用具。麈尾提起，禅宗故事。

【译文】

一位朋友向先生请教功夫不真切怎么办。

先生说："学问功夫，我已经用一句话说明白了，怎么现在还是越说越远，还是不得要领呢！"

朋友说："听你讲过致良知，然而还需要你明白地说说。"

先生说："既然知道了致良知，还有什么可以讲的呢？良知本来明明白白的，只踏实用功就行了。不肯用功，只在语言文字上说，就愈发糊涂。"

朋友说："正是要请您讲明致良知的功夫。"

先生说："这也必须是你自己去寻求，我也没有别的方法可以传授。以前有位禅师，有人来问法，他只把拂尘提起来。一天，他的徒弟把他的拂尘藏起来，试试他怎样讲法。禅师找不到拂尘，就只空手做个提拂尘的样子。我这个良知就好比是讲解佛法的拂尘，除了这个，还有什么可提的呢？"

过了一会儿，又有一位朋友请教做功夫的要领。

先生向旁边看了看说："我的拂尘在哪？"

一时在座的人都哄堂大笑起来。

二八一

或问"至诚"、"前知"[①]。

先生曰："诚是实理，只是一个良知。实理之妙用流行就是神，其萌动处就是几，诚、神、几曰圣人[②]。圣人不贵前知。祸福之来，虽圣人有所不免。圣人只是知几，遇变而通耳。良知无前后，只知得见在的几，便是一了百了。若有个前知的心，就是私心，就有趋避利害的意。邵子必于前知[③]，终是利害心未尽处。"

【注释】

① 前知：语自《中庸》第二十四章："至诚之道，可以前知。"

② 诚、神、几：语自周敦颐《通书》："寂然不动者，诚也；感而遂通者，神也；动而未形、有无之间者，几也。诚精故明，神应故妙，几微故幽，诚、神、几曰圣人。"

③ 邵子：即邵雍，其有前知之说。

【译文】

有人请教《中庸》的"至诚"、"前知"。

先生说："诚是实在的道理，只是一个良知。实在道理的奇妙作用一旦流行起来就是神，它的萌动处就是几，具备诚、神、几这几个特征的就是圣人。圣人并不贵在能够先知，祸福的发生，即使是圣人也无法避免。圣人只是明白事物发展的规律，遇到变化能够随机应变而已。良知不分前后，只要明白规律，就是一了百了。如果有了先知的心思，就是私心了，就有了趋利避害的意识了。邵雍主张要追求先知，终究是因为利害的私心没有完全驱除。"

二八二

先生曰："无知无不知，本体原是如此。譬如日未尝有心照物，而自无物不照。无照无不照，原是日的本体。良知本无知，今却要有知；本无不知，今却疑有不知，只是信不及耳！"

【译文】

先生说："无所谓知也无所谓不知，本体原来就是这样的。就如太阳，从未有意去照耀万物，却没有任何事物不在它的照耀之下。无所谓照耀也无所谓不照耀，原本就是太阳的本体。良知本来没有知，现在却要它有知，本来是无不知的，现在却怀疑它有所不知，这只是对良知不够坚信罢了。"

二八三

先生曰："'惟天下至圣，为能聪明睿知'①，旧看何等玄妙，今看来原是人人自有的。耳原是聪，目原是明，心思原是睿知，圣人只是一能之尔。能处正是良知，众人不能，只是个不致知，何等明白简易！"

【注释】

① 惟天下至圣，为能聪明睿知：语自《中庸》第三十一章："唯天下至圣，为能聪明睿知，足以有临也。"聪明睿知，生知之质。临，谓居上而临下也。

【译文】

先生说："《中庸》说'只有天下最圣贤的人，才能做到聪明睿智'，以前看来是何等的玄妙，如今看来原本是人人都有的。耳朵本来就聪，眼睛本来就明，心灵本来就睿智，圣人也只是具备一种才能罢了，这就是致良知！普通人不能做到聪明睿智，只是因为不能致良知。这道理是多么明白简单啊！"

二八四

问："孔子所谓'远虑'[①]，周公'夜以继日'[②]，与'将迎'不同[③]，何如？"

先生曰："远虑不是茫茫荡荡去思虑，只是要存这天理。天理在人心，亘古亘今，无有终始；天理即是良知，千思万虑，只是要致良知。良知愈思愈精明，若不精思，漫然随事应去，良知便粗了。若只着在事上茫茫荡荡去思，教做远虑，便不免有毁誉、得丧、人欲搀入其中，就是将迎了。周公终夜以思，只是戒慎不睹、恐惧不闻的功夫[④]，见得时，其气象与将迎自别。"

【注释】

① 远虑：语自《论语·卫灵公》第十一章："子曰：'人无远虑，必有近忧。'"孔子说："一个人没有长远的考虑，一定会有眼前的忧患。"

② 夜以继日：语自《孟子·离娄下》第二十章："周公兼思三王，以施四事。其有不合者，仰而思之，夜以继日；幸而得之，坐以待旦。"三王：夏、商、周三代的君王；四事：禹、汤、文王、武王所行的勳业。

③ 将迎：参看第一百六十一条注②。

④ 戒慎不睹，恐惧不闻：参看第三十七条注③。

【译文】

有人问："孔子所谓的'远虑'，周公的'夜以继日'，与'将迎'有什么不同？"

先生说："远虑不是空空荡荡去思考，只是要存养天理。天理在人心，从古至今，无始无终。天理是良知，万千思考，只是要致良知。良知越思考越精明，如果不精细思考，随便依事应付，良知就粗糙了。如果只在具体事物上空空荡荡去思考，教人远虑，就不免会有毁誉、得失、私欲掺杂进去，就是将迎了。周公整夜思考，只是'戒慎不睹，恐惧不闻'的功夫，明白了这一点，他的气象就与将迎自然区别开了。"

二八五

问："'一日克己复礼，天下归仁'[①]，朱子作效验说[②]，如何？"

先生曰："圣贤只是为己之学，重功夫不重效验。仁者以万物为体，不能一体，只是己私未忘。全得仁体，则天下皆归于吾。仁就是'八荒皆在我闼'意[③]，天下皆与，其仁亦在其中。如'在邦无怨，在家无怨'[④]，亦只是自家不怨，如'不怨天，不尤人'之意[⑤]。然家邦无怨，于我亦在其中，但所重不在此[⑥]。"

【注释】

① 一日克己复礼，天下归仁：语自《论语·颜渊》第一章："颜渊问仁。子曰：'克己复礼为仁。一日克己复礼，天下归仁焉。为仁由己，而由人乎哉？'"颜渊问仁。孔子说："抑制自己，履行礼，就是仁。一旦这样做了，天下的人都会归向仁。实行仁，全凭自己，难道有凭别人的吗？"

② 朱子作效验说：朱子于《论语集注》中注上句云："极言其效之甚远而至大也。"

③ 八荒皆在我闼：语自《宋元学案》卷三十一之吕大临（1044—1090）《克己铭》。

④ 在邦无怨，在家无怨：语自《论语·颜渊》第二章："仲弓问仁。子曰：'出门如见大宾，使民如承大祭。己所不欲，勿施于人。在邦无怨，在家无怨。'"

⑤ 不怨天，不尤人：语自《论语·宪问》第三十七章："子曰：'不怨天，不尤人，下学而上达，知我者其天乎！'"

⑥ 所重不在此：此，指效验，与前句"重功夫不重效验"同意。

【译文】

有人问："《论语》中的'一日克己复礼，天下归仁'，朱子说是从效验说的，你认为怎样呢？"

先生说："圣贤只是为了自己的学问，注重功夫而不是注重效验。有仁爱之心的人以万物为一体，不能融为一体的，只是自己的私欲没有忘记。如果能恢复仁的本体，那么天下就都归顺于仁，就是'四面八方都在我能够达到的范围内'的意思。天下都归于仁，他们的仁也在其中。就像'在外没有怨恨，在内也没有怨言’，也只是自己不怨，就像‘不怨天，不尤人’的意思。然而在家、在邦都没有怨恨，我自然也在其中了，但这里所看重的并不是所谓效验。”

二八六

问：“孟子‘巧力圣智’之说[①]，朱子云‘三子力有余而巧不足’[②]，何如？”

先生曰：“三子固有力，亦有巧，巧力实非两事。巧亦只在用力处，力而不巧，亦是徒力。三子譬如射，一能步箭，一能马箭，一能远箭；他射得到，俱谓之力，中处俱可谓之巧。但步不能马，马不能远，各有所长，便是才力分限有不同处。孔子则三者皆长。然孔子之和，只到得柳下惠而极[③]；清，只到得伯夷而极[④]；任，只到得伊尹而极[⑤]。何曾加得些子？若谓三子力有余而巧不足，则其力反过孔子了。巧力只是发明圣知之义，若识得圣知本体是何物，便自了然[⑥]。”

【注释】

①巧力圣智：语自《孟子·万章下》第一章：“孟子曰：‘伯夷，圣之清者也；伊尹，圣之任者也；柳下惠，圣之和者也；孔子，圣之时者也。孔子之谓集大成。集大成者也，金声而玉振之也。金声也者，始条理也；玉振之也者，终条理也。始条理者，智之事也；终条理者，圣之事也。智，譬则巧也；圣，譬则力也。由射于百步之外也，其至，尔力也；其中，非尔力也。’”

② 三子力有余而巧不足：语自朱熹《孟子集注·万章下》第一章注："见孔子巧力俱全，而圣智兼备，三子则力有余而巧不足，是以一节虽至于圣，而智不足以及乎时中也。"三子：伯夷、伊尹、柳下惠。

③ 柳下惠：姓展，名获，字禽。春秋时鲁国的贤大夫，食邑在柳下，谥惠，后世称柳下惠，以擅长贵族礼仪著称。

④ 伯夷：参看第九十九条注②。

⑤ 伊尹：参看第九十九条注②。

⑥ 了然：原作"然了"，据《集要》改。

【译文】

有人问："孟子'巧力圣智'的说法，朱子说是'三子力有余而巧不足'，怎样理解呢？"

先生说："这三个人固然有力，也有巧。巧和力并不是两件事。巧也只在用力的地方，有力而没有巧，也只是徒劳费力。这三个人就好比射箭，一个能步射，一个能骑射，一个能远射，他们能射到靶子都称为力，能射中靶子都可以称为巧。但步射的不能骑射，骑射的不能远射，各有长处，这就是才力区别有不同的地方。孔子就兼有他们三人的长处。然而孔子的'和'最多只能达到柳下惠的极致，'清'只能达到伯夷的极致，'任'只能达到伊尹的极致，不能再增添半点了。如果说'三子力有余而巧不足'，那么他们的力反而超过孔子了。'巧'、'力'只是用来明确'圣'和'智'的含义，如果能够明白'圣'与'智'的本质意义是什么，就自然会明白了。"

二八七

先生曰："'先天而天弗违'，天即良知也；'后天而奉天时'，良知即天也。"

【注释】

① 先天而天弗违，后天而奉天时：语自《周易》乾卦《文言》。弗，不。先天而天弗违，先于天象而行动却不违反天道；后天而奉天时，后于天象而处事也能奉行天道规律。参见第一百七十一条注④。

【译文】

先生说："'凡先天就不与天相违背'，天就是良知了；'凡后天就顺奉于天时'，良知就是天。"

二八八

"良知只是个是非之心，是非只是个好恶，只好恶就尽了是非，只是非就尽了万事万变。"

又曰："是非两字，是个大规矩，巧处则存乎其人。"①

【注释】

① "大规矩"与"巧"：大规矩即是原则性，巧是具体细处，即是灵活性。王阳明主张在坚守大是大非原则的前提下，因人而异的灵活性也就包含在其中了。

【译文】

“良知只是个辨别是非的心，是非就是喜欢与厌恶；明白喜欢与厌恶，就能完全明白是非；只要明白是非，就能穷尽万事万物的变化。”

先生又说：“是非两个字是大规矩，具体细处则因人而异。”

二八九

“圣人之知如青天之日，贤人如浮云天日，愚人如阴霾天日，虽有昏明不同，其能辨黑白则一。虽昏黑夜里，亦影影见得黑白，就是日之余光未尽处。困学功夫[①]，亦只从这点明处精察去耳！”

【注释】

① 困学：困而学之，意思是遇到困难才开始学习。语自《论语·季氏》：“孔子曰：‘生而知之者，上也；学而知之者，次也；困而学之，又其次也；困而不学，民斯为下矣。’”

【译文】

“圣人的良知就像晴天的太阳，贤人的良知就像有浮云时的太阳，愚人的良知就像被雾霾笼罩着的太阳，虽然有昏暗和明亮的不同，但在能辨别黑白上是一样的。即使是昏暗的黑夜里，也能隐约看到黑白，那就是太阳的余光没有被完全遮蔽的地方。因此遇到困难才开始学习的功夫，也只能从这点光明的地方去精心体察。”

二九〇

问："知譬日，欲譬云，云虽能蔽日，亦是天之一气合有的，欲亦莫非人心合有否？"

先生曰："喜怒哀惧爱恶欲，谓之七情。七者俱是人心合有的，但要认得良知明白。比如日光，亦不可指着方所；一隙通明，皆是日光所在，虽云雾四塞，太虚中色象可辨，亦是日光不灭处，不可以云能蔽日，教天不要生云。七情顺其自然之流行，皆是良知之用，不可分别善恶，但不可有所着；七情有着，俱谓之欲，俱为良知之蔽。然才有着时，良知亦自会觉，觉即蔽去，复其体矣！此处能勘得破，方是简易透彻功夫。"

【译文】

有人问："良知好比是太阳，私欲好比是浮云。浮云虽然能遮蔽太阳，但也是天气中本来应有的，因此，私欲莫非也是人心中本来应有的吗？"

先生说："喜、怒、哀、惧、爱、恶、欲，叫做七情。这七种感情都是人心中本来应有的，但要把良知认得清楚明白。比如日光，也不能只照一个地方，只要有一丝光明，都是阳光所在。即使云雾缭绕，天空中只要还能辨认出颜色，也是阳光没有消融的地方。不能因为浮云能够蔽日，就让天不要生出浮云来。七情顺其自然地生发流行，这都是良知的运用，不能把七情分成善与恶，但也不能执着。七情执着了，就称为私欲，都是良知的蒙蔽。

然而一旦有所执着，良知就会自行觉察，觉察了就得去掉这个蒙蔽，良知的本体就得以恢复。如在此处能够看得透彻，那才是简单彻底的功夫啊。”

二九一

问：“圣人生知安行，是自然的，如何有甚功夫？”

先生曰：“知行二字即是功夫，但有浅深难易之殊耳。良知原是精精明明的。如欲孝亲，生知安行的，只是依此良知，实落尽孝而已；学知利行者，只是时时省觉，务要依此良知尽孝而已；至于困知勉行者，蔽锢已深，虽要依此良知去孝，又为私欲所阻，是以不能，必须加人一己百、人十己千之功①，方能依此良知以尽其孝。圣人虽是生知安行，然其心不敢自是，肯做困知勉行的功夫。困知勉行的，却要思量做生知安行的事，怎生成得！”

【注释】

① 人一己百，人十己千：参看第九十九条注⑦。

【译文】

有人问：“圣人生知安行是自然的，怎样用功才行呢？”

先生说：“知行二字，就是功夫，只是有深浅难易的区别而已。良知原本是精精明明的，比如要孝敬父母，生知安行的人只是依照良知落实尽孝而已；学知利行的人只是时刻警觉，务必要按照良知尽孝而已；至于困知勉行的人，良知被遮蔽禁锢已经很深，即使要依照良知去尽孝，又被私欲阻碍，因此不能，务必要加上百倍千倍于旁人的功夫，才能依照良知来尽孝。圣人虽然是生知安行，然而他们心里也不敢自以为是，而愿意去做困知勉行的功夫。困知勉行的人却去考虑做生知安行的事，怎么能行呢？”

二九二

问：“乐是心之本体[①]，不知遇大故于哀哭时，此乐还在否？”

先生曰：“须是大哭一番了方乐，不哭便不乐矣。虽哭，此心安处，即是乐也，本体未尝有动。”

【注释】

① 乐是心之本体：孔、颜之乐，周、程寻之，唯阳明以“心之本体”定其位。阳明又说“常快乐便是功夫”（见第二百一十五条），本体功夫皆乐，本体功夫一也。

【译文】

有人问：“快乐是心的本体，不知道遇到大的变故而哀哭时，这个乐还在吗？”

先生说：“一定要大哭一场之后才能快乐，不痛哭就不能快乐了。即使哭，心中得到安慰就还是快乐的，本体不曾有变动。”

二九三

问：“良知一而已，文王作《彖》，周公系《爻》，孔子赞

《易》①,何以各自看理不同?”

先生曰:“圣人何能拘得死格?大要出于良知同,便各为说,何害?且如一园竹,只要同此枝节,便是大同。若拘定枝枝节节,都要高下大小一样,便非造化妙手矣。汝辈只要去培养良知。良知同,更不妨有异处。汝辈若不肯用功,连笋也不曾抽得,何处去论枝节?”

【注释】

① 文王作《彖》,周公系《爻》,孔子赞《易》:《易经》中有卦象,有卦辞。对卦辞的解释称“彖”,即彖辞。比如谦卦,卦辞为“亨,君子有终”,彖辞则为:“天道下济而光明,地道卑而上行。天道亏盈而益谦。谦尊而光,卑而不可逾,君子之终也。”相传卦辞为周文王所作,彖辞为孔子所作。对卦象的解释称“象”,即象辞,又分大象与小象。对整个卦象的解释称“大象”,对爻辞的逐一解释称“小象”。爻辞相传为周公所作,小象则为孔子作。孔子除了作《彖》上、下,《象》上、下外,又作《文言》,《系辞》上、下,《说卦》,《序卦》,《杂卦》,称“十翼”。翼,羽翼,辅助之意,称为传,原有的卦象、卦辞、爻辞是经。相对于经而言,传是用来说明和解释经的。

【译文】

有人问:“良知只有一个,但周文王作了卦辞,周公写了爻辞,孔子写出了赞扬《易经》的传(十翼),都是圣人,为什么他们各自对易理的看法会不同呢?”

先生说:“圣人怎能拘泥于死板条文呢?只要从大的方面都

出自同一个良知，即使各自解说不同，又有什么妨害呢？就像一院竹子，只要枝节相同，就是大同了。如果拘泥于枝枝节节都要高低大小一模一样，那就不是自然造化的奇妙了。你们只要去培养良知，良知相同了，也不妨有其他地方的区别。你们如果不肯用功，就像连笋都没长出来，哪里还能去谈论枝节的问题呢？”

二九四

乡人有父子讼狱，请诉于先生，侍者欲阻之，先生听之，言不终辞，其父子相抱恸哭而去。

柴鸣治入问曰[①]：“先生何言，致伊感悔之速？”

先生曰：“我言舜是世间大不孝的子，瞽瞍是世间大慈的父。”

鸣治愕然，请问。

先生曰：“舜常自以为大不孝，所以能孝。瞽瞍常自以为大慈，所以不能慈。瞽瞍只记得舜是我提孩长的，今何不曾豫悦我，不知自心已为后妻所移了，尚谓自家能慈，所以愈不能慈。舜只思父提孩我时如何爱我，今日不爱，只是我不能尽孝，日思所以不能尽孝处，所以愈能孝。及至瞽瞍底豫时[②]，又不过复得此心原慈的本体。所以后世称舜是个古今大孝的子，瞽瞍亦做成个慈父。”

【注释】

① 柴鸣治：王阳明的学生。

② 瞽瞍底豫：语自《孟子·离娄上》第二十八章：“舜尽事亲之道而

瞽瞍底豫，瞽瞍底豫而天下化，瞽瞍底豫而天下之为父子者定，此之谓大孝。”朱子注云：“子孝父慈，各止其所，而无不安其位之意，所谓定也。为法于天下，可传于后世，非止一身一家之孝而已，此所以为大孝也。”瞽瞍：舜的父亲。他为人愚顽，听从后妻的话，多次想谋杀舜（事见《孟子·万章上》第二至四章）。底，通厎（读 zhǐ），致。豫：快乐。

【译文】

乡下有父子二人打官司，状告到了先生这里。侍从想要阻拦他们，先生却听了他们的诉说，先生劝解的话还没说完，这父子二人就相拥着痛哭而去。

柴鸣治进来问道：“先生说了什么话，能让他们这么快就感悟后悔了？”

先生说：“我说舜是世间最不孝的儿子，瞽瞍是世间最慈祥的父亲。”

柴鸣治很是惊愕，向先生请教。

先生说：“舜常常认为自己大不孝，所以能做到孝顺；瞽瞍常常认为自己最慈祥，因此不能做到慈祥。瞽只记得舜是我从小养大的，现在为什么不让我高兴，却不知道自己的心已经被后妻改变，还认为自己很慈祥，所以更加不能慈祥。舜只想着父亲在我小时候怎样爱我，现在不爱，是因为我不能尽孝，于是每天想着自己哪些地方不能尽孝，于是就更加孝顺。等到瞽瞍高兴的时候，只不过是恢复了他心中原本慈祥的本体。所以后世说舜是古今大孝的儿子，瞽瞍也就成了慈父。”

二九五

先生曰："孔子有鄙夫来问，未尝先有知识以应之，其心只空空而已，但叩他自知的是非两端[①]，与之一剖决，鄙夫之心便已了然。鄙夫自知的是非，便是他本来天则，虽圣人聪明，如何可与增减得一毫？他只不能自信，夫子与之一剖决，便已竭尽无余了。若夫子与鄙夫言时，留得些子知识在，便是不能竭他的良知，道体即有二了。"

【注释】

① 叩他自知的是非两端：语自《论语·子罕》第七章："子曰：'吾有知乎哉？无知也。有鄙夫问于我，空空如也，我叩其两端而竭焉。'"孔子说："我有知识吗？没有呀！曾有一鄙夫来向我请教，我竟觉心中空空，了无所知。我只是就着他所问问题的两端，反过来叩问他，竭尽所能地给他一个合适的回答罢了。"

【译文】

先生说："曾经有农夫来请教孔子，孔子没有现成的知识来回答他，他的心中空空如也。孔子只是通过询问农夫自己知道的是是非非，为他一分析，农夫心中就明白了。农夫自己知道的是非，其实就是他本来的天理规则，即使圣人再聪明，也不能增减一分一毫。只是农夫自己不能察觉，孔子给他一解释，他就十分清楚了。如果孔子与农夫说一通大道理，给他留下一堆知识，反而不能开悟他的良知，道和体就分裂成两个了。"

二九六

先生曰："'烝烝乂，不格奸'[①]，本注说象已进进于义，不至大为奸恶。舜征庸后[②]，象犹日以杀舜为事[③]，何大奸恶如之？舜只是自进于义，以乂薰烝，不去正他奸恶。凡文过掩慝，此是恶人常态，若要指摘他是非，反去激他恶性。舜初时致得象要杀己，亦是要象好的心太急，此就是舜之过处。经过来，乃知功夫只在自己，不去责人，所以致得克谐，此是舜动心忍性[④]，增益不能处。古人言语，俱是自家经历过来，所以说得亲切，遗之后世，曲当人情。若非自家经过，如何得他许多苦心处？"

【注释】

① 烝烝乂，不格奸：语自《尚书·尧典》第十二节："瞽子（即舜）父顽母嚚（不义）象傲。克谐以孝，烝烝乂，不格奸。"烝烝即薰征，感化之意；意为以义去感化，使不至于大恶（奸）。

② 征庸：语自《尚书·舜典》第二十八节："舜生三十征庸，三十在位。"征，征召；庸，通"用"。尧将帝位禅让于舜，而不传子，舜时年三十，被征（启）庸（用），始在位焉。

③ 杀舜：语自《孟子·万章上》第三章："万章问曰：'象日以杀舜为事，立为天子，则放之，何也？'孟子曰：'封之也，或曰放焉。……象至不仁，封之有庳。……身为天子，弟为匹夫，可谓亲爱之乎？'"

④ 动心忍性：语自《孟子·告子下》第十五章："故天将降大任于是人也，必先苦其心志，劳其筋骨，饿其体肤，空乏其身，行拂乱其所为，所

以动心忍性，增益其所不能。”句中“苦”、“劳”、“饿”、“空乏”、“动”、“忍”，皆使动用法。动心：使他思想受触动而奋发。忍性：使他性格受磨炼而坚韧。

【译文】

先生说：“《尚书》中的‘烝烝乂，不格奸’，这条的注解中说象已经上进到接近于义了，不至于去干大奸大恶的事。舜被尧征召为官后，象仍旧每天想着要杀舜，这与大奸大恶有何区别呢？舜只是自觉地行义，并采用义来安抚、熏陶、感化象，而不是直接去纠正他的奸恶。大凡文过饰非、刻意掩盖，都是恶人的常态，如果直接去指摘他的对错，反而会刺激他的恶性。舜开始时得知象要杀自己，也是希望象向善的心太急了，这就是舜的过错。经历了这件事，才知道功夫只在自己，不去责怪旁人，所以才能与象和谐相处。这是舜动心忍性、不断提升自己的地方。古人的言语，都是自己经历后的经验总结，所以说得很亲切，流传到后世，仍能适用。如果不是自己亲身经历过的，怎能明白他的这番苦心呢？”

二九七

先生曰：“古乐不作久矣。今之戏子，尚与古乐意思相近。”

未达，请问。

先生曰：“《韶》之九成[①]，便是舜的一本戏子。《武》之九变[②]，便是武王的一本戏子。圣人一生实事，俱播在乐中。所以有德者闻之，便知他尽善尽美[③]，与尽美未尽善处。若后世作乐，只是做些词调，于民俗风化绝无关涉，何以化民善俗？今要民俗反朴还淳，取今之戏子，将妖淫词调俱去了，只取忠臣孝子故事，使愚俗百姓人人易晓，无意中感激他良知起来，却于风化有益。然后古乐渐次可复矣。"

曰："洪要求元声不可得[④]，恐于古乐亦难复。"

先生曰："你说元声在何处求？"

对曰："古人制管候气，恐是求元声之法。"

先生曰："若要去葭灰黍粒中求元声，却如水底捞月，如何可得？元声只在你心上求。"

曰："心如何求？"

先生曰："古人为治，先养得人心和平，然后作乐。比如在此歌诗，你的心气和平，听者自然悦怿兴起，只此便是元声之始。《书》云'诗言志'，志便是乐的本。'歌永言'，歌便是作乐的本。'声依永，律和声'，律只要和声，和声便是制律的本[⑤]。何尝求之于外？"

曰："古人制候气法，是意何取？"

先生曰："古人具中和之体以作乐。我的中和，原与天地之气相应；候天地之气，协凤凰之音，不过去验我的气果和否。此是成律已后事，非必待此以成律也。今要候灰管，先须定至日。然至日子时恐又不准，又何处取得准来？"

【注释】

①《韶》之九成：《韶》，相传为舜所作乐曲名。成，相当于现在的

乐章。《韶》大概由九个乐章构成，故曰九成。

②《武》之九变：《武》，相传为武王所作乐曲名。一成奏完，转入下一成，称为"变"。故《武》也有九个乐章。

③ 尽善尽美：语自《论语·八佾》第二十五章："子谓《韶》，'尽美矣，又尽善也'。谓《武》，'尽美矣，未尽善也'。"

④ 元声：黄钟管发出的声音，为十二律所依据的基准音。

⑤"《书》云"几句：语自《尚书·舜典》："诗言志，歌永言，声依永，律和声。"意思是，诗表达的是思想情感，歌曲咏唱的是诗句，声音的高低与咏唱的风格相符合，音律与声音高低相协调。

【译文】

先生说："古代的音乐已很长时间未流行了。今天的戏曲还与古乐的韵味比较接近。"

德洪不理解，于是就这句话请教于先生。

先生说："《韶》乐的九章，是虞舜作的乐曲；《武》乐的九变，是武王作的乐曲。圣人平生的事迹，都蕴涵在乐曲中了。因此，有德之人听后，就能了解其中的尽善尽美和尽美不尽善之处。后世作乐，只是谱写一些词调，和民风教化毫无关系，岂能用来教民向善呢？如今要求民风返朴归真，把今天的戏曲拿来，删掉乐曲中所有的妖淫词调，只保留忠臣、孝子的故事，使愚昧的平民百姓都容易理解，在无知觉中激发他们的良知，如此，对移风易俗会有所帮助，同时，古乐也就逐渐恢复本来面貌了。"

德洪说："我连元声（基准音）都找不到，要恢复古乐，只怕十分困难。"

先生说："你认为元声该到哪里去寻找？"

德洪答道："古人制造律管来候气，这也许是寻求元声的办法。"

先生说："若要从葭灰黍粒中寻找元声，犹如水底捞月，岂能找到？元声只能从心上找呢？"

德洪问："在心上如何找呢？"

先生说："古人治理天下，首先把人培养得心平气和，而后才作乐。例如在这里吟诗，你首先心平气和，听的人自然会感到愉悦满意，这就是元声的起始处。《尚书·尧典》中说：'诗言志'，志就是乐之根本；'歌永言'，歌就是作乐之根本；'声依永，律和声'，音律只要与声音和谐一致，声音和谐就是制定音律之根本。所以，怎能到心外去寻找呢？"

又问："古人以律管候气的办法，又是以什么为依据？"

先生说："古人当具备中和的心体后才作乐。我的中和本来与天地之气相应，候天地之气，与凤凰的鸣叫相谐和，以此来验证我的心气是否真的中和。这是制成音律之后的事，并不是非要以此为依据才能制成音律。如今通过律管来候气，必须确定在冬至这天，但是，当到了冬至子时，只恐又不准确，又到哪里去找到标准呢？"

二九八

先生曰："学问也要点化[①]，但不如自家解化者，自一了百当，不然，亦点化许多不得。"

【注释】

① 点化：指师友间彼此开悟启化。源于佛教用语。

【译文】

先生说："学问也要经过别人的开导点化，然而不如自己所省悟理解的那样能一了百当，否则，开导点化也没有多大用处。"

二九九

"孔子气魄极大，凡帝王事业，无不一一理会，也只从那心上来。譬如大树，有多少枝叶，也只是根本上用得培养功夫，故自然能如此，非是从枝叶上用功做得根本也。学者学孔子，不在心上用功，汲汲然去学那气魄，却倒做了[①]。"

【注释】

① 却倒做了：语自阳明与杨骥的一段对话，阳明批评朱熹："如孔子退修六籍，删繁就简，开示来学，亦大段不费甚考索。文公早岁便著许多书，晚年方悔，是倒做了。"参见第一百条。

【译文】

"孔子的气魄宏大，大凡帝王的事业，他都能从心上一一加以体会。例如一棵大树，无论有多少枝叶，也只是从根本上用培养的功夫，因此能枝繁叶茂，并不是从枝叶上用功去培养根本。学者向孔子学习，若不在心上用功，只匆匆忙忙地学那气魄，如此，只是将功夫做颠倒了。"

三〇〇

“人有过，多于过上用功，就是补甑，其流必归于文过。”

【译文】

“当人犯了错误时，若只是在错误上用功夫，就好像修补破旧的甑（瓦罐），必定有文过饰非的毛病。”

三〇一

“今人于吃饭时，虽无一事在前，其心常役役不宁，只缘此心忙惯了，所以收摄不住。”

【译文】

“现在，有些人在吃饭时，即使眼前无事，他的心却忙乱不定，只因他的心忙惯了，所以收摄不住。”

三〇二

“琴、瑟、简编，学者不可无。盖有业以居之[①]，心就不放。”

【注释】

① 业以居之：语自《周易》乾卦《文言》：“忠信，所以进德也；修辞立其诚，所以居业也。”意思是忠诚信实，是增进美德的主要基础。斟酌自己的文辞和言行，确立至诚的感情，是营修功业的根基。《文言》又云：

“君子学以聚之，问以辩之，宽以居之，仁以行之。”意为君子通过学习来积累知识，抱着怀疑的态度来解决疑难，以宽厚仁恕之心待人接物，以仁爱之心引领行动。

【译文】

“琴瑟与书籍，学者不能或缺。只要有了这些日积月累、水到渠成的修为功夫，心就不会放纵。”

三〇三

先生叹曰：“世间知学的人，只有这些病痛打不破，就不是善与人同[①]。”

崇一曰：“这病痛只是个好高不能忘己尔。”

【注释】

① 善与人同：语自《孟子·公孙丑上》第八章：“大舜有大焉，善与人同。舍己从人，乐取于人以为善。”善与人同，即与人为善。

【译文】

先生感叹地说：“世间知学的人，只要这些毛病不能纠正，就不是善与人同了。”

欧阳崇一接着说：“所谓的毛病，也就是因为好高骛远，而不能舍弃自己的利益帮助别人。”

三〇四

问："良知原是中和的，如何却有过不及[①]？"

先生曰："知得过不及处，就是中和。"

【注释】

① 中和：语自《中庸》首章："喜怒哀乐之未发谓之中，发而皆中节谓之和。"无过与无不及，谓之中和。过不及：语自《论语·先进》第十五章："子贡问：'师与商也孰贤？'子曰：'师也过，商也不及。'曰：'然则师愈与？'子曰：'过犹不及。'"师，子张，才高意广，而好为苟难，故常过中。商，子夏，笃信谨守，而规模狭隘，故常不及。过与不及皆有违中道。

【译文】

有人问："良知本来就是中和的，如何会有过与不及呢？"

先生说："清楚了过与不及，也就是中和了。"

三〇五

"'所恶于上'，是良知；'毋以使下'[①]，即是致知。"

【注释】

① 所恶于上、毋以使下：语自《大学》第十章："所恶于上，毋以使下；所恶于下，毋以事上；所恶于前，毋以先后；所恶于后，毋以从前；所恶于右，毋以交于左；所恶于左，毋以交于右：此之谓絜矩之道。"絜矩

之道即忠恕之道，对于上下左右前后的人，都能一视同仁。

【译文】

“‘我讨厌处于我之上的人的行为’，就是良知；‘不要以同样的行为去对待处于我之下的人’，就是致知。”

三〇六

先生曰：“苏秦、张仪之智①，也是圣人之资。后世事业文章，许多豪杰名家，只是学得仪、秦故智。仪、秦学术善揣摸人情，无一些不中人肯綮，故其说不能穷。仪、秦亦是窥见得良知妙用处，但用之于不善尔。”

【注释】

① 苏秦：前317年卒，战国时期洛阳人，先游说秦惠王，不为所用，后游说燕赵，提出合纵六国，同盟拒秦，为张仪所破。张仪：前309年卒，战国时期卫国人，相秦惠王，提出连横之策事秦。

【译文】

先生说：“张仪、苏秦的谋略，也是圣人的资质。后代的诸多事业文章，诸多豪杰名家，只是学到了张仪、苏秦的学问中的皮毛。苏秦、张仪善于揣摸人情，没有哪一点不是切中要害的，因此他们的学说看似广博。张仪、苏秦也能窥测到良知的妙用之处，但没有把它用在善的方面。”

三〇七

或问“未发已发”。

先生曰：“只缘后儒将未发已发分说了，只得劈头说个无未发已发，使人自思得之。若说有个已发未发，听者依旧落在后儒见解。若真见得无未发已发，说个有未发已发，原不妨，原有个未发已发在。”

问曰：“未发未尝不和，已发未尝不中，譬如钟声，未扣不可谓无，既扣不可谓有，毕竟有个扣与不扣，何如？”

先生曰：“未扣时原是惊天动地，既扣时也只是寂天寞地。”

【译文】

有人就未发已发的问题请教于先生。

先生说：“只因后世儒者将未发已发分开来讲了，所以我只有直接说个没有未发已发，让世人自己思考而有所得。若说有一个已发未发，听讲的人依然回到后儒的见解上。若能真正认识到没有未发已发，即使讲有未发已发也没事，本来就存在未发已发。”

有人问：“未发并非不平和，已发也并非不中正，例如钟声，没敲不能说无，敲了也不能说有，但是它到底有敲和不敲的分别，是这样的吗？”

先生说：“没敲时原本就是惊天动地的，敲了之后也只是寂静无声的。”

三〇八

问："古人论性，各有异同，何者乃为定论？"

先生曰："性无定体，论亦无定体，有自本体上说者，有自发用上说者，有自源头上说者，有自流弊处说者。总而言之，只是这个性，但所见有浅深尔。若执定一边，便不是了。性之本体原是无善无恶的，发用上也原是可以为善可以为不善的，其流弊也原是一定善一定恶的。譬如眼，有喜时的眼，有怒时的眼，直视就是看的眼，微视就是觑的眼。总而言之，只是这个眼，若见得怒时眼，就说未尝有喜的眼，见得看时眼，就说未尝有觑的眼，皆是执定，就知是错。孟子说性[①]，直从源头上说来，亦是说个大概如此。荀子性恶之说[②]，是从流弊上说来，也未可尽说他不是，只是见得未精耳。众人则失了心之本体。"

问："孟子从源头上说性，要人用功在源头上明彻；荀子从流弊说性，功夫只在末流上救正，便费力了。"

先生曰："然。"

【注释】

① 孟子说性：见《孟子·公孙丑上》第六章和《告子上》第一至第六章。

② 荀子性恶之说：荀子持人性本恶的观点，参见《荀子·性恶》："人之性恶，明矣；其善者，伪也。"伪，后天人为之意。

【译文】

有人问："古人谈论人性，说法各异，到底哪种说法可作为定论呢？"

先生说："人性没有固定的体，其论点也就没有定论，有就本体而言的，有就作用而言的，有就源头而言的，有就流弊而言的。总之，说的只是这个性，只是看法有深有浅罢了。若偏执一方，就是错误的了。人性的本体，原本无善无恶。它发生的作用也可以为善，可以为恶；人性的流弊原本是有的为善，有的为恶的。例如人的眼睛，有喜悦时的眼，有愤怒时的眼，直视时就是正面看的眼，偷看时就是窥视的眼。总之，只是这个眼睛。若看到愤怒时的眼，就不能说是高兴的眼；看到正视的眼，就不能说是窥视的眼。这都是偏执一方的错误。孟子谈性，他是直接从源头上讲的，也是说大约如此。荀子主张性恶，只是从流弊上说的，也不能说完全错误，只是认识得还不够精密。然而，平常人则是丧失了心的本体。"

有人问："孟子从源头上说性，要求人在源头上用功，使性明净清澈；荀子从流弊上说性，仅在末流上用功救正，如此就耗费精力了。"

先生说："正是这样。"

三〇九

先生曰："用功到精处，愈着不得言语，说理愈难。若着意在精微上，全体功夫反蔽泥了。"

【译文】

先生说："用功到了微妙的地方，愈发不能用言语来表达，说理也就愈加困难。若在细小处过分在意，整体的功夫反而会受到蒙蔽和阻碍了。"

三一〇

"杨慈湖不为无见[①]，又着在无声无臭上见了。"

【注释】

① 杨慈湖：杨简（1140—1216），字敬仲，浙江慈溪人，陆九渊的学生。杨简学重本心，以天地万物之变化为己之变化，著《己易》传世。

【译文】

"杨慈湖并不是没有见解，他只是执着在无声无息方面理解罢啦。"

三一一

"人一日间，古今世界都经过一番，只是人不见耳。夜气清明时，无视无听，无思无作，淡然平怀，就是羲皇世界[①]。平旦时，神清气朗，雍雍穆穆，就是尧、舜世界。日中以前，礼仪交会，气象秩然，就是三代世界。日中以后，神气渐昏，往来杂扰，就是春秋、战国世界。渐渐昏夜，万物寝息，景象寂寥，就是人消物尽世界。学者信得良知过，不为气所乱，便常做个羲皇已上人。"

【注释】

① 羲皇世界：参见第十一条注㉔。皇，通“黄”。

【译文】

“人在一天时间内，把今古世界都重新经历了一遍，只是人自己意识不到罢了。当夜气清明时，人不看不听，不想不做，淡泊平静，这就是伏羲的世界。清早，人神清气爽，庄严肃穆，这就是尧、舜的世界。中午之前，人们礼尚交往，井井有条，这就是夏、商、周三代时的世界。中午之后，人的神气渐渐昏沉，往来喧闹，这就是春秋战国的世界。逐渐进入黑夜，万物安息，景象寂寥，这就是人消失、物灭亡的世界。学者若能坚信良知，不被气所扰乱，便能经常作一个伏羲时代以前的人。”

三一二

薛尚谦、邹谦之、马子莘、王汝止侍坐[①]，因叹先生自征宁藩已来[②]，天下谤议益众，请各言其故。有言先生功业势位日隆，天下忌之者日众；有言先生之学日明，故为宋儒争是非者亦日博；有言先生自南都以后[③]，同志信从者日众，而四方排阻者日益力。

先生曰：“诸君之言，信皆有之，但吾一段自知处，诸君俱未道及耳。”

诸友请问。

先生曰：“我在南都已前，尚有些子乡愿的意思在。我今信得这良知真是真非，信手行去，更不着些覆藏。我今才做得个狂者的胸次④，使天下之人都说我行不掩言也罢。”

尚谦出，曰：“信得此过，方是圣人的真血脉。”

【注释】

① 王汝止：名艮（1483—1540），号心斋，泰州安丰（今江苏东台）人，遇阳明，欲师之，反复多次，终从，其“汝止”之名为阳明所与，后成为泰州学派的创始人，既尊阳明为师，又“时时不满其师说”。

② 征宁藩：宁藩，即宁王朱宸濠，其于正德十四年（1519）六月十四日在南昌举兵谋反，阳明于十五日得知，即组织义兵，以攻心为上，奇计迭出，仅用三十五天时间平息叛乱，生擒朱宸濠。

③南都：即南京。王阳明于正德九年（1514）四月升南京鸿胪寺卿，历时两年多，且讲学不辍。阳明自认“乡愿”倾向，即指此时。

④ 狂者：指有进取精神、敢于直言的人。语自《论语·子路》第二十章：“子曰：‘不得中行而与之，必也狂狷乎！狂者进取，狷者有所不为也。’”王阳明晚年问学倡怀狂者胸次，其诗《月夜与诸生歌于天泉桥》咏云：“铿然舍瑟春风里，点也虽狂得我情。”典出《论语》中“四子侍坐”故事，“点”即曾点，孔子有“吾与点也”之赞。

【译文】

薛侃、邹守益、马子莘、王汝止侍奉先生在座，大家慨叹先生自征讨宁藩以来，天下非议诋毁先生的人与日俱增。先生让各位说说其中的原因。有的讲先生的功业权势日益显赫，因而天下嫉妒的人越来越多；有的讲先生的学说影响力越来越大，因而替宋儒争地位的人也就越来越多；有的说自正德九年后，尊崇先生的人越来越多，因而天下排挤阻挠的人也越来越卖力。

先生说："各位所言，相信很有可能存在，但就我的感觉，各位还没有谈及。"

大家都向先生请教。

先生说："我在南京讲学之前，尚有一些言行不符的表现。如今，我确信良知的真是真非，随手拈来，再也不用隐藏着。现在我终于有了一个'狂者'的胸襟。即便全天下人都讲我言行不符，也毫无关系。"

薛侃站起来说："有这份自信心，才是圣人的真血脉啊！"

三一三

先生锻炼人处，一言之下，感人最深。

一日，王汝止出游归，先生问曰："游何见？"对曰："见满街人都是圣人。"先生曰："你看满街人是圣人，满街人到看你是圣人在。"

又一日，董萝石出游而归[①]，见先生曰："今日见一异事。"先生曰："何异？"对曰："见满街人都是圣人。"先生曰："此亦常事耳，何足为异？"

盖汝止圭角未融[②]，萝石恍见有悟，故问同答异，皆反其言而进之。

洪与黄正之、张叔谦、汝中丙戌会试归[③]，为先生道途中讲学，有信有不信。先生曰："你们拿一个圣人去与人讲学，人见圣人来，都怕走了，如何讲得行？须做得个愚夫愚妇，方可与人讲学。"

洪又言："今日要见人品高下最易。"先生曰："何以见之？"对曰："先生譬如泰山在前，有不知仰者，须是无目人。"先生曰："泰山不如平地大，平地有何可见？"

先生一言剪裁，剖破终年为外好高之病，在座者莫不悚惧。

【注释】

① 董萝石：名沄（1457—1533），字复宗，自号从吾道人，浙江海盐人，以诗名，未曾举功名。年六十八，闻阳明良知说，师事之，阳明以其年长不可，沄诚拜再三，方允。

② 圭角：锋芒。

③ 黄正之：名宏纲，参见第一百二十条注①。张叔谦：名元冲，字叔谦，浙江绍兴人，阳明称他是学生中最为真切纯笃者。汝中：王畿之字，参见第二百五十七条注①。丙戌：明嘉靖五年（1526）。

【译文】

先生教育指点人时，一句话就能感人肺腑。

有一天，王汝止外出回来。先生问他："在外面看到了什么？"王汝止答道："我看到满街的人都是圣人。"先生说："你看到满街人都是圣人，他们看你也是圣人。"

又一天，董萝石外出回来，他对先生说："今天看到一件稀奇事。"先生说："什么稀奇事？"他答道："我看到满街人都是圣人。"先生说："这件事太平凡了，有什么值得惊奇的。"

王汝止锋芒外露，董萝石则大惊小怪，他们的问题相同，先生的回答却各异，先生都是就他们的话而启发他们。

丙戌年，钱德洪、黄正之、张叔谦、王汝中在参加会试的归途中，纷纷传授先生的学说，有人相信，也有人怀疑。先生说："你们端着一个圣人的架子去给别人讲学，人们看见圣人来了，都给吓跑了，怎么能讲得好呢？唯有做一个愚夫笨妇才能给别人讲学。"

钱德洪又谈到："如今极容易看出人品的高低。"先生说："怎么见得？"钱德洪答道："先生如同泰山在面前，若不知道敬仰，就是没有眼珠的人。"先生说："泰山不及平地广阔，在平地上又能看到什么？"

先生这一句话，暴露了人们多年来那些好高骛远的毛病，在座的诸位无不有所惊惧。

三一四

癸未春[①]，邹谦之来越问学，居数日，先生送别于浮峰。

是夕，与希渊诸友移舟宿延寿寺，秉烛夜坐。先生慨怅不已，曰："江涛烟柳，故人倏在百里外矣！"

一友问曰："先生何念谦之之深也？"

先生曰："曾子所谓'以能问于不能，以多问于寡，有若无，实若虚，犯而不较'[②]，若谦之者，良近之矣！"

【注释】

① 癸未：嘉靖二年（1523），阳明五十二岁。

② "以能问于不能"五句：语自《论语·泰伯》第五章："曾子曰：'以

能问于不能，以多问于寡，有若无，实若虚，犯而不校，昔者吾友尝从事于斯矣。'" 较：计较，对抗。

【译文】

嘉靖二年癸未的春天，邹谦之来到浙江问学，几天之后，先生到浮峰为邹谦之送行。

这天晚上，与希渊等几位朋友乘船到延寿寺留宿，大家秉烛夜坐，先生无限感慨地说道："江水奔腾，烟柳飘飞，谦之顷刻间就在百里之外了。"

有位朋友问："先生为何对谦之如此思念？"

先生说："曾子曾说过：'明明有才能却向不能干的人请教，明明很有知识却向无学问的人请教，有功德却表现得若无其是，有实力却虚怀若谷，被人冒犯而不斤斤计较。'这样的人，不正是与谦之十分相像吗？"

三一五

丁亥年九月[①]，先生起复征思、田[②]。将命行时，德洪与汝中论学。

汝中举先生教言曰："无善无恶是心之体，有善有恶是意之动，知善知恶是良知，为善去恶是格物。"[③]

德洪曰："此意如何？"

汝中曰："此恐未是究竟话头。若说心体是无善无恶，意亦是无善无恶的意，知亦是无善无恶的知，物是无善无恶的物矣。若说意有善恶，毕竟心体还有善恶在。"

德洪曰："心体是天命之性，原是无善无恶的。但人有习心，意念上见有善恶在，格、致、诚、正、修，此正是复那性体功夫。若原无善恶，功夫亦不消说矣。"

是夕侍坐天泉桥[④]，各举请正。

先生曰："我今将行，正要你们来讲破此意。二君之见正好相资为用，不可各执一边。我这里接人原有此二种。利根之人直从本源上悟入。人心本体原是明莹无滞的，原是个未发之中。利根之人一悟本体，即是功夫，人己内外，一齐俱透了。其次不免有习心在，本体受蔽，故且教在意念上实落为善去恶。功夫熟后，渣滓去得尽时，本体亦明尽了。汝中之见，是我这里接利根人的；德洪之见，是我这里为其次立法的。二君相取为用，则中人上下皆可引入于道。若各执一边，眼前便有失人，便于道体各有未尽。"

既而曰："已后与朋友讲学，切不可失了我的宗旨：无善无恶是心之体，有善有恶是意之动，知善知恶的是良知，为善去恶是格物，只依我这话头随人指点，自没病痛。此原是彻上彻下功夫。利根之人，世亦难遇，本体功夫，一悟尽透。此颜子、明道所不敢承当，岂可轻易望人！人有习心，不教他在良知上实用为善去恶功夫，只去悬空想个本体，一切事为俱不着实，不过养成一个虚寂。此个病痛不是小小，不可不早说破。"

是日德洪、汝中俱有省。

【注释】

① 丁亥：明嘉靖六年（1527），阳明五十六岁。

② 起复：中国古代，官员遇父母丧事须停职回家守孝，称为丁忧；守孝期满重新任职，称为起复。守孝期一般为三年。思、田：广西的思恩（今武鸣县北）和田州（今田阳县北）。当时因故发生少数民族的动乱，又有盘踞多年的土匪为患，阳明受朝廷诏令，起复往征。

③ “无善无恶是心之体”四句：阳明明确表示“我年来立教，又更几番，今始立此四句”，故称“王门四句教”。它含有丰富的哲学意蕴，是阳明晚年的思想宗旨，但同时也招致了后世的种种批评。“四句教”涉及了“本体”与“功夫”、“心体”与“性体”问题，更是涉及了有无关系这一阳明心学的核心课题。王畿提出著名的“四无说”，与此相应，钱德洪的看法则被称为“四有说”（实为“一无三有说”）。

④ 天泉桥：位于浙江绍兴古城内阳明府邸碧霞池旁的一小桥，阳明在此答钱、王关于“四句教”之问，史称“天泉证道”。

【译文】

丁亥年九月，先生被朝廷起用，前往思恩和田州平息动乱。即将启程时，钱德洪和王汝中探讨学问。

汝中举引先生的话说：“无善无恶是心之体，有善有恶是意之动，知善知恶是良知，为善去恶是格物。”

德洪说：“你认为这几句话怎样？”

汝中说：“这句话大概还没有说完全。若说心体是无善无恶的，那么，意也是无善无恶的意，知也是无善无恶的知，物也是无善无恶的物。若认为意有善恶，在心体上终究还有善恶存在。”

德洪说："心体是天命之性，原本是无善无恶的。但是，人有受到沾染的心，在意念上就有善恶。格物、致知、诚心、正意、修身，正是恢复心体的功夫。若意本无善恶，那么，功夫也就不消说了。"

这天夜晚，德洪和汝中在天泉桥与先生陪坐，各人谈了自己的见解，特向先生请教。

先生说："如今，我将要远征，正想给你们来说破这一点。两位的见解，恰好可以互为补充，不可偏执一方。我开导人的技巧，原本有两种：资质特高的人，让他直接从本源上体悟。人心原本是晶莹无滞的，原本是一个未发之中。资质特高的人，只要一悟本体，也就是功夫了，他人和自我、内和外一切都透彻了。另外一种人，资质较差，心不免受到沾染，本体遭蒙蔽，因此就教导他从意念上实实在在为善除恶，待功夫纯熟后，污秽彻底荡涤，本体也就明净了。汝中的见解，是我用来开导资质特高的人；德洪的见解，是我用来教导资质较差的人使用的方法。两位若互为补充借用，那么，资质居中的人都可被导入坦途。若两位各执一词，在你们面前就会有人不能步入正轨，就不能对道体作完整的把握。"

先生接着说："今后和朋友讲学，千万不可抛弃我的宗旨。无善无恶是心之体，有善有恶是意之动，知善知恶是良知，为善去恶是格物。只要根据我的话因人施教，自然不会出问题。这原本是上下贯通的功夫。资质特高的人，世上少见，对本体功夫一悟即透，就是颜回、程颢这样的人，也不敢妄自尊大，岂敢随便指望他人？人有受到污染的心，若不教导他在良知上切实用为善除恶的功夫，只去悬空思索一个本体，就会养成个所有事都不切实际的坏毛病。这个毛病不是小事情，所以，我不能不提前向你们讲清楚。”

这一天，钱德洪和王汝中都有所省悟。

【钱德洪跋】

先生初归越时，朋友踪迹尚寥落。既后四方来游者日进。癸未年已后[①]，环先生而居者比屋，如天妃、光相诸刹[②]，每当一室，常合食者数十人；夜无卧处，更相就席；歌声彻昏旦。南镇、禹穴、阳明洞诸山[③]，远近寺刹，徙足所到，无非同志游寓所在。先生每临讲座，前后左右环坐而听者常不下数百人，送往迎来，月无虚日；至有在侍更岁，不能遍记其姓名者。每临别，先生常叹曰：“君等虽别，不出在天地间，苟同此志，吾亦可以忘形似矣[④]！”诸生每听讲，出门未尝不跳跃称快。尝闻之同门先辈曰：“南都以前，朋友从游者虽众，未有如在越之盛者。此虽讲学日久，孚信渐博，要亦先生之学日进，感召之机申变无方，亦自有不同也。”

【注释】

① 癸未年：嘉靖二年（1523）。

② 天妃、光相诸刹：皆为位于绍兴府内的寺刹。

③ 南镇、禹穴、阳明洞诸山：皆位于绍兴。南镇，见第二百七十五条注①。阳明洞，参见《王阳明年谱》弘治“十五年壬戌，先生三十一岁”：

“八月，疏请告。……遂告病归越，筑室阳明洞中，行导引术。”导引术：道教内丹之术。

④忘形：语自《庄子·让王篇》：“故养志者忘形，养形者忘利，致道者忘心矣。”意为修养心性的人能够忘却自己的形体，养护身体的人能够忘却外界的名利，修习大道的人能够忘却自己的一切成见。此处“心”，指个人成见。

【译文】

先生刚回浙江绍兴时，来拜访的朋友尚不多。后来，各地来拜访先生的人与日俱增。嘉靖二年（1523），在先生周围居住的人比比皆是，例如天妃、光相等寺庙，每间屋子经常是几十人在一块吃饭，夜晚没地方睡觉，大家轮流着就寝，歌声通宵达旦。在南镇、禹穴、阳明洞等山中的寺庙里，不管远近，只要人能到达的地方，都有求学的人居住。先生每次登台讲学，前后左右的听众，经常不少于几百人，一个月中没有哪一天不迎来送往。甚至有人在这里听讲达一年之久，先生也不能完全记清他们的姓名。每当告别时，先生常感叹地说：“虽然你我分别了，也不会超出天地之间。只要我们有着共同的志向，记不住彼此的容貌也无关紧要。”学生们每次听讲出门时，无不欢呼雀跃。他们曾听同门长辈说：“在南京之前，问学的朋友虽不少，但比不上在浙江绍兴这样的兴盛。其中固然是因为先生讲学的时间久了，获得的信任也就多了，关键是先生的学问与日精进，感召学生的时机和开导学生的方法灵活自如，效果自然就大不一样了。”

三一六

黄以方问："'博学于文'，为随事学存此天理，然则谓'行有余力，则以学文'①，其说似不相合。"

先生曰："《诗》《书》六艺皆是天理之发见②，文字都包在其中。考之《诗》《书》六艺，皆所以学存此天理也，不特发见于事为者方为文耳。余力学文，亦只博学于文中事。"

或问"学而不思"二句③。

曰："此亦有为而言。其实思即学也，学有所疑，便须思之。思而不学者，盖有此等人，只悬空去思，要想出一个道理，却不在身心上实用其力，以学存此天理。思与学作两事做，故有'罔'与'殆'之病。其实思只是思其所学，原非两事也。"（此后黄以方录）

【注释】

① 行有余力，则以学文：语自《论语·学而》第六章："子曰：'弟子入则孝，出则弟，谨而信，泛爱众而亲仁。行有余力，则以学文。'"弟子：此指年轻的子弟。弟：通"悌"，尊敬兄长，引申为尊敬长辈。谨而信：说话谨慎，讲究信用。

② 六艺：孔子儒家的学习内容，常常有大小"六艺"之分，前者指《诗》、《书》、《礼》、《乐》、《易》、《春秋》，即《六经》；后者指礼、乐、射、御、书、数等六门课程。这里指前者。

③ "学而不思"二句：语自《论语·为政》第十五章："子曰：'学而不思则罔，思而不学则殆。'"罔：迷惑。殆：危险，不安。

【译文】

黄以方问："先生主张'博学于文'是依事去学存此天理，然而，孔子讲的'行有余力，则以学文'，与先生的见解好像不一致。"

先生说："《诗》《书》等六经均是天理的显现，文字都包含在其中了。对《诗》《书》等六经进行研究，均是为了学会存此天理，文并非仅表现在事上。有多余的精力去学文，也是包含在'博学于文'中间了。"

有人就"学而不思则罔，思而不学则殆"二句请教先生。

先生说："这话也是有针对性而说的。其实所思就是学，学习有了疑问，就要去思考。'学而不思'的大有人在，他们只是漫无边际地思考，希望思索出一个道理来，而并非在身心上着实用功以存此天理。把思和学当作两件事来做，就存在'罔'和'殆'的弊端。说穿了，思也仅是思其所学的，并不是两回事。"

三一七

先生曰："先儒解格物为格天下之物，天下之物如何格得？且谓一草一木亦皆有理[①]，今如何去格？纵格得草木来，如何反来诚得自家意？我解'格'作'正'字义，'物'作'事'字义，《大学》之所谓身，即耳目口鼻四肢是也。欲修身，便是要目非礼勿视，耳非礼勿听，口非礼勿言，四肢非礼勿动[②]。要修这个身，身上如何用得功夫？心者身之主宰，目虽视而所以视者心也，耳虽听而所以听者心也，口与四肢虽言动而所以言动者心也，故欲修身在于体当自家心体，常令廓然大公，无有些子不正处。主宰一正，则发窍于目，自无非礼之视；发窍于耳，自无非礼之听；发窍于口与四肢，自无非礼之言动。此便是修身在正其心。然至善者，心之本体也。心之本体，那有不善？如今要正心，本体上何处用得工？必就心之发动处才可着力也。心之发动不能无不善，故须就此处着力，便是在诚意。如一念发在好善上，便实实落落去好善；一念发在恶恶上，便实实落落去恶恶。意之所发，既无不诚，则其本体如何有不正的？故欲正其心在诚意。工夫到诚意，始有着落处。然诚意之本，又在于致知也。所谓'人虽不知，而己所独知'者[③]，此正是吾心良知处。然知得善，却不依这个良知便做去；知得不善，却不依这个良知便不去做，则这个良知便遮蔽了，是不能致知也。吾心良知既不能扩充到底，则善虽知好，不能着实好了；恶虽知恶，不能着实恶了，如何得意诚？故致知者，意诚之本也。然亦不是悬空的致知，致知在实事上格。如意在于为善，便就这件事上去为；意在于去恶，便就这件事上去不为。去恶固是格不正以归于正，为善则不善正了[④]，亦是格不正以归于正也。如此，则吾心良知无私欲蔽了，得以致其极，而意之所发，好善去恶，无有不诚矣！诚意工夫，实下手处在格物也。若如此格物，人人便做得，'人皆可以为尧、舜'[⑤]，正在此也。"

【注释】

①一草一目亦皆有理：语自《河南程氏遗书》卷十八："曰：

‘求之性情,固是切于身,然一草一木皆有理,须是察。’”(伊川语)又云:“若只格一物便通众理,虽颜子亦不敢如此道。须是今日格一件,明日格一件,积习既多,然后脱然自有贯通处。”

②“非礼勿视”四句:语自《论语·颜渊》第一章:“颜渊问仁。子曰:‘克己复礼为仁。一日克己复礼,天下归仁焉。为仁由己,而由人乎哉?’颜渊曰:‘请问其目。’子曰:‘非礼勿视,非礼勿听,非礼勿言,非礼勿动。’”

③人虽不知,而己所独知:《大学》第六章云“所谓诚其意者:毋自欺也,如恶恶臭,如好好色,此之谓自谦,故君子必慎其独也”(谦读为慊,快也,足也)。“慎其独”,朱熹注云:“独者,人所不知而己所独知之地也。”又《中庸》首章“莫见乎隐,莫显乎微,故君子慎其独也”。“慎其独”,朱子注如前,接着注云:“人虽不知而己独知之,则是天下之事无有著见明显而过于此者。”

④为善则不善正了:此句恐有脱字,疑为“为善,则是将不善正了”。

⑤人皆可以为尧、舜:语自《孟子·告子下》第二章:“曹交问曰:‘人皆可以为尧、舜,有诸?’孟子曰:‘然。’”朱熹《孟子集注》云:“人皆可以为尧、舜,疑古语,或孟子所尝言也。”

【译文】

先生说:“程、朱主张的格物是格尽天下的事物。天下的事物如何能格得尽?比如‘一草一木亦皆有理’,如今你如何去格?草木即便能格,又怎样让它来‘诚’自我的意呢?我认为‘格’就是‘正’,‘物’就是‘事’。《大学》中所谓的身,就是指人的耳、目、口、鼻及四肢。若想修身,就要做到:眼非礼勿视,耳非礼勿听，口非礼勿言，四肢非礼勿动。要修养这个身，功夫怎么能用在身上呢？心是身的主宰。眼睛虽然能看，但让眼睛能看到的是心；耳朵虽然能听，但让耳朵能听到的是心；口与四肢虽然能言能动，但让口与四肢能言能动的是心。所以，要修身，就需到自己心体上去领悟，常保心体的廓然大公，没有丝毫不中正之处。身的主宰中正了，表现在眼睛上，就会不合于礼的不看；表现在耳朵上，就会不合于礼的不听；表现在口和四肢上，就会不合于礼的不言不行。这就是《大学》中的‘修身在于正心’的道理。然而，至善是心的本体，心的本体如何会有不善呢？现在要正心，那么在本体上的何处用功呢？必须在心的发动处用功。心的发动处不可能没有不善，所以，必须在此处用力，这就是在诚意。如果有一个好的、善的念头，就实实在在去做好事、善事；如果有一个憎恶的念头，就切实地去除恶去恶。既然意念的发动没有不诚的，那么这个本体怎么会有不端正呢？所以，要想正心就要有诚意。功夫用到了，诚意也就落实了。然而诚意的根本表现又在于致知。朱熹所讲的‘人虽不知，而己所独知’这句话，正是我们内心的良知所在。然而，知道了善，但不遵从这个良知去做；知道不善，也不遵从这个良知不去做，那么，这个良知就是被蒙蔽了，就不能致知了。良知既然不能完全扩充，即便知道好善，也不能切实去落实；即便知道憎恶，也不能切实地憎恨，又怎能意诚呢？所以，致知是诚意的根本。然而也不是凭空去致知，致知须在实事上去格。如果心意在于为善，就去落实在为善的行为上；心意在于除恶，就要落实在除恶的行动上。除恶固然是把不端正的心思改为端正的心思，那么为善就是使不善得到了纠正，也是格去不正以归于正。如此，我们的良知就不会被私欲蒙蔽，就可以进入最高的境界。而意的发动，便是好善除恶，就没有不诚的了。格物就是诚意功夫切实的下手处。像这样的格物，则人人都能做到。《孟子》所谓的'人皆可以为尧舜'，正是这个道理。"

三一八

先生曰："众人只说格物要依晦翁，何曾把他的说去用？我着实曾用来。初年与钱友同论做圣贤[①]，要格天下之物，如今安得这等大的力量？因指亭前竹子，令去格看。钱子早夜去穷格竹子的道理，竭其心思，至于三日，便致劳神成疾。当初说他这是精力不足，某因自去穷格。早夜不得其理，到七日，亦以劳思致疾。遂相与叹圣贤是做不得的，无他大力量去格物了。及在夷中三年[②]，颇见得此意思，乃知天下之物本无可格者。其格物之功，只在身心上做，决然以圣人为人人可到，便自有担当了。这里意思，却要说与诸公知道。"

【注释】

①初年：即早年。阳明年轻时"格竹"之事，《王文成公全书·年谱》记在弘治五年（1492）阳明二十一岁时，先是在越，乡试毕，后"侍龙山公于京师……官署中多竹，即取竹格之，沉思其理不得，遂遇疾"。然施邦曜辑《阳明先生集要·年谱》弘治"二年己酉（1489），十八岁"条则云：是年"十二月，以夫人诸氏归余姚，舟过广信，谒娄一斋谅，语格物

之学，先生甚喜，以谓圣人必可学而至也。后遍读考亭遗书，思诸儒谓众物有表里精粗，一草一木皆具至理，因见竹，取而格之，沉思不得，遂被疾”。乍一看，似乎两部《年谱》对“格竹”一事的记载于时间上有所出入，前后竟然有三年之差，然细观之，施氏《年谱》“后遍读考亭遗书”中有一“后”字，便知“读书”、“格竹”等事可以视为均非当年之事。同例，钱德洪于《年谱》正德“四年己巳（1509）”条注明“是年先生始论知行合一”，接着又有“后徐爱因未会先生知行合一之训，决于先生”，也有一“后”字，表明所述并非当年事。施氏《年谱》同年条则云：“是年，先生始论知行合一，其说具《语录》中。”《语录》即指《传习录》，盖见徐爱所录诸条。

② 夷中三年：即“居夷三载”，参见“徐爱序二”注⑥。

【译文】

先生说：“世人总认为对格物的阐释要以朱熹的观点为标准，他们又何尝切实运用了朱熹的观点？不过我倒是确实真正照着去做过了。早些年时，我和一位姓钱的朋友探讨做圣贤，要格天下之物，现在想想怎么会有这样大的力量？我指着亭前的竹子，让他去格。钱友自早到晚去穷格竹子的道理，费神伤力，第三天时，竟过度劳累倒床不起。当时，我认为他是精力不足，就自己去穷格，从早到晚仍不理解竹子的理，到了第七天，与钱友一样倒床不起。因而我们共同慨叹，圣贤是做不成的，主要是没有圣贤如许大的力量去格物。后来我在贵州龙场待了三年，深有体会，那时才明白，天下之物本无什么可格的，格物的功夫只能在自身心上做。我坚信人人都可做圣人，于是就有了一种责任感。此番道理，应该让各位知晓。”

三一九

门人有言邵端峰论童子不能格物[①]，只教以洒扫应对之说。

先生曰：“洒扫应对就是一件物，童子良知只到此，便教去洒扫应对，就是致他这一点良知了。又如童子知畏先生长者，此亦是他良知处。故虽嬉戏中，见了先生长者，便去作揖恭敬，是他能格物以致敬师长之良知了。童子自有童子的格物致知。”

又曰：“我这里言格物，自童子以至圣人，皆是此等工夫。但圣人格物，便更熟得些子，不消费力。如此格物，虽卖柴人亦是做得，虽公卿大夫以至天子，皆是如此做。”

【注释】

① 邵端峰：情况不详。

② 洒扫应对：洒扫，即浇水扫除；应对，即待人接物。阳明认为，洒扫应对是儿童格物的具体内容。其于《与辰中诸生》云：“举业不患妨功，惟患夺志。只如前日所约，循循为之，亦自两无相碍。所谓知得洒扫应对，便是精义入神也。”（《王文成公全书》，页177）

【译文】

弟子中有人说，邵端峰主张小孩子不能格物，只能教导他们洒扫应对。

先生说："洒扫应对本身就是一个物，由于小孩的良知只能到这个程度，所以教他洒扫应对，也就是致他的这一点良知了。又例如，小孩敬畏师长，这也是他的良知所在，因此，即使在嬉闹时看到了先生长者，他照样会作揖以表恭敬，这就是能格物以致他尊敬师长的良知了。小孩子自然有他们的格物致知。"

先生接着说："我这里所谓的格物，自小孩子到大圣人，都是这样的功夫。只不过圣人格物更为纯熟一些，不费力气。这样的格物，就是卖柴的人也能做到，自公卿大夫到皇上，也都能这样做。"

三二〇

或疑知行不合一，以"知之匪艰"二句为问。

先生曰："良知自知，原是容易的。只是不能致那良知，便是'知之匪艰，行之惟艰'[①]。"

【注释】

① 知之匪艰，行之惟艰：语自《尚书·说命中》："非知之艰，行之惟艰。"

【译文】

有人对知行能否合一有所疑惑，向先生请教"知之匪艰"二句的意义。

先生说："良知是自然能体悟的，本来很简单。只因有些人不能致这个良知，因而就有了'知之匪艰，行之惟艰'的提示。"

三二一

门人问曰："知行如何得合一？且如《中庸》，言'博学之'，又说个'笃行之'，分明知行是两件。"

先生曰："博学只是事事学存此天理，笃行只是学之不已之意。"

又问："《易》'学以聚之'，又言'仁以行之'[①]，此是如何？"

先生曰："也是如此。事事去学存此天理，则此心更无放失时，故曰'学以聚之'，然常常学存此天理，更无私欲间断，此即是此心不息处，故曰'仁以行之'。"

又问："孔子言'知及之，仁不能守之'[②]，知行却是两个了？"

先生曰："说'及之'已是行了，但不能常常行，已为私欲间断，便是'仁不能守'。"

又问："心即理之说，程子云'在物为理'[③]，如何谓心即理？"

先生曰："在物为理，'在'字上当添一'心'字，此心在物则为理，如此心在事父则为孝、在事君则为忠之类。"

先生因谓之曰："诸君要识得我立言宗旨。我如今说个心即理是如何？只为世人分心与理为二故，便有许多病痛。如五伯攘夷狄，尊周室，都是一个私心，便不当理。人却说他做得当理，只心有未纯，往往悦慕其所为，要来外面做得好看，却与心全不相干。分心与理为二，其流至于伯道之伪而不自知。故我说个心即理。要使知心理是一个，便来心上做工夫，不去袭义于义，便是王道之真。此我立言宗旨。”

又问：“圣贤言语许多，如何却要打做一个？”

曰：“我不是要打做一个，如曰‘夫道，一而已矣’，又曰‘其为物不二，则其生物不测’④，天地圣人皆是一个，如何二得？”

【注释】

① 学以聚之、仁以行之：语自《周易》乾卦《文言》：“君子学以聚之，问以辩之，宽以居之，仁以行之。”参见第三百零二条注①。

② 知及之，仁不能守之：语自《论语·卫灵公》第三十二章：“子曰：‘知及之，仁不能守之，虽得之，必失之。知及之，仁能守之，不庄以莅之，则民不敬。知及之，仁能守之，庄以莅之，动之不以礼，未善也。’”

③ 程子云“在物为理”：语自《周易程氏传》卷四：“在物为理，处物为义。”

④ 其为物不二，则其生物不测：语自《中庸》第二十六章：“天地之道，可一言而尽也：其为物不二，则其生物不测。”意为天地之道是可以用一句话全部概括的：它真诚一致，不混杂别的什么，所以能够生成万物，神妙莫测。

【译文】

有弟子问：“知行如何才能合一？比如《中庸》上讲‘博学之’，又讲一个‘笃行之’，分明是把知行当两件事看了。”

先生说："博学就是从每件事上去学会存养天理，笃行仅是指学习不间断的意思。"

弟子又问："《易传》中不仅说'学以聚之'，又说'仁以行之'，这又是为何？"

先生说："也是同样道理。若每件事都去学会存此天理，那么心就不会有放纵的时候，因此说'学以聚之'。然而，经常学习存养天理，又无任何私欲使它间断，这就是此心的生生不息，因此说'仁以行之'。"

又问："《论语》中孔子曾说：'知及之，仁不能守之。'知与行不就成为两件事了？"

先生说："说'及之'，就已经是行了。但不能做到常行不止，被私欲所阻隔，就是'仁不能守'了。"

弟子又问："先生主张心就是理，程颐认为'在物为理'，怎么说心就是理呢？"

先生说：'在物为理'的'在'字前面应添加一个'心'字，即心在物上就是理，比如心在侍父上就是孝、在事君上就是忠等等。"

先生因此又说："各位要知道我立论的宗旨，我现在说心就是理，其用意是什么呢？只因世人将心和理一分为二，所以就会出现许多弊端。比如五霸攻击夷狄，尊崇周王室，都是为了一个私心，因此就不合乎理，但人们却说他们做得合理，这是世人的心不够明净，对他们的行为往往羡慕，并且只求外表体面，与心毫无关系。把心和理分开为二，它的结局是，自己已陷入霸道虚伪还没觉察到。所以我认为心就是理。要让人们明白心和理只是一个，就在心上做功夫，而不必到心外去寻求，这才是王道的真谛，亦是我立论的宗旨。”

弟子又问：“圣人的言论不计其数，为何要说只有一个，这是为什么？”

先生说：“并非我坚持说成一个，《孟子》上有‘夫道，一而已矣’的话，《中庸》也说‘其为物不二，则其生物不测’。天地、圣人都是一体的，怎么能分为二呢？”

三二二

“心不是一块血肉，凡知觉处便是心，如耳目之知视听，手足之知痛痒，此知觉便是心也。”

【译文】

“心并不只是一块血肉，凡是有知觉的就是心，比如耳朵和眼睛知道听与看，手和脚知道痛与痒，这个知觉就是心。”

三二三

以方问曰：“先生之说格物，凡《中庸》之慎独及集义、博约等说①，皆为格物之事。”

先生曰：“非也。格物即慎独，即戒惧。至于集义、博约工夫只一般，不是以那数件都做格物底事。”

【注释】

① 慎独：参见第三十七条注③与第三百一十七条注③。集义：参见第八十一条注②。博约：参见第六条注③。

【译文】

黄以方问："先生的格物观点，是不是把《中庸》中'慎独'、《孟子》中'集义'、《论语》中'博约'等主张都看成格物了呢？"

先生说："不是的。格物就是慎独、戒惧。至于集义和博约仅是普通的功夫，不能把它们当作格物的事情。"

三二四

以方问尊德性一条[①]。

先生曰："道问学即所以尊德性也。晦翁言'子静以尊德性诲人[②]，某教人岂不是道问学处多了些子'，是分尊德性、道问学作两件。且如今讲习讨论，下许多工夫，无非只是存此心，不失其德性而已。岂有尊德性只空空去尊，更不去问学？问学只是空空去问学，更与德性无关涉？如此，则不知今之所以讲习讨论者更学何事！"

问"致广大"二句。

曰："尽精微即所以致广大也，道中庸即所以极高明也。盖心之本体自是广大底，人不能尽精微，则便为私欲所蔽，有不胜其小者矣。故能细微曲折无所不尽，则私意不足以蔽之，自无许多障碍遮隔处，如何广大不致？"

又问："精微还是念虑之精微，是事理之精微？"

曰："念虑之精微即事理之精微也。"

【注释】

① 尊德性：语自《中庸》第二十七章："故君子尊德性而道问学，致

广大而尽精微，极高明而道中庸。”

② 子静：陆九渊，字子静，号象山。南宋淳熙二年（1172），由著名理学家吕祖谦相邀，陆九渊与朱熹于江西上饶信州铅山鹅湖寺展开辩论，二人除对太极无极展开辩难外，还就尊德性与道问学之关系展开辩论，陆九渊主张尊德性而后道问学，朱熹则主张道问学而后尊德性，朱指陆为空疏，陆则讥朱为支离，史称“鹅湖之辩”或“鹅湖之会”。

【译文】

黄以方就“尊德性”请教先生。

先生说：“‘道问学’就是为了‘尊德性’。朱熹认为‘陆九渊以尊德性诲人，我教人岂不是道问学处多了些’，这种看法就把‘尊德性’与‘道问学’当两件事看了。现在我们讲习讨论，下了不少功夫，只不过是要存养此心，使它不丧失德性罢了。尊德性岂能是空洞地尊，而不再去问学了呢？问学岂能是空洞地去问，而与德性再无任何关系呢？若真是如此，我们今天的讲习讨论，就不知道究竟学的是什么东西了！”

黄以方又问《中庸》里“致广大而尽精微，极高明而道中庸”两句话的意思。

先生说：“尽精微是为了致广大，道中庸是为了极高明。因为人心的本体是广大的，人不能尽精微，就会被私欲所蒙蔽，就不能战胜细微处的私欲。所以能在细微曲折的地方尽精微，私欲就无法蒙蔽心体，自然就没了许多障碍阻挡，心体怎么能不致广大呢？”

黄以方又问：“精微是念虑的精微，还是事理的精微呢？”

先生说："念虑的精微就是事理的精微。"

三二五

先生曰："今之论性者纷纷异同，皆是说性，非见性也[1]。见性者无异同之可言矣。"

【注释】

① 见性：指直接体悟人的本性。阳明借鉴了佛语，佛教有"明心见性"一说。

【译文】

先生说："现在探讨人性的人，都在为不同的观点争论不休，他们全在谈性，而并非去见性。真正见性的人根本不在异同上多说什么。"

三二六

问："声色货利，恐良知亦不能无。"

先生曰："固然。但初学用功，却须扫除荡涤，勿使留积，则适然来遇，始不为累，自然顺而应之。良知只在声色货利上用工，能致得良知精精明明，毫发无蔽，则声色货利之交，无非天则流行矣。"

【译文】

有人问："关于声色货利，只怕良知中也不能没有吧？"

先生说："当然啦！但是，就初学用功时而言，千万要荡涤干净，不使声色货利丝毫留存心中。如此，偶尔碰到声色货利，才不会成为负担，自然会去依循良知并对它做出反应。致良知只要在声色货利上用功，就能使良知精精明明，没有一丝一毫的蒙蔽，所以，即便是与声色货利打交道，也无不是遵循了天理的。"

三二七

先生曰："吾与诸公讲致知格物，日日是此，讲一二十年俱是如此。诸君听吾言，实去用功，见吾讲一番，自觉长进一番。否则，只作一场话说，虽听之亦何用？"

【译文】

先生说："我给你们讲习致知格物，天天是这样，讲十年二十年也是这样。各位听讲后，实实在在地去用功，每听我再讲一遍，自我感觉就会有一定的提高。否则，只当作是一场说教，即便听了又有何用？"

三二八

先生曰："人之本体常常是寂然不动的，常常是感而遂通的①。'未应不是先，已应不是后'②。"

【注释】

① 寂然不动、感而遂通：参见第七十二条注①③。

② 未应不是先，已应不是后：程颐语，语自《河南程氏遗书》卷十五。意思是人的本体掩藏在未应中，又在已应中显现，未应、已应相互包含，没有先后之分。未应，抽象；已应，具象。

【译文】

先生说："人之本体，经常是寂然不动的，经常是相互感应而彼此贯通的。人的本体掩藏在未应中，又在已应中显现，未应、已应相互包含，没有先后之分。"

三二九

一友举佛家以手指显出，问曰："众曾见否？"众曰："见之。"复以手指入袖，问曰："众还见否？"众曰："不见。"佛说还未见性。此义未明。

先生曰："手指有见有不见，尔之见性，常在人之心神，只在有睹有闻上驰骛，不在不睹不闻上着实用功。盖不睹不闻是良知本体，戒慎恐惧是致良知的工夫。学者时时刻刻常睹其所不睹，常闻其所不闻，工夫方有个实落处。久久成熟后，则不须着力，不待防检，而真性自不息矣。岂以在外者之闻见为累哉！"

【译文】

有位朋友举了一个佛教的例子说，一位禅师伸出手指问："你们看见了没有？"大家都说："看见了。"禅师又把手指缩入袖中问："你们还能看见吗？"大家都说："看不见。"禅师于是说众人还未见性。这位朋友不理解禅师的意思。

先生说:“手指有看得见与看不见时,但是,你能体悟到的性则全凭人的心神。哪能只在能见能闻上驰骋,而不在不见不闻上切实用功?因此,看不见听不到的是良知的本体,戒慎恐惧是致良知的功夫。学者唯有时时刻刻去看他看不见、听他听不到的本体,功夫才能落到实处。久而久之,当功夫纯熟后,就不用费力,不用提防检点,人的真性自然生生不息了。岂能被表面的见闻所拖累呢!”

三三〇

问:“先儒谓‘鸢飞鱼跃’与‘必有事焉’,同一活泼泼地。”①

先生曰:“亦是。天地间活泼泼地,无非此理,便是吾良知的流行不息。致良知便是必有事的工夫。此理非惟不可离,实亦不得而离也。无往而非道,无往而非工夫。”

【注释】

①“先儒谓”句:“鸢飞鱼跃”语自《诗经》“鸢飞戾天,鱼跃于渊”。程颢于《河南程氏遗书》卷三云:“‘鸢飞戾天,鱼跃于渊’,言其上下察也。此一段子思吃紧为人处,与‘必有事焉,而勿正心’之意同,活泼泼地。会得时,活泼泼地;不会得时,只是弄精神。”意思是,阳明认为程颢讲的“鸢飞戾天,鱼跃于渊”所体现的天地阴阳之道,与他致良知的“必有事焉”功夫同样是充满生机的。“必有事焉”,参看第八十七条注①。

【译文】

有人问:“为什么先儒认为‘鸢飞鱼跃’和‘必有事焉’都是充满生机的?”

先生说:“也有道理。天地间充满生机的,无非都是这个天理,也就是我良知的流行不止。致良知就是‘必有事焉’的功夫。这个天理不仅不能离,实际也不可能离开。天地间没有什么不是道,也没有什么不是功夫。”

三三一

先生曰:“诸公在此,务要立个必为圣人之心,时时刻刻,须是一棒一条痕,一掴一掌血①,方能听吾说话句句得力。若茫茫荡荡度日,譬如一块死肉,打也不知得痛痒,恐终不济事。回家只寻得旧时伎俩而已,岂不惜哉!”

【注释】

①一棒一条痕,一掴一掌血:语自《朱子语类》,比喻做事要痛下决心,扎实用功。

【译文】

先生说:“各位在这里,务必确立一个必做圣人的决心。每时每刻要有一棒留一条痕迹、一掌掴出一个血印的勇气,才能在听我讲学时,感到句句铿锵有力,字字印象深刻。如果整天浑浑噩噩地混日子,就像一块死肉,打它也不知痛痒,只怕最终也是无济于事。回家后还是以前的老套路,岂不让人惋惜?”

三三二

问："近来妄念也觉少，亦觉不曾着想定要如何用功，不知此是工夫否？"

先生曰："汝且去着实用工，便多这些着想也不妨，久久自会妥帖。若才下得些功，便说效验，何足为恃？"

【译文】

有弟子问："最近感觉到虚妄的念头减少了，也不曾想过一定要怎样用功，不知这算不算是功夫？"

先生说："你尽管去踏踏实实用功，就是有这些想法也无关紧要，时间一久，自然会妥当的。如果刚开始用了一点功夫，就要求有效果，如此怎能靠得住呢？"

三三三

一友自叹："私意萌时，分明自心知得，只是不能使他即去。"

先生曰："你萌时这一知处，便是你的命根。当下即去消磨，便是立命功夫①。"

【注释】

① 立命：语自《孟子·尽心上》第一章："孟子曰：'尽其心者，知其性也。知其性，则知天矣。存其心，养其性，所以事天也。夭寿不贰，修身以俟之，所以立命也。'"立命：原意为顺从天命，在阳明则视为使自己

的心复归良知本体。

【译文】

有位朋友独自叹息："当内心萌生了私意时，自己分明知晓，只是不能马上剔除。"

先生说："你萌生了私意，你能知道，这一知就是你的命根子。当时立即将之剔除，就是你立命的功夫了。"

三三四

"夫子说'性相近'[①]，即孟子说'性善'，不可专在气质上说。若说气质，如刚与柔对，如何相近得？惟性善则同耳。人生初时，善原是同的。但刚的习于善则为刚善，习于恶则为刚恶；柔的习于善则为柔善，习于恶则为柔恶[②]，便日相远了。"

【注释】

①性相近：语自《论语·阳货》第二章："子曰：'性相近，习相远也。'"

②刚善、刚恶、柔善、柔恶：语自周敦颐对善恶的分类。周氏《通书》云："刚善，为义，为直，为断，为严毅，为干固。刚恶，为猛，为隘，为强梁。柔善，为顺，为巽。柔恶，为懦弱，为无断，为邪佞。"

【译文】

"孔子主张的'性相近'，也就是孟子的'性善'，不能仅从气质上说性。如果只从气质上说，刚和柔相对，怎么会相近呢？人性只有在善方面是相同的。人刚生下来时，善原本就相同。但是，气质刚烈的人受善的熏染就表现为刚善，受恶的熏染就表现为刚恶。同样道理，气质柔顺的人受善的熏染就表现为柔善，受恶的熏染就表现为柔恶。这样，人后天习性的差别就会越来越大了。”

三三五

先生尝语学者曰：“心体上着不得一念留滞，就如眼着不得些子尘沙。些子能得几多？满眼便昏天黑地了。”

又曰：“这一念不但是私念，便好的念头，亦着不得些子。如眼中放些金玉屑，眼亦开不得了。”

【译文】

先生曾经这样对修习的人说：“在心体上不能遗留一丝杂念，就好比眼中揉不得一丁点沙子。一丁点能有多少呢？它却能使人满眼天昏地暗了。”

先生又说：“这一念头不仅是指私念，即便美好的念头也不能有一点。比如眼中放入一些金玉屑，眼睛就照样也不能睁开。”

三三六

问：“人心与物同体，如吾身原是血气流通的，所以谓之同体。若于人便异体了，禽兽草木益远矣，而何谓之同体？”

先生曰:“你只在感应之几上看[①],岂但禽兽草木,虽天地也与我同体的,鬼神也与我同体的。”

请问。

先生曰:“你看这个天地中间,甚么是天地的心?”

对曰:“尝闻人是天地的心[②]。”

曰:“人又甚么教做心?”

对曰:“只是一个灵明。”

“可知充天塞地中间,只有这个灵明,人只为形体自间隔了。我的灵明,便是天地鬼神的主宰。天没有我的灵明,谁去仰他高?地没有我的灵明,谁去俯他深?鬼神没有我的灵明,谁去辩他吉凶灾祥?天地鬼神万物离却我的灵明,便没有天地鬼神万物了。我的灵明离却天地鬼神万物,亦没有我的灵明。如此,便是一气流通的,如何与他间隔得?”

又问:“天地鬼神万物,千古见在,何没了我的灵明,便俱无了?”

曰:“今看死的人,他这些精灵游散了,他的天地万物尚在何处?”

【注释】

① 感应之几:指事物感应的微妙之处。

② 天地的心:语自《礼记·礼运》第二十六节:“故人者,天地之心也,五行之端也。”五行:指金、木、水、火、土。

【译文】

有人问："先生说人心与物同体。例如，我的身体原本血气畅通，所以可以称同体。如果我和别人，就为异体了，与禽兽草木就差得更远了。为何称我的心与万物为同体呢？"

先生说："你只要在人与万物的微妙感应上看，岂止禽兽草木，即便天地也是与我同体的，鬼神也是与我同体的。"

请问这话如何理解。

先生说："你看看在这个天地的中间，什么东西是天地的核心？"

答说："曾听说人是天地的核心。"

先生说："人又为什么称为天地之核心？"

答说："人有一个灵魂。"

先生说："由此可知，充盈天地之间的，唯有这个灵魂。人只是有了这个形体，把自己与天地间的一切隔离开了。人的灵魂就是天地鬼神的主宰。天若没有人的灵魂，谁去仰视它的高大？地若没有人的灵魂，谁去俯视它的深厚？鬼神若没有人的灵魂，谁去分辨它的吉凶福祸？天地鬼神万物，若离开了人的灵魂，也就不存在天地鬼神万物了。人的灵魂若离开了天地鬼神万物，也就不存在人的灵魂了。如此这些都是一气贯通的，岂能把它们隔离开来？"

又问："天地鬼神万物是亘古不变的，为何认为没有人的灵魂它们就不存在了？"

先生说："如今看那些死去的人，他们的灵魂都游散了，他们的天地鬼神万物又在何处？"

三三七

先生起行征思、田，德洪与汝中追送严滩[①]，汝中举佛家实相幻相之说[②]。先生曰："有心俱是实，无心俱是幻；无心俱是实，有心俱是幻。"汝中曰："有心俱是实，无心俱是幻，是本体上说功夫。无心俱是实，有心俱是幻，是功夫上说本体。"先生然其言。

洪于是时尚未了达，数年用功，始信本体功夫合一。但先生是时因问偶谈，若吾儒指点人处，不必借此立言耳[③]！

【注释】

①严滩：西汉末年严光（子陵）隐居于浙江桐庐县富春江边的富春山，后人称此处为严子陵钓台、严滩、子陵滩。此条记王阳明与王畿、钱德洪之间所问所答，学界称"严滩问答"。

②实相、幻相：佛教名词。实相，指宇宙间万物之实体、万物之本质；幻相，指宇宙间万物所表现出来的现象、表象。前者即所谓佛性，是真实而永恒不变的；后者则是虚幻不实的。

③"洪于是时尚未了达"至"不必借此立言耳"一段：此段为钱德洪所加按语，表明他追录此条时，对王门悬谈本体已有相当警觉，故不惜违背记录体例，特意添入此言。这从一个方面说明，《传习录》下卷所记阳明语，已难免有记录者根据自己对阳明心学的认知而随意取舍之现象存在。不过，钱德洪坦陈"数年用功，始信本体功夫合一"，说明他开始意识到由天泉证道到严滩问答，本体功夫乃是其中的核心问题，他甚至相

信本体功夫原是应当“合一”的。由此看来，钱德洪所加按语有其重要性，不可忽视。

【译文】

先生启程前往征讨广西思恩、田州，钱德洪和王畿送先生到了严滩。王畿举佛教实相和幻相的问题请教于先生。先生说：“有心均为实，无心均为幻。无心均为实，有心均为幻。”王畿说：“有心均为实，无心均为幻，是从本体上来说功夫；无心均为实，有心均为幻，是从功夫上来说本体。”王畿的见解先生表示赞同。

当时，钱德洪还不甚明白，经过数年用功，他才相信本体功夫为一体。然而，这种观点是先生依据王畿的问题偶然讨论到的。如果我们去开导别人，不一定非要引用它。

三三八

尝见先生送二三耆宿出门，退坐于中轩，若有忧色。德洪趋进请问。

先生曰：“顷与诸老论及此学，真员凿方枘[①]，此道坦如道路，世儒往往自加荒塞，终身陷荆棘之场而不悔，吾不知其何说也。”

德洪退，谓朋友曰：“先生诲人，不择衰朽，仁人悯物之心也。”

【注释】

① 员凿方枘：意指欲用圆形的器具去凿出方形的木柄，是不合适

的、格格不入的。

【译文】

曾经有一次，先生送两三位老人出门，回来坐在走廊上，似乎面带愁容。德洪走上前去询问情况。

先生说："方才和几位老人谈及我的良知学说，真犹如圆凿方枘一般，彼此间格格不入。我的良知之道平坦得如同大路，世间儒者常常是自己将它荒芜阻塞了，他们终生陷入荆棘丛中还不知悔改，我真不知该讲些什么。"

德洪回头对朋友们说："先生教诲他人，无论衰老年迈，的确是仁人悯物的心啊！"

三三九

先生曰："人生大病，只是一'傲'字。为子而傲必不孝，为臣而傲必不忠，为父而傲必不慈，为友而傲必不信。故象与丹朱俱不肖[①]，亦只一傲字，便结果了此生。诸君常要体此。人心本是天然之理，精精明明，无纤介染着，只是一无我而已。胸中切不可有，有即傲也。古先圣人许多好处，也只是无我而已，无我自能谦。谦者众善之基，傲者众恶之魁。"

【注释】

① 象与丹朱：象，舜的弟弟，为人狂傲，常怀杀舜之心。丹朱，尧的儿子，傲慢荒淫，尧将王位禅让于舜而不传丹朱。

【译文】

先生说："人生最大的毛病就是一个'傲'字。身为子女的傲慢，必然不孝顺；身为臣子的傲慢，必然不忠诚；身为父母的傲慢，必然不慈爱；身为朋友的傲慢，必然不讲信用。因此，象与丹朱都没出息，也只因傲慢而了结了自己的一生。各位要经常领会这一点。人心原本就是天然的理，天然的理精明纯净，没有纤毫污染，只是有一个'无我'罢了。人胸中千万不可'有我'，'有我'就是傲慢。古代圣贤的诸多优点，也只是'无我'罢了。'无我'自然会谦恭谨慎。谦谨是一切善的基础，傲慢是一切恶的源头。"

三四〇

又曰："此道至简至易的，亦至精至微的。孔子曰：'其如示诸掌乎！'[①]且人于掌，何日不见？及至问他掌中多少文理，却便不知。即如我'良知'二字，一讲便明，谁不知得？若欲的见良知，却谁能见得？"

问曰："此知恐是无方体的[②]，最难捉摸。"

先生曰："良知即是《易》，'其为道也屡迁，变动不居，周流六虚，上下无常，刚柔相易，不可为典要，惟变所适'[③]。此知如何捉摸得？见得透时便是圣人。"

【注释】

① 其如示诸掌乎：语自《中庸》第十九章："郊社之礼，所以事上帝也。宗庙之理，所以祀乎其先也。明乎郊社之礼、禘尝之义，治国其如示

诸掌乎。”

② 无方体：语自《周易·系辞上》：“故神无方而易无体。”

③ “其为道也屡迁”句：语自《周易·系辞下》：“《易》之为书也不可远，为道也屡迁，变动不居，周流六虚，上下无常，刚柔相易，不可为典要，唯变所适。”意思是易的本质是常常变动不已，在六个爻位之间流动，或上或下，或阴或阳，不拘泥于固定的模式，只有顺应它的变化，才能加以运用。

【译文】

先生又说：“这个道是十分简单易行的，也是十分精细微妙的。孔夫子说：‘就像观察自己的手掌一样。’人的手掌，哪一天不见呢？但是，当问他手掌上有多少条纹理，他就不清楚了。如同我说的良知二字，一讲就能明白，谁不知道呢？但要他真正理解良知，谁又能做的到呢？”

因而有人问：“这个良知只怕是没有方位、没有形体的，所以令人难以捉摸。”

先生说：“良知也就像《易经》：‘易的本质是常常变动不已，在六个爻位之间流动，或上或下，或阴或阳，不拘泥于固定的模式，只有顺应它的变化，才能加以运用。’由此可知，这个良知如何能把握得到呢？看得透的人就是圣人了。”

三四一

问：“孔子曰：‘回也非助我者也。’[①] 是圣人果以相助望门弟子否？”

先生曰："亦是实话。此道本无穷尽，问难愈多，则精微愈显。圣人之言，本自周遍，但有问难的人胸中窒碍，圣人被他一难，发挥得逾加精神，若颜子闻一知十[②]，胸中了然，如何得问难？故圣人亦寂然不动，无所发挥，故曰非助。"

【注释】

① 回也非助我者也：语自《论语·先进》第三章："子曰：'回也非助我者也，于吾言无所不说。'"说：通"悦"。孔子说："颜回不是对我有所辅助的人，他对我的话没有不喜欢的（因为没有他的问难，我就无所发挥）。"

② 闻一知十：语自《论语·公冶长》第八章："子谓子贡曰：'女与回也孰愈？'对曰：'赐也何敢望回。回也闻一以知十，赐也闻一以知二。'"

【译文】

有人问："孔子曾说：'颜回啊，对我没有帮助啊！'圣人是真的希望他的弟子帮助他吗？"

先生说："这也是实话。这个道原本无穷尽，问得越多，精微处就越能显现。圣人的言论，原本很周全，发问的人胸中堆积疑虑，圣人被他一问，也就发挥得更加畅快神妙。然而，如颜回那样闻一知十，胸中什么都知晓，又如何能发问呢？故圣人不能有所触动，无任何发挥，因此说对我没有帮助啊。"

三四二

邹谦之尝语德洪曰："舒国裳曾持一张纸，请先生写'拱把之桐梓'一章[①]。先生悬笔为书，到'至于身而不知所以养之者'，顾而笑曰：'国裳读书中过状元来，岂诚不知身之所以当养？还须诵此以求警。'一时在侍诸友皆惕然。"

【注释】

① "拱把之桐梓"章：即《孟子·告子上》第十三章："孟子曰：'拱把之桐梓，人苟欲生之，皆知所以养之者，至于身，而不知所以养之者，岂爱身不若桐梓哉？弗思甚也。'"孟子说："一两把粗的桐树、梓树，假若要使它生长起来，都知道如何去培养，至于人自身，却不知道如何去培养，难道爱自己还不及爱桐树、梓树吗？真是太不动脑筋了。"拱，两手合握；把，单手握；桐、梓，皆为树名。

【译文】

邹谦之曾对钱德洪这样说："舒国裳曾经拿一张纸请先生书写《孟子》中'拱把之桐梓'那一章。先生提笔写到'说到人自身，却不知道如何去修养'时，回过头来笑着说：'国裳读书中过状元来着，他岂是真的不知道应该怎么修身养性吗？但是他仍是要诵读这一章来警醒自己。'当时在座的诸位朋友无不深受警示。"

【钱德洪跋】

嘉靖戊子冬[①]，德洪与王汝中奔师丧，至广信，讣告同门，约三年收录遗言。继后同门各以所记见遗。洪择其切于问正者，合所私录，得若干条。居吴时[②]，将与《文录》并刻矣[③]，适以忧去，未遂。当是时也，四方讲学日众，师门宗旨既明，若无事于赘刻者，故不复营念。

去年，同门曾子才汉得洪手抄[④]，复傍为采辑，名曰《遗言》，以刻行于荆[⑤]。洪读之，觉当时采录未精，乃为删其重复，削去芜蔓，存其三之一，名曰《传习续录》，复刻于宁国之水西精舍[⑥]。

今年夏，洪来游蕲[⑦]，沈君思畏曰[⑧]："师门之教久行于四方，而独未及于蕲。蕲之士得读《遗言》，若亲炙夫子之教；指见良知，若重睹日月之光。惟恐传习之不博，而未以重复之为繁也。请裒其所逸者增刻之[⑨]，若何？"

洪曰："然师门'致知格物'之旨，开示来学，学者躬修默悟，不敢以知解承，而惟以实体得，故吾师终日言是，而不惮其烦；学者终日听是，而不厌其数。盖指示专一则体悟日精，几迎于言前，神发于言外，感遇之诚也。今吾师之没未及三纪[⑩]，而格言微旨渐觉沦晦，岂非吾党身践之不力，多言有以病之耶？学者之趋不一，师门之教不宣也。"

乃复取逸稿，采其语之不背者，得一卷，其余影响不真，与《文录》既载者皆削之，并易中卷为问答语，以付黄梅尹张君增刻之[⑪]。庶几读者不以知解承，而惟以实体得，则无疑于是录矣。

嘉靖丙辰夏四月[12]，门人钱德洪拜书于蕲之崇正书院。

【注释】

① 嘉靖戊子：明嘉靖七年（1528），阳明五十七岁。

② 吴：旧称姑苏，今江苏苏州。明嘉靖十四年（1535），钱德洪教授于姑苏。

③《文录》：后编入《王文成公全书》卷四至卷八。

④ 曾子才汉：曾才汉，王阳明的学生。余未详。

⑤ 荆：今湖北江陵。

⑥ 宁国之水西精舍：宁国，位于安徽境内。精舍，规模较小的书院，原来是佛教法师居所之名，后儒家借其名而为讲学之地。

⑦ 蕲：今湖北蕲春。

⑧ 沈君思畏：名宠，字思畏，号吉林，安徽宣城人，先后从学王畿和欧阳德，系王阳明的二传弟子。

⑨ 裒：收集。

⑩ 三纪：一纪为十二年。自嘉靖七年戊子（1528）阳明殁至嘉靖三十五年丙辰（1556）为二十八年，不足三纪。

⑪ 黄梅尹张君：黄梅，今湖北黄梅县。张君，黄梅县令。

⑫ 嘉靖丙辰：明嘉靖三十五年（1556）。

【译文】

嘉靖七年冬，我与王汝中奔先生的丧事来到江西上饶，给同学发讣告，约定三年内把先生的遗言整理出来。后来各位同学分别把自己所记录的先生遗言寄来了，我选择其中比较符合先生思想的，加上我自己的记录，得到若干条。在苏州的时候，我本来打算将这些记录和先生的《文录》一并刻录，当时正好赶上回家守丧，没有办成此事。那时，全国各地讲授先生学说的人日渐增多，先生的宗旨既然已经非常昌明，好像没必要再加刻录，所以我就不再去考虑这件事了。

去年，同学曾才汉得到了我的手抄本，又进行广泛搜集，取名《遗言》，在江陵刻录出版。我读了之后，感觉当时采集收录的不精细，于是删去很多重复的，削减了杂乱零碎的，保留了《遗言》的三分之一，取名《传习续录》，在安徽宁国的水西书院刻录出来。

今年夏天，我出游来到湖北蕲春，沈思畏先生说："先生的教导流行于全国已经很久了，却独独没有在蕲春传播。蕲春的读书人阅读《遗言》，就像亲自聆听先生的教导；明白了良知，就像重新看见了日月之光。唯恐收录不够广博，并不以其中的重复而感到繁杂。请你把删减的部分增加刻录出来，怎么样？"

我说："行。先生格物致知的宗旨，开导启示了后来的学者，学者刻苦钻研思考，不敢仅从知识上继承学问，而只希望通过实践来获得。因此我的老师终日说这些话儿而不感到厌烦，学者终日倾听而不觉得重复。正因为指导开示比较专一，所以学生悟道越来越精细，几乎先生还未开口，学生已经提前领悟，先生的话外之音，学生都能领会，这都是师生间感遇比较真诚的缘故。现在我的老师去世不到三十年，而他的格言宗旨已经渐渐沉沦，难道不是我们做学生的不能身体力行、言语多有弊病的原因吗？学者的目标不一样，先生的教诲就不能广泛流传。”

于是，我又搜集了一些遗失的稿子，采纳了其中不违背先生意思的内容，编成一卷。其余影响不真切的，和《文录》中已经刊载的，都削减了。又把中卷改为问答句形式，交给黄梅的县令张君增订出版。希望读者不仅能从知识解释上来继承，而且能从实践中具体领悟先生的学说，这样我才会觉得此书的刻录出版是有价值的。

嘉靖三十五年夏天四月，学生钱德洪谨拜书于蕲春崇正书院。

附录：朱子晚年定论

【钱德洪引言】

《定论》首刻于南、赣[①]。朱子病目静久，忽悟圣学之渊微，乃大悔中年注述误己误人，遍告同志。师阅之，喜己学与晦翁同，手录一卷，门人刻行之。自是为朱子论异同者寡矣。师曰："无意中得此一助！"

隆庆壬申，虬峰谢君廷杰刻师《全书》[②]，命刻《定论》附《语录》后[③]，见师之学与朱子无相谬戾，则千古正学同一源矣。并师首叙与袁庆麟跋凡若干条[④]，洪僭引其说。

【注释】

①《定论》：即《朱子晚年定论》，阳明著于正德十年乙亥（1515）于南京，刻于正德十三年（1518）于江西赣州。

②《全书》：明隆庆六年壬申（1572年），时任浙江提督学校巡按、直隶监察御史豫章谢廷杰督刻了《王文成公全书》三十八卷。此本流布甚广，为国图所藏迄今唯一善本。

③《语录》：即《传习录》上、中、下，录入《王文成公全书》卷一、卷二、卷三。钱德洪所编《传习录》早于《全书》，此次《全书》将之辑入，故增加了钱氏这篇引言。之前的《传习录》虔刻本、南刻本及宁国水西精舍本均无此引言。三

年之后，即万历三年（1575），钱氏即殁。

④ 袁庆麟：江西雩都（今江西于都）人，王阳明的学生。

【译文】

《朱子晚年定论》最先在南安、赣州刊行。朱子的眼睛有病，静静地休养了很长一段时间后，突然对圣人之学的精深微妙有了领悟，方才后悔自己中年时期的著述误己误人，于是遍告四方同道。先生阅读之后，十分高兴自己的学问能与朱子的学问一致，就亲手抄录了一卷，学生们便将其刊刻印行。从那以后，争论与朱子同异的人就少了许多。先生说："这是不经意间所得到的帮助！"

隆庆六年（1572），虬峰人谢廷杰刊刻《王文成公全书》，在《语录》后附录《朱子晚年定论》，发现先生的学问与朱子的学问并无差异，可见自古以来圣学乃是同宗同源的。这里除将先生的序与袁庆麟的跋等若干条合编成册外，我则冒昧地写了这篇小序作为引言。

【王阳明序】

阳明子序曰：

洙、泗之传[①]，至孟氏而息，千五百余年，濂溪、明道始复追寻其绪[②]。自后辨析日详，然亦日就支离决裂，旋复湮晦。吾尝深求其故，大抵皆世儒之多言有以乱之。

守仁早岁业举，溺志词章之习，既乃稍知从事正学，而苦于众说之纷扰疲疢，茫无可入，因求诸老、释，欣然有会于心，以为圣人之学在此矣！然于孔子之教间相出入，而措之日用，往往缺漏无归，依违往返，且信且疑。其后谪官龙场[③]，居夷处困，动心忍性之余，恍若有悟，体验探求，再更寒暑，证诸《五经》、《四子》，沛然若决江河而放诸海也。然后叹圣人之道坦如大路，而世之儒者妄开窦径，蹈荆棘，堕坑堑，究其为说，反出二氏之下。宜乎世之高明之士厌此而趋彼也！此岂二氏之罪哉！间尝以语同志，而闻者竞相非议，目以为立异好奇。虽每痛反深抑，务自搜剔斑瑕，而愈益精明的确，洞然无复可疑。独于朱子之说有相牴牾，恒疚于心，切疑朱子之贤，而岂其于此尚有未察？及官留都[④]，复取朱子之书而检求之，然后知其晚岁故已大悟旧说之非，痛悔极艾，至以为自诳诳人之罪，不可胜赎。世之所传《集注》、《或问》之类[⑤]，乃其中年未定之说，自咎以为旧本之误[⑥]，思改正而未及，而其诸《语类》之属[⑦]，又其门人挟胜心以附己见，固于朱子平日之说犹有大相谬戾者，而世之学者局于见闻，不过持循讲习于此，其于悟后之论，概乎其未有闻。则亦何怪乎予言之不信，而朱子之心无以自暴于后世也乎？

予既自幸其说之不谬于朱子，又喜朱子之"先得我心之同然"[⑧]，且慨夫世之学者徒守朱子中年未定之说，而不复知求其晚岁既悟之论，竞相呶呶，以乱正学，不自知其已入于异端。辄采录而裒集之，私以示夫同志，庶几无疑于吾说，而圣学之明可冀矣！

正德乙亥冬十一月朔[⑨]，后学余姚王守仁序。

【注释】

① 洙泗之传：孔子殁后，其弟子子夏居于西河，传孔子之学，称"西河学"，以关注现实政治为主要特征；另一弟子曾参居洙水、泗水之间，传孔子之学，称

“洙泗学”，以注重内省修养为主要特征。

② 濂溪、明道始复追寻其绪：阳明关于儒学道统之传至少有两种不同表述：此序开篇即云“洙、泗之传，至孟氏而息，千五百余年，濂溪、明道始复追寻其绪”是一个提法；另一较著名的提法见《传习录》卷上，即第七十七条陆澄所问“颜子没而圣学亡”，同时亦自阳明《别湛甘泉序》“颜子没而圣人之学亡，曾子‘一贯’之旨传之孟轲，终又二千余年而周、程续”一语。两种表述的最大区别在于后者多出“颜子没而圣人之学亡”一句，其余表述除时间上的“千五百余年”与“二千余年”的差别外，其基本描述则较为一致。

③ 谪官龙场：指阳明贬谪贵州。参见“徐爱序二”注⑥、第三百一十八条注②。所谓“体验探求，再更寒暑”，王阳明《五经臆说十三条》中有钱德洪一篇序，谈到了先生龙场悟道后，为求证儒家经典而著《五经臆说》的大致过程：“师居龙场，学得所悟，证诸《五经》，觉先儒（指程、朱）训释未尽，乃随所记忆，为之疏解。阅十有九月，《五经》略遍，命曰《臆说》。既后自觉学益精，工夫益简易，故不复出以示人。洪尝乘间以请，师笑曰：‘付秦火久矣。’洪请问。师曰：‘只致良知，虽千经万典，异端曲学，如执权衡，天下轻重莫逃焉，更不必支分句析，以知解接人也。’后执师丧，偶于废稿中得此数条。洪窃录而读之，乃叹曰：‘吾师之学，于一处融彻，终日言之不离是矣。即此以例全经，可知也。’”阳明历经十九个月时间所著《五经臆说》，缘何仅存一十三条，序中已交待得十分清楚。序中所提示的“阅十有九月”这一时间概念，十分重要，它完全可以让我们推断长期以来让人揣测不断而始终扑朔迷离的阳明龙场中夜悟道的具体时间。虽说阳明“居夷三载”，所跨三个年头，实足仅为二十二个月，确切而有据可查：第一年九个月，第二年十二个月，第三年至多只能算一个月。这二十二个月，减去以《五经》证道而著《臆说》的“阅十有九月”，且“悟道”环节与“证道”环节在时间上是紧扣着的，由此可知，“龙场悟道”发生的确切时间，当为至龙场

后的第三个月。

④ 及官留都：留都，南京。时阳明官南京鸿胪寺卿，亦随地讲学，《朱子晚年定论》初著于此时（1514），次年（1515）为之序，三年后（1518）刊刻于南安、赣州。

⑤《集注》、《或问》之类：《集注》，指朱子《四书章句集注》；《或问》，指朱子《大学或问》，阳明皆以为朱子中年未定之论。后有人批评阳明“考之未详”、“立论太果”，指出阳明所列朱著材料多有不属中年者。

⑥ 旧本：指《礼记》中的《大学》原本。朱熹认为其多有阙误，故有改正补辑之。

⑦《语类》：指《朱子语类》，是朱子的学生们收集朱子平常言论编辑而成。

⑧ 先得我心之同然：语自《孟子·告子上》第七章：“口之于味也，有同耆焉；耳之于声也，有同听焉；目之于色也，有同美焉。至于心，独无所同然乎？心之所同然者何也？谓理也，义也。圣人先得我心之所同然耳。故理义之悦我心，犹刍豢之悦我口。”朱子注“然，犹可也”，作了似是而非的诠释，而孟子说得十分明白，针对口，有同耆；针对耳，有同听；针对目，有同美；针对心，则有同然。然者，理也，义也。今多本《传习录》将“同然”二字点断，谓上句为“先得我心之同”，将“然”属之下句，“然”成了无实质内容的虚辞，显误也。参见第一百四十二条注④。

⑨ 正德乙亥：正德十年（1515）。

【译文】

王阳明序称：

孔子至曾参的圣学传统，到孟子便中断了。经过一千五百多年，周敦颐、程颢等人才开始重新寻找圣学的源头。自此以后，对于字面的辩析虽日益详尽，然而圣学却一天天支离破碎，很快就又淹没了。我曾经深入地探求其缘故，认为大概是因为世俗的儒者沉溺于辞句而搅乱了圣学吧。

我早年从事科举事业，沉溺于辞章之学，慢慢想要从事正道学问了，却又苦于众说纷纭，找不到入口，求助于佛、道两家学说，欣然有所领悟，认为圣人的学问就在于此！然而佛、道之学却与孔子的学说有所出入，将其用于平日生活，往往有所缺漏，几次比较参详下来，便将信将疑了。后来我被贬谪到龙场，身处蛮夷困境之地，动心忍性之余，恍然有所觉悟，慢慢体会探求，又过了一年，在《五经》、《四书》中寻找印证，一下子就像江河汇入大海一般豁然贯通了。然后才感慨圣人的大道就像大路一样平坦，世俗的儒者却妄自另辟蹊径，步入荆棘，堕入深坑，考究他们的学说，反而不如佛、道两家。难怪世上高明的人都厌恶儒学而投向佛、道了，这难道是佛、道的过错吗？其间我曾和同道们说起这番道理，而那些听闻的人却争相非议我的学说，认为我是为了标新立异。虽然我每每深感痛苦，尽量去寻求和革除自己的不足，但我的这一观点却愈发精确明白起来，并没有什么可疑之处。只是因与朱子之学相互抵触，故一直有愧于心，心想像朱子这般贤明的人，怎会对此没有察觉呢？直到我去南京当差的时候，再次拿出朱子的书来看，才知道朱子在晚年的时候已经明白自己以前的学说有误，痛苦悔恨到了极点，认为是自欺欺人的罪过，简直无法弥补。社会上所流传的《四书集注》、《大学或问》等书，其实都是朱子中年还未确定的学说，朱子将之归咎于旧本的脱误，想要改正却为时已晚；《朱子语类》等文字，又是他的弟子裹挟着争强好胜之心附会自己的意思而作，固然就与朱子自己平日的说法大相径庭。然而世俗的儒者因局限于所见所闻，不过是持守依循讲习这些朱子还未确定的学说，而对于朱子悔悟之后的观点，大概并未听说过。既然如此，那我所说的话没有人相信，朱子无法将自己的心迹昭示于后世，就没有什么奇怪的了。

我既为自己的学说不与朱子相抵触而感到幸运，又高兴朱子能够在我之前明白我心里已有的这些道理。感慨世俗的学者只是固守着朱子中年未确定的学说，不知道探求其晚年已经觉悟的学问，争来吵去，扰乱正学，实在是不知道自己已经堕入异端了。于是我采录搜集相关的文字，私下里拿给同道们对照着看，或许就可以不再对我的学问有所怀疑了，那样，圣人之学的倡明，也就指日可待了！

正德十年（1515）冬季十一月初一，后学余姚王守仁序。

答黄直卿书①

为学直是先要立本。文义却可且与说出正意，令其宽心玩味；未可便令考校同异，研究纤密，恐其意思促迫，难得长进。将来见得大意，略举一二节目，渐次理会，盖未晚也。此是向来定本之误②，今幸见得，却烦勇革。不可苟避讥笑，却误人也。

【注释】

① 黄直卿：黄干（1152—1221），字直卿，号勉斋，谥文肃，福州闽县（今福建闽侯）人，《经义考》作三山人（三山即闽县之美名）。朱熹曾书黄干云："吾道益孤矣，所望于贤者不轻。"后遂以其子（第三女）妻干。可知黄干既是朱熹学生，又是女婿，类似徐爱之于阳明。

② 向来定本之误：《王文成公全书》及诸《传习录》本皆为"向来定本之

悟”,“悟”不当,应为“误”。意为朱熹晚年意识到了自己中年“定本”的错误。“定本”:指朱子中年时的《四书集注》、《大学或问》之类。

【译文】

为学要先确立根本。文义可以在确立正确的意义后,让人慢慢体会,不能直接叫人考证校对,做细致的研究,这样恐怕会使人心急于求成,反而难得长进。将来如果能明白大意,稍微举一两个细节讲讲,也为之不晚。这是我以前定本的错误,幸好如今发现,却苦于没有勇气改正。不能只为了不被别人讥笑,却耽误了别人。

答吕子约[①]

日用工夫,比复何如?文字虽不可废,然涵养本原而察于天理人欲之判,此是日用动静之间,不可顷刻间段底事。若于此处见得分明,自然不到得流入世俗功利权谋里去矣。熹亦近日方实见得向日支离之病,虽与彼中证候不同,然忘己逐物、贪外虚内之失,则一而已。程子说“不得以天下万物扰己,己立后自能了得天下万物”[②],今自家一个身心不知安顿去处,而谈王说伯,将经世事业别作一个伎俩商量讲究,不亦误乎!

相去远,不得面论,书问终说不尽,临风叹息而已。

【注释】

① 吕子约:吕祖俭(?—1200),字子约,号大愚叟,谥忠,婺州金华县(今属浙江)人,早年从其兄吕祖谦学。著《大愚集》。《宋元学案》列为东莱(祖谦)

家学，又《补遗》列为晦翁（朱熹）门人。

② “不得”句：程颢语，见《河南程氏遗书》卷一。

【译文】

平常所用功夫，自我感觉如何？文字虽然不能荒废，但涵养本原、体察天理与人欲的差别，这才是平日里片刻也不能间断的事情。如果在这里看得明白，自然不会流于世俗、功利与权谋之中去。我也是近来才切实发现以前的学问有支离破碎的毛病，虽然与那些其他的毛病不同，但忘却本己、追逐物质、忽视内心的过失却是一样的。程子说：“不能以天下万物扰乱自己，本心确立后自然能明白天下万物。”如今自己的身心都不知在何处安顿，却去妄议王霸事业，将经世的事业也看作另一件伎俩来说道，不也是错误的吗？

我和你相隔甚远，不能当面讨论，通过书信交流终究说不透彻，也只能望风而叹了！

答何叔京[①]

前此僭易拜禀博观之蔽，诚不自揆。乃蒙见是，何幸如此！然观来谕，似有未能遽舍之意，何邪？此理甚明，何疑之有？若使道可以多闻博观而得，则世之知道者为不少矣。熹近日因事方有少省发处，如“鸢飞鱼跃”[②]，明道以为与“必有事焉勿正”之意同者，乃今晓然无疑。日用之间，观此流行之体，初无间断处，有下功夫处，乃知日前自诳诳人之罪，盖不可胜赎也。此与守书册、泥言语全无交涉。幸于日用间察之，知此则知仁矣。

【注释】

① 何叔京：何镐（1128—1175），字叔京，人称台溪先生，福建邵武人。叔京与朱子友善，可谓讲论至友，惜早死，卒年四十八，“一人（得朱子）而有祭有铭有志，则其感情之笃，可以知矣”（《朱子门人》）。

② 鸢飞鱼跃：参见第三百三十条注①。

【译文】

上次我曾冒昧地向您谈到泛观博览的弊端，其实我自己也没多大把握。如今蒙您指教，这是何等幸运的事！然而看了您的来信，听您的意思，好像这种现象还不能立刻舍去，这是为什么呢？这个道理如此明白，有什么疑问吗？如果大道可以通过多见多闻、泛观博览获得，那么世间懂得大道的人恐怕不少。我最近因为一些事才稍微有所反省，比如“鸢飞鱼跃”，程颢先生认为与“必有事焉勿正”的意思相同，如今才发觉没有任何疑问。在平日里，观察大道运行的真相，本来就没有间断的地方，是可以下功夫的，才醒悟自己以前自欺欺人的罪过无法弥补。体认大道与死抠书本、拘泥言语毫无关系。幸好我能在日常生活中体察到这个道理，明白了这个道理，就明白了什么是仁。

答潘叔昌[①]

示喻“天上无不识字的神仙”，此论甚中一偏之弊。然亦恐只学得识字，却不曾学得上天，即不如且学上天耳。上得天了，却旋学上天人，亦不妨也。中年以后，气血精神能有几何？不是记故事时节。熹以目昏，不敢着力读书。闲中静坐，收敛身心，颇觉得力。间起看书，聊复遮眼，遇有会心处，时一喟然耳！

【注释】

① 潘叔昌：潘景愈，字叔昌，婺州金华人，潘叔度之弟。

【译文】

用“天上没有不识字的神仙”来比喻做学问，这一说法完全中了失之偏颇的毛病。恐怕是只学习认字，却不曾学习上天，还不如只学习上天呢。只要能上得了天，再去向天上的神仙学习也无妨。中年以后，还能有多少气血精神？已经不是用来记那些事情与细节的时候了。我已经老眼昏花，无法用全副精力读书。空闲时静坐，以收敛身心，觉得颇为有用。间或看看书，遇到有会心的地方，姑且用书遮住眼睛，便会有所感叹！

答潘叔度①

熹衰病，今岁幸不至剧，但精力益衰，目力全短，看文字不得；冥目静坐，却得收拾放心，觉得日前外面走作不少，颇恨盲废之不早也。看书鲜识之喻，诚然。然严霜大冻之中，岂无些小风和日暖意思？要是多者胜耳！

【注释】

① 潘叔度：潘景宪，字叔度，婺州金华人，隆兴元年（1163）进士。《宋元

学案》云其“太平（今浙江温岭）教授。始为浮屠说，既而学于东莱（吕祖谦）”，《学案》与《补遗》均不言其为朱子弟子，《补遗》列为门人。陈荣捷先生谓：“叔度盖朱子讲友之厚谊者，非弟子也。”（见氏著《朱子门人》，页229，华东师范大学出版社2007年）

【译文】

我体衰多病，今年所幸没有加剧，然而精力已日益衰竭，视力也愈发模糊，已经无法阅读文字了。闭目静坐，反而能将放纵的心收摄起来，这才觉得以前在心外下了不少功夫，颇为悔恨，盲目荒废了这么多时间。你说光看书很少有收获，的确如此。然而在严寒凛冻之中，又怎会没有一丝风和日丽的感觉呢？关键是较强的一方胜过了另一方罢了。

与吕子约

孟子言“学问之道，惟在求其放心”[①]，而程子亦言“心要在腔子里”[②]。今一向耽着文字，令此心全体都奔在册子上，更不知有己，便是个无知觉不识痛痒之人，虽读得书，亦何益于吾事邪？

【注释】

① 学问之道，惟在求其放心：语自《孟子·告子上》第十一章：“学问之道无他，求其放心而已矣。”参见第一百四十条注⑫。

② 心要在腔子里：参见第四十八条注③。

【译文】

孟子说“学问的根本，就在于寻回被放纵的本心”，而程子也说“心要保存在自己的胸中”。我如今一直沉溺于文字，使得心全都放纵在了书册之上，竟不知道有个本己，成了个无知无觉、不知痛痒的人，虽然读了许多的书，对自己的学业又有什么好处呢？

与周叔谨[①]

应之甚恨未得相见[②]，其为学规模次第如何？近来吕、陆门人互相排斥，此由各徇所见之偏，而不能公天下之心以观天下之理，甚觉不满人意。应之盖尝学于两家，未知其于此看得果如何，因话扣之，因书谕及为幸也。熹近日亦觉向来说话有大支离处，反身以求，正坐自己用功亦未切耳。因此减去文字工夫，觉得闲中气象甚适。每劝学者且亦看《孟子》“道性善”、“求放心”两章，着实体察收拾为要，其余文字，且大概讽诵涵养，未须大段着力考索也。

【注释】

① 周叔谨：周介，字叔谨，初姓叶，字公谨，《语类》作周公谨，《学案》云括苍（今浙江丽水境内）人，从学于吕祖谦、朱熹。

② 应之：石宗昭，字应之，新昌（今浙江绍兴境内）人，与兄石斗文同问学于朱、吕、陆（九渊）三氏之门。

【译文】

十分遗憾没能和应之相见，不知他现在学习的状况和进度如何？近来，吕祖谦、陆九渊的门人相互排斥，这是因为他们各持门户之见，不能以公正之心看待天下的道理，当然就不能令人满意。应之曾学习两家的学问，不知他对这件事怎么看，如果能够就此事写信问问他就好了。我最近觉得以前所说的话有很多漏洞，反身而求，发现自己用功还不够真切。因此减去文字方面的功夫，觉得在闲暇中的状况甚为舒适。每次我都劝学者要看《孟子》“道性善”和“求放心”两章，这是因为这两章以体察、收敛本心为要领。其余的文字大都是劝戒涵养方面的，不需要下大功夫来考察求索。

答陆象山①

熹衰病日侵，去年灾患亦不少，比来病躯方似略可支吾。然精神耗减，日甚一日，恐终非能久于世者。所幸迩来日用工夫颇觉有力，无复向来支离之病②。甚恨未得从容面论。未知异时相见，尚复有异同否耳？

【注释】

①陆象山：陆九渊，字子静，号象山。应吕祖谦之约，曾与朱熹于江西鹅湖寺会辩，讥朱子之学为支离。参见第三百二十四条注②。

②无复向来支离之病：这封信写在鹅湖之会后若干年，可知朱熹已认可象山当年的批评。

【译文】

我现在日益体衰，病也越来越重，尤其去年多病多灾，最近才稍稍觉得可以支撑。然而精神上的消耗，却一天超过一天，恐怕将不久于人世了。所幸的是，近来日常所用功夫颇觉有力，没有了过去支离破碎的毛病。可惜不能和你当面讨论。不知如果他日再相见，你我之间是否还会有同异之争呢？

答符复仲[1]

闻向道之意甚勤。向所喻义利之间，诚有难择者。但意所疑，以为近利者，即便舍去可也。向后见得亲切。却看旧事，又有见未尽舍未尽者，不解有过当也。见陆丈回书，其言明当，且就此持守，自见功效，不须多疑多问，却转迷惑也。

【注释】

① 符复仲：符初，字复仲，南康郡建昌县（今江西永修）人。有以为朱子门人者，《宋元学案》谓其师从陆九渊。

【译文】

听说你向往圣道的心意十分恳切。我以前所说的义利之辩，实在有难以抉择的地方。其实只要意念有所怀疑，认为近于利的，舍去便可。后来我对此理解得更加真切。回顾以往的学问，又有许多既认识不到又不舍得抛弃的地方，属于没有理解而产生的过错。见到陆象山的回书，他的话说得明白妥当，如能就此持守，自然能见到功效，无须多加怀疑，否则就会导致迷茫和困惑。

答吕子约

日用工夫，不敢以老病而自懈。觉得此心“操存舍亡”，只在反掌之间。向来诚是太涉支离。盖无本以自立，则事事皆病耳。又闻讲授亦颇勤劳，此恐或有未便。今日正要清源正本，以察事变之几微，岂可一向汩溺于故纸堆中，使精神昏弊，失后忘前，而可以谓之学乎？

【译文】

平日里的功夫，我不敢因为自己年老体衰就有所懈怠。感觉到心体上“把握住了就存在，放弃了就失去”，真是易如反掌，以前的功夫实在是太过于支离破碎了。如果不去确立本心，则任何事情都会出错。又听说你讲学颇为勤劳，恐怕也会出现问题。如今正是要正本清源，察明事变的细微之处，怎能一直沉溺在故纸堆中，使得自己精神昏蔽，失之于后而忘之于前，这样怎么能称为学习呢？

与吴茂实①

近来自觉向时工夫，止是讲论文义，以为积集义理，久当自有得力处，却于日用工夫全少检点。诸朋友往往亦只如此做工夫，所以多不得力。今方深省而痛惩之，亦欲与诸同志勉焉。幸老兄遍以告之也。

【注释】

① 吴茂实：吴英，字茂实，邵武县（今福建邵武）人，从学于朱子，其关系实在师友之间，著有《论语问答略》。

【译文】

最近自己觉得以前的功夫只是讲论文义，以为这是在义理上慢慢积累，久而久之自然会有所得力，然而却在日用功夫上不太加以检点。诸位朋友也往往都是这样做功夫，所以有许多不得力之处。如今我才深刻反省，痛定思痛，希望诸位同道能够在这个问题上与我共勉。也希望你能够就此遍告天下同道，就好了。

答张敬夫[①]

熹穷居如昨，无足言者。自远去师友之益，兀兀度日。读书反己，固不无警省处，终是旁无强辅，因循汩没，寻复失之。近日一种向外走作，心悦之而不能自已者，皆准止酒例戒而绝之，似觉省事。此前辈所谓"下士晚闻道，聊以拙自修"者[②]，若扩充不已，补复前非，庶其有日。旧读《中庸》"慎独"、《大学》"诚意"、"毋自欺"处，常苦求之太过，措词烦猥，近日乃觉其非，此正是最切近处、最分明处。乃舍之而谈空于冥漠之间，其亦误矣。方窃以此意痛自检勒，懔然度日，惟恐有怠而失之也。至于文字之间，亦觉向来病痛不少。盖平日解经最为守章句者，然亦多是推衍文义，自做一片文字，非惟屋下架屋，说得意味淡薄，且是使人看者将注与经作两项工夫，做了下梢，看得支离，至于本旨全不相照。以此方知汉儒可谓善说经者，不过只说训诂，使人以此训诂玩索经文。训诂经文不相离异，只做一道看了，直是意味深长也。

【注释】

① 张敬夫：张栻，字敬夫，后避讳改字钦夫，一字乐斋，号南轩，汉州绵竹（今四川绵竹）人，丞相张浚之子。其学自成一脉，与朱熹、吕祖谦齐名，时称"东南三贤"。

② "自修"两句：语自苏轼《贫家净扫地》，意为资质低下的人闻道较晚，只能通过不懈努力来修身。

【译文】

我过日子还是像以前那样困窘，没有什么值得说的。自从离开师长朋友的帮助，只是平淡度日。读书反求诸己，固然也有警醒之处，终究因为身边没有强大的助力，只能因循守旧、汩没学问，很快便又迷失。近日又有心向外放纵的意思，感到喜悦而不能自已，就戒了酒，好像觉得省事。这就是苏轼所说的"下士晚闻道，聊以拙自修"，如果能就此不停扩充，修补以前的过错，有朝一日还可能得以改正。以前读《中庸》"慎独"、《大学》"诚意"、"毋自欺"等处，时常觉得要辛苦探求，措辞繁杂，近日才觉得以前的过错，这些正是最为贴近之处、最为分明之处。舍去这些贴近、分明的道理而空谈，也是错误的。这才以这个意念检点自己，戒慎恐惧地度日，唯恐自己怠惰了会导致错误。至于文字方面，也觉得以前有诸多错误。大概是因为平日里解释经文都执着于章句，大都将功夫用在推衍文义方面，自己又做出一番文字来。这不仅是像在房屋下面架房屋般多此一举，还将原有的意思说得淡薄了，岂不是让读者将注释与经文分作了两项，既落了下乘，又显得支离破碎，至于本意则完全没有顾及到。由此才知道汉代的儒者可说是善于说经的，只不过光说了训诂，叫人以训诂之学探索经文。训诂与经文实际上并不能分割开来，只能合做一道看了，如此才会真正领会其中的意味深长。

答吕伯恭[①]

道间与季通讲论[②]，因悟向来涵养工夫全少，而讲说又多，强探必取巡流逐末之弊。推类以求，众病非一，而其源皆在此。恍然自失，似有顿进之功。若保此不懈，庶有望于将来。然非如近日诸贤所谓顿悟之机也。向来所闻诲谕诸说之未契者，今日细思，吻合无疑。大抵前日之病，皆是气质躁妄之偏，不曾涵养克治，任意直前之弊耳。

【注释】

① 吕伯恭：吕祖谦（1137—1181），字伯恭，人称东莱先生，南宋时著名理学家、历史学家。

② 季通：蔡元定（1135—1198），字季通，学者称西山先生，建宁府建阳县（今属福建）人，南宋著名理学家、律吕学家、堪舆学家，朱熹理学的主要创建者之一，被誉为“朱门领袖”、“闽学干城”。

【译文】

一路上与西山先生讨论，觉悟到以前涵养功夫少了，讲论说辞多了，有强行探求而招致舍本逐末的毛病。以此类推，虽然有这样那样的毛病，但根源都在这个地方。恍然若有所失，似乎有了顿悟精进的效果。如果保持这个意念，不懈用功，将来或许有成功的希望。不过这并不是近日诸位所说的顿悟的契机。过去所听所闻的教谕中未能契合的部分，如今细细想来，无疑是吻合的。大概前些日子的过失，都是因为气质上烦躁虚妄的偏狭，自己又不曾涵养克制，以至于有了这肆意妄为的毛病。

答周纯仁[①]

闲中无事，固宜谨出，然想亦不能一并读得许多。似此专人来往劳费，亦是未能省事、随寓而安之病。又如多服燥热药，亦使人血气偏胜，不得和平，不但非所以卫生，亦非所以养心。窃恐更须深自思省，收拾身心，渐令向里，令宁静闲退之意胜，而飞扬燥扰之气消，则治心养气、处事接物自然安稳，一时长进，无复前日内外之患矣。

【注释】

① 周纯仁：周朴，字纯仁，里籍不详。《朱文公文集》有答周纯仁二书，一指示治心养气，一则讨论八卦之序。当是朱子弟子。

【译文】

闲来无事，固然应当谨慎而行，然而想来也不能一口气读许多书。像这样专门来往劳碌，也是不能省事、不能随遇而安的毛病。我又服了许多躁热的药，使得人血气上涌，不能平和，不仅不能养身，还不能养心。我以为做学问更应当深刻反省，收拾身心，渐渐向里探求，使宁静闲居的意念胜出，飞扬躁扰的习气消退，只要这样，治心养气、待人接物自然能够安稳，每天都有所长进，自然不会有之前内与外的担忧了。

答窦文卿[①]

为学之要，只在着实操存，密切体认，自己身心上理会，切忌轻自表襮[②]，引惹外人辩论，枉费酬应，分却向里工夫。

【注释】

① 窦文卿：窦从周，字文卿，丹阳（今江苏丹阳）人，南宋理学家。

② 表襮（bó）：亦作“表暴”，自我炫耀之意。

【译文】

为学的宗旨，只在于切实地操持存守，仔细体认，在自己身心上理会，切忌轻浮夸耀，引得外人非议辩论，浪费时间去应付，分散了许多向内的功夫。

答吕子约

闻欲与二友俱来，而复不果，深以为恨。年来觉得日前为学不得要领，自做身主不起，反为文字夺却精神，不是小病。每一念之，惕然自惧，且为朋友忧之。而每得子约书，辄复恍然，尤不知所以为贤者谋也。且如临事迟回，瞻前顾后，只此亦可见得心术影子。当时若得相聚一番，彼此极论，庶几或有剖决之助。今又失此机会，极令人怅恨也！训导后生，若说得是，当极有可自警省处，不会减人气力。若只如此支离，漫无统纪，则虽不教后生，亦只见得展转迷惑，无出头处也。

【译文】

听说你想与两位学友一起来，却未能成行，真是一件憾事。今年以来，觉得以前为学不得要领，自己不能做自己身体的主宰，反而被文字夺去了精神，这不是小病小痛。每次想到这里，都会感到恐惧，还会忧心朋友是否也会有此毛病。而每次收到你的书信，就会再次猛然醒悟，却不知道你这是作为贤者在替人考虑。就好比遇到事情晚归，瞻前顾后，就这样也能够看到自己内心的影子。当时如果能够与你相聚，彼此讨论一番，说不定会有剖析决断的帮助吧。今又失去这次机会，真是令人十分惆怅遗憾！教导学生，如果说得对，应该有可以警醒自己的地方，不会浪费精力。如果只是像这样做支离破碎的功夫，全无规划与目标，即便不去教导学生，也只会使自己晕头转向，没有出头之日。

答林择之①

熹哀苦之余，无他外诱。日用之间，痛自敛饬，乃知"敬"字之功亲切要妙乃如此。而前日不知于此用力，徒以口耳浪费光阴，人欲横流，天理几灭。今而思之，怛然震悚，盖不知所以措其躬也！

【注释】

①林择之：林用中，字择之，一字敬仲，别号东屏，人称草堂先生。福建古田县人。师事朱熹，并从数地游。

【译文】

我除了悲哀痛苦之外，尚没有被其他外在的欲望所诱惑。平时自然将痛苦加以收敛，才能知道“敬”字的功夫是如此亲切神妙。然而以前不知道在此处用功，只知道在口耳的功夫上浪费时间，使得人欲横流，天理几乎消亡。而今想起来，深感惊恐，真不知道以前到底在忙碌些什么！

又

此中见有朋友数人讲学，其间亦难得朴实头负荷得者。因思日前讲论，只是口说，不曾实体于身，故在己在人，都不得力。今方欲与朋友说日用之间，常切点检气习偏处、意欲萌处，与平日所讲相似与不相似。就此痛着工夫，庶几有益。陆子寿兄弟近日议论[1]，却肯向讲学上理会。其门人有相访者，气象皆好。但其间亦有旧病。此间学者却是与渠相反，初谓只如此讲学，渐涵自能入德，不谓末流之弊只成说话，至于人伦日用最切近处，亦都不得毫毛气力。此不可不深惩而痛警也！

【注释】

①陆子寿：陆九龄，字子寿，金谿归政（今江西省金谿县陆坊乡）青田村人，人称复斋先生。

【译文】

曾见到几位朋友在讲学，其间也很难做到朴实、踏实。因而思考以前讲论的学问，都是嘴巴上说说，未曾切身去体会，所以无论是对自己还是对别人，都没什么用。如今我想要和朋友们说，在日常用功的时候，要经常检点习气的偏颇之处、私意的萌动之处，与平日里所讲是不是符合。只要在此痛下功夫，便对自己十分有益。陆氏兄弟近日的讨论，倒是肯向讲学上去体会。他们的门人来拜访我，看上去气象也都不错，但其中还是有以前的毛病。这里的学者却与他们正相反，起初以为只要这样讲学，便能慢慢涵养、提升德性，却不知道已沦入末流、造成弊端，只成天空谈，至于人伦日用等最为关键的地方，却不花丝毫力气。这不能不惩治警醒！

答梁文叔[①]

近看孟子见人即道性善，称尧、舜，此是第一义。若于此看得透，信得及，直下便是圣贤，便无一毫人欲之私做得病痛。若信不及，孟子又说个第二节工夫，又只引成覸、颜渊、公明仪三段说话教人如此[②]，发愤勇猛向前，日用之间，不得存留一毫人欲之私在这里，此外更无别法。若于此有个奋迅兴起处，方有田地可下工夫。不然，即是画脂镂冰，无真实得力处也。近日见得如此，自觉颇得力，与前日不同，故此奉报。

【注释】

① 梁文叔：梁琭，字文叔，邵武人。从游于朱文公，又辑《朱子语录》。《朱子语类》有梁文叔问太极，《朱文公文集》有答梁文叔书四。

② 成覸（jiàn）：即成荆，战国时人，以勇著称。公明仪，战国时音乐

家。《孟子·滕文公上》记载，孟子在向楚国的世子讲性善的道理，称赞尧、舜的为人时，世子对此有疑问。为了证明“道一而已”，孟子引用成覸、颜渊、公明仪的话，以说明人在初生之时原本与尧、舜是一致的，只要自己笃信力行，师法圣贤，便能做到毫无可疑之处。

【译文】

近来看到孟子见人就说性善，说话必称尧、舜，这是最重要的道理。如果对此能够看得明白，理解到位，当下便是圣贤，便没有一丝一毫人欲之私导致的病痛。如果不理解孟子，又只追求次要的道理，只引用成覸、颜渊、公明仪三段来教导人，这样就要发愤向前，平日里不存留一丝一毫人欲在其中，此外别无他法。如果在此处能够奋进兴起，才有可以下功夫的地方。如若不然，就像是在油脂上画画，在冰上雕刻，不会有切实所得。最近明白这些，自觉颇为得力，与以前不同，所以就告诉了你。

答潘叔恭①

学问根本在日用间，持敬集义工夫，直是要得念念省察。读书求义，乃其间之一事耳。旧来虽知此意，然于缓急之间，终是不觉有倒置处，误人不少。今方自悔耳！

【注释】

①潘叔恭：潘景良，字叔恭，婺州金华县人，与从弟景宪（字叔度）受业吕成公（祖谦）、朱文公之门。余未详。

【译文】

学问的根本就在日常生活中，持敬与集义的功夫，真是要念念不忘、时刻省察。读书求义，只是其中的一件事。以前虽然知道这个道理，但是碍于轻重缓急，仍是在不知不觉间将功夫颠倒了，误导了不少人。如今才知道后悔啊！

答林充之[1]

充之近读何书？恐更当于日用之间为人之本者深加省察，而去其有害于此者为佳。不然，诵说虽精，而不践其实，君子盖深耻之。此固充之平日所讲闻也。

【注释】

① 林充之：充之疑为其字，名、号未详。《伊洛渊源录》谓其乃林大春之弟。《朱文公文集》有答林充之书两通，此录自第二书，当是朱子弟子。

【译文】

充之你近来读什么书？恐怕还是更应当在平日生活中体悟仁的本质，深入加以反省，去除那些有害的东西为好。如若不然，即便能够将文字讲诵得十分精到，却不去实践，君子大概也会深以为耻。这本来就应是你充之平时所听所讲的学问。

答何叔景[1]

李先生教人[2]，大抵令于静中体认大本，未发时气象分明，即处事应物，自然中节。此乃龟山门下相传指诀[③]。然当时亲炙之时，贪听讲论，又方窃好章句训诂之习，不得尽心于此，至今若存若亡，无一的实见处，辜负教育之意。每一念此，未尝不愧汗沾衣也。

【注释】

① 何叔景：未详。“景”疑为“京”之误。

② 李先生：李侗（1093—1163），字愿中，学者称延平先生，南宋思想家。年轻时拜杨时、罗从彦为师，为二程的再传弟子，后传学于朱熹。

③ 龟山：杨时（1053—1135），字中立，号龟山，北宋理学家，师从于二程。

【译文】

延平先生教人，大都让人在静中体认本心，情感未萌发时的境界是清静分明的，这时处事接物自然会符合中道。这是杨龟山门人相传的诀窍。然而当时在先生门下受教时，贪于听取演讲辩论的技巧，私下又喜欢章句训诂的学问，没能专心学习先生静中体认的功夫。至今若有若无，没有切实的见地，辜负了先生的教导。每次想到这些，都会惭愧得汗流浃背。

又

熹近来尤觉昏愦无进步处。盖缘日前偷堕苟简，无深探力行之志，凡所论说，皆出入口耳之余，以故全不得力。今方觉悟，欲勇革旧习，而血气已衰，心志亦不复强，不知终能有所济否？

【译文】

我近来尤其感觉昏愦，没有任何进步。大概是由于之前偷懒苟且，没有立下深切探求、勉力而行的志向，凡是所讲所论，都是嘴巴上说说、耳朵听听，所以完全没有什么用处。如今方才觉悟，想要革去旧习，然而精力已经衰退，心志也不如以往强健，不知道最终对事情有没有帮助。

又

向来妄论"持敬"之说，亦不自记其云何。但因其良心发现之微，猛省提撕，使心不昧，则是做工夫的本领。本领既立，自然下学而上达矣。若不察良心发现处，即渺渺茫茫，恐无下手处也。中间一书论"必有事焉"之说，却尽有病，殊不蒙辩诘，何邪？所喻多识前言往行①，固君子之所急。熹自来所见亦是如此。近因反求未得个安稳处，却始知此未免支离，如所谓因诸公以求程氏，因程氏以求圣人，是隔几重公案，曷若默会诸心，以立其本，而其言之得失，自不能逃吾之鉴邪？钦夫之学所以超脱自在②，见得分明，不为言句所桎梏，只为合下入处亲切。今日说话虽未能绝无渗漏，终是本领，是当非吾辈所及，但详观所论，自可见矣。

【注释】

① 多识前言往行：参见第一百四十条注②。

② 钦夫之学：钦夫，即张栻，又字敬夫，号南轩。张栻与朱熹、吕祖谦合称"东南三贤"。惜张栻于淳熙七年先逝，时朱子五十一岁。朱子谓钦夫之学"超

脱自在，见得分明，不为言句所桎梏”，对钦夫之逝，“每一念之，未尝不酸噎”。

【译文】

以前胡乱说“持敬”的学问，现在也不记得自己说了什么。其实只要良心有所发现，猛然提醒，使得心中不蒙昧，就是做功夫的本领。本领既然确立，自然能够通过做学问而通达天道。如果不去察觉良知的发用之处，就会迷迷糊糊，没有下功夫的地方。中间有一封书信谈到“必有事焉”，然而其中都是毛病，却没有受到质疑，为什么呢？因为所说的都是过去的言行，那些功夫自然也是君子的当务之急。我以前的见解也确实如此。近来因为反求诸己，未能找到安稳之处，才开始明白这样的学问未免支离破碎。如果通过大家的讲解学习二程，再通过二程的讲解学习圣人，毕竟是隔了几重，何不默会于心、确立本心，言语上的得失，自然逃不出自己心的鉴别？张栻先生的学问之所以超脱自在，见得明白，不被语句所桎梏，只是因为功夫下得贴切。如今他说话虽然不能毫无纰漏，但这终究是一门本领，固然不是我等所能达到的。只要详细观察他的言论，是自然能够看到的。

答林择之

所论颜、孟不同处，极善极善！正要见此曲折，始无窒碍耳。比来想亦只如此用功。熹近只就此处见得向来未见底意思，乃知“存入自明，何待穷索”之语，是真实不诳语。今未能久，已有此验，况真能久邪？但当益加勉励，不敢少弛其劳耳！

【译文】

你所说的颜回、孟子的不同之处，说得极好！正是要看到这些曲折细微之处，才能没有障碍！近来想想也确实须这样用功。我最近只在这里就看到以前未能看到的东西，才知道“存养久了就自然明白、无须穷索”的话，是真真切切的语言。如今还没有存养长久，就有这样的效果，何况真的能长久呢？当然只有加倍努力，而不敢有丝毫松驰懈怠！

答杨子直[①]

学者堕在语言，心实无得，固为大病。然于语言中，罕见有究竟得彻头彻尾者。盖资质已是不及古人，而工夫又草草，所以终身于此，若存若亡，未有卓然可恃之实。近因病后，不敢极力读书，闲中却觉有进步处。大抵孟子所论“求其放心”是要诀尔！

【注释】

① 杨子直：杨方，字子直，隆兴元年（1163）进士，自号淡轩老叟，人称淡轩先生，福建长汀县人。子直廉介刚直，伪学禁兴（1196），尝坐朱子党罢官，闭门读书。因年长于朱子，未称门人。曾官至广西提刑。著《寒前语录》。

【译文】

为学之人沉溺在语言上，心中却没有实在的收获，固然是做学问的大毛病。然而在语言之中，却很少有能够彻头彻尾说明白的。大概是资质已经不如古人，功夫又十分草率，所以终生耗费在这里，若有若无，没有切实的学问可以作为基础。如今我生病后，不敢极力读书，在闲暇之中却感觉有所进步。大概孟子所说的“寻回放失的本心”就是其中的诀窍。

与田侍郎子真

吾辈今日事事做不得，只有向里存心穷理，外人无交涉。然亦不免违条碍贯，看来无着力处。只有更攒近里面，安身立命尔。不审比日何所用心？因书及之，深所欲闻也。

【译文】

如今我们每件事都做不好，只有向内心存养，追求天理，与外人没有任何关系。然而也免不了违背条理，阻碍一贯之道，看上去没有着力之处。只有更深入内心求索，才能安身立命。不知以前是如何用心的？因为谈到这个问题了，所以很想听听你的看法。

答陈才卿[①]

详来示，知日用工夫精进如此，尤以为喜。若知此心此理端的在我，则参前倚衡[②]，自有不容舍者，亦不待求而得，不待操而存矣。格物致知，亦是因其所已知者推之，以及其所未知。只是一本，原无两样工夫也。

【注释】

① 陈才卿：陈文蔚（1154—1239），字才卿，人称克斋先生。江西信州上饶

县人。从游于朱子之门。隐居教授,讲学铅山(江西,铅山上有鹅湖寺)。诏补迪功郎。著《尚书编类》、《克斋稿》。

② 参前倚衡:使所言所行有所参照和凭依。

【译文】

详细读了你的来信,得知你日常用功精进到了这般地步,为你感到高兴。如果能够知道此心与此理都在自己的心中,言行都有所凭依,自然有不容舍去的东西,有不待探求就得到、不待操持就存有的东西。格物致知,也都是凭借自己已经知道的推而广之,达到自己本来所不知道的。其实只有一个根本,原本就不是两件功夫。

与刘子澄[①]

"居官无修业之益",若以俗学言之,诚是如此;若论圣门所谓德业者,却初不在日用之外,只押文字,便是进德修业地头,不必编缀异闻,乃为修业也。近觉向来为学,实有向外浮泛之弊;不惟自误,而误人亦不少。方别寻得一头绪,似差简约端的,始知文字言语之外,真别有用心处,恨未得面论也。浙中后来事体,大段支离乖僻,恐不止似正似邪而已,极令人难说,只得惶恐,痛自警省,恐未可专执旧说以为取舍也。

【注释】

① 刘子澄:刘清之(1133—1189),字子澄,刘子和之弟,人称静春先生。吉州庐陵县(今江西吉安)人。登进士。往见朱文公。知衡州。卒年五十七。

著《曾子内外杂著篇》、《训蒙新书》、《墨庄总目》等。

【译文】

"为官谈不上对修养的事业有什么好处"，如果就一般的学问而言，确实是如此。如果论圣人所说的德业，其原本就不是日常事物之外只在文字上下功夫，为官才是进德修业之处，不必编收其他不同学说，这就是修业进德。近日觉得以前做学问，实在是有向外探求、浮于泛泛的毛病，不仅耽误了自己，也误导了不少学者。我才从别的地方寻找到了为学的头绪，简约了许多，才知道在文字语言之外，真的另有可用心的地方，可惜不能和你当面讨论。到浙江后的事情，大都支离乖僻，恐怕不只是似正似邪而已，让人难以说明，只感到惶恐，痛切警醒，恐怕不能只执着于旧日的学说来做取舍。

与林择之

熹近觉向来乖谬处不可缕数，方惕然思所以自新者，而日用之间，悔吝潜积，又已甚多，朝夕惴惧，不知所以为计。若择之能一来辅此不逮，幸甚！然讲学之功，比旧却觉稍有寸进，以此知初学得些静中功夫，亦为助不小。

【译文】

我最近觉察到我之前的谬误之处不可胜数，才惶恐地考虑要改进自己的想法，然而平常日子里的过错，不知不觉已积累太多，从早到晚都深感不安，不知所措。如果择之你能够来帮助我的话就太好了！然而讲学的功夫，比起以前来觉得稍稍有些进步。由此可见，初学时如果能够做些静中的功夫，也会有不小的帮助。

答吕子约

示喻日用工夫如此，甚善！然亦且要见一大头脑分明，便于操舍之间有用力处。如实有一物，把住放行在自家手里，不是谩说求其放心，实却茫茫无把捉处也。

子约复书云："某盖尝深体之，此个大头脑本非外面物事，是我元初本有底。其曰'人生而静'，其曰'喜怒哀乐之未发'①，其曰'寂然不动'②，人汩汩地过了日月，不曾存息，不曾实见此体段，如何会有用力处？程子谓'这个义理，仁者又看做仁了，智者又看做智了，百姓日用而不知，此所以君子之道鲜'③。此个亦不少，亦不剩，只是人看他不见，不大段信得此话。及其言于勿忘勿助长间认取者，认乎此也。认得此，则一动一静皆不昧矣！恻隐、羞恶、辞让、是非，四端之著也，操存久则发现多；忿懥、忧患、好乐、恐惧，不得其正也，放舍甚则日滋长。记得南轩先生谓'验厥操舍，乃知出入'，乃是见得主脑，于操舍间有用力处之实话。盖苟知主脑不放下，虽是未能常常操存，然语默应酬间历历能自省验，虽其实有一物在我手里，然可欲者是我底物，不可放失；不可欲者非是我物，不可留藏。虽谓之实有一物在我手里，亦可也。若是谩说，既无归宿，亦无依据，纵使强把捉得住，亦止是袭取④，夫岂是我元有的邪？愚见如此，敢望指教。"

朱子答书云："此段大概，甚正当亲切。"

【注释】

① 喜怒哀乐之未发：参见第七十六条注①。

② 寂然不动：参见第七十二条注①③。

③"程子谓"句：语自《河南程氏遗书》卷二上："这个义理，仁者又看做仁了也，知者又看做知了也，百姓又日用而不知，此所以'君子之道鲜矣'。此个亦不少，亦不剩，只是人看他不见。"

④ 袭取：义袭而取。参见第八十四条注①。

【译文】

你告诉我你最近是怎样用功的，这很好！然而也要清楚明白为学的宗旨，这样在收放之间就有用力之处。就好像有个实实在在的东西，握在手里收放自如，不能随口空说个"求其放心"这种话，而实际上却是茫茫然没有把握到。

吕子约回信道："对此我也深有体会，这个为学的宗旨本来就不是外在的东西，是我原本初生就有了的。所谓'人生而静'、'喜怒哀乐之未发'、'寂然不动'等等说的就是这个道理。人浑浑噩噩地度日，不曾存养，不曾切实明白，怎会知道怎样用功呢？程子说：'这个义理，仁者见仁，智者见智，百姓身处其中却浑然不知，这就是君子之道难以得见的缘故。'这个道理并不缺少，也没有多余，只是人们看不见它，并不真正相信这个道理。说到要在勿忘记、勿助长中体认，便是体认这个道理。认得这个道理，那么无论是动是静就都不会蒙昧了！恻隐、羞恶、辞让、是非，是四端之心的显现，操持存守久了，就会显现得多；发怒、忧患、好乐、恐惧的情绪，就是心没有摆正，有太多的放纵，便会日益滋长。记得南轩先生曾说：‘能够体验收摄与放松，就能明白心体的出与入了。’这就是看到了为学的宗旨，在收放间能下功夫的实在话。只要把握住为学的宗旨不放，即便不能时常操持存守，但在说话与静默、应答与会宾之间也能够时常反省检验。即便真的有一件东西在我手里，然而可以去追求的是我自己的东西，不能放弃丢失；不能去追求的就不是我的东西，就不能保留收藏。即便说确实有一件东西在我手里，也是可以的。如果只是随便说说，既没有归宿，也没有依据，纵使强行把握得住，也只是‘义袭而取’，难道是我原本就有的吗？这是我不成熟的见解，还望你指教。”

朱子回信说：“这段话的大意真是十分恰当而亲切！”

答吴德夫[①]

承喻“仁”字之说，足见用力之深。熹意不欲如此坐谈，但直以孔子、程子所示求仁之方，择其一二切于吾身者，笃志而力行之，于动静语默间，勿令间断，则久久自当知味矣。去人欲，存天理，且据所见去之存之。工夫既深，则所谓似天理而实人欲者次第可见。今大体未正，而便察及细微，恐有放饭流啜而问无齿决之讥也。如何如何？

【注释】

①吴德夫：吴猎，字德夫，人称畏斋先生，谥文定。潭州醴陵县（今属湖南）人。《宋史》云其“初从张栻学。乾道初（1167），朱熹会栻于潭，猎又亲炙”，为晦翁门人。

【译文】

承蒙你给我解说“仁”字，由此可见你用功扎实。我并不想就此坐着空谈，而是想以孔子、程子所开示的求仁的方法，选择其中一两个适合自己的，笃志力行，在动与静、说话与静默之间，不让它间断，那么久而久之自然会有所体悟。去人欲，存天理，姑且依据所见所闻去去、去存。功夫做到精深之处，那些像是天理，实则是人欲的部分，就慢慢可见了。如今学问还没有大体确立、匡正，便要去观察细微之处，恐怕有大口吃饭喝汤却不用牙齿咀嚼的毛病。这样理解如何？

答或人

“中和”二字[①]，皆道之体用。旧闻李先生论此最详[②]，后来所见不同，遂不复致思。今乃知其为人深切，然恨已不能尽记其曲折矣。如云“人固有无所喜怒哀乐之时，然谓之未发，则不可言无主也”[③]，又如先言“慎独”[④]，然后及“中和”，此亦尝言之。但当时既不领略，后来又不深思，遂成蹉过，孤负此翁耳！

【注释】

① 中和：语自《中庸》。参见第三十七条注②、第七十六条注①、第三百零四条注①。

② 李先生：李侗。参见《答何叔景》注②。

③ “如云”句：语自《河南程氏遗书》卷三。

④ 慎独：语自《中庸》首章：“是故君子戒慎乎其所不睹，恐惧乎其所不闻，莫见乎隐，莫显乎微，故君子慎其独也。”又，《大学》第七章：“此谓诚于中，形

于外，故君子必慎其独也。”

【译文】

“中和”二字，都是道的本体与作用。曾听闻李先生讲解这两个字，讲得最为详备，后来自己的见解有所不同，就不再思考了。如今才知道李先生为人真切，可惜自己已经不能完全记得李先生所说的细节了。比如他说“人固然能够有喜怒哀乐等感情不抒发的时候，然而称其为未发，便不能说是没有主宰的意思在里头”，又比如他先谈“慎独”，然后才说到“中和”，这也是先生曾说过的。只是当时不得要领，后来又不深思，磋跎而过，辜负了先生的教诲。

答刘子澄

日前为学，缓于反己，追思凡百，多可悔者。所论注文字，亦坐此病，多无着实处。回首茫然，计非岁月工夫所能救治，以此愈不自快。前时犹得敬夫、伯恭时惠规益[①]，得以自警省；二友云亡，耳中绝不闻此等语。今乃深有望于吾子澄。自此惠书，痛加镌诲，乃君子爱人之意也。

【注释】

① 敬夫、伯恭：即张敬夫与吕伯恭。参见前注。

【译文】

以前做学问，不抓紧反求诸己地思考，回忆往昔，多有后悔。所论所注的文字，也都有这个毛病，大多没有切实之处。回首往昔，四顾茫然，想来这绝非是花时间下功夫就能救治的毛病，因此越来越不快活。前些时日还得到敬夫、伯恭两人的规劝帮助，得以自己警醒，现在两人西去，便再也听不到这些金玉良言了。如今我寄希望于你，从此以后能够多写信给我，对我严加教诲，这才是君子爱人的好意啊。

【阳明附言】

朱子之后，如真西山[①]、许鲁斋[②]、吴草庐[③]亦皆有见于此，而草庐见之尤真，悔之尤切。今不能备录，取草庐一说附于后。

【注释】

① 真西山：真德秀（1178—1235），字景元，后更为希元，学者称西山先生。本姓慎，因避孝宗讳改姓真。真西山作为朱子的弟子，将朱学视为帝王之学，进一步强化了程朱理学的得君行道品质。

② 许鲁斋：许衡（1209—1281），字仲平，号鲁斋，元代哲学家，承程朱理学，并无发明。

③ 吴草庐：吴澄（1249—1333），字幼清，晚字伯清，学者称草庐先生。

【译文】

朱子之后，如真德秀、许衡、吴澄等人也都明白了这一道理，而吴澄的见解尤为真切，悔恨之意也尤为痛彻。如今不能全部收录，只取他的一篇，附在后面。

【吴澄文】

临川吴氏曰："天之所以生人，人之所以为人，以此德性也。然自圣传不嗣，士学靡宗，汉、唐千余年间，董、韩二子依稀数语近之，而原本竟昧昧也。逮夫周、程、张、邵兴，始能上通孟氏而为一。程氏四传而至朱，文义之精密，又孟氏以来所未有者。其学徒往往滞于此而溺其心。夫既以世儒记诵词章为俗学矣，而其为学亦未离乎言语文字之末。此则嘉定以后朱门末学之敝[①]，而未有能救之者也。

夫所贵乎圣人之学，以能全天之所以与我者尔。天之与我，德性是也，是为仁义礼智之根株，是为形质血气之主宰。舍此而他求，所学何学哉？假而行如司马文正公，才如诸葛忠武侯，亦不免为习不著、行不察；亦不过为资器之超于人，而谓有得于圣学则未也，况止于训诂之精，讲说之密，如北溪之陈[②]，双峰之饶[③]，则与彼记诵词章之俗学，相去何能以寸哉？圣学大明于宋代，而踵其后者如此，可叹已！澄也钻研于文义，毫分缕析，每以陈为未精，饶为未密也，堕此科臼中垂四十年，而始觉其非。自今以往，一日之内子而亥，一月之内朔而晦，一岁之内春而冬，常见吾德性之昭昭，如天之运转，如日月之往来，不使有须臾之间断，则于尊之之道殆庶几乎？于此有未能，则问于人，学于己，而必欲其至。若其用力之方非言之可喻，亦味于《中庸》首章、《订顽》终篇而自悟可也[④]。"

【注释】

① 嘉定：宋宁宗的最后一个年号，自公元1208年至公元1224年，计十七年。

② 北溪之陈：陈淳（1159—1223），字安卿，亦称北溪先生，南宋理学家，朱熹晚年的得意门生。

③ 双峰之饶：饶鲁（1193—1264），字伯舆，又字仲元，人称双峰先生，南宋理学家。

④《订顽》：即张载的《西铭》。

【译文】

临川吴澄说："天之所以生人，人之所以为人，是因为有了德性的存在。然而圣人之道无法传承，士大夫的学问宗旨不明，汉唐以来千余年间，只有董仲舒、韩愈二人的寥寥数语接近圣人之道，圣道的本源竟昏暗蔽塞。等到周敦颐、二程、张载、邵雍兴起，才能上通于孟子而与圣学为一。二程之学四代后传到朱熹，文义的考证愈发精密，又是孟子以来所没有的。然而朱子的学问往往滞留于文义，汩没了本心。虽然认为世俗儒者记诵辞章的学问为粗俗的学问，但朱子一门为学却也脱离不了语言文字这些末流之学。这是嘉定年之后朱子一门末流之学的弊端，然而却没有能够救治这一弊端的办法。

圣人之学之所以尊贵，是因为能够将天下万物与我合二为一。上天所赋予我的，是德性，是仁、义、礼、智的根本，是人的形体与血气的主宰。舍弃德性而向别处探求，所学所求的是什么呢？假如有司马光的能力、诸葛亮的才华，也免不了行动不能落实，修习不能明察，也只不过是资质超过常人，却不能说这是有得于圣学，何况止步于训诂上的精确、讲说上的细致，例如陈北溪、饶双峰之徒，他们的学问与记诵辞章的俗学，又能有什么差别呢？圣学彰明于宋代，而后来者竟发展到如此地步，真是可叹啊！我也曾钻研文义，条分缕析，时常认为陈北溪、饶双峰的学问不够精密，堕入此等窠臼，白白度过四十多年，这才发觉其中的错误。自此以后，一天之内从子时到亥时，一月之内从月初到月末，一年之内从春季到冬季，时常能体会到自己光明的德性，就像天的运转、日月的往来，不让它有一分一秒的间断，这样，对于尊崇圣人之道或许有所帮助吧？自己如果还做不到，就向人请教、自己学习，务必要达到。如果用功的方法无法用言语说明，那么应当通过去体会《中庸》首章、《订顽》终篇的意思，而使自己有所领悟。"

【袁庆麟跋】

《朱子晚年定论》，我阳明先生在留都时所采集者也。揭阳薛君尚谦旧录一本，同志见之，至有不及抄写，袖之而去者。众皆惮于翻录，乃谋而寿诸梓，谓："子以齿，当志一言。"

惟朱子一生勤苦，以惠来学，凡一言一字，皆所当守，而独表章是、尊崇乎此者，盖以为朱子之定见也。今学者不求诸此，而犹踵其所悔，是蹈舛也，岂善学朱子者哉？麟无似，从事于朱子之训余三十年，非不专且笃，而竟亦未有居安资深之地，则犹以为知之未详而览之未博也。

戊寅夏，持所著论若干卷来见先生。闻其言，如日中天，睹之即见；如五谷之艺地，种之即生。不假外求，而真切简易，恍然有悟。退求其故而不合，则又不免迟疑于其间。及读是编，始释然，尽投其所业，假馆而受学，盖三月而若将有闻焉。然后知乡之所学，乃朱子中年未定之论，是故三十年而无获。今赖天之灵，始克从事于其所谓定见者，故能三月而若将有闻也。非吾先生，几乎已矣！敢以告夫同志，使无若麟之晚而后悔也。若夫直求本原于言语之外，真有以验其必然而无疑者，则存乎其人之自力，是编特为之指迷耳。

正德戊寅六月望，门人雩都袁庆麟谨识。

【译文】

《朱子晚年定论》，是我们阳明先生在南京时所辑录的。揭阳薛尚谦曾抄录一本，同道们见了，有的人还来不及抄，就携带走了。众人都唯恐被盗版，就考虑将其付诸刊刻，说："你最年长，应该写一篇跋。"

朱子一生勤苦，有惠于后学，凡一言一字，都应当持守，而唯独表彰、尊崇这些文字，是因为这些是朱子的确定之见。如今的学者不探求朱子的定见，却追随朱子所悔悟的学说，这是遵从错误，难道能说是擅长朱子之学吗？我愚笨，从事于朱子之学三十多年，不仅不专精笃志，而且也没有达到安于所学、造诣精深的境界，还以为是自己知道得还不够详细，看得还不够广博。

戊寅年（1518）夏天，我拿着所著的若干卷文字来见先生。听闻先生的学说，好比正午的太阳，一看就明白；好比种五谷的沃土，一种就生长。无须向外探求，真切简单，恍然大悟。回去后对照以前的学问却有所不尽相符，又难免困惑怀疑。等读到先生辑录的这些文字，才真正释然，于是全身心地投入先生的学问，借了房子来听先生讲学，三个月后便好像有所明白。这才知道以前所学的，是朱子中年还未确定的学说，所以我学了三十年也没有收获。如今上天保佑，才能够让我学到朱子的确定之论，所以三个月就有所明白。如果不是先生，我的一生就算完了！因此我斗胆告诫诸位同道，不要像我这样这么晚才悔悟。如果想要在语言之外直接探求本原，真打算验证学问的必然无疑，就必须靠自身努力，先生编辑这些文字就是为学者指点迷津的。

正德戊寅六月十五，弟子雩都袁庆麟谨识。

《传习录》索引

一、索引针对的是《传习录》原文，不包括注释、译文及附录。

二、索引项以名词为主，兼及一些重要短句。

三、括注的数字代表相应内容所在的条目。

四、先后顺序按音序排列。

A

B

C

D

E

F

H

J

R

W

X

Y